内蒙古自治区企业发展调查研究

张　璐
崔敏杰
张　强
著

化学工业出版社
·北京·

内容简介

本书以内蒙古自治区国有企业、民营企业和外资企业作为研究对象，围绕内蒙古企业“十三五”发展成就、各类企业运行现状、呼包鄂产业发展、内蒙古人力资源环境与企业社会责任等方面展开论述。本书内容在整体上按照“识别问题—分析问题—解决问题”的逻辑展开，基于内蒙古各类企业运营现状识别发展所遇到的问题，并通过与国内同类企业比较分析问题，针对问题产生的根源提出相应的解决策略。本书在研究过程中搜集和整理了大量产业统计数据，针对各类产业发展实际提出清晰的对策路径，具有一定的现实意义、学术性和政策参考价值。

本书可供政府、行业、企业、高等学校及研究院（所）经济研究人员以及对内蒙古企业高质量发展研究感兴趣的人士参考使用。

图书在版编目（CIP）数据

内蒙古自治区企业发展调查研究/张璐，崔敏杰，张强著. —北京：化学工业出版社，2023.9

ISBN 978-7-122-43645-0

Ⅰ.①内… Ⅱ.①张… ②崔… ③张… Ⅲ.①企业发展-调查研究-内蒙古 Ⅳ.①F279.272.6

中国国家版本馆 CIP 数据核字（2023）第 105585 号

责任编辑：王　可　窦　臻　　文字编辑：赵　越　林　丹
责任校对：王　静　　装帧设计：张　辉

出版发行：化学工业出版社（北京市东城区青年湖南街 13 号　邮政编码 100011）
印　　装：北京七彩京通数码快印有限公司
710mm×1000mm　1/16　印张 15¾　字数 316 千字　2024 年 9 月北京第 1 版第 1 次印刷

购书咨询：010-64518888　　售后服务：010-64518899
网　　址：http://www.cip.com.cn
凡购买本书，如有缺损质量问题，本社销售中心负责调换。

定　　价：88.00 元

前言

依据党中央对内蒙古“两个屏障、两个基地、一个桥头堡”的战略定位，内蒙古自治区政府从发展理念、发展路径、发展方式、发展目标进行全方位对标，坚定不移地走以生态优先、绿色发展为导向的新路子，推动内蒙古经济建设进入高质量发展新阶段。“十三五”期间，内蒙古各领域企业实现较快发展，推动了全区经济运行稳中向好，取得了一系列令人瞩目的新成就。为了更好地推动内蒙古企业高质量发展，本书详细梳理了内蒙古企业“十三五”期间的发展经验，并在总结企业发展实践的基础上，对地区企业发展形成理论补充。

本书的潜在读者包括政府及相关党政部门、行业企业、经济发展研究院（协会）、高等学校从事经济研究的教师及硕士研究生、博士研究生，对内蒙古经济高质量发展研究者以及对内蒙古企业高速发展感兴趣的社会人士也有一定的参考价值。

本书出版得到了内蒙古自治区社会科学基金项目“内蒙古企业发展调查研究”（项目编号：202102）的经费资助。在本书编写过程中，内蒙古工业大学王晓燕、赵爽、苑曙光、黄荟婕参与了撰写及校对，在此致谢。由于作者水平有限，本书的疏漏之处在所难免，恳请广大读者批评指正。

著　者

2022 年 12 月

前言

目录

第一章 内蒙古企业发展回顾

“十三五”期间，内蒙古自治区营商环境持续改善，市场主体迅猛发展。截至2020年1月底，全区市场主体数量已增长到212.56万户，注册资本累计达5.06万亿元，与“十二五”末相比分别增长27.71%和69.23%。全区拥有国有、民营等内资企业45.74万户，同比增长9.32%；外商投资企业3505户，同比下降0.03%；个体工商户158.33万户，同比增长7.63%；农民专业合作社8.14万户，同比增长0.25%。全区国有及其控股企业5.46万户，注册资本2.2万亿元；私营企业40.28万户，注册资本2.6万亿元；外资企业3505户，注册资本1425.85亿元；个体工商户158.33万户，注册资本1253.8亿元。总体来看，国有企业、民营企业在“十三五”期间取得较快发展。

本章主要讲述内蒙古自治区国有企业、民营企业和外资企业近年来发展情况，做好内蒙古自治区企业发展前情回顾与总体概况说明。

1.1 内蒙古国有及国有控股企业改革成效显著

截至“十三五”末，内蒙古本级国有企业资产总额为8352.4亿元，较“十二五”末增长79%；国有企业营业收入达到2169.7亿元，较“十二五”末增长73.9%；利润总额由“十二五”末亏损87.2亿元到“十三五”末盈利117.22亿元，实现增盈204.42亿元。国有企业的活力增强，盈利能力显著提升[1]。

1.1.1 企业发展质量和效益显著提升

内蒙古自治区牢牢把握质量和效益这条生命线，积极推动区内国有及国有控股企业加快提质增效转型升级，持续巩固国有经济良好运行态势，不断提升企业经营

[1] 数据来源：内蒙古国资委。

效益（黄杨森，2020）[1]。

一是盈利能力进一步提升。面对全球经济下行压力，各国有企业调整和优化经营策略，不断加快提质增效转型升级的步伐，盈利能力得到有效提升。2021 年上半年全区规模以上工业国有企业利润较上年同期增长 1.5 倍，占规模以上工业利润的比重达 45.9%；2020 年规模以上工业国有控股企业增加值增长 3.5%，国有企业总计实现营业收入 2739.2 亿元，实现整体盈利 13.8 亿元❶，连续三年保持稳定盈利，企业经营呈平稳回升的良好态势。

二是国有企业在全区重点产业的控制力持续加强。内蒙古国企主要集中在钢铁、能源、原材料和重大技术装备制造等传统优势产业。2019 年，规模以上国企工业总产值占全区工业总产值的 47.9%，营业收入占总营业收入的 81.4%，主要分布于煤矿开采及煤化工、稀土冶炼、铁合金冶炼、风电光伏、乳制品加工、石墨烯等 8 个行业。包钢集团以实施“四降两提”工程为抓手，进一步夯实公司生产管理，工作效率不断提升，盈利能力持续提升。2019 年包钢集团实现营业收入 880.05 亿元，实现利润总额 18.06 亿元，较 2018 年分别增长 11%、30.4%；内蒙古电力集团积极探索以绿色发展为驱动的电网企业高质量发展新路，积极推进电力市场化改革，多边交易和绿电市场化交易水平领跑全国。2019 年电力集团实现营业收入 832.08 亿元，较 2018 年增长 7.2%，实现利润总额 26.85 亿元，增长 0.7%❷。

三是科技创新力度不断加大。“十三五”期间，内蒙古制定并实施了支持国有及国有控股企业科技创新的 5 项具体措施（在企业经营业绩考核中实行研发投入增量按 150%视同利润加计和重大科技创新成果单项加分政策），引导企业加大研发投入力度。截至 2019 年末内蒙古自治区国有及国有控股企业已建立国家级和自治区级各类企业研发平台 20 个，其中有 6 个院士专家工作站、4 个博士后科研工作站，累计获得国家级和自治区级科技进步奖 70 项、国家专利 2816 项。

1.1.2 国有企业改革不断深化

“十三五”期间，内蒙古初步完成国有企业改革顶层设计，形成了内蒙古国企改革“1+47”政策体系，推动各项改革任务落实落地。

一是有效推进改革试点和“双百行动”。全区目前共完成国资监管组织体系建设、剥离企业办社会职能等 9 项改革试点任务中的 7 项，其中，国有资本投资公司和员工持股两项试点正在稳步推进，在此过程中，充分发挥对国企改革的引领示范作用，指导 5 户企业开展“双百行动”综合改革。

---

❶ 数据来源：内蒙古国资委。

❷ 数据来源：内蒙古国资委。

二是加快完善现代企业制度建设。内蒙古国有企业通过加快董事会建设、落实董事会职权等方式，加快完善公司结构规范化治理，共有 23 户区直企业集团层面全部完成公司制改造，其中，22 户企业建立起董事会，并向 5 户企业派出 8 名外部董事。

三是持续优化调整企业布局结构。内蒙古国资委按照“创新发展、重组整合、清理退出”的要求，加快企业重组整合步伐，将国资委所属 140 户企业重组整合为 68 户，启动国企转型升级基金 50 亿元，现到位 30 亿元，并投资 20 亿元参与包钢债转股，引导、撬动金融机构跟投 63.8 亿元。

四是不断健全市场化经营机制。一方面，内蒙古国资委指导华宸信托、威信押运等公司开展了市场化选聘，推动包钢、电力、能建等企业实行以增加知识价值为导向的分配激励机制。另一方面，内蒙古国有企业在年度经营业绩考核目标体系中引入内部三项制度，形成了管理人员能上能下、员工能进能出、收入能增能减的有效机制。

五是扎实推进国企混合所有制改革。内蒙古制定出台了区属企业混改操作指引。积极推进新华发行集团、蒙能集团新能源公司上市。指导蒙能新能源公司、蒙水股份公司、交投融资租赁公司、环投集团鄂尔多斯环投公司等 4 户企业实施员工持股试点。建立了混改项目发布平台，向社会发布推介了 40 个混改项目。2019 年内蒙古国资委监管的各级独立核算企业中有 222 户实现了混改，占全部企业的 60%。

1.2 内蒙古民营企业发展迅猛，创新能力不断增强

民营企业在解决社会就业、增创政府税收、提高区域经济发展等方面发挥着重要作用，既是推动内蒙古地区经济创新发展的生力军，也是内蒙古继续推进工业化、实现产业升级的推动力，更成为内蒙古社会经济发展的有力支撑。“十三五”期间，随着一系列民营经济发展的扶持政策相继出台，内蒙古民营经济发展环境得到了有效改善，区内民营企业整体保持迅猛发展的势头。

1.2.1 民营企业对内蒙古社会经济发展的贡献不断提高

第三产业企业已成为民营企业主体。截至 2020 年 1 月底，内蒙古共有 40.28 万户私营企业，其中一、二、三产业的户数分别为 2.26 万户、7.51 万户、30.51 万户，占内蒙古私营企业总量的 5.61%、18.65%、75.74%；共有 158.32 万户个体工商户，分布于一、二、三产业的户数分别为 4.5 万户、9.47 万户、144.35 万户，占比分别为 2.84%、5.98%、91.18%[1]。

---

[1] 数据来源：内蒙古市场监管局门户网站。

民营经济快速发展，市场主体持续增长，经济增加值持续上涨。截至 2019 年上半年，内蒙古民营经济增加值占地区生产总值的比重达 66.7%，比 2018 年同期上升 2.0%。据 2019 年上半年数据统计，内蒙古共有 2111 户规模以上民营工业企业和 2620 户中小型工业企业，其中规模以上民营工业企业占规模以上工业企业比重达 76.6%，同比增长 8.5%，经济增长贡献率达 68.7%；中小型工业企业经济增加值同比增长 12.6%，占规模以上工业企业经济增加值的 56.2%[1]，可以看出民营工业企业现已成为内蒙古经济增长的重要力量。2020 年，民营企业经营受困，之后内蒙古民营经济增加值继续回升。2020 年前三季度，内蒙古共有 218.8 万户民营企业，同比增长 8.9%，占内蒙古市场企业数量比重的 97.4%；民营企业经济增加值达 6935 亿元，占生产总值的比重达 56.3%，较前两季度上升 1.3%。

2020 年前三季度，内蒙古城镇民营单位从业人员 498.2 万人，较 2019 年同期增长 4.2%，在整体城镇从业人员中占比达 65.8%；同时，民营企业实现纳税额 1172.1 亿元，占全区总税收的 61.4%[2]。可见，民营经济在解决社会就业、增创政府税收、提高区域经济发展等方面发挥了重要作用。

1.2.2 百强民营企业收益显著增加，入围门槛持续上升

2020 年内蒙古民营企业 100 强显示，百强民营企业总营收达到 6351.09 亿元，相比 2019 年增长 507.06 亿元，增幅为 8.68%；百强民营企业资产总额达到 10043.91 亿元，相比 2019 年下降 0.13%。从入围门槛来看，内蒙古民营企业 100 强入围门槛持续上升，百强民营企业的入围峰值由 2016 年的 603.59 亿元增至 2020 年的 902.23 亿元，呈现逐年攀升的趋势。其中，2017 年，百强入围门槛较 2016 年提高 0.02 亿元，增幅 0.32%；2018 年，百强入围门槛较 2017 年提高 1.13 亿元，增幅 16.89%。2019 年，百强入围门槛较上年提高 5.78 亿元，增幅达到 78.96%。从企业营收规模来看，内蒙古民营企业 100 强中有 11 家企业营收突破 100 亿元，其中榜单前三强企业营收皆突破 500 亿元；17 家企业营收规模在 50 亿～100 亿元之间，其余 72 家企业营收均在 10 亿～50 亿元范围内[3]。同时，2020 年内蒙古共有 4 家民营企业入围“中国民营企业 500 强”榜单，分别是内蒙古伊利实业集团股份有限公司、内蒙古鄂尔多斯投资控股集团有限公司、内蒙古伊泰集团有限公司以及亿利资源集团。

1.2.3 民营企业创新能力不断增强

2019 年内蒙古高新技术企业共计 907 家，同比增长 20.6%，其中，半数以

[1] 数据来源：内蒙古统计局。
[2] 数据来源：内蒙古统计局。
[3] 数据来源：内蒙古统计局。

上为民营企业。高新技术企业研发总投入超 200 亿元，实现营业收入约 5700 亿元，其中，28 家民营企业创办了孵化器，144 家民营企业拥有众创空间。2019 年度科技部火炬统计显示，内蒙古科技企业孵化器拥有在孵企业 2372 家，其中高新技术企业 138 家，累计毕业企业 1902 家，累计上市（挂牌）企业 18 家；众创空间提供创客工位 2.94 万个。2019 年，内蒙古共有 2031 个获得技术支撑服务的团队和企业，10 家当年上市（挂牌）的企业，1116 家当年新注册企业及 5984 个当年服务的创业团队。除对创新能力培育的重视外，百强民营企业表现出持续的创新能力，2019 年内蒙古民营企业 100 强申请国内专利 3968 项，国外专利 108 项，申请国内外专利总计较 2018 年增长 11.7%，企业平均拥有专利 40 项，较上年增长 3 项[1]。

1.2.4 民营企业进出口贸易质量不断提高，走出去规模超国企

2019 年民营企业进出口额 777.2 亿元，同比增长 4.2%，占内蒙古进出口总额的 70.9%。2020 年，内蒙古新增境外投资企业 44 家，其中半数以上为民营企业。民营企业市场主体地位进一步提升，且其走出去统计口径日益完善。根据 2019 年商务部门发布的对外投资年度统计数据，截至 2018 年底，内蒙古有 333 家境内企业在境外投资 416 个项目正常运营，其中 24 家国有企业开展境外项目 42 个；309 家民营企业开展境外项目 374 个。

1.2.5 政府加大对民营企业的扶持力度，改善营商环境

“十三五”期间，内蒙古自治区政府印发《关于营造更好发展环境支持民营企业改革发展的若干措施》等相关政策，在减轻赋税、降低运营成本、完善融资机制、优化市场与法治环境、支持民营企业改革发展五个方面对民营企业进行重点帮扶。

一是减轻民营企业税费负担。“十三五”期间，内蒙古通过完善办税体系，优化办税流程，实现企业自主、自助办税；加大对第三方截留减税降费红利等行为的整治力度，疏通减税降费政策传导机制，减轻了企业的税收负担；通过制定差异水土保持补偿费的收费标准，降低部分行业企业的经营成本。针对药品行业企业，内蒙古继续实行“全免费”的药品注册登记政策，降低企业成本。

二是降低民营企业运营成本。“十三五”期间内蒙古通过实施降低工商业电价、高速公路差异化收费、阶段性降低失业保险费率和工伤保险费率等措施降低企业运营成本。此外，为降低中介服务成本，内蒙古政府组建专门的中介服务超市规范中介服务行业行为，制定合理收费标准。

三是缓解民营企业融资难的问题。内蒙古通过健全银行业、地方金融机构组

---

[1] 数据来源：内蒙古政务服务门户网站。

织体系，加大对民营企业再贷款和再贴现的支持力度；通过对银行业金融机构实行差异化的监管，保障金融机构对民营企业的信贷质量；通过鼓励金融机构、各类基金认购区内民企债券，并向基金公司推荐相关企业和项目，以扩大融资规模。

四是优化营商环境。内蒙古通过出台各项保护民营企业产权安全的办法，健全对民营企业的平等保护机制，并通过实施公平统一的市场监管制度，进一步放开民营企业市场准入，保障各类市场主体的公平竞争。

五是引导民营企业改革创新。内蒙古政府通过推荐全区重点民营企业参与国家创新项目，出台相关政策帮助企业引进各层次人才以支持民营企业创新发展，引导企业开发高质量创新产品开拓国内、国际市场（王小鲁，2016）[3]。

1.3 内蒙古外资企业数量增加，外贸规模不断扩大

2020 年，国际经济下行压力持续上升，内蒙古政府积极引入外商投资，与此同时，将提高引资数量和优化外资结构并重，推动高质量对外引资。2020 年，内蒙古实际利用外商直接投资额达 18.22 亿美元，新设 43 家外商投资企业，较 2019 年减少 17 家。2019 年内蒙古外商投资企业 3504 家，较 2015 年末增长 537 家❶，累计批准 11.97 万个外商直接投资项目，外商投资总额突破 500 亿美元，达 580.21 亿美元，实际利用外资 20.82 亿美元。

1.3.1 外商投资企业进出口总额情况

2020 年内蒙古外商投资企业进出口总额为 9.2705 亿美元，相比 2019 年减少 2440 万美元，同比下降 2.5%。其中，中外合作企业进出口总额为 3.2 万美元，占外商投资企业进出口总额的比重为 0.0035%；中外合资企业进出口总额为 5.0940 亿美元，占外商投资企业进出口总额的比重为 54.9486%；外商独资企业进出口总额为 4.1760 亿美元，占外商投资企业进出口总额的比重为 45.0462%。具体情况见图 1-1 及图 1-2。

1.3.2 外商投资企业出口额情况

2020 年内蒙古外商投资企业出口额为 4.44 亿美元，相比 2019 年减少了 0.1420 亿美元，同比下降 3%。其中，中外合作企业出口额为 3.2 万美元，占外商投资企业出口额的比重为 0.01%；中外合资企业出口额为 1.49 亿美元，占外商投资企业出口额的比重为 33.51%；外商独资企业出口额为 2.95 亿美元，占外商投资企业出口额的比重为 66.48%。具体情况见图 1-3 及图 1-4。

❶ 数据来源：内蒙古统计局。

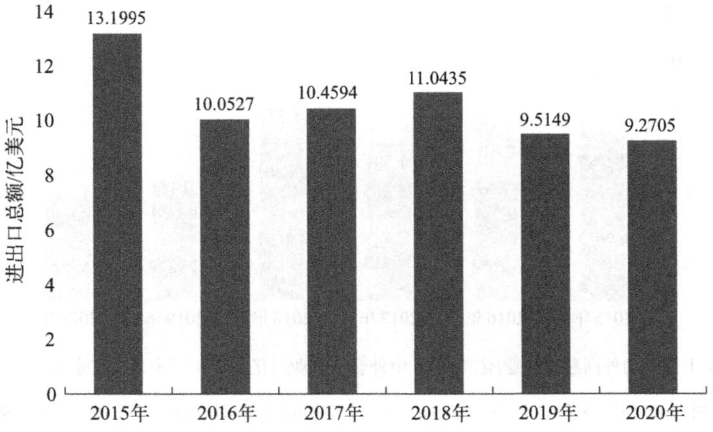

图 1-1　内蒙古自治区 2015—2020 年外商投资企业进出口总额❶

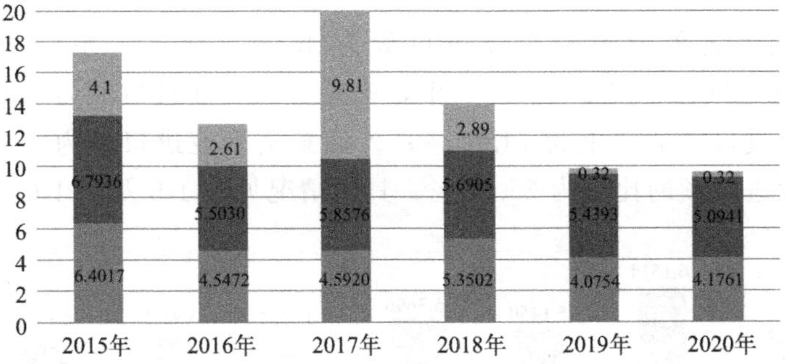

注：从下往上分别为外商独资企业(亿美元)、中外合资企业（亿美元）、中外合作企业（十万美元）。

图 1-2　内蒙古自治区 2015—2020 年各类外商投资企业进出口总额❷

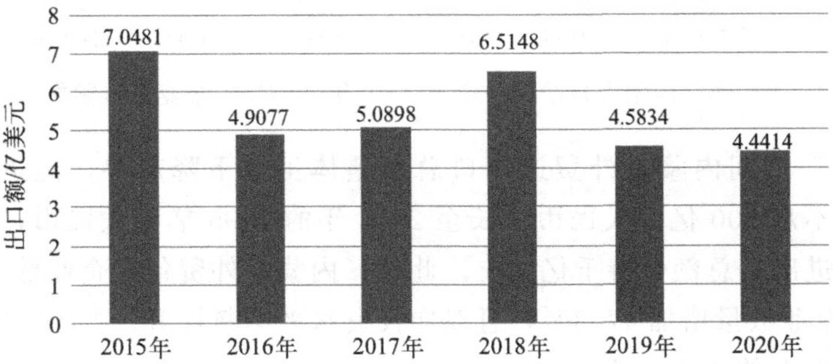

图 1-3　内蒙古自治区 2015—2020 年外商投资企业出口额❸

❶ 数据来源：内蒙古统计局。

❷ 数据来源：内蒙古统计局。

❸ 数据来源：内蒙古统计局。

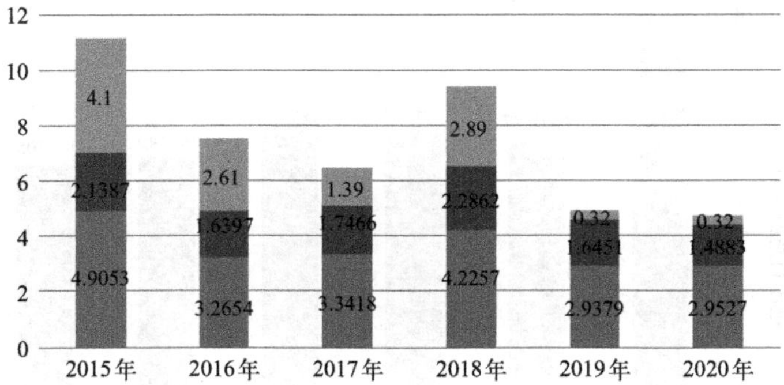

注：从下往上分别为外商独资企业(亿美元)、中外合资企业（亿美元）、中外合作企业（十万美元）。

图 1-4　内蒙古自治区 2015—2020 年不同类型外商投资企业出口额[1]

1.3.3　外商投资企业进口额情况

2020 年内蒙古外商投资企业进口额为 4.83 亿美元，相比 2019 年减少了 0.1025 亿美元，同比下降 2.1%。其中，中外合资企业进口额为 3.61 亿美元，占外商投资企业进口额的比重为 74.67%；外商独资企业进口额为 1.22 亿美元，占外商投资企业进口额的比重为 25.33%。具体情况见图 1-5 及图 1-6。

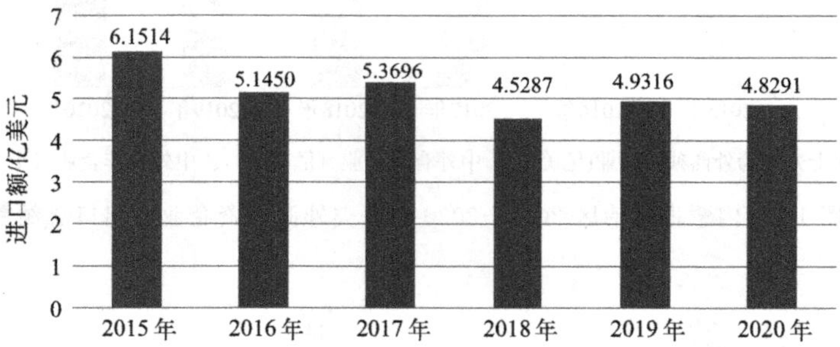

图 1-5　内蒙古自治区 2011—2020 年外商投资企业进口额[2]

"十三五"期间内蒙古外贸进出口总额整体虽呈下降趋势，但进出口总额自 2015 年后从不足 800 亿元人民币增长至 2018 年的 1095 亿元人民币，并在 2016—2018 年实现进出口总额保持千亿以上。此外，内蒙古外贸备案企业数量上升 86%，进出口实际企业数量增加 47.3%，且双向投资水平不断提升。"十三五"期间，内蒙古对外投资中的中方实际投资额为 36.09 亿美元，比"十二五"时期提高了 52.98%，由此可知，内蒙古外贸规模不断扩大。

---

[1] 数据来源：内蒙古统计局。

[2] 数据来源：内蒙古统计局。

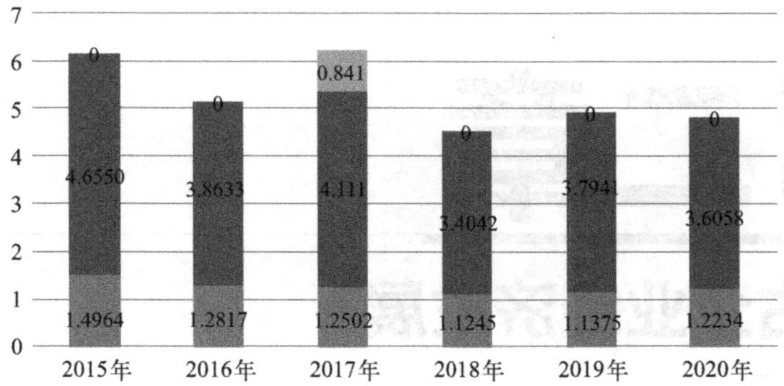

注：从下往上分别为外商独资企业(亿美元)、中外合资企业（亿美元）、中外合作企业（百万美元）。

图 1-6 内蒙古自治区 2015—2020 年不同类型外商投资企业进口额[1]

从外贸进出口总值看，2021 年上半年国有企业进出口总值实现 165.3 亿元，较 2020 年同期增长 39.9%；民营企业外贸进出口总值累计实现 371.2 亿元，较 2020 年同期增长 8.9%，占内蒙古外贸进出口总值比重的 64.3%。可知，民营企业作为内蒙古进出口总值最高的市场参与主体，其发展对内蒙古经济稳健提升起着重要作用。

[1] 数据来源：内蒙古统计局。

第二章 内蒙古企业经济发展

本章将围绕内蒙古自治区国有企业、百强民营企业、上市企业和外资企业的整体概况、产业分布及区域分布等方面进行详细说明。其中，中国北方稀土（集团）高科技股份有限公司、内蒙古包钢钢联股份有限公司、内蒙古第一机械集团股份有限公司等 9 家企业为内蒙古国有企业中的上市公司；内蒙古伊利实业集团股份有限公司、内蒙古鄂尔多斯投资控股集团有限公司、内蒙古伊泰集团有限公司等 10 家上市公司入围 2021 年内蒙古民营企业 100 强榜单。

2.1 内蒙古国有企业经济发展概况

2.1.1 国有企业整体发展向好

国有企业是指中央政府投资或参与控制的企业。在我国，国有企业还包括地方政府参与投资、控制的企业。国有企业作为国家和地区经济发展的主导力量，承担着推动国家技术创新与国家重大项目建设的重要责任，同时在能源开发、基础设施建设等方面发挥着重要支撑作用，积极带动其他所有制经济协同发展。党的十八届三中全会以来，内蒙古自治区国资委通过对部分国有企业进行改组改制及股权结构调整，优化了内蒙古国有资产结构；通过大力推进地区间国有企业经济合作，增强了内蒙古国有企业发展的资源基础；通过对企业内部重大事项进行监管考核，有效防范了国有企业面临的经营风险。总体来看，“十三五”期间，内蒙古国资委根据国家对内蒙古的发展战略要求，坚持稳中求进的工作总基调和新的发展理念，在汲取以往经验的基础上不断进行创新实践，使得内蒙古国有企业在改革与发展过程中取得了很大进步。

由于内蒙古国有企业整体数量较多，获取全区国有企业的数据具有一定难度，故本章以 2021 年内蒙古自治区人民政府国有资产监督管理委员会官方网站公布的 17 家监管企业作为研究对象（名单见表 2-1）。这 17 家国有企业均为区属国有企业，主要分布在能源、钢铁、交通、文旅、投资等领域，其发展过程具有一定典型性，能够代表内蒙古国有企业整体的发展情况。此外，内蒙古国资委监管的国有企业数量虽自2016—2020年间由13家增至17家，但难以获取其具体变化情况。

表2-1 自治区国资委监管下的重点国有企业❶

序号	企业名称	所属行业	企业性质
1	包头钢铁（集团）有限责任公司	有色金属冶炼和加工	区属
2	内蒙古电力（集团）有限责任公司	电力热力生产供应业	区属
3	内蒙古能源发电投资集团有限公司	电力热力生产供应业	区属
4	内蒙古能源建设投资（集团）有限公司	资本市场服务	区属
5	内蒙古自治区民航机场集团有限责任公司	机场、空中交通管理	区属
6	内蒙古蒙盐盐业集团有限公司	批发业	区属
7	内蒙古新城宾馆旅游业集团有限责任公司	住宿业	区属
8	内蒙古恒基建设工程施工图审查有限公司	其他服务业	区属
9	内蒙古高等级公路建设开发有限责任公司	土木工程建筑业	区属
10	内蒙古国有资本运营有限公司	商业服务业	区属
11	内蒙古产权交易中心有限责任公司	货币金融服务	区属
12	内蒙古森林工业集团有限责任公司	生态产业	区属
13	内蒙古公路交通投资发展有限公司	商业服务业	区属
14	内蒙古威信保安押运服务有限责任公司	商业服务业	区属
15	内蒙古环保投资集团有限公司	商业服务业	区属
16	内蒙古水务投资集团有限公司	商业服务业	区属
17	内蒙古交通投资（集团）有限责任公司	资本市场服务业	区属

本章首先描述了17家区属国有企业营业收入及利润总额相关情况；其次，对这17家国有企业的产业分布及区域分布进行介绍；再次，针对内蒙古国有企业中上市企业以及进行混合所有制改革的企业进行分析；然后，重点分析了17家国有企业中在科技创新方面有突出表现的企业；最后，从多个维度分析内蒙古国有企业的突出问题并提出相应对策建议。

2.1.2 国有企业营收涨幅较大

“十三五”期间，在政府总体方针政策的指引下，内蒙古国有企业通过持续深化改革，实现经营效益大幅度提升，成功扭亏转盈。具体表现在，区属国有企业在“十三五”期间年均盈利达40亿元以上❷，期末营业收入额为2169.7亿元，较

❶ 数据来源：内蒙古自治区国有资产监督管理委员会。

❷ 数据来源：中华人民共和国中央人民政府网。

"十二五"末增长73.9%。为了更好地了解内蒙古区属国有企业发展情况，本节以内蒙古国资委监管的17家区属国有企业为研究对象，首先重点分析其2016—2020年间资产、负债、营业收入及利润的变化情况，从而了解内蒙古国有企业的资产管理情况。其次，重点分析内蒙古国资委监管下、进入中国企业500强的两家区属国有企业在"十三五"期间营业收入、利润总额变化情况以及变化背后的原因。

2.1.2.1 内蒙古国有企业资产管理情况

"十三五"期间，为了从根本上健全内蒙古国有资产管理体系，深化内蒙古国有企业改革，内蒙古政府出台了关于落实国有企业改革任务的相关文件，并针对区属国企的改革行动提供了具体方案，使改革工作在一些关键领域取得了显著成效。首先，内蒙古各国有企业充分发挥企业党委的领导作用，完善企业内部管理制度以优化自身的改革与发展环境。比如企业将一些重大经营管理事项交由党委会统一讨论决定，由企业党委统筹全局，推动公司治理能力不断提升。其次，各国有企业先后重组整合了其下属子企业，部分重点国有企业还积极推动下属子企业开展混合所有制改革。如包钢集团通过与上海钢联物流股份有限公司合作，搭建集团物流及公路运输运营平台，实现集团物流业务内外部整合，从而促进了公司传统物流产业的升级。再次，由内蒙古国资委监管的国有企业通过整合区内优势资源，打造形成了"1+3+N"国有资本框架体系，即1个国有资本运营公司、3个国有资本投资公司（包钢、蒙能、交投）及N个实体产业集团。最后，内蒙古国资委通过制定权力和责任清单，明晰国有企业的职责和自身管理职能，实行区属国有企业动态清单式管理。

总体来看，内蒙古国资委沿着内蒙古政府规划的线路，扎实推动国企改革各项政策落地，由此推动内蒙古国有企业布局结构全面优化，国资监管效能大幅提升，并使得国有企业治理结构更加合理。

结合内蒙古国资委监管的国有企业营业收入、利润总额、资产和负债总额来看，国有企业自身的资产管理能力、发展质量和经营效益均稳步提高（见图2-1）。具体体现在，内蒙古国资委直接监管的国有企业营业收入于2017年末达1551.9亿元，较2016年同期增长39%，创"十三五"期间国资国企营业收入增长率的最高水平；2018年底，内蒙古国资委监管的16户企业累计实现营业收入1815.4亿元，较2017年同期增长17.4%；2019年底，内蒙古国资委监管的企业获得营业收入1944.67亿元，较2018年同期增长7.1%；2020年底，内蒙古国资委监管的企业实现营业收入1958.9亿元，较2019年增长0.7%。据此可以看出，内蒙古国资委监管的国有企业营业收入在"十三五"期间呈现稳定增长的态势。其中，2017年，内蒙古国资委监管的国有企业营业收入增长速度达到峰值，究其原因，一方面纳入国资委监管的国有企业数目有所增加，另一方面内蒙古政府不断引导国有企业落实混合所有制改革的政策，改善国有企业经营管理水平，进而提升其盈利能力。

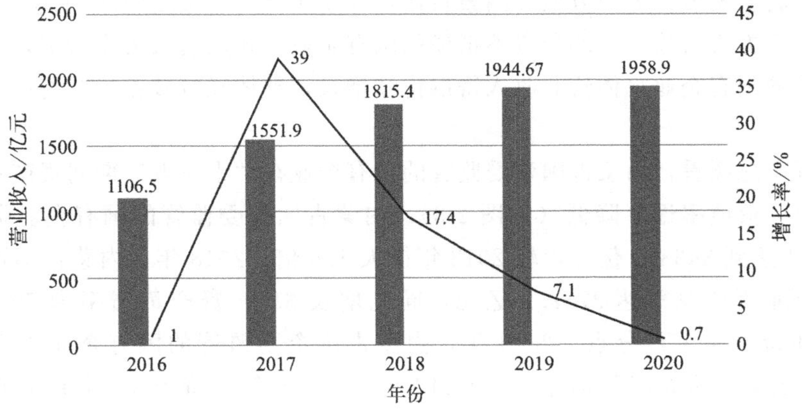

图 2-1　内蒙古自治区国资委监管企业 2016—2020 年营业收入增长情况❶

从利润总额的数据可以看出，由内蒙古国资委监管的国企在“十三五”期间成功由亏转盈，并连续四年保持盈利状态（见图 2-2）。2016 年，内蒙古国资委监管企业累计亏损 29.72 亿元，其营业成本同比下降 2.8%，相比 2015 年减少亏损 41.7 亿元。2017 年，内蒙古国资委监管的国有企业利润共计 21.48 亿元，增盈 51.2 亿元。2018 年，内蒙古国资委监管的 16 家国有企业实现利润总额 43.4 亿元，比 2017 年增盈 21.92 亿元。2019 年，内蒙古国资委监管的国有企业实现利润总额 38.54 亿元，较 2018 年略有下降；2020 年，内蒙古国资委监管的国有企业实现整体盈利 13.8 亿元，较 2019 年下降了 64.19%。由图 2-2 可知，内蒙古国资委监管的国有企业利润总额增长率在 2017 年达到峰值。究其原因，一方面，内蒙古政府出台了具体的工作方案，推动以包钢集团为代表的一批国有企业在 2017 年实现

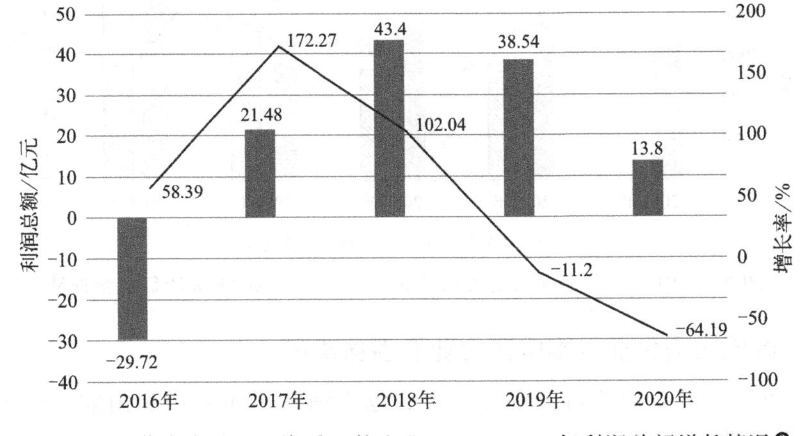

图 2-2　内蒙古自治区国资委监管企业 2016—2020 年利润总额增长情况❷

❶ 数据来源：内蒙古国资委、内蒙古统计局、内蒙古人大官网。

❷ 数据来源：内蒙古国资委、内蒙古统计局、内蒙古人大官网。

提质增效转型发展；另一方面，内蒙古政府全面开展“处僵治困”工作，以注销、挂牌转让等方式清除了一部分资不抵债的国有企业。在政府大力支持下，内蒙古国资委监管的国有企业总体营业收入得以持续增长，整体经济效益保持着健康的发展趋势。

从资产总额看，内蒙古国资委监管的国有企业在“十三五”期间资产总额不断扩大，资产负债率逐年降低（见图 2-3）。内蒙古国资委监管的国有企业资产总额于 2017 年达到 3463.3 亿元，较 2012 年扩大 1.6 倍。2018 年，内蒙古国资委监管的国有企业资产总额达 3757.2 亿元，同比增长 8%，资产负债率为 70.6%，比 2017 年下降 0.4 个百分点。2019 年，内蒙古国资委监管的国有企业资产总额达 5087.54 亿元，其资产负债率为 70.41%，较 2018 年下降 0.19 个百分点。2020 年，内蒙古国资委监管的国有企业总体利润有所下降，但资产总额整体上涨 49.7%，达到 7614.67 亿元，创五年来资产总额增长的最佳水平，资产负债率较 2019 年下降 4.9 个百分点，平均资产负债率为 65.5%，超额完成了国家要求资产负债率下降 2%的任务。虽然内蒙古国资委监管的国有企业转型升级压力进一步加剧，但内蒙古国资国企系统紧紧围绕着党中央提出的总要求，在经营企业过程中抓主要矛盾、尊重客观规律、兼顾长远发展，克服重重困难，化解各类风险，提升企业经营水平的同时，有效增强企业的盈利能力，最大程度地实现了国有资本的保值增值。

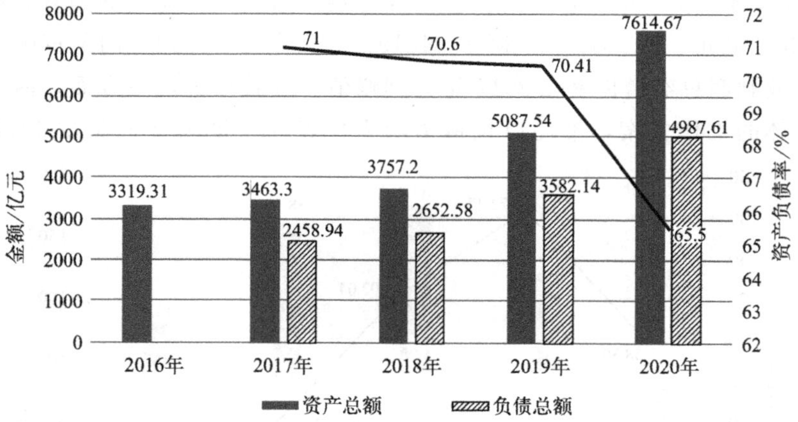

图 2-3 内蒙古自治区国资委监管企业 2016—2020 年资产负债情况❶

2.1.2.2 区属国有企业入围中国企业五百强情况

“十三五”期间，内蒙古国资委监管的包头钢铁集团公司和内蒙古电力集团公司入围中国企业 500 强。

内蒙古电力（集团）有限责任公司（以下简称“电力集团”）作为内蒙古自治

❶ 数据来源：内蒙古国资委、内蒙古统计局、内蒙古人大官网。

区人民政府直属国有企业，负责内蒙古电力行业内电力设计、科研、施工等工作。公司主营业务为内蒙古中西部电网的建设与运营，承担内蒙古8个市（盟）的工农牧业生产活动及城乡1388万居民的生活用电保障。此外，公司积极跨省区、跨国境延展其业务范围，供电覆盖区域达72万平方千米。公司于2016年、2018年、2019年、2020年及2021年入围中国企业500强，排名分别在第217位、第249位、第239位、第253位及第256位。

包头钢铁（集团）有限责任公司（以下简称“包钢集团”）成立于1954年，至今已有60多年的发展历程，公司主要生产钢铁和稀土两大产品，同时还经营矿业和非钢业务。包钢集团旗下有两家上市公司，分别为“包钢股份”和“北方稀土”❶。包钢集团于2016年、2019年、2020年、2021年入围中国企业500强，排名分别在第397位、第225位、第242位及第250位。

2020年，包钢集团营业收入达866.76亿元，占内蒙古国资国企总体营业收入的44.2%。同年，电力集团营业收入为855.37亿元，占内蒙古国资国企总体营业收入的43.7%。从营业收入来看，包钢集团和电力集团在内蒙古国资委监管的国有企业的整体营业收入中所占比重较大，是带动内蒙古经济发展的重要力量。

从图2-4中可以看出，“十三五”期间，包钢集团营业收入额在2016—2018年间实现快速增长，由381.07亿元增长到870.69亿元。这主要是因为2017年包钢集团把握“一带一路”发展新机遇，一方面加强同中铁建、中交建等央企的合作，以借船出海的方式，将包钢钢材源源不断地输送给重大工程；另一方面，包钢集团通过完善内部营销激励机制、调整人员结构，全面提升公司营销服务水平。同年，包钢集团生产的钢材出口20多个国家，累计达160万吨，获得外汇收入8.5亿美元，同比增长近50%，实现公司的营业收入跳跃式上涨。

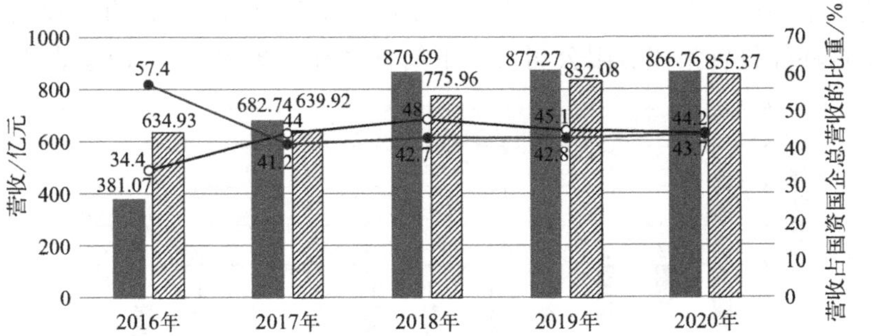

图2-4 包钢集团和内蒙古电力集团2016—2020年营收情况❷

---

❶ 数据来源：内蒙古人民政府国有资产监督管理委员会官网。

❷ 数据来源：内蒙古人民政府国有资产监督管理委员会官网。

相比之下，电力集团的营业收入额增长态势较为平稳，其中 2017—2018 年间增长幅度较大。电力集团营业收入额稳步提升的原因在于，电力集团强化了基础设施建设和推动供给侧结构性改革。一方面，电力集团于 2017 年投入 150.1 亿元固定资产，加快其建设电网工程的步伐，不断提升自身利用新能源发电的能力。另一方面，电力集团积极配合政府深化电力体制改革，大力培育区内用电市场。2017 年，电力集团累计交易电量 984 亿千瓦时，占公司区内售电量的 71%，为内蒙古用电企业节约了 71 亿元左右的电费成本。此外，电力集团还在综合能源、信息技术、财务金融等领域积极增设子公司，不断探索多元化发展和产业转型升级的道路。

总体看来，在“十三五”期间国资国企改革攻坚战中，包钢集团和电力集团作为内蒙古进入中国企业 500 强的国有企业，在健全市场化经营机制、推进混合所有制改革、加大科技创新力度等方面发挥了带头示范作用。

2.1.3 国有企业传统资源型产业占主导地位

2.1.3.1 内蒙古区属国有企业产业分布

内蒙古区属国有企业主要分布在煤炭、钢铁、电力等传统资源型产业。早期，内蒙古丰富的煤炭、油气、稀土等自然资源为区属国有企业带来巨大经济效益的同时，产生了资源浪费、效率低下、创新不足等负面问题。为了改变这种粗放型经济发展方式，内蒙古政府在“十三五”期间一方面通过调整优化能源结构，重点管控资源型企业的能耗量及碳排放量，积极开展节能降碳重点工程，整治不达标企业；另一方面，推动企业进行技术升级，加快形成绿色生产方式，以提高资源利用率，维护生态平衡发展。

由图 2-5 可知，内蒙古区属国有企业集中分布在商业服务业、电力热力生产供应业及资本市场服务业等行业。其中，属于商业服务业的区属国有企业共 5 家，分别为内蒙古环保投资集团有限公司（以下简称“环投集团”）、内蒙古水务投资集

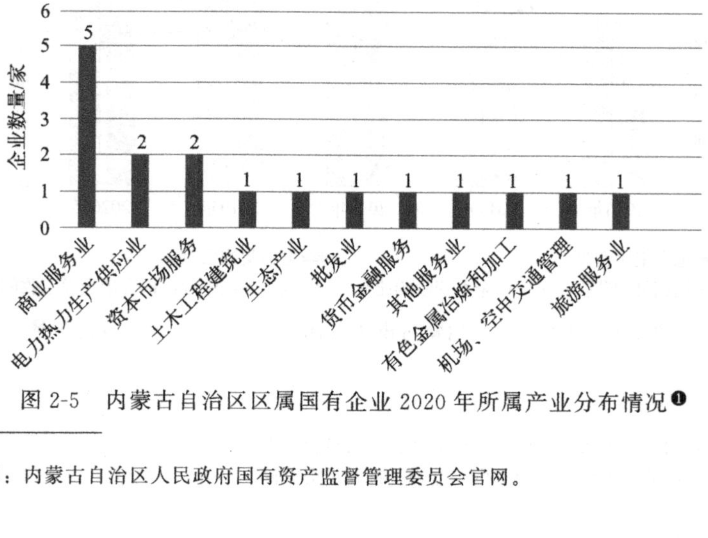

图 2-5 内蒙古自治区区属国有企业 2020 年所属产业分布情况❶

❶ 数据来源：内蒙古自治区人民政府国有资产监督管理委员会官网。

团有限公司（以下简称“水投集团”）、内蒙古公路交通投资发展有限公司（以下简称“公投公司”）、内蒙古国有资本运营有限公司（以下简称“国资运营公司”）、内蒙古威信保安押运服务有限责任公司；属于电力热力生产供应业的区属国有企业共 2 家，分别为电力集团、内蒙古能源发电投资集团有限公司（以下简称“蒙能集团”）；属于资本市场服务业的区属国有企业共 2 家，分别为内蒙古能源建设投资（集团）有限公司（以下简称“蒙能建集团”）、内蒙古交通投资（集团）有限责任公司（以下简称“交投集团”）；分布在其他行业的区属国有企业均为 1 家。得益于内蒙古得天独厚的资源环境条件，内蒙古国有企业大多为依靠金属矿物等自然资源进行钢铁、电力、能源等产品生产制造的企业，或是依靠天然草场发展起来的农牧产品加工型企业，而少有依靠技术创新参与市场竞争的高新技术企业。对于传统资源依赖型企业而言，其主营产品往往附加值较低、技术含量较少，急需加快技术改造步伐、延伸产业链，构筑企业可持续发展优势。

2.1.3.2 内蒙古区属国有企业按 221 战略分布

习总书记考察内蒙古时曾指出，内蒙古是祖国北方的生态安全屏障和安全稳定屏障。多年来，内蒙古政府不断鼓励生态产业做优做大，推动能源化工产业向绿色化转型升级。在此基础上，各区属国有企业通过技术创新不断强化能源及战略资源基地、农畜产品生产基地建设，其产业分布格局与 221 战略所引导的产业分布格局不谋而合。

结合图 2-6 可知，内蒙古区属国有企业在能源及战略资源、交通运输、生态及绿色农畜产品加工行业均有分布。其中，属于能源及战略资源行业的有 4 家，属于交通运输业的有 3 家，属于生态业的有 3 家，属于绿色农畜产品加工业的有 1 家，属于其他行业（金融、住宿和餐饮、公共设施管理业等）的有 6 家，可以看出，区属国有企业的发展与内蒙古 221 战略适配度较高。

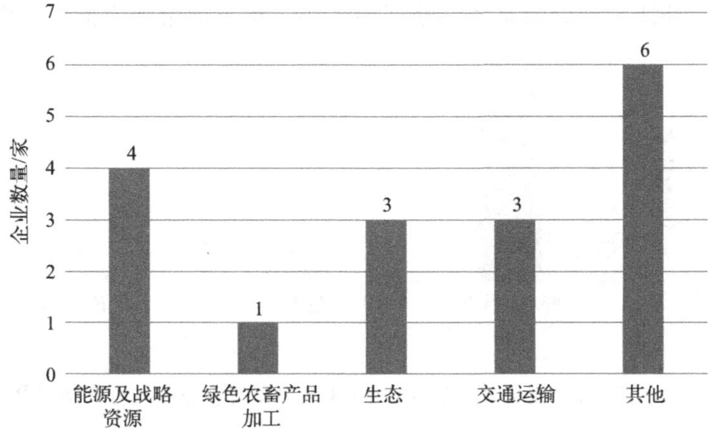

图 2-6 内蒙古自治区 2020 年区属国有企业按 221 战略分布情况

按照221战略分布的划分标准，内蒙古国资委监管的国有企业主要分布在能源及战略资源、交通运输、生态产业以及其他行业。其中，归属于能源及战略资源领域的企业分别是蒙能集团、包钢集团、电力集团、蒙能建集团。其中电力集团主要负责建设运营内蒙古中西部电网，其供电区域不仅覆盖了内蒙古8个市（盟），同时还跨省、跨国境向华北、中西部地区及蒙古国输送电力。此外，公司积极践行绿色发展理念，于2017年升级建设电网工程，搭建风光互补新能源供电系统，提升自身新能源供电能力。归属于交通运输业的企业分别为内蒙古民航机场集团公司、交投集团及公投公司。归属于生态产业的企业分别为内蒙古森林工业集团有限责任公司（简称“内蒙古森工集团”）、环投集团及水投集团。其中，环投集团坚持做“全链条环境总服务商”，在集团内部建立了环保投融资平台、产业平台、环境技术服务平台以及技术创新平台，并在此基础上开发了相应的业务活动；积极筹划实施环境治理工程，帮助内蒙古解决各种生态环境问题，带动内蒙古环保产业健康发展，不断为内蒙古环保事业做贡献。

2.1.4 国有企业集中于首府城市

内蒙古自治区位于祖国正北方，拥有广袤的土地、丰富的矿产资源、便利的交通条件。按照行政区划，可分为蒙东、蒙中和蒙西地区。各地区具有不同的地理环境条件，相应地形成了各自独特的优势产业。

2.1.4.1 内蒙古区属国有企业区域分布

结合图2-7的区域分布情况可知，内蒙古区属国有企业中共有15家位于经济较为发达、区位优势明显的呼和浩特市，占区属国有企业总数的88%，分别为电力集团、蒙能集团、蒙能建集团等，多分布于能源及战略资源、交通运输等行业。包钢集团作为包头市唯一一家区属国有企业，主要通过利用矿产资源进行钢铁产品的生产与销售，其产品原料来自富集了铁、稀土、铌、钍等多种金属矿物的白云鄂博矿。白云鄂博矿铁储量是西北地区最多的，稀土储量则为世界最多的。分布在呼

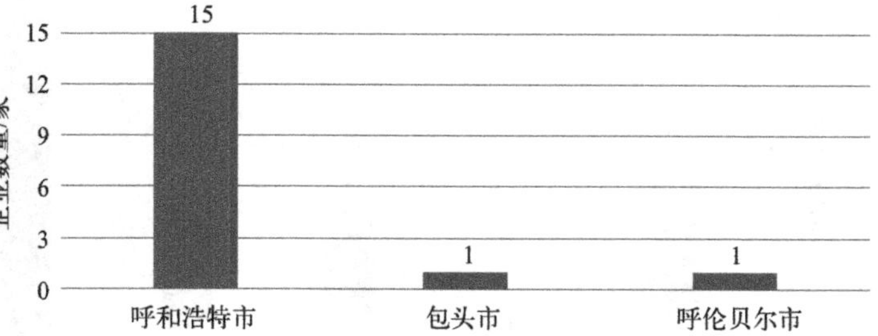

图2-7 内蒙古自治区2020年区属国有企业区域分布情况[1]

---

[1] 数据来源：内蒙古自治区人民政府国有资产监督管理委员会官网。

伦贝尔市的区属国有企业为内蒙古森工集团，受国家林业和草原局的委托，承担内蒙古大兴安岭重点国有林区森林资源经营保护工作，具体开展植树造林、森林抚育、森林湿地和野生动植物保护、日常巡护、森林防火、病虫害防治等，是内蒙古国资委监管的特定功能类全资国有企业。

2.1.4.2　内蒙古区属国有企业区域分布营收、利润及资产情况

从图 2-8 可知，呼和浩特市区属国有企业整体营业收入最高，2020 年实现营业收入 1014.7 亿元，拥有的资产总额为 3300.81 亿元，利润为 24.71 亿元。包头市区属国有企业包钢集团作为有色金属冶炼和加工类的企业，凭借当地钢铁、稀土资源生产钢铁、稀土产品及普通机械制造与加工等业务，2020 年实现营业收入 866.76 亿元，资产总额为 1720.94 亿元，利润为 15.91 亿元。呼伦贝尔市区属国有企业内蒙古森工集团作为生态类的企业，依凭当地森林、草原资源开展生态修复、森林经营等业务，2020 年实现营业收入 5.12 亿元，资产总额为 241.24 亿元，利润总额为 1.19 亿元。

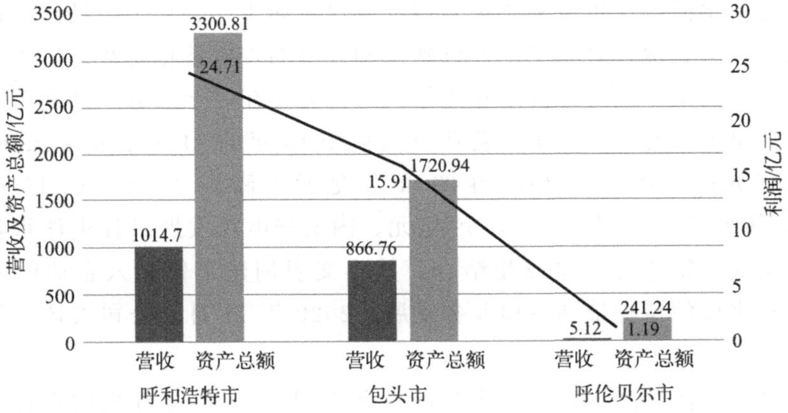

图 2-8　内蒙古自治区区属国有企业 2020 年营收、利润及资产情况❶

2.1.5　国有企业积极推进上市

培养和引导国有企业上市，对提升内蒙古经济活力、推动内蒙古产业结构转型升级有着重大意义。20 世纪 90 年代中期内蒙古国有企业开始上市融资，经过二十多年发展，已上市的国有企业逐渐成长并成熟起来，经济效益获得稳定提升。本节以 9 家内蒙古已上市的国有企业作为分析对象（见表 2-2），了解内蒙古已上市国有企业的发展状况及行业分布情况，进一步认识上市国有企业为内蒙古经济发展所做的贡献。

❶ 数据来源：内蒙古国资委、内蒙古统计局、内蒙古人大官网。

表 2-2 内蒙古自治区上市国有企业名单❶

所在市（盟）	企业名称	所属行业
包头市	中国北方稀土（集团）高科技股份有限公司	有色金属冶炼和压延加工业
	内蒙古包钢钢联股份有限公司	金属制品业
	内蒙古第一机械集团股份有限公司	通用设备制造业
	内蒙古北方重型汽车股份有限公司	制造业
呼和浩特市	内蒙古电力集团有限责任公司	电力、热力生产和供应业
	内蒙古蒙电华能热电股份有限公司	电力、热力生产和供应业
	内蒙古平庄能源股份有限公司	煤炭开采和洗选业
通辽市	内蒙古霍林河露天煤业股份有限公司	煤炭开采和洗选业
阿拉善盟	中盐内蒙古化工股份有限公司	化学原料和化学制品制造业

内蒙古蒙电华能热电股份有限公司，于 1994 年 5 月 20 日在上交所 A 股上市。公司为内蒙古及内蒙古外部分省份提供火力发电、新能源发电服务，同时也负责内蒙古热水的生产供应和维护管理以及煤炭的生产、加工与销售。内蒙华电自上市以来，一直保持着稳健的经营状态和规范的资本运作态势。随着企业规模的不断扩大，内蒙华电的经济效益逐年提升，公司在“十三五”期间营业收入和净利润整体呈上升态势。其中，营业收入从 2016 年的 91.9 亿元上涨到 2020 年的 153.6 亿元；净利润从 2016 年的 3.84 亿元上涨到 2019 年的 11.04 亿元，2020 年的净利润有所下降，为 7.59 亿元。内蒙华电在发展过程中注重将物质文明、政治文明与精神文明建设相结合，并将文明创建工作融入企业的中心工作中，以开拓进取的精神带动各项业务发展。2020 年 11 月，公司被评选为第六届全国文明单位。

内蒙古平庄能源股份有限公司从 1997 年 5 月 12 日开始在境内发行上市内资股。同年 6 月 3 日，其股票在深交所上市交易。该公司前身为内蒙古草原兴发股份有限公司，经过与内蒙古平庄煤业集团资产置换后，正式更名为平庄能源股份有限公司，其经营范围覆盖煤炭开采、加工和销售。公司原材料主要来自风水沟矿、西露天矿、六家矿等矿产基地，此外公司拥有自己的物资供应和煤炭销售公司。利用丰富的资源条件和自身的优质资产，公司每年煤炭产量达 900 万吨左右，为内蒙古能源动力供应做出了巨大贡献。

中国北方稀土（集团）高科技股份有限公司是 1997 年上市的国有企业。初建时，北方稀土是包钢的稀土实验厂，1997 年经过改制后，公司名称变更为包钢稀土高科技股份有限公司。公司股票于 1997 年 9 月 24 日在上交所成功挂牌交易，成为“中华稀土第一股”。2007 年，公司重新整合了包钢集团的稀土产业。2015 年 2

❶ 数据来源：内蒙古自治区人民政府国有资产监督管理委员会官网。

月，改制后的中国北方稀土高科技股份有限公司正式成立，股票简称“北方稀土”。公司生产经营的产品不仅包括稀土原料和稀土功能材料，还包括部分稀土应用产品。“十三五”期间，公司营业收入增长了161.4亿元；净利润从2016年的9084万元上涨到2020年的8.32亿元。在组建北方稀土集团后，公司将生产重点放在稀土原料产品上，同时选择性地开发了一些稀土应用产品，借此提高公司产品的市场占有率，提升公司在稀土行业的话语权，创造更高的经济效益。在产品生产方面，公司通过加大科研投入，改进科研工作机制，提高了自主创新能力；在经营管理方面，公司按职责划分下属部门，由总经理统一实施管理，优化了内部治理结构，提高了企业的经营效率。

内蒙古北方重型汽车股份有限公司（以下简称“北方股份”）主要生产及销售非公路矿用车、相关工程机械及零部件。公司成立于1988年，并于2000年6月在上交所上市交易，其股票为“北方股份”。上市后，北方股份的发展跨上了新台阶。2006年，公司生产的TR50矿用车获评“科技自主创新名牌产品”。通过不断提升生产能力和技术创新能力，公司生产的矿用汽车得到社会的一致认可，其品牌知名度也不断提高。“十三五”期间，北方股份坚持“做专业化矿用车”的发展定位，加大研发投入，推进企业数字化转型，同时通过生产不同型号的矿用汽车满足用户多样化的需求。

中盐内蒙古化工股份有限公司成立于1998年，原为内蒙古兰太实业股份有限公司，由内蒙古吉兰泰盐化集团公司控股，并于2000年底在上交所上市。2014年在中盐总公司新方案的指导下，吉兰泰盐化集团、兰太实业股份公司成为两个独立运营的公司。2020年6月，兰太实业股份公司进行了资产重组，更名为中盐内蒙古化工股份有限公司。公司积极开展研发创新活动，在盐化工与精细化工结合的基础上，积极延伸产业链，拓展出一条从化工原料延伸到能源化工，再到高分子材料和生物制药的完整产业链条。

内蒙古包钢钢联股份有限公司（以下简称“包钢股份”）自1999年成立后，以优良的经营业绩于2001年在上交所成功挂牌上市。上市以来，包钢股份不断探索高质量发展道路，公司品牌价值从2014年的32.66亿元增加到2020年的205.80亿元，“十三五”期间营业收入和净利润分别增长了282.7亿元、3.2亿元。包钢股份致力于打造最优的稀土钢生产基地，成为稀土钢材产品优质供应服务商，其核心产品主要包括热轧钢板、无缝钢管和重型钢轨。

内蒙古第一机械集团股份有限公司（以下简称“内蒙一机”）成立之初为包头北方创业股份有限公司。1984年，公司开始从事铁路车辆的研发制造，2004年5月，公司在上交所上市。2015年至2017年，公司进行重大资产重组后，将名称变更为“内蒙古第一机械集团股份有限公司”，同时新增了与防务装备相关的研发及制造业务，渐渐成长为军民结合的混合所有制重型车辆研发制造集团。“十三五”期间，公司的营业收入从2016年的101亿元上涨到2020年的132.3亿元；净利润从2016年的4.96亿元上涨到2020年的6.56亿元。

内蒙古霍林河露天煤业股份有限公司于2007年4月在深交所主板上市，是一家成立于2001年底的能源型企业，其以煤炭产品生产、电力供应为主要业务，能源产品供应覆盖内蒙古各盟市及吉林、辽宁等外省地区，大大缓解了东北部分地区矿产资源紧缺的局面。“十三五”期间，公司经济效益获得稳步提升，营业收入从2016年的55亿元上涨到2020年的200.7亿元；净利润从2016年的8.24亿元提升到2020年的20.71亿元。

内蒙古蒙水水资源股份有限公司（以下简称“蒙水股份”）是内蒙古水务投资集团联合社会资本共同组建的股份制公司。公司成立于2012年12月，于2016年8月在新三板上市。作为内蒙古水投集团的核心子公司，蒙水股份集结了母公司的大量优势资源，拓展了多条筹资渠道，同时立足本地市场，精耕细作自身业务。在发展过程中，公司将水处理工程投资建设和水务运营作为主业，积极打造多元化业务板块，如投资水利水电环保工程、提供园林景观设计服务等，通过结合不同业务板块迅速扩张公司业务规模。

“十三五”期间，内蒙古政府将国有企业上市工作摆在第一位，通过出台支持性政策来扶持和培育有上市潜力的国企，提高国有企业的活力和竞争力。2021年9月，鄂尔多斯市国有控股企业内蒙古西部天然气股份有限公司经过审查后，已获得内蒙古证监局的上市批准，这标志着西部天然气公司的上市工作进入了辅导和冲刺阶段。公司主营业务分布在压缩和液化天然气、长输管道、城镇管网等领域，其业务辐射范围覆盖内蒙古9个盟（市）。

总体来看，内蒙古上市国有企业多分布于金属、化工、煤炭、电力等资源密集型产业和地面兵器装备制造、专用设备制造等技术密集型产业。首先，对于资源密集型产业，内蒙古矿产资源丰富，能够为金属、化工、煤炭、电力等产业发展提供优质的原材料储备。如北方稀土拥有分公司近40家，遍布国内十多个省份，主要生产稀土冶金、功能材料、深加工应用产品。各分公司协同发展，共同构成了母公司的完整产业链。同时，资源密集型产业在发展过程中会大量耗用当地不可再生的矿产资源，并且会对当地的生态环境造成负面影响。虽然这些国有企业从2010年起先后进行了生产工艺的改进和优化，但废弃物的处理与排放仍是当前内蒙古依赖资源发展的国有企业面临的重点问题。其次，对于技术密集型产业，内蒙古在“十二五”期间不断完善跨区域合作机制，强化与各地区的产学研合作，并通过科教兴区和人才强区战略为技术密集型工业企业注入发展活力。例如，北方股份不断引进国外汽车制造商的先进技术，同时与多所高等院校开展项目合作以提高自身研发创新能力。在对新技术进行消化吸收的基础上，公司现已能够生产不同系列、品种、规格的矿用汽车和相关工程机械产品，培育了自身的技术创新能力。随着大数据时代的到来，内蒙古渐渐开始面向企业、区域和行业建设工业信息服务平台，在平台上实现创意设计和制造技术共享。

2.1.6 国有企业混改进程加快

2.1.6.1 整体情况

党的十八大以来，内蒙古自治区紧紧围绕国家制定的国企改革总方针，加快深化国企改革，在混合所有制改革方面取得了一系列工作成效。

内蒙古各项改革试点工作于 2016 年“十三五”规划开局之年取得了实质性进展。在内蒙古国资委的推动下，各区属国有企业已完成 20 余个混合所有制改革项目。包钢集团通过落实混改项目，使其混合所有制资产达公司资产总额的 2/3。

2017 年，以包钢集团为代表的区属国有企业继续推进落实改革任务。在此过程中，包钢集团对内规范董事会的建设，提升企业内部活力，对外剥离企业社会职能并解决历史性遗留问题；蒙盐集团则积极推进企业内部三项制度改革来激发自身活力。

2018 年，内蒙古能源发电投资集团的全资子公司——新能源公司积极开展增资扩股工作以寻求成功上市的机会。包钢集团作为内蒙古政府向国家申报的第三批混合所有制改革试点企业，通过不断加强对外合作走出一条混合所有制改革的新路径。

图 2-9 反映了内蒙古自治区国资委监管企业在 2017—2019 年间达成的股权、权益、实物交易总数，近三年区属国有企业积极对外发布混改项目，项目成交量大幅度增长，这与内蒙古政府在推动区属国有企业进行混合所有制改革方面做出的努力密切相关。2019 年，内蒙古政府制定出台了 2019—2020 年关于深化国资国企改革的行动方案。2020 年初，内蒙古党委在深化改革委员会第十二次会议上审议通过了内蒙古国企改革三年行动实施方案。方案指出，要继续稳步推进混合所有制改革工作，促进不同所有制企业优势互补、协调发展。政府还积极建设混改项目平台，利用多种渠道推介国企混改项目。由此可以看出，内蒙古政府对国企混合所有制改革工作非常重视。

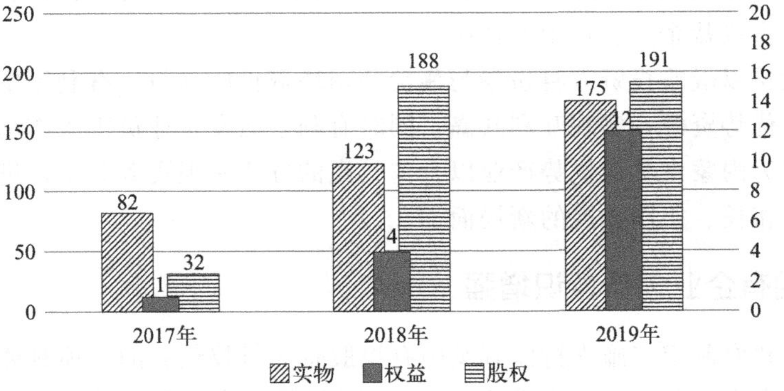

图 2-9　内蒙古自治区国资委区属企业 2017—2019 年成交项目统计图❶（单位：亿元）

❶ 数据来源：内蒙古国资委。

2.1.6.2 示范性国企——额盐公司与中盐股份携手混改

内蒙古额吉淖尔制盐有限公司是一家综合性制盐企业，公司所拥有的额吉淖尔盐湖是中国唯一的草原生态盐湖。依托当地优质原材料，公司主要生产食用盐、畜牧盐和工业盐系列产品，每年成品盐产量高达35万吨。此外，公司内部设立了10个部门，拥有近300名职工及功能齐全的生产车间，年创利税总额达6000余万元。

为积极响应国有企业混合所有制改革的号召，蒙盐集团作为内蒙古直属国有企业，选取额吉淖尔盐场作为混改对象，与中国盐业集团有限公司（简称中盐集团）合作，邀请中盐集团旗下的子公司中国盐业股份有限公司（简称中盐股份）入股额盐公司。中国盐业股份有限公司于2013年12月由中盐集团联合七家省级盐业公司以整体改制上市的方式共同发起成立。中盐股份成立后，按照国家部署要求积极落实混改方针，在进行混改项目过程中，不断吸收母公司核心食盐业务及优良资产，积极打造融合盐资源开发、盐产品研发、盐业工程设计以及盐产品销售的盐业务专业化运营平台。之所以选取中盐股份作为混改合作伙伴，不仅因为额盐公司与中盐股份双方的母公司长期以来开展过多次战略合作，更是因为额盐公司与中盐股份都具有巨大的发展潜力，二者的合作可以产生“1＋1＞2”的效果。中盐股份以增资入股的方式加入额盐公司，有利于将其母公司的治理优势融入额盐公司，带动内蒙古自治区盐业公司整体改革与成长。同时，中盐股份也可以从额盐公司获取资源优势，构建良性循环的企业生态圈。

2018年底，中盐集团与蒙盐集团就拟订的额吉淖尔盐场混合所有制改革框架协议达成了共识，正式签署协议。两家集团公司签署协议后，额盐公司与中盐股份的混改工作又向前推进了一大步。2020年4月，额盐公司增资扩股项目成功在内蒙古产权交易中心挂牌交易，该项目引入中国盐业股份有限公司、内蒙古聚祥投资有限公司和内蒙古戎盐企业管理中心三家股权投资方。额盐公司共募集资金8144万元，其中中盐股份持有额盐公司38％的股权，内蒙古聚祥投资有限公司持股15％，内蒙古戎盐企业管理中心持股5％。

中盐股份以战略投资方身份参与额盐公司增资扩股项目，有利于中盐集团与蒙盐集团整合优势资源，实现互利共赢，同时有利于激发企业员工工作动力。双方的合作也能够为内蒙古其他优势产业以合作共赢的方式实现资源共享，进而形成各产业内部相促相长、协同发展的新局面。

2.1.7 国有企业创新意识增强

内蒙古政府制定实施支持国有及国有控股企业科技创新的5项具体措施，在经营业绩考核中实行研发投入增量按150％视同利润加计和重大科技创新成果单项加分政策以引导企业重视并加大研发投入力度。2019年末，内蒙古区属国有企业已建立20个国家级和自治区级企业研发平台。平台上完成的项目共有70项荣获国家及自治区科技进步奖，共有 2816 个项目通过申请获得国家专利。在 2018—2020 年间，内蒙古区属国有企业的研发经费投入和研发人员数量均稳步提升。研发经费投入从 2018 年的 32.92 亿元增长到了 2020 年的 48.58 亿元，科技人员中研发人员的数量从 2018 年的 4096 人增长到了 2020 年的 5755 人（图 2-10、图 2-11）。

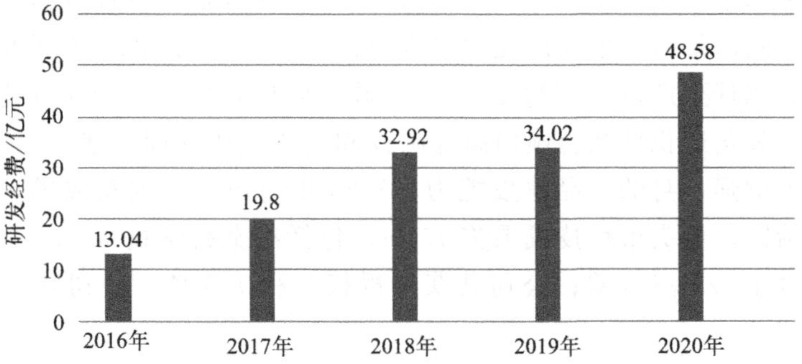

图 2-10　内蒙古自治区国有企业 2016—2020 年科研支出与研发经费投入❶

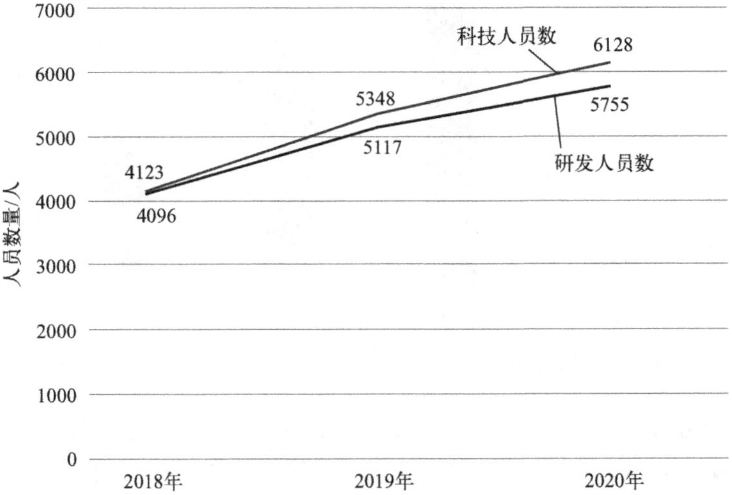

图 2-11　内蒙古自治区国有企业 2018—2020 年科研人员数量❷

在对内蒙古国有企业创新活动调查中发现，建筑业企业、工业企业及服务业企业具有较强的创新意识。呼包鄂地区经济发展速度整体上快于内蒙古其他各盟市，并汇聚了众多充满活力的创新型企业。本小节以内蒙古国有上市企业研发投入情况较好的五家企业为代表进行分析，具体为内蒙古包钢钢联股份有限公司、中国北方稀土（集团）高科技股份有限公司、内蒙古平庄能源股份有限公司、内蒙古北方重

❶ 数据来源：内蒙古自治区人民政府国有资产监督管理委员会网站。

❷ 数据来源：内蒙古自治区人民政府国有资产监督管理委员会网站、内蒙古自治区人民政府网站。

型汽车股份有限公司及中盐内蒙古化工股份有限公司。

由内蒙古包钢钢联股份有限公司营业收入与研发强度情况（图 2-12）可知，公司从 2017 年开始研发强度快速增长，同时实现了营业收入的增加，2020 年营业收入有所下降，但公司的研发强度从 2019 年的 0.09%增长至 2020 年的 0.11%。2018 年公司研发强度最大，高达 0.12%，主要原因是企业在打造稀土钢新材料基地的过程中不断增加研发投入以强化自身科研实力。公司 2020 年开发的新产品数目为 206 个，累计生产新型钢材 214.03 万吨，比计划量多 90.55 万吨。在产能提升的基础上，公司还积极联合国内高等院校和科研院所共同构建产学研合作平台，通过技术学习增强自身的产品研发能力。2020 年公司技术创新成果丰硕，获得冶金行业、自治区、包头市科技成果奖 16 项，包括冶金科学技术一、二等奖，自治区科学技术进步二、三等奖；公司共获得授权专利 186 项。公司核心竞争力不断增强。

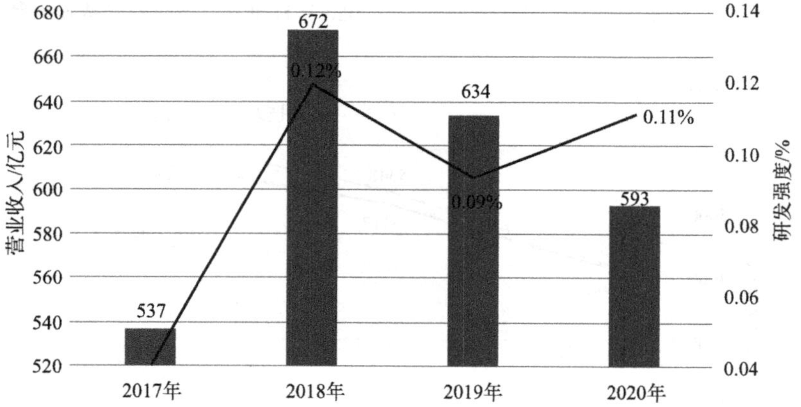

图 2-12　内蒙古包钢钢联股份有限公司 2017—2020 年营业收入及研发强度情况❶

由中国北方稀土（集团）高科技股份有限公司营业收入与研发强度情况（图 2-13）可发现，公司的研发投入强度在经历了从 2017—2018 年的大幅度下降后，于 2018—2020 年有了缓慢的回升，从 2018 年的 0.38%增长到 2020 年的 0.51%。根据调研数据，公司在 2020 年研发投入最高，主要原因是北方稀土深化科研体制机制改革，自主研发 0.5T 磁共振成像系统、开发满足华为 5G 通信基站散热要求的稀土镁合金材料、研制纳米级稀土镁锆晶粒细化剂产品、自主研制 3D 触控玻璃用抛光材料等产生了大量资金投入。公司全年申报了 71 项发明专利、44 项授权专利；获得 18 项省部级以上奖项，获得稀土科学技术一等奖 1 项、二等奖 4 项，科研人员在中国创新方法大赛中斩获金奖；《稀土》杂志跻身国际权威期刊行列；公司先后参与制订并修订国家及行业标准 8 项，团体标准 9 项，发布了国家及行业标

❶ 数据来源：东方财富网。

准 9 项、国际标准 2 项，构建起 6 类新材料测试评价体系，实现稀土国际标准零的突破，构建起全产业链的竞争优势。

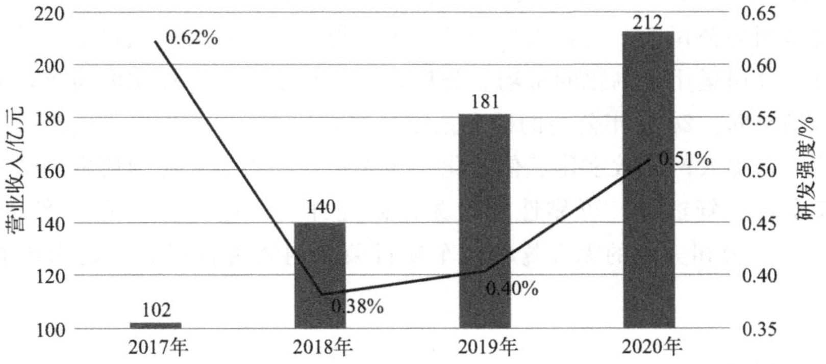

图 2-13 中国北方稀土（集团）高科技股份有限公司 2017—2020 年营业收入及研发强度情况❶

由内蒙古平庄能源股份有限公司营业收入与研发强度情况（图 2-14）可发现，公司的研发强度在 2019 年达到 0.33%。这一年，公司主要进行了绿色矿山的开发建设，具体体现在公司老公营子煤矿已完成国家级绿色矿山的初级考评与核验。此外，公司露天储煤场全封闭工程通过了科研及方案设计阶段，矿井水处理站建设工程通过了验收阶段。以上工程项目的建设致使本年度研发投入达四年来的最高水平。而企业营收从 2017 年的 28 亿元到 2020 年的 18 亿元，每一年比同期均有所下降。一方面是因为我国能源结构面临大调整，可再生能源由替代能源逐步向主要能源发展，煤炭行业发展面临巨大挑战。另一方面是由于煤炭行业受新能源产业冲击影响大，公司部分矿井被迫关停，煤炭产量急剧下降，冗余的职工人数增加，公司赢利能力减弱。2020 年，公司在研发项目上的支出主要用于提升井工煤矿的开采技术与安全管理水平。

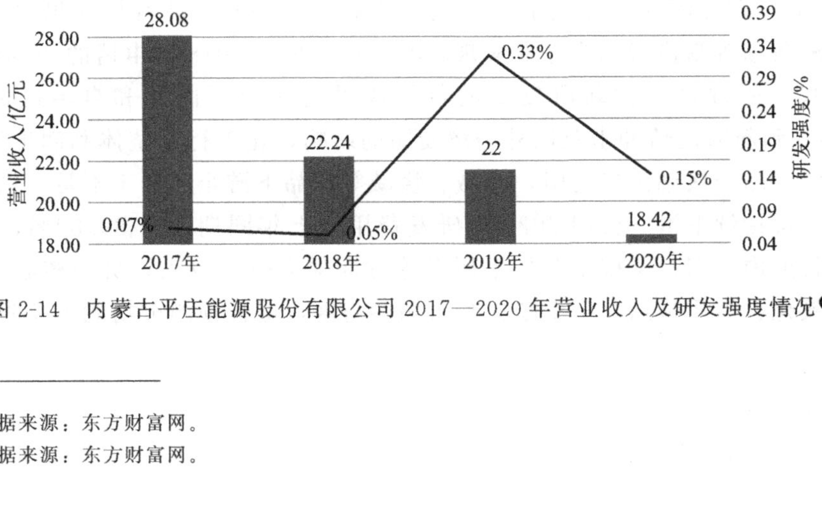

图 2-14 内蒙古平庄能源股份有限公司 2017—2020 年营业收入及研发强度情况❷

---

❶ 数据来源：东方财富网。

❷ 数据来源：东方财富网。

由内蒙古北方重型汽车股份有限公司营业收入及研发强度情况（图 2-15）可发现，公司的研发强度由 2017 年的 0.86%增至 2020 年的 3.84%。公司的营业收入也由 2017 年的 8.9 亿元增至 2020 年的 13.9 亿元左右。2019 年营业收入达到峰值，主要是因为公司生产的无人驾驶矿用车获得了较高的市场认可度，销量不断上升。同时，公司运用定制化的市场服务模式，满足了客户个性化的需求，赢得了更广阔的市场空间。2020 年公司的研发强度增幅高达 200%，主要是因为公司以“三智”为核心，加大产品数字化、信息化、无人化、动力多元化的研发创新力度，重视产品安全性、舒适性、可靠性及耐久性研究开发，进一步提升了产品竞争力。2020 年 9 月，公司完成的无人驾驶矿车项目荣获内蒙古首届职工技术创新成果一等奖。

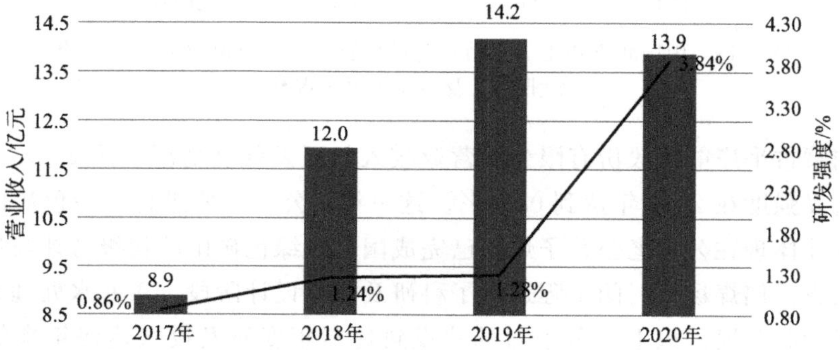

图 2-15　内蒙古北方重型汽车股份有限公司 2017—2020 年营业收入与研发强度情况❶

由中盐内蒙古化工股份有限公司营业收入与研发强度情况（图 2-16）可知，公司此阶段的研发强度和营业收入均实现较大涨幅。公司研发强度由 2017 年的 0.31%增加到 2020 年的 1.25%，其营业收入在 2017 年为 32.86 亿元，2020 年为 97.53 亿元。受“去产能”政策落地程度不断加深及行业发展态势良好的影响，公司 2018 年营业收入明显上涨，盐化工产业产能提升，高科技成果得到运用，去杠杆减负债等举措成功为企业实现降本增效。公司 2018 年申请的 30 项专利均获得授权，通过自主创新研发出的科技成果也获得了国家和自治区的认可。2020 年受到新冠疫情冲击及国外经济萎缩的影响，化工行业整体利润出现下滑。公司主营产品金属钠出口受阻，纯碱、烧碱等产品下游企业开工不足、供需矛盾加大，售价持续下滑。公司 2020 年研发费用较上年同期上升 89.89%，主要原因是报告期内公司在基础工艺技术研发等方面加大研发投入，巩固核心竞争力，实现高效化、高质量运营，不断提高市场参与度，增强预测市场能力及防范风险能力。

---

❶ 数据来源：东方财富网。

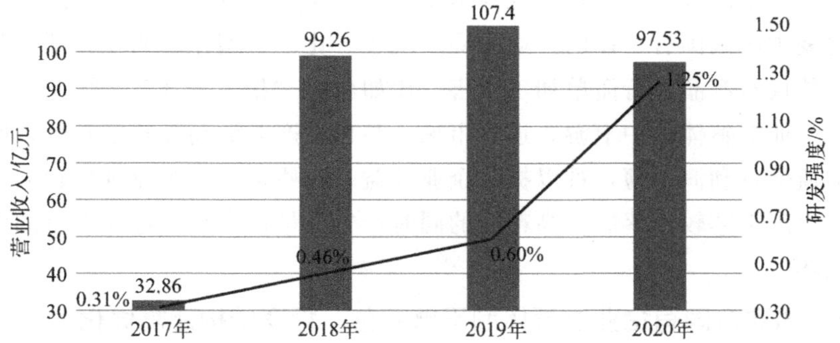

图 2-16 中盐内蒙古化工股份有限公司 2017—2020 年营业收入与研发强度情况[1]

内蒙古国有企业通过加大研发投入、建设与完善企业创新制度、逐步增多产品与工艺创新升级活动、深化员工创新意识等方式研发、创造优秀的创新成果，以此塑造并强化自身在市场竞争中的核心优势。此外，企业高层管理者高度重视创新活动，推动员工创新工作开展速度与频次，并采取多种措施保护创新成果专利。在上述有利措施的推动下，内蒙古国有企业申请专利数量不断上升，企业创新能力不断加强。

2.1.8 国有企业发展中存在的问题

2.1.8.1 内蒙古国有企业成本管控不足，净利润较低

内蒙古国有企业承担着保障区内居民基本生产生活所需物资的重大责任，掌控着自治区经济发展方向与重要战略资源的开发使用权，其生产经营活动往往不计成本，财务成本支出较大，但产出较低，近年利润总额呈现逐年递减趋势。在财务成本管控方面，国有企业的财务部门将大量的时间花费在记账、付款、报表等基础性会计核算工作上，未建立健全成本管控相关配套制度，成本管控措施不够，缺乏对实际业务的全过程成本控制，净利润持续偏低，部分国企净利润甚至为负值，无法为企业战略决策提供支撑。在用工成本方面，多数国有企业在进行人力资源管理时，为了达到招聘人员的数量指标要求，降低人才选拔门槛，所招聘的部分人员不能满足所处岗位的素质要求，且公司员工数量超出正常工作需要，造成用工成本虚高，加大了企业经营发展的阻力。由此来看，全区国有企业对于各项成本管控的工作还需进一步加强。

2.1.8.2 内蒙古国有企业产业布局单一，重型化特征明显

内蒙古自治区 17 家区属国企中，有 4 家企业属于能源工业，3 家属于农畜产品加工业，其他 10 家分散于各行业中，如此布局产生了诸多问题。其一，这些企

[1] 数据来源：东方财富网。

业多为依靠丰富的煤炭、农牧资源等本土资源优势进行生产经营的第二产业企业，这使得内蒙古区属国有企业的产业布局呈现单一化、重型化的明显特征；其二，这些企业多数仅对产品进行简单加工出售，比如包钢“挖土卖土”（稀土）的经营活动，处于产业链整体的中上游，远离市场，与相关产业活动关联度较低，所生产的产品附加值低且利润微薄，难以提升企业效益。这些资源型企业规模较大，但其生产设备、生产工艺较为落后，高耗能的同时产生大量污染物，造成严重的资源浪费与生态破坏。

2.1.8.3 内蒙古国有企业监管体制不够完善，管理结构还需优化

内蒙古国企主要集中于与能源相关的传统行业，负责提供国民经济发展的基础物资，维系社会稳定发展。但内蒙古国有企业在监管体制和管理结构方面仍存在较大问题，制约企业进一步发展。一方面，国有企业主要受国资委的监督管理，企业日常管理工作虽聘用了职业经理人负责国有资产管理的工作，但其仅承担上传下达的职责，并不具有国有资本投资运营和国有企业经营决策的权力，企业的重大投资、资产重组、财务管理等工作仍受国资委直接干预，由国资委负责。另一方面，国有企业支系庞杂，子公司、孙公司数量较多，管理层级划分冗杂，办公程序烦琐，其管理体系难以适应现如今纷繁复杂的外部市场环境。国有企业难以真正拥有独立自主经营权，难以以市场化原则调配企业资源推进新业务的开展，导致难以提升企业生产经营效率、难以构建市场化经营机制及完善内部制度管理体系。此外，国资委在监管过程中对国有企业经营风险的提示和重大违规事件的通报力度不够，没有形成警示作用。因此全区国有企业的监管体制有待进一步完善。

2.1.8.4 内蒙古国有企业创新意识较差，创新能力有待提升

国有企业掌握着国民经济的命脉，较为注重经济责任、社会责任及政治责任的履行，而对于企业自身的效益提升、品牌建设、创新发展等关注较少。虽然近年来内蒙古区属国有企业开始注重研发创新的投入，但内蒙古国企仍存在创新意识较为薄弱、资金投入不足、专利成果少等创新发展问题，究其原因主要在于：一是国有企业由政府长期出资扶持发展，其生存发展压力较小且大多经营活动以完成上级政府任务为主，自身创新研发动力不足，难以形成构建自主品牌、提升自身核心竞争力的观念。二是企业创新相关政策落地程度不够。由于创新活动的开展往往需投入较长时间且成果难以预见，政府政策支持能够帮助企业节时省力高效地开展创新活动，但是在政策帮扶过程中，政府帮扶力度不够、宣传推广不充分、资金到位不及时等问题影响企业创新活动的实际开展。三是内蒙古国有企业人力资源管理机制亟待完善。首先，企业未明确设立高素质、急需紧缺人才的引进与培养相关规章制度，难以招揽并留住人才；其次，内蒙古国有企业缺少研发创新的激励机制，未对创新成果产出进行特殊的绩效激励，严重的平均主义现象忽视了员工不同的激励需

求，弱化了员工创新意愿，致使组织内部创新意识薄弱，内部激励机制形同虚设，既无法达到既定目标，又抑制了国有企业创新活动开展。

2.1.9 解决对策

2.1.9.1 完善国有企业成本管理，提升成本利用效率

内蒙古国有企业需要不断完善和丰富成本核算内容、拓宽成本核算的范围、延展成本核算的深度和广度。在财务成本管控方面，国有企业要从工作内容、监督流程、财务数据、财务制度等方面加强成本精细化管理，同时依据企业发展规划制定成本管理目标，实现财务成本管控工作与企业经营发展的有机结合，将成本管控贯穿企业发展全过程，突破传统会计核算成本的管理局限。在用工成本方面，国有企业若想提升全面预算管理水平，需将用工成本与绩效考核有机结合，建立健全用工预算管理制度，在相关制度的支撑下规划并核算每位员工的预期产出，据此进行科学合理的管控，确保用工预算管理科学可行。此外，国有企业应从不同视角开展成本分析，以产品或服务和最小业务单元两个维度，分析并制定成本管理策略，明确各自边际贡献，厘清发展过程中每一环节的固定成本和可变成本范围，强化内部资源配置的科学性和高效性，助力经济效益的提升。

2.1.9.2 促进国有资本在多产业分布，优化布局结构

为保障内蒙古国民经济稳定健康发展，政府应从产业布局和产业链结构两方面重新调整区属国有资本布局。从产业布局来看，内蒙古国有经济主要集中在资源型产业、重化工产业、交通运输仓储业等传统产业，而在战略性新兴产业及高新科技产业分布较少，未来应向这些关键领域聚集。同时，在调整内蒙古国有资本结构的过程中，相关国有企业应最大程度整合资本，构建跨区域资源整合的创新生态系统，利用国有资本助推内蒙古制造业高质量发展和产业转型，充分发挥技术创新引导作用，形成区域核心竞争力。从产业链结构来看，全区国有经济需要加快向产业链中高端跃进。内蒙古国有资本主要集中于以资源消耗及零部件加工为主的产业链中上游企业，因此，政府应引导内蒙古国有资本加快从部分传统产业领域退出，转投技术创新领域，优化内蒙古国有资本产业布局，通过改善产品生产技术提升产品附加值以延链、补链，增强国有企业在产业链发展中的影响力与控制力。

2.1.9.3 完善国企监管体制，优化企业管理结构

内蒙古区属国有企业受内部管理结构的制约及国资委监管方式影响，其日常生产经营活动的灵活性和时效性较弱，亟需对现行监管方式及内部管理结构进行改革。首先，国资委需针对国有资本的监管方式、特殊资产管理等方面进行改进，完善相关体制机制，增强监管的有效性。同时，国资委需在企业的日常经营过程中减少直接干预行为，避免过度监管，以明确的规章制度划分权责，充分放权至职业经理人，保证其在日常工作中充分发挥能动性。此外，国有企业还需调整组织管理结

构，进一步缩减组织层级，构建适合组织可持续发展的管理结构，提升企业各层级间交流速度和信息传递的准确性，并加快建立灵活高效的市场化经营机制，以内生组织活力，切实提高企业运行效率，从而在激烈的市场竞争中保持可持续发展优势。

2.1.9.4 营造良好创新环境，引进优秀创新人才

内蒙古区属国有企业多为能源企业，其发展主要依靠当地独特的资源进行产品生产，同时其生产加工所使用的大型机械设备主要依靠引进国外先进设备，对于生产创新的投入力度不足。内蒙古国有企业在创新改革方面，首先，必须树立正确的创新意识，变革以往直接引进先进技术和先进设备的思路，重视创新资金的投入及创新人才的培养。其次，政府应充分发挥自身作用，依据内蒙古国有企业发展情况及需求制定差异化的扶持政策，鼓励、支持、引导国有企业开展创新工作，同时引导更具活力的民营企业与国有企业合作，共同营造良好的创新氛围。在资金获取及投入方面，内蒙古国有企业一方面应加大科研经费在整体经费支出中的占比，另一方面应吸纳来自社会各方的投资、融资，拓宽科研资金获得渠道，从而构建更为合理的资金结构。最后，内蒙古区属国有企业还应重视创新人才的引进、培育及留存问题。国有企业应与区内高校搭建产学研创新合作平台，有针对性地培养人才，优化组织内部薪酬激励机制及人才发展通道，提升现有人才留存意愿并充分调动其创新积极性。同时，国有企业可有效组织高校和科研院所的高层次创新人才，协同开展创新活动，加快科研成果向生产力的应用转化速率，建立可持续发展的创新模式。

2.2 内蒙古民营企业 100 强市场竞争力分析与评价

民营经济是我国经济组成中最有活力的部分，是实现我国经济高质量发展和促进供给侧结构性改革的关键驱动力。作为民营经济主体，民营企业竞争力水平决定了我国民营经济整体发展质量，因此，提升民营企业竞争力是我国经济转型中最重要的任务之一。改革开放以来，我国民营企业体量不断扩大，目前民营企业生产总值占国内生产总值 60%以上，纳税额占我国总税收的半数以上，此外，民营企业还贡献了 70%以上的技术创新成果以及 80%以上的城镇劳动就业。截至 2020 年底，我国民营企业数量已经达到 4000 多万家，占我国企业总数的 90%以上，尽管受疫情影响，世界经济整体呈下滑趋势，而我国民营企业保持了良好的发展态势(周贵川，2015)[2]。

“十三五”期间，内蒙古自治区始终坚持贯彻落实党对民营经济的扶持政策，不断以产业结构优化政策引领地区民营企业发展方向，帮助民营企业解决发展过程中面临的问题，营造良好的营商环境，带动地区民营经济持续稳步增长。总体来

说，内蒙古民营企业整体发展态势良好，民营企业进出口总额呈高速增长态势，民营企业净利润率逐年攀升，其中，民营工业企业生产总值增幅较大，对其他产业拉动效果显著。内蒙古百强民营企业不仅是地方经济的重要支柱，而且对于区域相关产业发展具有较强的带动作用，此外，内蒙古百强民营企业主要集中于部分区域优势产业，百强民营企业竞争能力能够反映内蒙古优势产业的发展水平。因此，强化百强民营企业竞争能力有利于内蒙古加快供给侧结构性改革，聚力壮大特色优势产业，助推内蒙古经济高质量发展。本节选取 2016—2021 年内蒙古百强民营企业作为研究样本，从百强企业发展趋势、营收能力、产业分布、区域集聚、科技创新等方面分析内蒙古百强民营企业竞争能力，最后，以时间轴为线索，从多个维度分析内蒙古民营百强企业突出问题并提出相应对策建议。

2.2.1 百强民企发展趋势向好

本节以 2016—2021 年内蒙古民企 100 强以及中国民营企业 500 强榜单作为数据来源，针对不同年份数据，从百强企业入围门槛、营收总额、产业结构、地区分布等方面对内蒙古百强民企整体发展情况进行概述[1]。

2.2.1.1 2016 年内蒙古民营企业 100 强分析

“十二五”期间，内蒙古民营企业始终保持平稳运行的发展态势。截至 2015 年底，内蒙古民营经济实现增加值 11579.10 亿元，其中百强民营企业占 35.90%，较 2014 年上升了 1.3%。2015 年，内蒙古百强民营企业营业收入总额较 2014 年上升了 6.30%，达 4157.07 亿元，资产总额较 2014 年增长 9.86%，达 11130.68 亿元[2]；入围门槛较 2014 年上升了 14.79%，达 5.82 亿元。

从营收规模来看，位居百强榜首的是内蒙古伊利实业集团股份有限公司，其营业收入达到 603.59 亿元，位居第二、第三的分别是内蒙古鄂尔多斯投资控股集团有限公司和内蒙古伊泰集团有限公司。

从所处产业来看，半数以上百强民营企业集中在第二产业，其营收总额占百强企业总体的 79.92%，资产总额占 63.45%。百强民营企业中处于批发业的企业数量最多，达到 16 家；位列第二与第三位的行业分别是金属冶炼和压延加工业与绿色农畜业，分别拥有企业数量 10 家、8 家；旅游服务业以 7 家上榜企业位居第四；化学原料和化学制品加工业与石油煤炭相关产业均有 4 家上榜企业，位列第五；道路运输业中有 3 家企业上榜，位居第七；通用设备制造业以 2 家企业位居第八，仅占内蒙古百强民营企业的 2%。批发业上榜企业数目最多，包括内蒙古食全食美股份有限公司、久泰能源内蒙古有限公司、内蒙古美方煤焦化有限公司等发展比较平

---

[1] 本节各年度内蒙古民营企业百强榜单均由企业上一年度实际营业收入确定，例如 2021 年内蒙古民营企业 100 强榜单依据 2020 年民营企业实际营业收入得出。

[2] 数据来源：新浪网。

稳的公司；畜牧业有内蒙古科尔沁牛业股份有限公司；金属相关产业有内蒙古庆华集团有限公司，且连续多年上榜。民营企业近年来发展较为平稳。

从百强企业分布区域来看，呼、包、鄂三地入围内蒙古民营企业 100 强有 51 家，实现营收总额共计 3019.96 亿元，占内蒙古百强民营企业的 72.65%；总资产达 8806.11 亿元，占内蒙古百强民营企业的 79.12%。其中，包头市入围企业最多，有 20 家❶。位列第二与第三的盟（市）分别是呼和浩特市与鄂尔多斯市，分别拥有 16 家和 15 家上榜企业。锡林郭勒盟位于最末，仅拥有一家上榜企业。

2.2.1.2 2017 年内蒙古民营企业 100 强分析

2016 年全国两会期间，习近平总书记发表的重要讲话阐明了如何处理非公有制经济与公有制经济之间的关系，讲述了新时代应如何发展非公有制经济。这为非公有制经济发展提供了重要的指导。

“十三五”以来，民营企业日渐成为内蒙古就业的主要渠道，民营企业对就业人群的充分吸纳对区内产业结构的调整以及地区整体经济水平的带动作出重大贡献。2017 年内蒙古百强民营企业总体规模继续保持增长态势，营业收入总额和资产总额分别达到 4265.19 亿元和 12848.81 亿元；企业利润大幅回升，实现税后净利润 394.34 亿元。2017 年内蒙古百强民营企业实现纳税 260.63 亿元，吸纳就业 29.97 万人，其社会贡献不容忽视❷。

从营收规模来看，内蒙古伊利实业集团股份有限公司以 606.09 亿元的营业收入总额夺得“状元”，内蒙古鄂尔多斯投资控股集团有限公司、内蒙古伊泰集团有限公司分别以 417.24 亿元和 411.53 亿元位列榜眼和探花❸。

从所属产业来看，2016 年，百强民营企业所处行业依然集中在批发零售业，拥有 23 家上榜企业，较 2015 年增加 7 家。位列第二与第三的产业分别是化学原料和化学制品制造业与金属冶炼和压延加工业，分别拥有 9 家和 7 家上榜企业。金属和矿采选业以 6 家上榜企业位居第四，零售业和商务服务业并列第五名，均有 5 家上榜企业。从分布区域来看，2017 年内蒙古民营企业 100 强名单中上榜数量最多的盟（市）是包头市，拥有 23 家上榜企业。位列第二与第三的盟（市）分别是鄂尔多斯市与呼和浩特市，分别拥有 17 家和 14 家上榜企业。呼包鄂地区百强企业集中度持续增强。巴彦淖尔市有 11 家上榜企业位居第四，赤峰市有 9 家上榜企业，位列第五。乌海市有 7 家企业上榜，位居第六，阿拉善盟与乌兰察布市有 5 家上榜企业并列第七。锡林郭勒盟和通辽市有 3 家上榜企业，并列第九，呼伦贝尔市有 2 家上榜企业，位列第十一名，兴安盟有 1 家上榜企业，位列最后一名❹。

---

❶ 数据来源：2016 年内蒙古民营企业 100 强出炉，伊利位列榜首. 内蒙古长安网，2016-10-11。
❷ 数据来源：2017 年内蒙古民营企业 100 强名单近日发布. 内蒙古新闻网。
❸ 数据来源：2017 年内蒙古民营企业 100 强名单近日发布. 内蒙古新闻网。
❹ 数据来源：2017 年内蒙古民营企业 100 强名单近日发布. 内蒙古新闻网，2018-1-3.

2.2.1.3 2018年内蒙古民营企业100强分析

2017年，内蒙古百强民营企业全年实现营业收入5631.34亿元，同比增长32.03%，户均实现营业收入56.32亿元，较2016年提高13.66亿元；入围门槛达7.32亿元，较2016年增加1.15亿元，增长18.64%；税后净利润达466.68亿元，较2016年增长87.69%，其中净利润超亿元的企业有48家，比2016年增加6家。2017年，百强民营企业社会贡献成效显著，其纳税总额达到425.21亿元，较2016年增长65.01%，员工人数达到26.47万人，较2016年下降11.68%[1]。

从资产规模来看，2017年，内蒙古百强民营企业资产总额为16063.16亿元，较2016年增长25.02%；户均资产规模较2016年增加32.14亿元。百强民营企业中资产规模超100亿元的有26家，较2016年增加6家；营业收入超100亿元的民营企业为11家，较2016年增加2家[2]。

从产业结构来看，内蒙古百强民营企业中有70家属于第二产业，其中从事制造业的企业有47家[3]；28家属于第三产业；2家属于第一产业。从内蒙古百强民营企业所属行业来看，批发业仍是上榜企业数量最多的行业，企业数为16家。位列第二与第三的产业是金属冶炼和压延加工业与绿色农畜业，分别拥有9家和7家上榜企业。化学原料和化学制品加工业以5家上榜企业位居第四，建筑业与石油煤炭相关产业均为4家上榜企业，并列第五，道路运输业和通用设备制造业以两家企业位居第七。从分布区域来看，2018年内蒙古民营企业100强名单中上榜数量最多的盟（市）是包头市，拥有22家上榜企业。鄂尔多斯市上榜企业21家位列第二，位列第三与第四的盟（市）分别是上榜企业14家和11家的呼和浩特市与巴彦淖尔市，赤峰市上榜企业8家位居第五，乌海市与乌兰察布市上榜企业7家并列第六，阿拉善盟上榜企业5家位居第八，通辽市上榜企业3家位列第九，呼伦贝尔市与兴安盟上榜企业1家位列第十名，锡林郭勒盟位于最末，并未有企业上榜[4]。

2017年，内蒙古百强民营企业拥有国内外商标总量达到6864个，户均68个，比2016年增加3个；百强民营企业共有国内外专利4047项，户均40项，比2016年增加17项[5]。从2017年的数据分析可以了解到，内蒙古百强民营企业已经逐渐成为税收的重要来源、金融发展的重要依托以及经济持续健康发展的重要力量，在增加就业、改善民生等方面发挥了重要的作用。

2.2.1.4 2019年内蒙古民营企业100强分析

2018年，内蒙古百强民营企业营业收入总额达到5844.03亿元，同比增长

---

❶ 数据来源：2018内蒙古民营企业100强名单发布.呼伦贝尔市工商业联合会网，2018-9-3.

❷ 数据来源：内蒙古民企100强名单公布.搜狐网，2018-8-26.

❸ 数据来源：内蒙古民企100强名单公布.搜狐网，2018-8-26.

❹ 数据来源：内蒙古民企100强名单公布.搜狐网，2018-8-26.

❺ 数据来源：2018内蒙古民营企业100强名单发布.呼伦贝尔市工商业联合会网，2018-9-3.

3.77%；入围门槛达到13.1亿元，较2017年增加5.8亿元，增长79.5%。其中，作为民企"领头羊"的伊利集团年度营业额涨幅最大，以795.53亿元位居榜首，较2017年增加114.95亿元。

从营收规模来看，2018年，内蒙古百强民营企业前10强营收总额达到3146.64亿元，占内蒙古百强民营企业的53.84%。内蒙古百强民营企业资产总额达10056.73亿元，户均资产超百亿元。

从产业结构来看，第二产业以入围企业81家继续占据产业主体地位，营收总额占100强的75.92%，资产总额占71.18%。其中，内蒙古百强民营企业中占据主体行业的制造业拥有企业53家，较2017年增加6家。第三产业入围企业17家，营收总额占内蒙古百强民营企业的23.16%，资产总额占27.72%。内蒙古百强民营企业中，煤炭开采和洗选业以拥有上榜企业17家位列行业榜首，化学原料和化学制品制造业以及石油加工、炼焦和核燃料加工业分别以11家上榜企业和10家上榜企业位列第二与第三。整体来看，第二产业在企业数量、规模上仍占主体地位。

从分布区域来看，鄂尔多斯市百强企业数量首次超过包头，成为百强企业分布最为密集的盟（市），不仅如此，鄂尔多斯市百强民营企业营收总额占内蒙古百强民营企业全部营收总额的半数以上，资产总额更是达到内蒙古百强民营企业总资产的61.85%。乌海市和包头市分别以入围企业14家和13家位居第二和第三位。截至2018年底，内蒙古百强民营企业税后净利润总额达到511.87亿元，较2017年增长9.75%；实现纳税总额462.62亿元，较2017年增长8.8%；实现吸纳就业33.76万人，较2017年增长27.5%，其社会贡献创历史新高❶。

2.2.1.5 2020年内蒙古民营企业100强分析

2018年12月12日，自治区政府办公厅印发《关于促进民营经济高质量发展若干措施》，紧紧围绕习近平总书记就民营经济、民营企业发展做出的重要讲话精神，切实解决民营企业融资难、资金缺口大、缴费负担大的问题，表明大力支持民营企业发展的坚定立场，提出促进民营企业高质量发展的可行办法，极大地鼓舞了民营企业家的发展信心[4]。

在相关政策推动下，2019年内蒙古民营企业100强入围门槛继续上升，达到14.67亿元，较2018年提高1.57亿元，增幅11.98%。与此同时，百强民营企业整体规模不断扩大，营业收入总额达到6351.09亿元，比2018年（5844.03亿元）增长8.68%❷。

从营收规模来看，在2020内蒙古民营企业100强榜单上，年营业收入超过100亿元的企业有11家，比2019年榜单增加2家；超50亿元的民营企业有28家，比2019年增加7家。其中榜单前三强企业营收皆突破500亿元；有17家企业营收

❶ 数据来源：内蒙古自治区工商联。

❷ 数据来源：2020内蒙古民营企业100强重磅发布. 腾讯网，2020-12-14.

规模在 50 亿～100 亿元之间，其余 72 家企业营收均在 10 亿～50 亿元。具体来看，内蒙古伊利实业集团股份有限公司以 902.23 亿元的营业收入总额稳居榜首，内蒙古鄂尔多斯投资控股集团有限公司以 620.12 亿元排行第二，内蒙古伊泰集团有限公司以 588.13 亿元位居第三，奔腾科技实业集团股份有限公司以 14.67 亿元居第 100 位❶。

从科技创新看，内蒙古伊泰集团有限公司、呼伦贝尔东北阜丰生物科技有限公司和内蒙古伊利实业集团股份有限公司研发投入位居前三位，分别为 8.58 亿元、5.33 亿元和 4.95 亿元。截止到 2019 年底，内蒙古百强民营企业共拥有国内外专利 4076 项，较 2018 年增长 11.7%，其中国内专利 3968 项，国外专利 108 项，平均拥有专利 40 项，较 2018 年增长 3 项❷。

从产业结构来看，2020 年内蒙古百强民营企业名单中上榜数量最多的产业是批发零售业，拥有 18 家上榜企业；金属冶炼和压延加工业拥有 13 家上榜企业，位列第二；绿色农畜业有 9 家上榜企业，位列第三，与 2019 年相比，增加了内蒙古优然牧业有限责任公司和内蒙古佰惠生新农业科技股份有限公司 2 家企业；石油煤炭相关产业有 8 家上榜企业位居第四，较 2019 年减少 2 家企业；化学原料和化学制品加工业和旅游服务业有 6 家上榜企业位居第五，建筑业有 5 家上榜企业位居第六，通用设备制造业有 4 家上榜企业位居第七，道路运输业有 1 家上榜企业暂时落后，位居第八。

从分布区域来看，2020 年内蒙古百强民营企业名单中上榜数量最多的盟（市）是鄂尔多斯市，拥有 23 家上榜企业。乌海市与包头市有 14 家上榜企业并列第二，呼和浩特市有 10 家上榜企业位居第四，赤峰市和巴彦淖尔市有 8 家上榜企业并列第五。乌兰察布市有 7 家上榜企业位居第七，通辽市有 6 家上榜企业位居第八，阿拉善盟与锡林郭勒盟有 3 家上榜企业并列第九，呼伦贝尔市和兴安盟有 2 家上榜企业并列第十一名❸。

2.2.1.6 2021 年内蒙古民营企业 100 强分析

2020 年，面对极其复杂严峻的国内外形势，特别是新冠肺炎疫情严重冲击，全区各级各部门按照自治区党委、政府工作部署，紧扣全面建成小康社会目标任务，坚持稳中求进工作总基调，坚持以人民为中心，科学统筹疫情防控和经济社会发展，扎实做好“六稳”工作，全面落实“六保”任务，全区经济持续回稳，社会大局和谐稳定（王玉梅，2019）[5]。

从营收规模来看，2020 年内蒙古百强民营企业的营业收入为 6424.02 亿元，较 2019 年的 6351.09 亿元增长 1.15%。2020 年内蒙古民营企业 100 强入围门槛为

❶ 数据来源：2020 内蒙古民营企业 100 强重磅发布. 腾讯网，2020-12-14.

❷ 数据来源：2020 内蒙古民企百强出炉，伊丰伊利研发费用投入最多. 腾讯网，2021-1-14.

❸ 数据来源：2020 内蒙古民营企业 100 强重磅发布. 腾讯网，2020-12-14.

15.29 亿元，较 2019 年的 14.67 亿元增长 4.23%，近 5 年平均增长率达到 21.34%，内蒙古百强民营企业发展态势总体良好，经济实力不断增强。

从产业结构来看，2021 年内蒙古百强民营企业大多集中于第二产业。其中，煤炭开采和洗选业的企业数量较多，但呈逐年下降趋势，金属矿采选业营业收入总额占比较高。

从分布区域来看，2021 年内蒙古百强民营企业遍及全区 12 个盟（市）。在入围企业数量方面，鄂尔多斯市入围企业数量最多，有 21 家，其次为包头市，有 16 家民企入围，呼和浩特市与乌海市并列第三名，均有 13 家民企入围，其余盟（市）入围企业均少于 10 家[1]。

2.2.2 百强民企营收逐年上涨

2.2.2.1 内蒙古百强民营企业营收概况

(1) 入围门槛及最高营收

随着产业集中化程度不断提高，市场竞争不断加剧，近五年来，内蒙古民营企业 100 强入围门槛也持续上升。2016 年内蒙古民营企业百强入围门槛较 2015 年提高 0.35 亿元，增幅 6.01%；2017 年入围门槛较 2016 年提高 1.15 亿元，增幅 18.64%[2]；2018 年百强入围门槛较 2017 年提高 5.78 亿元，增幅达到 78.96%。2019 年，内蒙古出台了旨在促进民营经济发展的新政 26 条，不仅降低了企业用能、用工以及物流成本，还为企业创新发展提供科研经费补助等一系列措施，大大提升了民营企业发展活力。受新政影响，2019 年内蒙古民营经济整体水平有所提高，2019 年内蒙古民营企业 100 强入围门槛达到 14.67 亿元，较 2018 年提高 1.57 亿元，增幅 11.98%[3]。2020 年内蒙古民营企业 100 强入围门槛为 15.29 亿元，较 2019 年提高 0.62 亿元，增幅 4.23%[4]。

从企业营业收入来看，内蒙古百强民营企业最高营收由 2015 年的 603.59 亿元增长到 2020 年的 968.86 亿元，呈现逐年攀升的趋势。具体情况见图 2-17。其中内蒙古百强民营企业营收中位数数值偏低，但仍呈现逐年递增的趋势，表明内蒙古百强民营企业整体营收的中等水平距离最高营收仍然具有很大差距，企业需进一步加强自身营收能力以提升百强企业整体营收。

(2) 内蒙古百强民企营收占内蒙古地区生产总值比重

2016 年内蒙古百强民营企业实现营业收入共计 4265.19 亿元，占内蒙古地区生产总值的 22.89%[5]。2017 年内蒙古百强民营企业实现营业收入共计 5631.54 亿

---

[1] 数据来源：内蒙古工商联。

[2] 数据来源：总营收 9310.07 亿元！2022 内蒙古民营企业 100 强发布. 内蒙古日报网，2022-12-29.

[3] 数据来源：2020 内蒙古民营企业 100 强重磅发布. 腾讯网，2020-12-14.

[4] 数据来源：杭州锦江集团. 2019 内蒙古民营企业 100 强榜单发布，锦联入榜第八位. 铝道网，2019-9-26.

[5] 数据来源：内蒙古晨报. 2017 年内蒙古民营企业 100 强名单近日发布. 内蒙古新闻网，2018-1-3.

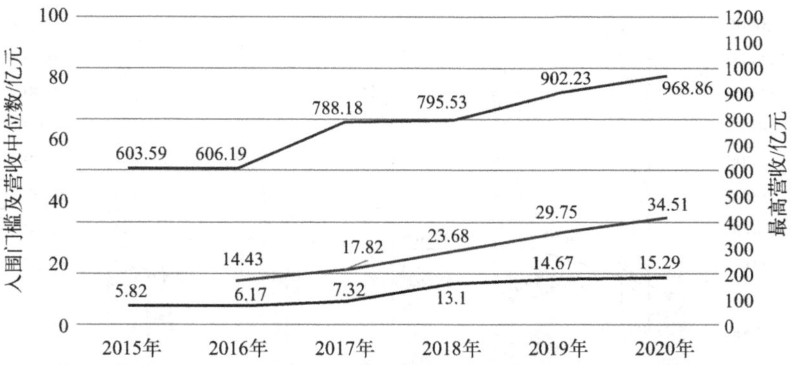

图 2-17 2015—2020 年内蒙古百强企业入围门槛、营收中位数及最高营收变化[1]

元，占内蒙古地区生产总值的 34.97%[2]。2016 年到 2017 年内蒙古百强民营企业增加了接近 1400 亿元的营业收入，而 2017 年内蒙古地区生产总值较 2016 年有所下降，民营企业营业收入的稳步增长离不开自治区党委、政府对于非公有制经济发展的高度重视。同时，政府将非公有制经济的长足稳定发展提升到了战略高度，这为 2017 年民营企业发展提供了良好的营商环境，使得该年内蒙古百强民营企业营业收入获得了进一步增长。2018 年内蒙古百强民营企业实现营业收入共计 5844.03 亿元，占内蒙古地区生产总值的 33.80%[3]。2019 年内蒙古百强民营企业实现营业收入共计 6351.09 亿元，占内蒙古地区生产总值的 36.90%[4]。内蒙古百强民营企业营收占地区生产总值比重在该阶段之所以大幅提升，是因为从 2018 年到 2019 年内蒙古百强民营企业营收增长了 500 多亿元，而内蒙古地区生产总值出现小幅下滑，这一现象在一定程度上能够说明民营企业对于区域经济发展的支撑作用正逐年加大。总体来看，内蒙古百强民营企业营业收入以及占地区生产总值比重在 2016—2020 年间呈逐年递增的趋势，具体情况如图 2-18 所示。

2.2.2.2 内蒙古百强民企入围中国民企 500 强情况

(1) 中国民企 500 强入围企业

2016 年中国民营企业 500 强中有 8 家内蒙古企业上榜，营业收入超过 300 亿元的企业有三家，分别是：内蒙古伊利实业集团股份有限公司以 603.59 亿元的营业收入位居 500 强名单第 47 位，内蒙古鄂尔多斯投资控股集团有限公司以 403.43 亿元营业收入位居 500 强名单第 99 位，内蒙古伊泰集团有限公司以 324.36 亿元的

[1] 数据来源：2016—2021 年内蒙古百强民营企业名单。
[2] 数据来源：知识超人. 2018 年内蒙古民营企业 100 强发布. Maigoo 网，2019-5-14.
[3] 数据来源：杭州锦江集团. 2019 内蒙古民营企业 100 强榜单发布，锦联入榜第八位. 铝道网，2019-9-26.
[4] 数据来源：内蒙古自治区工商业联合会. 2020 内蒙古民营企业 100 强重磅发布. 腾讯网，2020-12-14.

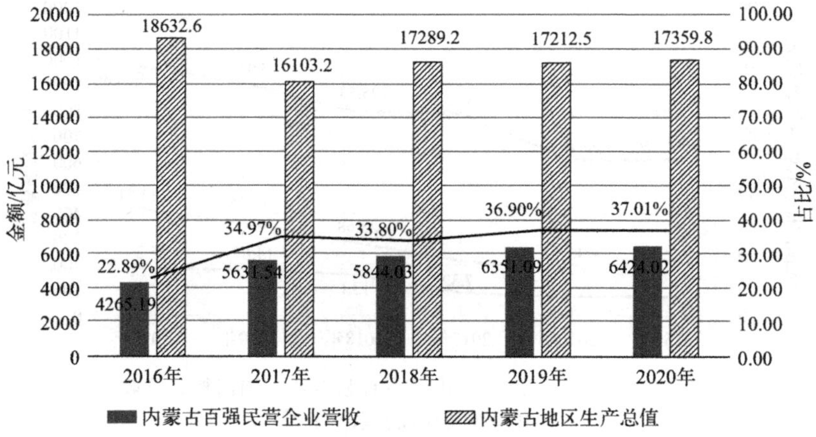

图 2-18 内蒙古百强民营企业营收占比内蒙古地区生产总值趋势变化❶

营业收入位居榜单第 131 位。8 家企业的具体情况见表 2-3。

表 2-3 入围 2016 年中国民营企业 500 强的内蒙古企业❷

企业名称	全国 500 强民企排名	营收/亿元
内蒙古伊利实业集团股份有限公司	47	603.59
内蒙古鄂尔多斯投资控股集团有限公司	99	403.43
内蒙古伊泰集团有限公司	131	324.36
亿利资源集团有限公司	155	291.35
包商银行股份有限公司	202	227.12
内蒙古源通煤化有限责任公司	440	114.14
内蒙古蒙泰煤电集团有限公司	462	108.82
内蒙古庆华集团有限公司	486	102.93

2017 年中国民营企业 500 强中有 6 家内蒙古企业上榜，其中，营业收入超过 300 亿元的企业仍为 2016 年的三家，分别是：内蒙古伊利实业集团股份有限公司营业收入基本与 2016 年持平，为 606.19 亿元，位居 500 强名单第 65 位；内蒙古鄂尔多斯投资控股集团有限公司营业收入较 2016 年增长 13.81 亿元，达到 417.24 亿元，位居 500 强名单第 111 位；内蒙古伊泰集团有限公司营业收入增长近 90 亿元，达到 411.53 亿元，位居 500 强名单第 116 位。2017 年内蒙古入围中国民营企业 500 强的 6 家企业情况见表 2-4。

❶ 数据来源：2017—2021 年内蒙古统计年鉴及内蒙古百强民营企业名单。

❷ 数据来源：内蒙古 8 家企业上榜 2016 中国民营企业 500 强。

表 2-4 入围 2017 年中国民营企业 500 强的内蒙古企业[1]

企业名称	全国 500 强民企排名	营收/亿元
内蒙古伊利实业集团股份有限公司	65	606.19
内蒙古鄂尔多斯投资控股集团有限公司	111	417.24
内蒙古伊泰集团有限公司	116	411.53
包商银行股份有限公司	239	234.10
赤峰远联钢铁有限责任公司	431	138.45
内蒙古蒙泰煤电集团有限公司	472	125.88

2018 年中国民营企业 500 强中有 7 家内蒙古企业上榜，营业收入超过 300 亿元的企业有 5 家，其中，前 3 名的企业依然为内蒙古伊泰集团有限公司、内蒙古伊利实业集团股份有限公司以及内蒙古鄂尔多斯投资控股集团有限公司。亿利资源集团有限公司和乌海银行股份有限公司分别以 450.08 亿元和 315.53 亿元的营收位列中国民营企业 500 强的 146 位和 237 位。具体情况见表 2-5。

表 2-5 入围 2018 年中国民营企业 500 强的内蒙古企业[2]

企业名称	全国 500 强民企排名	营收/亿元
内蒙古伊泰集团有限公司	60	788.18
内蒙古伊利实业集团股份有限公司	82	680.58
内蒙古鄂尔多斯投资控股集团有限公司	139	465.30
亿利资源集团有限公司	146	450.08
乌海银行股份有限公司	237	315.53
包商银行股份有限公司	250	299.78
内蒙古汇能煤电集团有限公司	462	167.38

2019 年中国民营企业 500 强中有 4 家内蒙古企业上榜，分别为：内蒙古伊利实业集团股份有限公司、内蒙古鄂尔多斯投资控股集团有限公司、内蒙古伊泰集团有限公司以及亿利资源集团有限公司。4 家上榜企业营收均超过 400 亿元，500 强的排名区间在 80 至 180，与 2018 年中国民营企业 500 强排名区间相比，有所下滑。具体情况见表 2-6。

2020 年中国民营企业 500 强中仍然仅有 4 家内蒙古企业上榜，上榜企业与 2019 年相同。其中，营收前 3 名的企业在中国民营企业 500 强的排名区间与 2019 年相近，亿利资源集团有限公司在中国民营企业 500 强排名由 2019 年第 175 位降至第 291 位，具体情况见表 2-7。

---

❶ 数据来源：2017 中国民营企业 500 强出炉：内蒙古 6 家企业上榜（附榜单）。

❷ 数据来源：2018 年中国民营企业 500 强排行榜（内蒙古上榜企业名单）：共 7 家企业上榜. 中商情报网。

表 2-6 入围 2019 年中国民营企业 500 强的内蒙古企业❶

企业名称	全国 500 强民企排名	营收/亿元
内蒙古伊利实业集团股份有限公司	81	795.53
内蒙古鄂尔多斯投资控股集团有限公司	118	583.10
内蒙古伊泰集团有限公司	129	557.61
亿利资源集团有限公司	175	435.48

表 2-7 入围 2020 年中国民营企业 500 强的内蒙古企业❷

企业名称	全国 500 强民企排名	营收/亿元
内蒙古伊利实业集团股份有限公司	70	902.23
内蒙古鄂尔多斯投资控股集团有限公司	123	620.12
内蒙古伊泰集团有限公司	140	588.13
亿利资源集团有限公司	291	316.58

2021 年中国民营企业 500 强中依然只有 4 家内蒙古企业上榜，上榜企业与 2020 年相同。4 家企业在中国民营企业 500 强中的排名均出现不同程度的下滑，下降幅度较大的是内蒙古伊泰集团有限公司和亿利资源集团有限公司。其中，内蒙古伊泰集团有限公司从 2020 年的 140 位下滑至 293 位，亿利资源集团有限公司从第 291 位下滑至 470 位。具体情况见表 2-8。

表 2-8 入围 2021 年中国民营企业 500 强的内蒙古企业❸

企业名称	全国 500 强民企排名	营收/亿元
内蒙古伊利实业集团股份有限公司	82	968.86
内蒙古鄂尔多斯投资控股集团有限公司	154	617.05
内蒙古伊泰集团有限公司	293	351.78
亿利资源集团有限公司	470	244.86

(2) 中国民企 500 强入围门槛及内蒙古入围数量

综合 2016—2021 年中国民营企业 500 强榜单，可以看出，内蒙古民营企业入围中国民营企业 500 强的数量整体呈逐年下降趋势，从 2015 年的 8 家下降到 2018 年的 4 家，此后一直仅有 4 家企业能够上榜。不仅如此，上榜企业在中国民营企业 500 强的位次普遍呈下滑趋势，具体情况如图 2-19 所示。从所处产业来看，上榜

❶ 数据来源：内蒙古 4 家企业入围 2019 中国民营企业 500 强。

❷ 数据来源：内蒙古 4 家企业亮相 2020 中国民营企业 500 强：伊利第 70 位。

❸ 数据来源：中国民营企业 500 强公布，内蒙古 4 家企业入围。

企业以农畜产品加工业和能源生产企业为主。以 2016 年中国民营企业 500 强排行榜为例，上榜企业包括内蒙古伊利实业集团股份有限公司、鄂尔多斯控股集团、内蒙古伊泰集团有限公司、亿利资源集团有限公司、包商银行股份有限公司、内蒙古源通煤化有限责任公司、内蒙古蒙泰煤电集团有限公司以及内蒙古庆华集团有限公司。除伊利和包商银行股份有限公司外，其他入围企业均与能源行业有关（毛盛勇，2019）[10]。

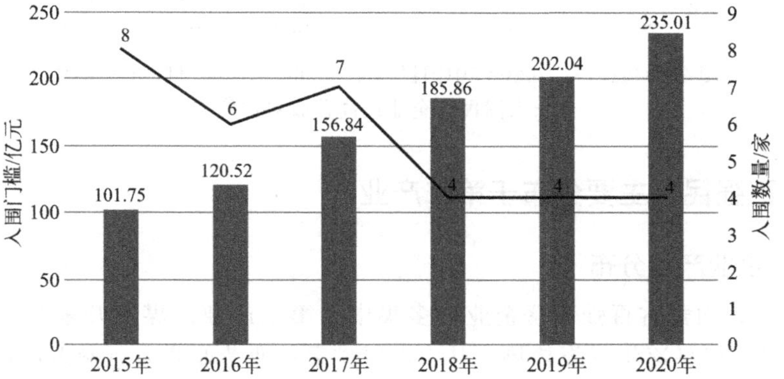

图 2-19　2015—2020 年中国民营企业 500 强入围门槛及内蒙古入围数量趋势变化❶

由此可见，内蒙古民营企业虽然发展活力日益增强，但相较于全国水平仍然存在较大差距。随着我国民营经济整体发展提速，中国民营企业 500 强入围门槛逐渐攀升，使得内蒙古民营企业入围数量总体呈减少的趋势。内蒙古应进一步加大对民营经济的支持力度，以政策支持带动民营企业持续发展。

(3) 中国民企 500 强入围门槛与内蒙古未入围中国民企 500 强的最高营收

随着中国经济的持续增长，中国民营企业 500 强入围门槛逐年提升。2015 年中国民营企业 500 强入围门槛为 101.75 亿元；2016 年中国民营企业 500 强入围门槛为 120.52 亿元，内蒙古未入围中国民营企业 500 强营业收入最高的为乌海银行股份有限公司（116.66 亿元）；2017 年中国民营企业 500 强入围门槛为 156.84 亿元，内蒙古未入围中国民营企业 500 强营业收入最高的为内蒙古蒙泰煤电有限公司（138.08 亿元）；2018 年中国民营企业 500 强入围门槛为 185.86 亿元，内蒙古未入围中国民营企业 500 强营业收入最高的为内蒙古汇能煤电集团有限公司（168.59 亿元）；2019 年中国民营企业 500 强入围门槛为 202.04 亿元，内蒙古未入围中国民营企业 500 强营业收入最高为内蒙古汇能煤电集团有限公司（187.82 亿元）；2020 年中国民营企业 500 强入围门槛为 235.01 亿元，内蒙古未入围中国民营企业 500 强营业收入最高的为内蒙古蒙泰集团有限公司（204.39 亿元）。具体情况如图 2-20 所示。

❶ 数据来源：2016—2021 年中国民营企业 500 强名单。

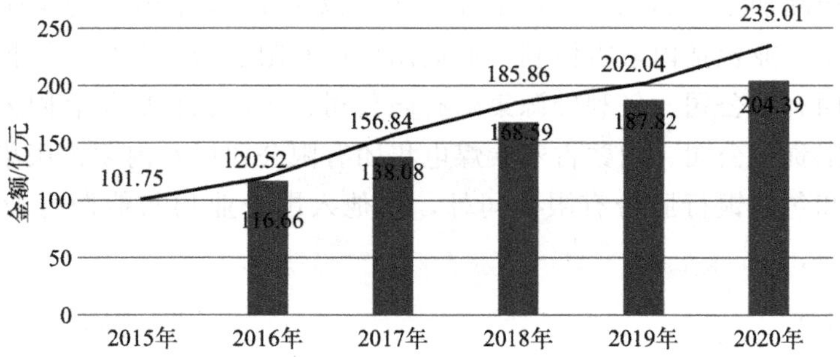

图 2-20　2015—2020 年中国民营企业 500 强入围门槛与内蒙古未入围民营企业最高营收对比❶

2.2.3 百强民企主要分布于第二产业

2.2.3.1 企业产业分布

2020 年，内蒙古百强民营企业大多集中于第二产业。煤炭开采和洗选业的企业数量较多，但呈逐年下降趋势，其中金属矿采选业营业收入总额占比较高。2019 年内蒙古百强民营企业分布在 19 个行业，其中 18%的企业属于批发行业，主要包括内蒙古食全食美股份有限公司、内蒙古蒙泰集团有限公司等；13%的企业属于金属冶炼和压延加工业，主要包括赤峰远联钢铁有限责任公司、包头市大安钢铁有限责任公司等。2018 年批发行业企业入围百强民企数量最多，占内蒙古百强民营企业的 21%；从事金属冶炼和压延加工业以及化学原料和化学制品制造业的企业分别占内蒙古民营百强企业的 13%和 6%，位居第二和第三位。2017 年内蒙古百强民营企业主要集中于批发行业。内蒙古君正能源化工集团股份有限公司、内蒙古大地云天化工有限公司以及联邦制药（内蒙古）有限公司等化学原料和化学制品制造业企业占内蒙古百强民营企业的 8%。2016 年批发业企业占内蒙古百强民营企业的 16%，占比最多；从事化学原料和化学制品制造业与金属冶炼和压延加工业企业数量分别位居第二、第三。2015 年批发业、金属冶炼和压延加工业（黑色金属冶炼和压延加工业与有色金属冶炼和压延加工业）以及旅游服务业（商业服务业与旅游餐饮业）3 个产业入围企业共 33 家，其中，批发业成为 2015 年入围企业数量最多的产业，入围企业共 16 家。具体情况如图 2-21 所示。

受内蒙古经济持续发展、产业体系不断完善和产业结构逐步提升等因素的影响，批发业作为地区产业结构中的主体产业始终保持稳健的发展态势，其企业数量由 2015 年的 16 家增长到 2019 年的 18 家。全区批发零售业企业规模不断扩大，新型业态快速发展，销售增长速度较快，经济拉动力持续增强。内蒙古自治区批发业行业中，矿产品、建材及化工产品批发销售额占比最大，批发零售业的经营形态包

❶ 数据来源：2016—2021 年中国民营企业 500 强名单及内蒙古百强民企名单。

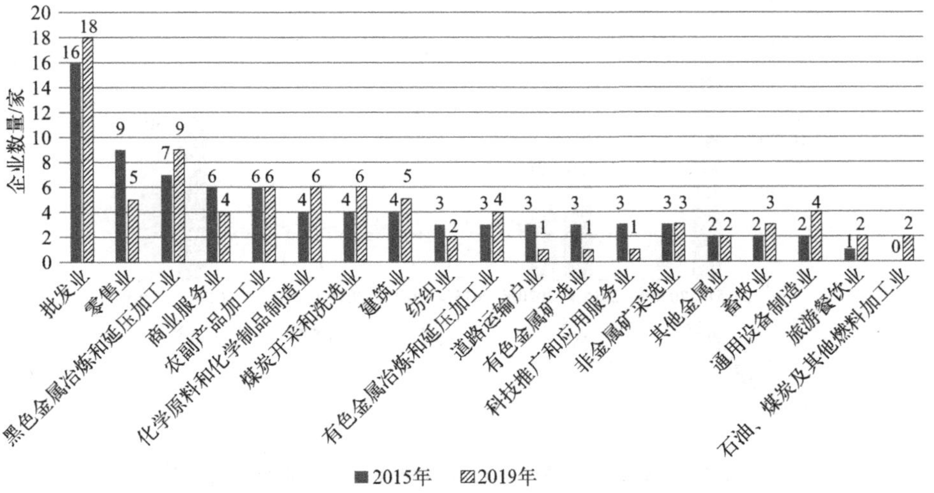

图 2-21　2015 年和 2019 年内蒙古百强企业各产业分布数量❶

括超市、便利店、专卖店、购物中心、无店铺的销售企业、网上商店、小杂货店、商品批发市场等（Nilanjan Ray，2021）[6]。自 2015 年以来，新型业态——购物中心、大型折扣百货商场和连锁专卖店逐渐进入市场，一定程度上带动了市场发展。这一系列因素导致内蒙古批发业牢牢占据百强企业榜首。2019 年，全区统筹推进疫情防控和经济社会发展，各项政策取得显著成效，工业生产持续稳定恢复。全区大规模黑色金属冶炼和压延加工业产值较上年增长 7.7%，有色金属冶炼和压延加工业产值较上年增长 8.4%，化学原料和化学制品制造业产值增长 5.1%，非金属矿物制品业产值增长 25.3%。此外，下游产业装备制造业产值较上年增长 38.1%。全区采取的一系列相关政策对整个工业产业链、供应链的持续发展起到了一定的推动作用。

2.2.3.2　企业 221 战略分布

内蒙古自治区积极响应 221 战略，大量民营企业集中分布于能源及战略资源、绿色农畜产品加工业、运输旅游业以及生态行业。2015 年，在产业结构方面，从事能源及战略资源产业的共有 46 家企业；绿色农畜产品加工业有 20 家企业；物流业有 1 家企业；生态行业仅有 1 家企业，批发业、零售业等共有 32 家企业。2020 年，在产业结构方面，从事能源及战略资源、绿色农畜产品加工、生态、物流及其他行业的企业分别有 48 家、20 家、1 家、1 家、30 家，较 2015 年企业数量变化不大，具体情况如图 2-22 所示。内蒙古百强民营企业主要集中于能源及战略资源、绿色农畜产品加工、批发业等具有地区资源优势的传统产业，代表企业有内蒙古伊泰集团有限公司、东方希望包头稀土铝业有限责任公司等龙头企业。而在百强民营企业中，发展前景较好、技术含量高的新兴行业占比较少，存在行业分布不均匀的现象。

---

❶ 数据来源：2016 年、2020 年内蒙古百强民营企业名单。

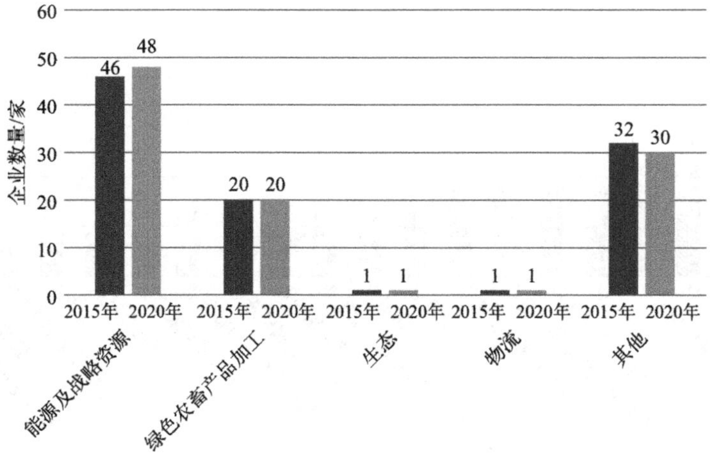

图 2-22　按 221 战略产业划分内蒙古百强企业数量变化❶

2.2.4　百强民企大多分布于呼包鄂地区

2.2.4.1　区域企业分布

2020 年相较于 2015 年来说，包头市、呼和浩特市、赤峰市、巴彦淖尔市、阿拉善盟、兴安盟拥有内蒙古百强民营企业的数量整体呈现下降趋势，相反，鄂尔多斯市、乌海市、乌兰察布市、通辽市、锡林郭勒盟以及呼伦贝尔市拥有内蒙古百强民营企业的数量呈现上升的态势，具体情况如图 2-23 所示。

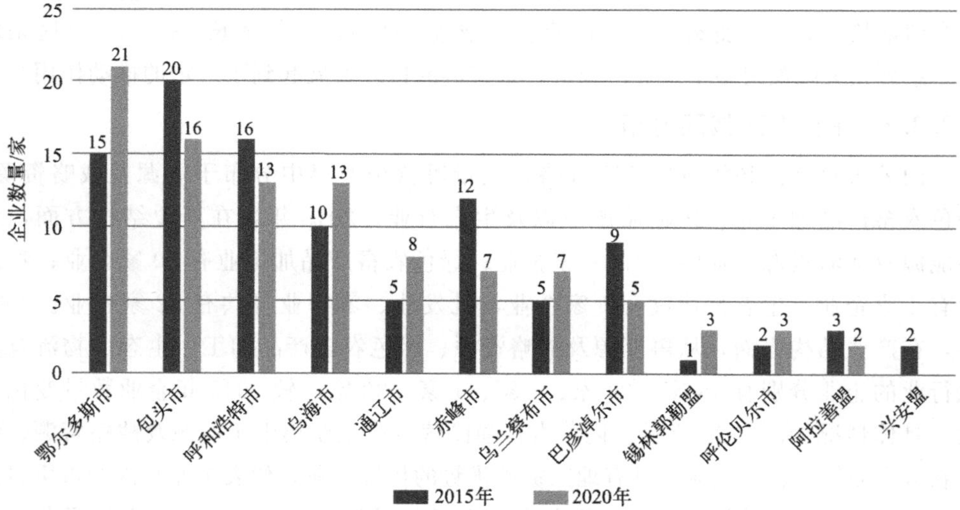

图 2-23　内蒙古各盟（市）民营企业上榜百强数量变化❷

❶ 数据来源：2016 年、2021 年内蒙古百强民营企业名单。

❷ 数据来源：2016 年、2021 年内蒙古百强民营企业名单。

呼包鄂地区作为内蒙古自治区中西部的核心区域，在内蒙古百强民营企业上榜数量排行中取得了较好的成绩。鄂尔多斯市建材资源遍布该市八个旗（区），且全市各地都不同程度地蕴藏着煤炭资源。该市民营企业在东部和西部可开展炼焦、建筑和石油化工等相关活动；在中部可进行发电、气化等业务；在南部可开发水煤浆、活性炭吸附等新型产品，发展加工企业，开展生产并出口精煤等业务。这为当地煤炭开采、新产品开发加工等企业的发展与壮大创造了良好的条件，也促使鄂尔多斯市实现了从2015年拥有百强民企数量第三位上升至2020年拥有21家百强民营企业位居榜首的突破。包头市位于呼包银沿线经济带、呼包鄂城市群的中部，其工业、制造业处于全区领先水平，是世界轻稀土工业中心和我国重要的基础制造业基地。截至2020年，包头市拥有16家百强民企，位列内蒙古拥有百强民企盟（市）的第二名。呼和浩特市拥有大量的矿产资源，现已发现的矿产有20多种，矿产地85处，矿点矿化点63处。2020年，呼和浩特市拥有13家百强民营企业与乌海市并列位居内蒙古拥有百强民企盟（市）第三名。

2.2.4.2 区域营收分布

2020年营收最高的盟（市）是鄂尔多斯市，该地区营业总收入为2264.89亿元，位居内蒙古自治区营收榜单榜首。鄂尔多斯市因具有天然的地理优势和资源优势，为该地带来了良好的经济效益；呼和浩特市以1480.95亿元的营业收入位居第二名。作为内蒙古的省会城市，呼和浩特市具有优越的地理位置，便利的交通，是许多百强企业设厂的首选之地；乌海市以632.68亿元的营业收入位居第三名；包头市以596.73亿元的营业收入位居第四名。作为呼包鄂经济圈的中心城市，包头市的钢铁资源和稀土资源的独特性是其优势所在；通辽市以343.83亿元的营业收入位居第五名；赤峰市以338.76亿元的营业收入位居第六名。具体情况如图2-24所示。

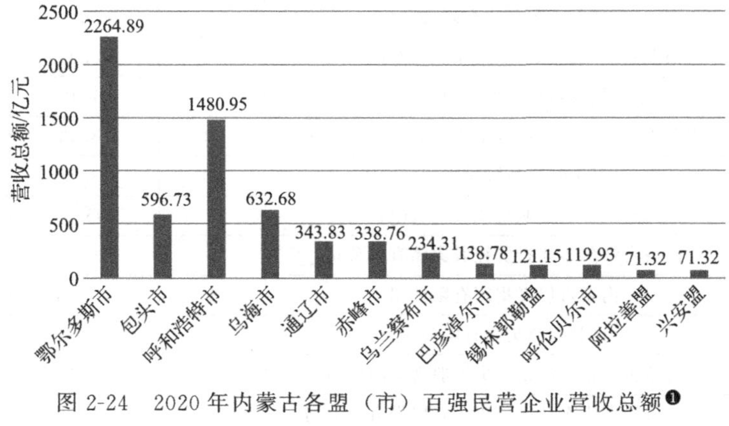

图2-24 2020年内蒙古各盟（市）百强民营企业营收总额[1]

[1] 数据来源：2021年内蒙古百强民营企业名单。

2.2.5 百强上市民企数量波动较小

2.2.5.1 百强上市企业

上市公司是百强民企的中坚力量，对于优化融资结构、推动区域经济发展发挥着重要作用（Gasmi Nacer，2021）[7]。2020 年内蒙古民营企业百强中包括 10 家上市企业，2019 年内蒙古民营企业 100 强中包括 8 家上市企业，2018 年内蒙古民营企业 100 强中包括 8 家上市企业，2017 年内蒙古民营企业 100 强中包括 8 家上市企业，2016 年内蒙古民营企业 100 强中包括 8 家上市企业，2015 年内蒙古民营企业 100 强中包括 9 家上市企业（张西华，2019）[11]。具体情况见表 2-9。

表 2-9　2015—2020 年百强民营上市企业名单

年份	上市企业名称	排名	营收/亿元	总营收/亿元
2020 年	内蒙古伊利实业集团股份有限公司	1	968.86	2514.60
	内蒙古鄂尔多斯投资控股集团有限公司	2	617.05	
	内蒙古伊泰集团有限公司	3	351.77	
	亿利资源集团有限公司	4	244.86	
	内蒙古君正能源化工集团股份有限公司	7	148.04	
	银泰黄金股份有限公司	14	79.06	
	赤峰吉隆黄金矿业股份有限公司	33	45.58	
	内蒙古蒙草生态环境（集团）股份有限公司	65	25.42	
	金河生物科技股份有限公司	87	18.15	
	金宇生物技术股份有限公司	97	15.81	
2019 年	内蒙古伊利实业集团股份有限公司	1	902.23	2622.94
	内蒙古鄂尔多斯投资控股集团有限公司	2	620.12	
	内蒙古伊泰集团有限公司	3	588.13	
	亿利资源集团有限公司	4	316.58	
	内蒙古君正能源化工集团股份有限公司	12	98.05	
	银泰黄金股份有限公司	27	51.49	
	内蒙古蒙草生态环境（集团）股份有限公司	54	28.52	
	金河生物科技股份有限公司	83	17.82	
2018 年	内蒙古伊利实业集团股份有限公司	1	795.53	2538.02
	内蒙古鄂尔多斯投资控股集团有限公司	2	583.1	
	内蒙古伊泰集团有限公司	3	557.61	
	亿利资源集团有限公司	4	435.48	
	内蒙古君正能源化工集团股份有限公司	14	84.73	
	内蒙古蒙草生态环境（集团）股份有限公司	32	38.21	
	内蒙古兴业矿业股份有限公司	47	24.39	
	金宇生物技术股份有限公司	71	18.97	

续表

年份	上市企业名称	排名	营收/亿元	总营收/亿元
2017 年	内蒙古伊泰集团有限公司	1	788.18	2557.45
	内蒙古伊利实业集团股份有限公司	2	680.58	
	内蒙古鄂尔多斯投资控股集团有限公司	3	465.3	
	亿利资源集团有限公司	4	450.08	
	内蒙古君正能源化工集团股份有限公司	13	77.4	
	内蒙古蒙草生态环境（集团）股份有限公司	19	55.79	
	内蒙古兴业矿业股份有限公司	45	21.11	
	金宇生物技术股份有限公司	49	19.01	
2016 年	内蒙古伊利实业集团股份有限公司	1	606.09	1851.28
	内蒙古鄂尔多斯投资控股集团有限公司	2	417.24	
	内蒙古伊泰集团有限公司	3	411.53	
	亿利资源集团有限公司	4	306.84	
	内蒙古君正能源化工集团股份有限公司	15	57.14	
	内蒙古蒙草生态环境（集团）股份有限公司	26	28.61	
	金宇生物技术股份有限公司	48	15.17	
	内蒙古兴业矿业股份有限公司	79	8.66	
2015 年	内蒙古伊利实业集团股份有限公司	1	603.59	1725.42
	内蒙古鄂尔多斯投资控股集团有限公司	2	403.43	
	内蒙古伊泰集团有限公司	3	324.36	
	亿利资源集团有限公司	4	291.35	
	内蒙古君正能源化工集团股份有限公司	20	48.33	
	内蒙古和信园蒙草抗旱绿化股份有限公司	39	17.68	
	赤峰吉隆黄金矿业股份有限公司	43	15.91	
	金宇生物技术股份有限公司	55	12.47	
	内蒙古兴业矿业股份有限公司	77	8.30	

2.2.5.2 百强上市数量及营收

内蒙古民营企业 100 强中上市企业数量在 2015—2020 年期间浮动较小。而内蒙古民营企业 100 强上市企业总营收呈现整体上升趋势，由 2015 年的 1725.42 亿元攀升至 2020 年的 2514.6 亿元。2016 年内蒙古民营企业 100 强中上市企业有 8 家，其中 2015 年由于赤峰吉隆黄金矿业股份有限公司未参评该年度内蒙古民营企业 100 强评选，故未进入榜单。2016—2018 年内蒙古民营企业 100 强上市企业数量稳定，均为 8 家且这 8 家企业连续三年上榜。2019 年内蒙古民营企业 100 强中上市企业有 8 家，其中内蒙古兴业矿业股份有限公司和金宇生物技术股份有限公司因未达到内蒙古民营企业 100 强入围门槛而未进入该年榜单，银泰黄金股份有限公司则因为参加该评选活动而顺利进入内蒙古民营企业 100 强榜单，见图 2-25。

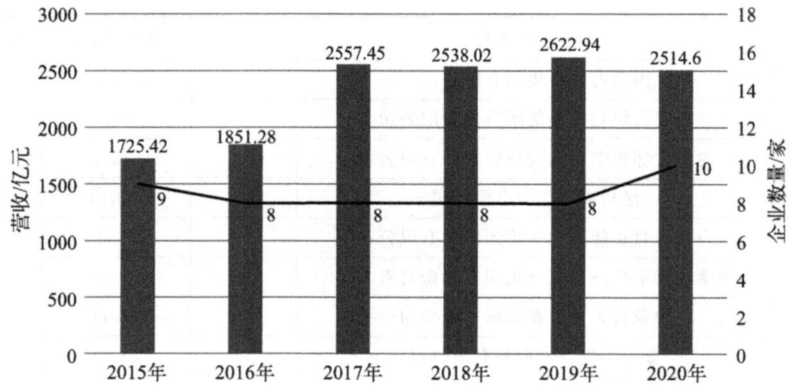

图 2-25　2015—2020 年百强民营企业上市企业数量及营收情况❶

内蒙古民营企业 100 强中近一半营收来源于名单中的几家上市企业，上市企业营业总收入自 2015 年到 2020 年呈现波动变化的态势，其占内蒙古百强民营企业营业收入的比例由 2016 年的 43.4%上升到 2017 年的 45.41%，此后该比例呈现波动递减的趋势，具体情况如图 2-26 所示。可见，虽然百强名单中上市公司数量较少，但对于百强企业总营业收入的贡献率较高。

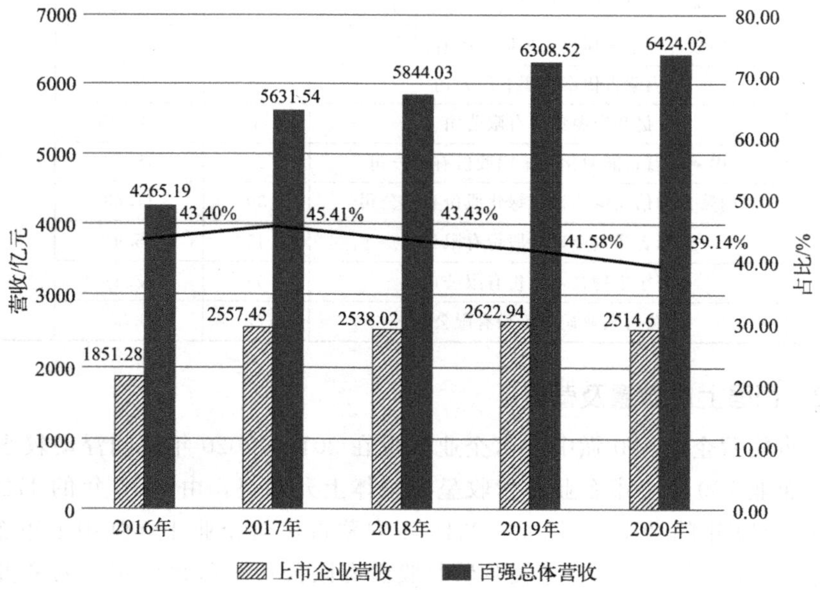

图 2-26　2016—2020 年百强上市企业营收与百强企业总体营收及占比对比图❷

❶ 数据来源：2015—2020 年内蒙古上市企业名单。

❷ 数据来源：2016—2020 年内蒙古上市企业与百强民营企业名单。

2.2.6 百强代表民企加大创新投入

2.2.6.1 创新研发现状

据统计，2020 年内蒙古民营企业 100 强榜单中有 53 家公司有研发数据，17 家企业研发强度大于 3%，31 家企业研发人员比重超过 10%。下文挑选出内蒙古百强民营企业中创新研发情况相对突出的 6 家企业进行介绍与分析。

2.2.6.2 示范型企业

(1) 伊利乳业与蒙牛和飞鹤乳业营收与研发强度对比

内蒙古伊利实业集团股份有限公司为扩大份额，2018—2020 年大力开展新品研发，2018 年研发投入为 4.269 亿元，较 2017 年上升 104%，具体情况如图 2-27 所示。伊利乳业 2019 年研发投入为 4.95 亿元，2020 年研发投入为 4.87 亿元，共获专利授权 3109 件，其中发明专利授权 552 件，较 2019 年末增加 37 件[1]。伊利乳业领先的收入规模支撑其研发投入高于同行，使其高效率地推动新产品建设，从而提升企业赢利水平，促进企业良性循环发展。

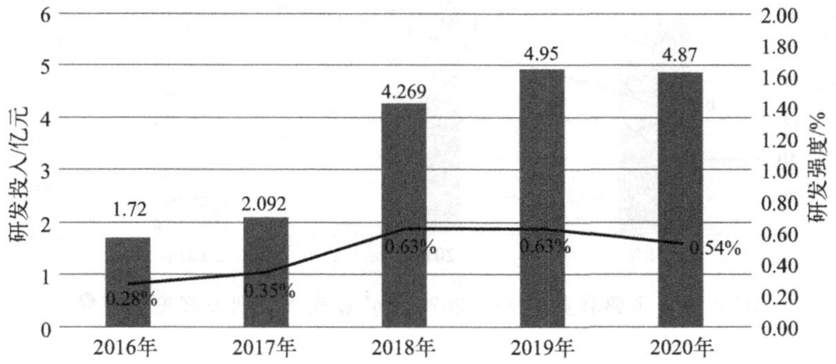

图 2-27 内蒙古伊利实业集团股份有限公司 2016—2020 年研发投入情况[2]

内蒙古伊利实业集团股份有限公司营业收入除了 2019 年相较于蒙牛乳业有所落后，2018 年以及 2020 年均领先于蒙牛乳业。内蒙古伊利实业集团股份有限公司的营业收入遥遥领先于飞鹤乳业。2020 年，伊利乳业研发强度位于蒙牛乳业与飞鹤乳业中间，但是与飞鹤乳业研发投入强度存在较大差距。具体情况如图 2-28 及图 2-29 所示。

(2) 内蒙古鄂尔多斯投资控股集团有限公司营收与研发强度

在 2016—2020 年间，内蒙古鄂尔多斯投资控股集团有限公司均进入中国民营企业 500 强榜单。该企业营业收入呈现逐年递增的趋势，依据营收数据来看，企业总体发展态势较为平稳，具体情况如图 2-30 所示。

---

[1] 数据来源：一知股. 研发费用差距巨大，蒙牛拿什么挑战伊利? 微博，2019-4-2.

[2] 数据来源：2016—2020 年企业年度报告。

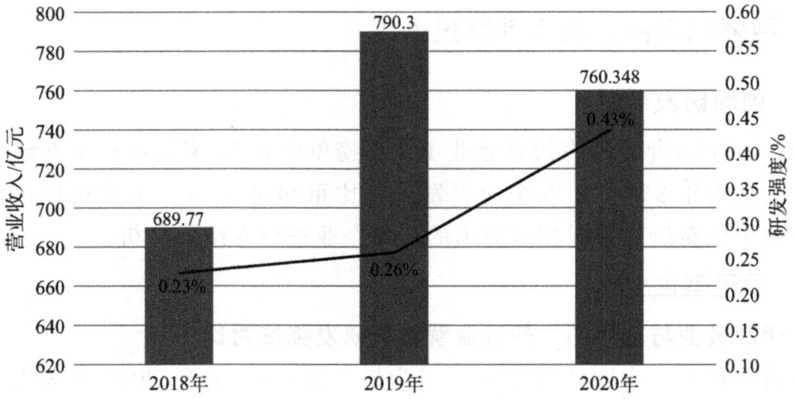

图 2-28　蒙牛乳业 2018—2020 年营业收入及研发强度情况❶

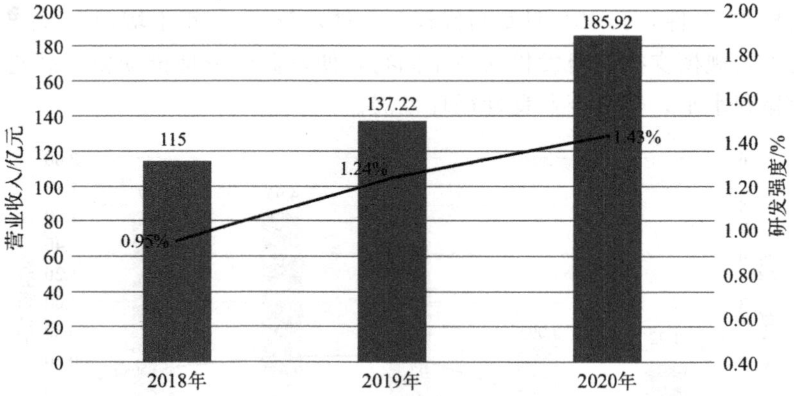

图 2-29　飞鹤乳业 2018—2020 年营业收入及研发强度情况❷

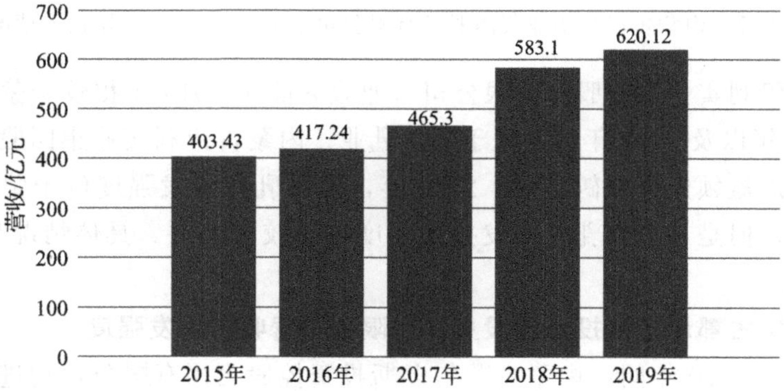

图 2-30　内蒙古鄂尔多斯投资控股集团有限公司 2015—2019 年营收变化情况❸

❶ 数据来源：2018—2020 年企业年度报告。

❷ 数据来源：2018—2020 年企业年度报告。

❸ 数据来源：2016—2020 年中国民企 500 强名单。

内蒙古鄂尔多斯投资控股集团有限公司 2016 年研发费用为 0.759 亿元；2017 年研发费用为 0.443 亿元；2018 年研发费用为 0.351 亿元，较 2017 年同期下降 20.77%。2019 年公司研发投入为 2.583 亿元，同比增加 635.90%，研发费用大幅增长的原因是子公司投入较多资金用于生产制造工艺自动化升级。2020 年研发费用达 5.299 亿元，同比增长 105.15%，具体情况如图 2-31 所示。作为羊绒服装行业的领军企业，公司每年投入大量的研发经费用于产品工艺升级、智能化技术引进等活动，积累了丰富的研发经验。同时，与国家羊绒制品工程技术研究中心及高校等科研院展开的产学研合作也取得丰硕成果。

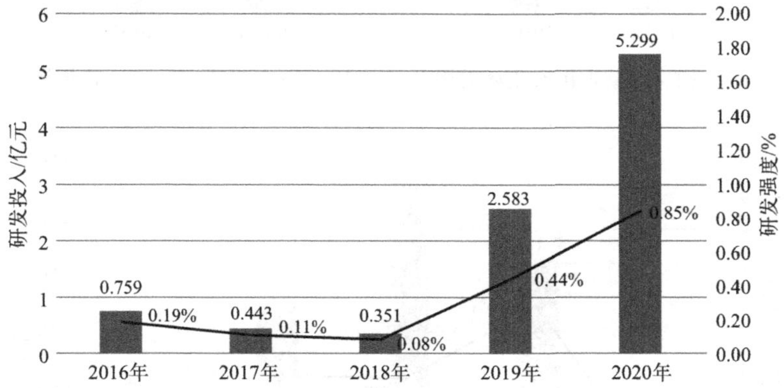

图 2-31 内蒙古鄂尔多斯投资控股集团有限公司 2016—2020 年研发投入及研发强度变化❶

(3) 内蒙古伊泰集团有限公司营收与研发强度

在 2015—2019 年间，内蒙古伊泰集团有限公司在中国民营企业 500 强排名中始终位列前 150 名以内。企业排名自 2017 年到 2019 年逐年靠后，2019 年位列第 140 位。依据排名以及营收来看，该企业总体发展呈现波动态势。具体情况如图 2-32 所示。

内蒙古伊泰集团有限公司 2016 年研发投入为 0.488 亿元，2017 年研发投入为 7.118 亿元，2018 年研发投入为 8.634 亿元，2019 年研发投入为 6.292 亿元，2020 年研发投入为 3.109 亿元。该企业研发强度整体呈现波动态势，具体见图 2-33。“十三五”期间，公司在煤炭开采与洗选活动的工艺流程与装置设备的升级与改进方面加大了经费投入，逐步提升了企业赢利能力。此外，公司在铁路管理的技术与设备方面增加了研发投入，持续提升了企业煤炭集运能力，为公司关联的外运业务构筑了完善的运输网络。

伊利乳业、鄂尔多斯以及伊泰公司作为对内蒙古经济发展做出突出贡献的 3 家民营企业，连续五年入围中国民营企业 500 强榜单，且 3 家企业均位列 300 名以内。

❶ 数据来源：2016—2020 年企业年度报告。

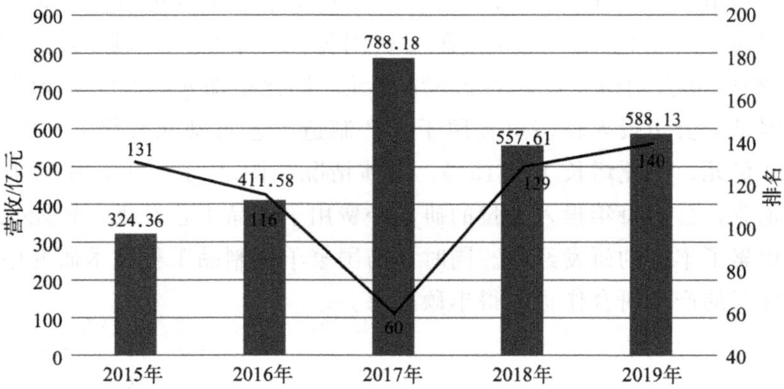

图 2-32 内蒙古伊泰集团有限公司 2015—2019 年排名及营收趋势❶

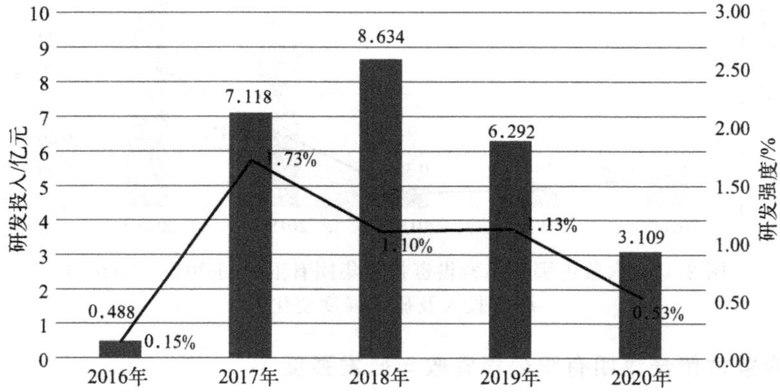

图 2-33 内蒙古伊泰集团有限公司 2016—2020 年研发投入及研发强度变化❷

(4) 内蒙古亿利资源集团有限公司营收与研发强度

2018—2020 年间内蒙古亿利资源集团有限公司在中国民营企业 500 强排名中始终位列前 200 名以内。企业整体排名自 2018 年到 2020 年逐年下降，2020 年处于中国民营企业 500 强第 191 位。依据企业排名以及营收来看，该企业总体发展呈下降态势。具体情况如图 2-34 所示。

内蒙古亿利资源集团有限公司与研究中心、研究院、高校等确立了稳定的合作关系，建立了高质量的科技创新体系，旗下拥有亿利化学、洁能科技、智慧能源等多个国家级高新技术企业。该企业始终聚焦于循环经济及清洁能源等领域的技术升级与创新，多渠道引进升级公司技术，成功实现高效清洁能源生产系统、智慧能源等迭代升级。由于公司在开展科技创新活动方面投入较多资金以提升核心竞争能

❶ 数据来源：2016—2020 年中国民企 500 强名单。

❷ 数据来源：2016—2020 年企业年度报告。

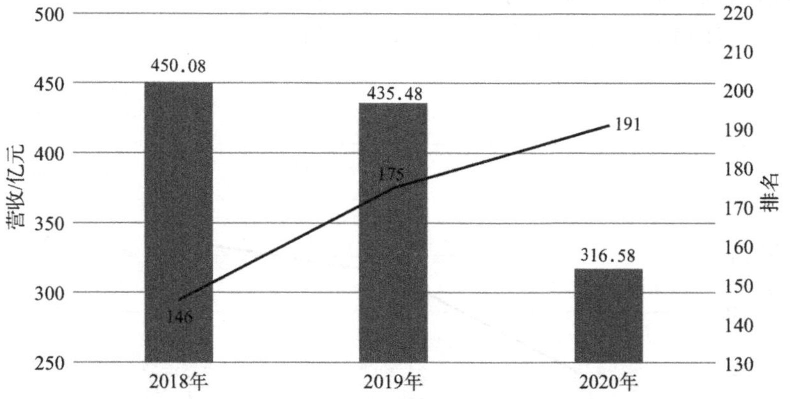

图 2-34 内蒙古亿利资源集团有限公司入围中国民营企业 500 强排名及营收情况[1]

力，研发费用呈现逐年上升的态势。企业 2018 年研发费用为 0.195 亿元，2019 年研发费用为 1.719 亿元，2020 年研发费用为 2.144 亿元，实现授权专利数量 400 项，处于申请中的专利技术共有 73 项。具体情况如图 2-35 所示。

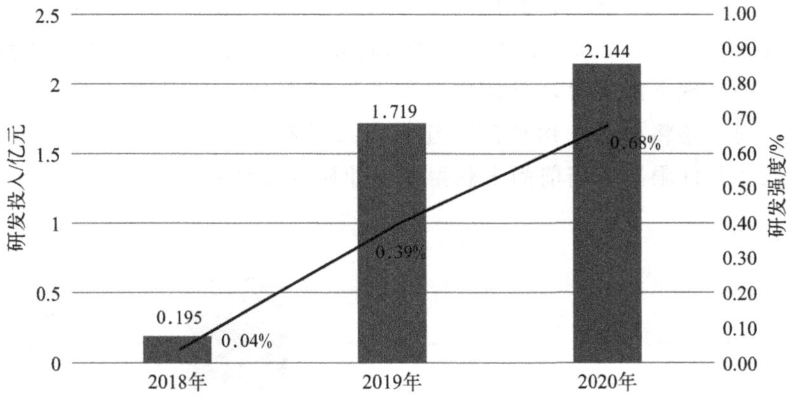

图 2-35 内蒙古亿利资源集团有限公司研发投入与研发强度变化[2]

(5) 内蒙古包商银行股份有限公司营收与研发强度

2016—2018 年间，内蒙古包商银行股份有限公司在中国民营企业 500 强排名始终位列前 300 名以内。企业整体排名自 2016 年到 2018 年逐年下降，2019—2021 年均未入围中国民营企业 500 强。该企业营业收入从 2016 年到 2018 年呈现逐年递增的趋势。依据企业排名以及营收来看，企业总体发展态势较为平稳。该公司作为

[1] 数据来源：2019—2021 年中国民企 500 强名单。

[2] 数据来源：2018—2020 年企业年度报告。

内蒙古自治区最早成立的股份制商业银行，基于企业所属行业以及性质，当前未获得企业研发统计相关数据。具体情况如图 2-36 所示。

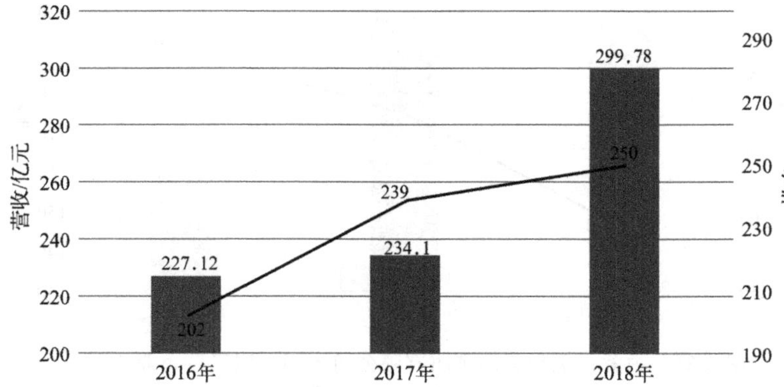

图 2-36　内蒙古包商银行股份有限公司入围中国民营企业 500 强排名及营收情况❶

（6）内蒙古蒙泰煤电集团有限公司营收与研发强度

内蒙古蒙泰煤电集团有限公司在 2016 年与 2017 年均入围中国民营企业 500 强，但排名位于 450 名之后，2018 年到 2020 年均未入围中国民营企业 500 强。该企业营业收入在 2016—2017 年呈现递增的趋势。依据企业排名以及营收数据来看，企业总体发展呈现下滑态势，具体情况如图 2-37 所示。该公司主要经营煤炭产销相关业务，同时还将电力、房地产、建筑以及铁路投资、水泥生产等作为辅助业务。由于地区条件限制，当前尚未获得该企业研发统计相关数据。

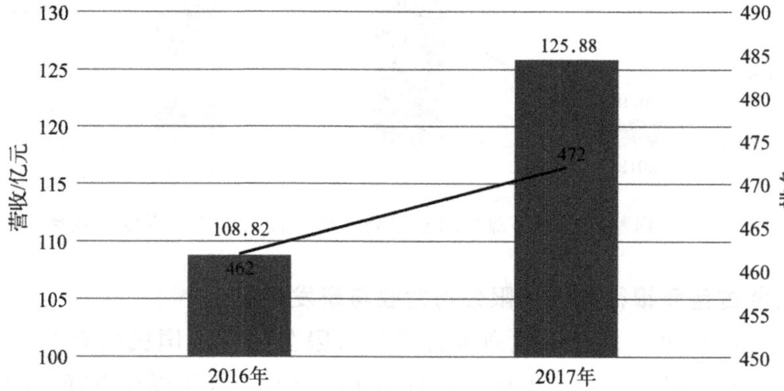

图 2-37　内蒙古蒙泰煤电集团有限公司入围中国民营企业 500 强排名及营收情况❷

❶ 数据来源：2017—2019 年中国民企 500 强名单。

❷ 数据来源：2017 年、2018 年中国民企 500 强名单。

2.2.7 民营企业发展所遇问题及对策

2.2.7.1 问题分析

(1) 研发投入偏少，创新能力不足

① 民营企业创新能力不足，无明显市场竞争优势　技术创新能力不足、水平较低是大多数内蒙古民营企业存在的问题，这主要受限于以下两方面。一方面，内蒙古民营企业大部分以生产制造为主，自主研发成本较高，且创新风险较大。因此，其研发活动多依靠外部科研机构。为降低研发成本与风险，内蒙古民营企业更倾向于模仿和引入国有企业和经济发达地区同行业的先进技术，所以自身的创新水平较低（王泠一，2020）[15]。在相关政策扶持下，尽管很多地区民营企业的创新能力有了一定程度的提高，但总体看来，缺乏技术创新激励机制依然制约着当地民营企业进一步的发展。另一方面，重点技术和产品研发费用投入不足，限制了企业创新能力和产品竞争力。内蒙古民营企业资本规模普遍偏小，资金比较紧张，研发经费更少。多数民营企业通过扩大生产规模谋求发展，并不注重塑造企业核心竞争力，粗放式管理模式易造成企业过度负债，这种财务风险将会影响企业形象，打击了投资者投资的积极性。

② 民营企业缺乏创新人才，制约企业发展　内蒙古民营企业内部普遍存在技术人员专业能力较低、人才政策难以吸引高层次创新人员的问题，导致企业难以突破现有技术瓶颈，阻碍了企业创新发展。人才缺乏的原因主要包括：一是内蒙古民企以工业企业为主，不能提供良好的工作环境，工人容易暴露在粉尘、废气等污染环境中，人身安全问题难以保障，使得企业难以招聘到技术工人；二是社会整体劳动力成本上升，使得企业劳动成本增加，而且民营企业缺乏人才保障政策，导致企业难以引进高端人才；三是内蒙古民营企业对技术人员不够重视，造成技术人员培训不到位，待遇较低，技术人员的付出与回报没有形成正比等，这些导致了内蒙古民营企业人才大量流失；四是内蒙古民营企业发展较缓慢，与国有企业和发达地区的外资企业相比，我国高校优秀毕业生及高层次创新人才并不青睐于民营企业。

(2) 集群企业关联度较松散，集群优势不明显

① 民营企业集群关联度不高，专业化分工协作不明显　内蒙古产业集群的集聚效应未充分显现，主要表现为集群企业间联系较少，龙头企业带动企业集群化经营的作用较弱。一方面，部分企业独自面对市场竞争，获取的市场信息不够及时，使得企业产品更新速度降低，市场竞争力较弱，从而制约了企业的发展。与我国东部发达地区相比，内蒙古民营企业集群中的企业间未形成纵向产业链条，集群化未达到使整个产业增值的效果（于润，2020）[14]。例如，2021 年呼和浩特市共有 10 个经济技术开发区，但是这些开发区没有形成独具特色的、产业关联度高的企业集群。工业园区内形成了各类企业的简单聚集，不能发挥产业集群作用，企业之间协同合作能力还需进一步提升。另一方面，内蒙古产业龙头企业带动作用较弱且与集

群内企业关联度较低，其剥离出来的非核心生产制造部分和辅助生产部分并未交给集群内上下游企业，二者尚未形成相应的配套关系，龙头企业对集群内其他企业的指导扶持作用较弱。

② 集群优势不明显，没有形成市场势力　内蒙古民营企业缺乏市场势力，主要体现为产业同构或集群优势不足。内蒙古产业同构现象较为严重的地区包括满洲里、二连浩特、赤峰、通辽等，它们利用当地优势建立小规模木材加工产业，降低了区内产业集中度，削弱集群优势的同时可能会引起集群之间价格战等恶意竞争，造成全行业亏损，并增加企业负担。另外，集群的技术优势不足，内蒙古产业集群主要是政府主导型，但近年来各盟（市）政府在开辟新开发区时，忽视市场动态引导作用，导致集群内企业的技术更新速度远低于市场需求。

(3) 民营企业行业分布结构不合理，资源损失严重

① 民营企业行业分布结构不合理，集中于资源依赖型产业　近年来，内蒙古第三产业中民营企业的占比逐年上升，这与我国产业结构变动的趋势一致。但从绝对数量上来看，内蒙古民营企业主要集中于采矿业、装备制造业、煤炭开发业等第二产业，而第一产业和第三产业占比较小，产业比例失调。而第二产业中民营企业大部分是资源型企业，存在产品技术含量不高、品种少且竞争力弱等问题，难以适应市场环境的改变，限制了内蒙古民营企业经济持续发展。虽然内蒙古民营企业多年来一直在调整产业结构，努力使经济增长点从资源型产业转移到高新技术产业，但效果并不明显，依然以资源依赖型产业为主，而高新技术产业占比非常小。

② 民营企业粗放式发展，生态环境破坏严重　改革开放以来，内蒙古自治区通过矿产资源开采实现了高速发展。但政府监管制度的缺失，使大多企业生产工艺老化，一味追求采矿区范围的扩大而忽视了对生态环境的保护。内蒙古矿山在开采不断加深的过程中产生了露天采矿坑、尾矿库、废石场等环境问题，严重破坏了植被，进而触发了水土流失、地表陷落等生态问题，最后造成了严重的生态破坏。

2.2.7.2 对策及建议

(1) 加强科技协同创新，引导企业发展

① 企业深化产学研交流合作，实现资源共享　内蒙古为加强民营企业技术创新能力，提升民营企业竞争优势，需从以下方面着手改进。一是加强企业与高校、研究所产学研合作，联合培养复合型科技人才；推进企业与高校及研究所联合创办科技成果服务平台，打开资源共享渠道，推动优势资源的流动，实现资源共享，从而提高企业创新能力。二是打造民营企业多元化资金投入体系，支持科研人员离岗兼职并对其研究成果进行商业转化。此外，内蒙古政府还应加大对人才培养的重视程度，鼓励民营企业加大研发及人才培养投入，从根源上提升企业创新能力，培育企业核心竞争力（郭启光，2021）[30]。

② 政府引导民营企业发展，加强区域协同创新　为改善民营企业创新人才短缺的现状，内蒙古政府应从以下几方面改进。一是政府应对民营科研机构与公立科

研机构一视同仁，鼓励国企与民企之间合作实现资源共享，推动内蒙古民营企业向“专、精、特、新”发展。政府对科研经费的划拨应该做到专款专用，支持企业科技创新；政府成立科研成果奖励基金，以科技创新带动产业迅速发展；同时，民营企业自身应建立本企业人才引进与激励考核制度，大力引进“高精尖缺”人才，为企业高速发展加码。二是政府要加强区域协同创新。以高新技术开发区、产业基地、产业园等为基础建立合作联盟，加强交流合作，汇聚高端人才等创新要素。政府应建立资源库，共享资源，形成以企业为主体，各盟（市）联动、区内区外联动、国内国外联动的协同创新体系。

（2）政府做好企业集群整体规划，引导企业健康发展

① 政府应制定企业集群发展规划，引导和促进企业集群健康发展　政府规划民营企业集群发展，加快产业园区建设。这是一项复杂的系统工程。一是政府对产业集群内企业进行专业化分工，利用相关政策精确划分企业优势业务，找准专业化定位，聚焦主业，做强主业，剥离辅业，培育企业特有的竞争优势。龙头企业应将一些配套工件的生产制造承包给集群内部专业企业，加快集群内企业的上下游及产业链的配套建设，形成产业配套体系，从而带动上下游企业共同发展。二是政府应以建设集群产业链为目标，制定区内企业整体发展规划，以优势产业为基础，建设科技园区，引导企业聚集，营造良好的区域创新氛围。企业与企业之间实现专业化分工协作，在信息、技术、营销等方面实现资源共享，促进资源型产业良性循环发展（孙嘉荣，2021）[17]。

② 企业应保持自身的资源优势，实现资源型企业的可持续发展　内蒙古民营企业大多是资源依赖型企业，对于这些企业来说，资源是一种难以复制的优势。内蒙古民营企业要进一步提升其竞争优势，主动引入创新理念，以创新为发展动力，时刻寻求突破口，运用科学技术继续保持资源优势，从而保持其核心竞争优势。如内蒙古鄂尔多斯集团，在优势原料基地的基础上不断引进新科技，致力于提升羊绒制品科技含量。该公司通过产品创新迭代升级保证了企业可持续发展。除此之外，企业还应以市场需求为导向，以推动产业高端化发展为目标，以重大项目与关键技术为依托，建立产、销、研一体化的科技创新体系，重视研发中心的建设，促进科研成果转化为现实生产力。

（3）结合传统产业与新兴产业，有选择性地培育战略性新兴产业

① 结合传统产业与新兴产业，减少资源依赖　内蒙古经济发展不能单纯依赖于区域资源，应淘汰落后生产工艺，转变资源依赖思想，加大科技创新投入，推动新兴产业发展，把握产业培养培育方向（陈晓东，2017）[31]。企业产品还需推行精加工与深加工，从延伸产业链、增强产品附加值入手，扎实推动经济高质量发展，推动产业转型升级。各级政府应出台相关政策加快非资源型产业与高新技术产业发展步伐，培育战略性新兴产业，加快发展数字经济、现代金融和文化旅游等行业。以包头市为例，内蒙古政府应致力于提高稀土等原材料就地转化率，加强钢铁和有

色金属等行业工艺技术含量，引入先进生产工艺，提高生产效率，实现由简单矿物加工冶炼向高铁轨道钢、稀土钢、电子用铝材等高附加值产品转变。

② 协调各产业集群建设，发展循环经济　“十三五”以来，内蒙古经济蓬勃发展，但粗放式生产模式严重地污染和破坏了当地生态系统。为支撑国家重大发展战略，建设祖国北方生态屏障，内蒙古急需改变经济增长方式，整合各方资源，改变资源利用与管理方式，调整社会经济活动与生态系统之间不平衡的物质交换结构，推动产业建设与循环经济协调发展（郭敏，2022）[23]。在此过程中，政府还需对企业进行环保意识教育，宣传绿色经济循环发展的重要性，加大环境污染惩罚力度，倒逼企业对生产工艺进行绿色优化。同时，内蒙古各级政府及监管部门要对产业建设与循环经济发展的布局进行总体把控，各区域要积极建设绿色产业原料基地与示范级绿色工厂，出台并落实环保措施及要求，严防严管排污排废超标，建立并完善高科技绿色产业监测体系和质保体系。

2.3 内蒙古上市企业发展概况

上市企业作为资本市场发展的基石，是中国经济转型升级的支柱力量，上市企业质量是经济高质量发展的微观基础，提高上市企业质量是党中央、国务院从战略和全局高度作出的重大决策部署。截至 2022 年 3 月底，我国境内上市企业共 4782 家，总市值 80.7 万亿元，规模稳居全球第二，上市企业数量、市值与 2018 年底相比分别增长 33.4%和 85.3%，规模快速增长的同时，上市企业方阵“基本盘”地位更加巩固，公司活力不断提升，结构持续优化，治理更加规范，经济增长“动力源”作用持续强化。依托资本市场，上市企业加快发展步伐，共实现再融资 3.1 万亿元，并购重组接近 1 万单次。面对新冠肺炎疫情，上市企业积极捐款捐物，驰援疫情防控，并着力抢复工、保供应、稳就业，业绩持续稳定修复，有力带动了我国经济恢复发展（安娜，2021）[29]。

为贯彻落实习近平总书记关于资本市场建设重要论述精神，努力开创上市企业高质量发展新局面，内蒙古自治区多措并举大力推进企业上市进程。经过不断发展，截至 2021 年 6 月已有 32 家企业于不同主板上市，其中 27 家企业于沪深（A 股或 B 股）上市，5 家企业于香港（H 股）上市，其中内蒙古伊泰煤炭股份有限公司分别在 B 股和 H 股上市，内蒙古鄂尔多斯资源股份有限公司分别在 A 股和 B 股上市。2017—2020 年，内蒙古共有上市企业 30 家，内蒙古大中矿业股份有限公司、内蒙古优然牧业有限责任公司为 2021 年 1 月至 6 月期间上市公司。本节回顾了“十三五”期间内蒙古自治区上市企业的发展历程，按照上市地点的不同，将内蒙古上市企业分为境内上市企业及境外上市企业两大板块，从数量、市值、所属产业及区域等角度对其进行了分析，同时扩充了内蒙古拟上市企业及新三板上市企业的发展情况、产业及区域分布。本节对内蒙古上市企业基于不同角度进行分析，总结了其在创新方面的具体情况，剖析了其在发展过程存在的问题并提出了相应解决对策，以期为内蒙古自治区上市企业的不断发展提供一定的借鉴。

2.3.1 上市企业近年发展迅速

2.3.1.1 历年数量及市值

内蒙古自治区境内上市企业在“十三五”（2016—2020 年）期间平稳保持在 26 家，但在全国上市企业数量的占比不断下降，具体情况见表 2-10。其中，内蒙古 A 股上市企业在全国数量占比由 2016 年的 0.83%下降到 2020 年的 0.6%，B 股上市企业在全国数量占比由 2016 年的 2%下降到 2020 年的 1.38%。2016 年，内蒙古 26 家境内上市企业市值累计 5302 亿元，2017 年市值累计 6881.28 亿元，2018 年市值累计 4259.85 亿元，2019 年市值累计 5098.9 亿元，2020 年市值累计 6304.48 亿元。大中矿业于 2021 年 5 月 10 日在深圳证券交易所主板正式挂牌上市，截至 2021 年 6 月 13 日内蒙古 27 家上市企业累计市值 7462.26 亿元。由此可见，内蒙古境内上市企业 2018 年总市值受资本市场全年低迷影响大幅缩水，资本市场融资功能弱化。内蒙古上市企业总体上在“十三五”以来呈不断增长的趋势[1]。

表 2-10 内蒙古上市企业数量情况[2]

年份	2015 年	2016 年	2017 年	2018 年	2019 年	2020 年	2021 年
内蒙古 A 股上市企业数量/家	25	25	25	25	25	25	26
全国 A 股上市企业数量/家	2586	3029	3462	3567	3777	4140	4494
内蒙古 A 股上市企业在全国数量占比	0.97%	0.83%	0.72%	0.7%	0.66%	0.6%	0.58%
内蒙古 B 股上市企业数量/家	2	2	2	2	2	2	2
全国 B 股上市企业数量/家	101	100	100	99	97	145	114
内蒙古 B 股上市企业在全国数量占比	1.98%	2%	2%	2.02%	2.06%	1.38%	1.75%
内蒙古 H 股上市企业数量/家	4	4	5	5	5	5	6
全国 H 股上市企业数量/家	—	1973	2118	2315	2449	2538	—
内蒙古 H 股上市企业在全国数量占比	—	0.20%	0.23%	0.21%	0.20%	0.19%	—

2015 年末，内蒙古共有境内上市企业 26 家，同比增加 1 家。其中，内蒙古 A 股上市企业共 25 家，全国 A 股上市企业数量为 2586 家[3]，内蒙古 A 股上市企业占全国 A 股上市企业数量的 0.97%；内蒙古 B 股上市企业共 2 家（A+B 股企业 1 家），全国 B 股上市企业数量为 101 家，内蒙古 B 股上市企业占全国 B 股上市企业

[1] 数据来源：东方财富网。

[2] 数据来源：东方财富网、同花顺网、亿牛网。

[3] 数据来源：A 股上市公司总数有多少？同花顺财经. 2015-8-19.

数量的1.98%。内蒙古26家上市企业市值累计5357.45亿元[1]，全国A股总市值为52.99万亿元[2]，B股总市值1139.26亿元，全国境内上市企业市值累计53.1万亿元，内蒙古境内上市企业总市值占全国境内上市企业总市值的1.008%。

2016年末，内蒙古共有境内上市公司26家，同比持平。其中，内蒙古A股上市企业共25家，全国A股上市企业数量为3029家[3]，内蒙古A股上市企业占全国A股上市企业数量的0.83%；内蒙古B股上市企业共2家（A+B股企业1家），全国B股上市企业数量为100家，内蒙古B股上市企业占全国B股上市企业数量的2%。内蒙古26家上市企业市值累计5302亿元，全国A股总市值为50.62万亿元[4]，B股总市值1163.08亿元，全国境内上市企业市值累计50.74万亿元，内蒙古境内上市企业总市值占全国境内上市企业总市值的1.05%。内蒙古26家上市企业实现营业收入2336亿元[5]，同比增长19%；实现净利润128.34亿元，同比增长162%。总体而言，2016年内蒙古上市企业整体运行平稳，规范运作意识不断提升，投资者保护工作取得显著成效。

2017年末，内蒙古共有境内上市企业26家。其中，内蒙古A股上市企业共25家，全国A股上市企业数量3462家[6]，内蒙古A股上市企业占全国A股上市企业数量的0.72%；内蒙古B股上市企业共2家（A+B股企业1家），全国B股上市企业数量为100家，内蒙古B股上市企业占全国B股上市企业数量的2%。内蒙古26家上市企业市值累计6881.28亿元，全国A股总市值为56.62万亿元[7]，B股总市值1117.4亿元，全国境内上市企业市值累计56.73万亿元，内蒙古境内上市企业总市值占全国境内上市企业总市值的1.21%。

2018年末，内蒙古共有境内上市企业26家。其中，内蒙古A股上市企业共25家，全国A股上市企业数量为3567家[8]，内蒙古A股上市企业占全国A股上市企业数量的0.7%；内蒙古B股上市企业共2家（A+B股企业1家），全国B股上市企业数量为99家，内蒙古B股上市企业占比全国B股上市企业数量的2.02%。内蒙古上市企业总市值达4259.85亿元，全国A股总市值为43.37万亿元[9]，全国B股总市值800.28亿元，全国境内上市企业市值累计43.45万亿元，内蒙古境内上市企业总市值占全国境内上市企业总市值的0.98%。受资本市场低迷影响，全国境内上市企业总市值比2017年末的56.73万亿元缩减了13.28万亿元，内蒙古

[1] 数据来源：2015年内蒙古自治区金融运行报告.豆丁网，2017-6-10.
[2] 数据来源：东方财富网。
[3] 数据来源：中证网。
[4] 数据来源：东方财富网。
[5] 数据来源：东方财富证券。
[6] 数据来源：A股上市公司家数历史数据.乐咕乐股网，2021-4-1.
[7] 数据来源：中国经济网。
[8] 数据来源：截至2018年12月28日，两市上市公司总数达3567家，沪深两市总市值为48.67万亿元。
[9] 数据来源：易知投资.A股之殇——2018年A股市值年度报告和2019展望.搜狐网，2019-2-13.

境内上市企业总市值比 2017 年末的 6881.28 亿元缩减了 2621.43 亿元。可以看出上市企业总市值大幅缩水，资本市场融资功能弱化。

2019 年末，内蒙古共有境内上市企业 26 家。其中，内蒙古 A 股上市企业共 25 家，全国 A 股上市企业数量为 3777 家[1]，内蒙古 A 股上市企业占全国 A 股上市企业数量的 0.66%；内蒙古 B 股上市企业共 2 家（A+B 股企业 1 家），全国 B 股上市企业数量为 97 家，内蒙古 B 股上市企业占全国 B 股上市企业数量的 2.06%。内蒙古 26 家上市企业市值累计 5098.9 亿元，全国 A 股总市值为 59.29 万亿元[2]，B 股总市值 735.19 亿元，全国境内上市企业市值累计 59.36 万亿元，内蒙古境内上市企业总市值占全国境内上市企业总市值的 0.86%。

2020 年末，内蒙古共有境内上市企业 26 家。其中，内蒙古 A 股上市企业共 25 家，全国 A 股上市企业数量为 4140 家[3]，内蒙古 A 股上市企业占全国 A 股上市企业数量的 0.6%；内蒙古 B 股上市企业共 2 家（A+B 股企业 1 家），全国 B 股上市企业数量为 145 家，内蒙古 B 股上市企业占全国 B 股上市企业数量的 1.38%。内蒙古 26 家上市企业市值累计 6304.48 亿元，全国 A 股总市值为 79.72 万亿元[4]，B 股总市值 700.69 亿元，全国境内上市企业市值累计 79.79 万亿元，内蒙古境内上市企业总市值占全国境内上市企业总市值的 0.79%。

截至 2021 年 6 月 13 日，内蒙古共有境内上市企业 27 家。其中，内蒙古 A 股上市企业共 26 家，全国 A 股上市企业数量为 4494 家[5]，内蒙古 A 股上市企业占全国 A 股上市企业数量的 0.58%；内蒙古 B 股上市企业共 2 家（A+B 股企业 1 家），全国 B 股上市企业数量为 114 家，内蒙古 B 股上市企业占全国 B 股上市企业数量的 1.75%。内蒙古 27 家上市企业市值累计 7462.26 亿元，全国 A 股总市值为 85.5 万亿元[6]，B 股总市值 751.02 亿元，全国境内上市企业市值累计 85.58 万亿元，内蒙古境内上市企业总市值占全国境内上市企业总市值的 0.87%（见图 2-38）。

内蒙古在港上市企业数量在“十三五”期间仅为个位数，而港股市场上市企业数量在 2000 家左右，可见内蒙古在港上市企业数量与港股市场整体数量存在巨大差距。下面将具体阐述内蒙古在港上市企业从 2016 年到 2020 年的数据变化，具体情况如图 2-39 所示。

2016 年末，内蒙古在港上市企业有 4 家，港股上市企业总数为 1973 家，内蒙古在港上市企业占港股上市企业数量的 0.2%。内蒙古 4 家在港上市企业市值累计

---

[1] 数据来源：产业信息网。

[2] 数据来源：国际产业网。

[3] 数据来源：2020 全国 IPO 省份排名：浙苏粤数量最多，北京成吸金大户，琼黑滇藏仅一根“独苗”. 前瞻网，2021-3-8.

[4] 数据来源：A 股市场跌宕起伏，2020 年中国股市总市值是多少. 中国青年网，2021-1-5.

[5] 数据来源：同花顺网。

[6] 数据来源：同花顺网。

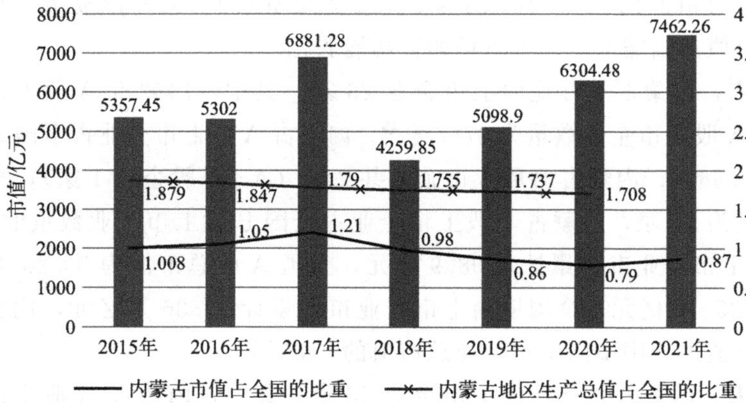

图 2-38 内蒙古境内上市企业 2015—2021 年总市值及其占全国的比重变化趋势

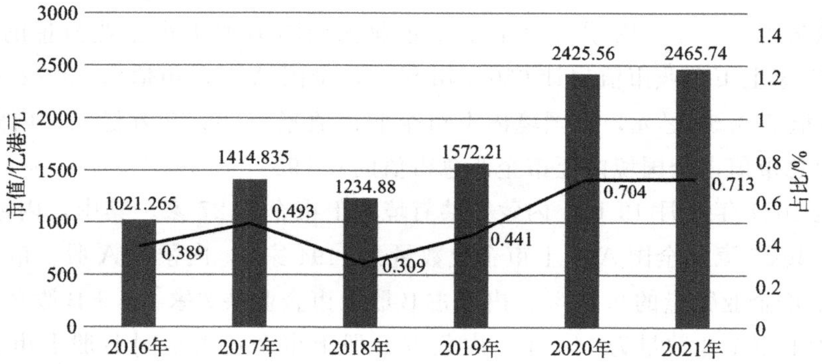

图 2-39 内蒙古在港上市企业市值及占港股总市值比率变化情况

1021.265 亿港元，港股总市值为 29968 亿美元，内蒙古在港上市企业总市值占港股总市值的 0.389％。

2017 年末，内蒙古在港上市企业有 5 家，港股上市企业总数为 2118 家，内蒙古在港上市企业占港股上市企业数量的 0.23％。内蒙古 5 家在港上市企业市值累计 1414.833 亿港元，港股总市值为 32794 亿美元，内蒙古在港上市企业总市值占港股总市值的 0.493％。

2018 年末，内蒙古在港上市企业有 5 家，港股上市企业总数为 2315 家，内蒙古在港上市企业占港股上市企业数量的 0.21％。内蒙古 5 家在港上市企业市值累计 1234.88 亿港元，港股总市值为 45580 亿美元，内蒙古在港上市企业总市值占港股总市值的 0.309％。

2019 年末，内蒙古在港上市企业有 5 家，港股上市企业总数为 2449 家，内蒙古在港上市企业占港股上市企业数量的 0.2％。内蒙古 5 家在港上市企业市值累计 1572.21 亿港元，港股总市值为 40704 亿美元，内蒙古在港上市企业总市值占港股总市值的 0.441％。

2020 年末，内蒙古在港上市企业有 5 家，港股上市企业总数为 2538 家，内蒙古在港上市企业占港股上市企业数量的 0.19%。内蒙古 5 家在港上市企业市值累计 2425.56 亿港元，港股总市值为 39360 亿美元，内蒙古在港上市企业总市值占港股总市值的 0.704%。

截至 2021 年 6 月 30 日，港股总市值为 39471 亿美元，内蒙古在港上市企业总市值为 2465.74 亿港元，占港股总市值的 0.713%[1]。

2.3.1.2 营收情况

内蒙古 30 家上市企业在 2018 年底实现营业总收入 4627.90 亿元，净利润共计 332.95 亿元。其中，有 25 家上市企业赢利，5 家上市企业亏损。内蒙古境内 26 家上市企业在 2018 年底实现营业总收入 3451.77 亿元，净利润共计 261.36 亿元，有 22 家境内上市企业赢利，4 家境内上市企业亏损。内蒙古境外 5 家上市企业在 2018 年底实现营业总收入 1176.13 亿元，净利润共计 71.59 亿元。其中，有 4 家境外上市企业赢利，1 家境外上市企业亏损[2]。总体而言，内蒙古上市企业经营状况比较稳定，整体保持了较好的经营业绩。

内蒙古 30 家上市企业在 2019 年底实现营业总收入 4867.06 亿元，净利润共计 292.88 亿元，有 27 家上市企业赢利，3 家上市企业亏损。其中，内蒙古境内 26 家上市企业 2019 年底实现营业总收入 3540.15 亿元，净利润共计 199.53 亿元；内蒙古境外 5 家上市企业 2019 年底实现营业总收入 1326.91 亿元，净利润共计 93.35 亿元，有 4 家境外上市企业赢利[3]。总体而言，内蒙古上市企业经营状况比较稳定，整体保持了较好的经营业绩。

内蒙古 30 家上市企业在 2020 年底实现营业总收入 4703.97 亿元，净利润共计 264.55 亿元，有 23 家上市企业赢利，7 家上市企业亏损。其中，内蒙古境内 26 家上市企业 2020 年底实现营业总收入 3395.97 亿元，净利润共计 210.15 亿元，有 20 家境内上市企业赢利，6 家境内上市企业亏损；内蒙古境外 5 家上市企业 2020 年底实现营业总收入 1308 亿元，净利润共计 54.4 亿元，有 4 家境外上市企业赢利，1 家境外上市企业亏损[4]。总体而言，内蒙古上市企业经营状况比较稳定，整体保持较好的经营业绩。

2.3.1.3 产业及区域分析

内蒙古上市企业多涉及有色金属、化工、采掘及食品饮料等行业，而服务业及高新技术行业涉及较少，可见内蒙古第三产业发展较为缓慢，具体情况见表 2-11。截至 2021 年，内蒙古共有 32 家上市企业注册，其中有色金属冶炼行业的上市企业

---

[1] 数据来源：亿牛网。

[2] 数据来源：东方财富网。

[3] 数据来源：东方财富网。

[4] 数据来源：东方财富网。

不论是在数量上还是市值上都占有一定的优势。在内蒙古上市企业中，由于伊利处于领先地位，致使食品饮料行业按市值分类时占比较高。总体而言，内蒙古上市企业发展主要集中在有色金属冶炼行业和农产品加工制作行业，第三产业占比较低，产业结构还需进一步转型和升级。

表 2-11　内蒙古上市企业行业分布表

行业	企　业				
有色金属	兴业矿业	银泰黄金	北方稀土	赤峰黄金	
综合	st 天首	st 明科			
化工	远兴能源	亿利洁能	中盐化工	君正集团	
采掘	st 平能	伊泰 B 股	露天煤业	鄂尔多斯	大中矿业
农林牧渔	金河生物	st 华资	生物股份		
医药生物	福瑞股份	东宝生物			
公共事业	蒙草生态	内蒙华电			
黑色金属	包钢股份				
机械设备	北方股份				
金融服务	st 西水	恒投证券			
食品饮料	伊利股份	蒙牛乳业	优然牧业	中国圣牧	
国防军工	内蒙一机				
建筑	内蒙古能建				

通过对图 2-40 中内蒙古 32 家上市企业按照 221 战略定位进行归类可以看出，内蒙古上市企业主要分布于能源与战略资源行业，其次是绿色农畜产品加工业。物流行业的数量最少。

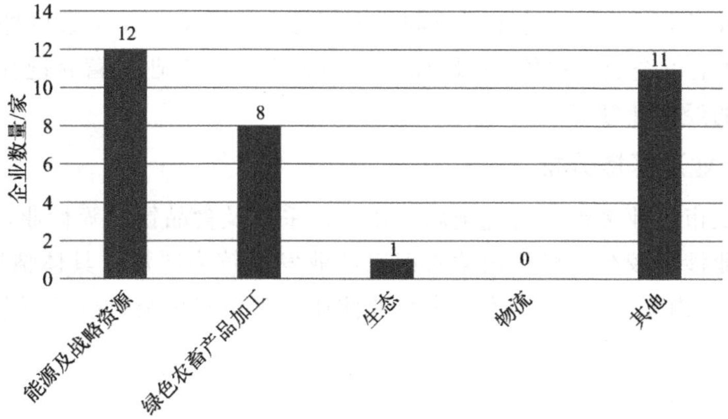

图 2-40　内蒙古 2021 年上市企业按 221 战略划分所属行业分布

从图 2-41 内蒙古上市企业区域分布来看，2020 年内蒙古上市企业呈现出区域集中的特点，其中有 9 家上市企业分布在包头市，7 家分布在呼和浩特市，5 家分布在鄂尔多斯市，其余城市拥有上市企业数量均低于 4 家。通过上述分析可以发现，大部分上市企业分布于呼包鄂地区，区域分布较为集中。由于内蒙古具有跨越三北、地域狭长的特点，集中分布的上市企业对区内经济整体高质量发展带动作用较小。

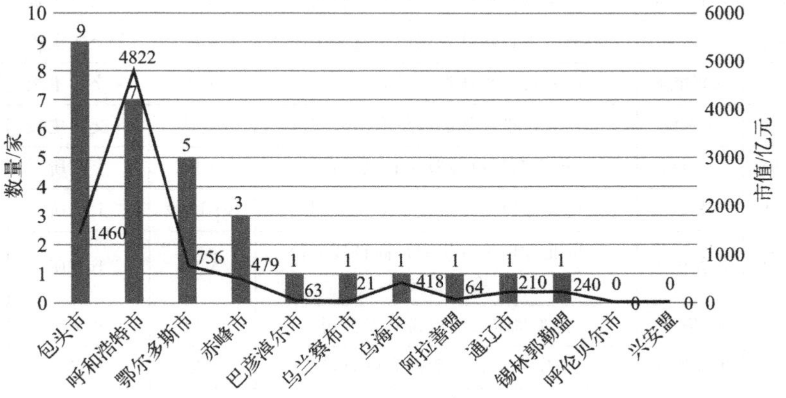

图 2-41 内蒙古 2020 年上市企业所属地区分布及市值

2.3.2 境内上市企业市值平稳增长

上市企业的经营发展已成为区域经济发展缩影，对其进行数据分析能够有效识别区域经济实力。2021 年前三季度，内蒙古境内上市企业总营业收入超 3000 亿元，相当于内蒙古 2021 年前三季度生产总值的 20.76%[❶]。内蒙古境内上市企业达到 27 家，其主要通过上交所、深交所进行融资活动，全区资本市场呈现境内境外多市场并重、“主板＋新三板多层次融资”的良好局面。

2.3.2.1 整体概况

如表 2-12 所示，内蒙古境内 27 家上市企业中，国企 8 家，民企 19 家，其中国企分别有北方稀土、中盐化工、ST 平能、露天煤业、内蒙华电、包钢股份、北方股份、内蒙一机。从以上数据可以看出，内蒙古民营企业上市意识较强，而国有企业上市意识相对较弱。结合 2018—2020 年内蒙古境内上市企业市值数据看出，伊利股份、包钢股份、北方稀土、君正集团、赤峰黄金、银泰黄金、生物股份、露天煤业、内蒙一机、内蒙华电连续三年市值排在前十。其中，最为突出的是伊利股份，总市值位居内蒙古第一，达 2283.86 亿元。2020 年中国上市企业 500 强出炉，内蒙古有 4 家企业上榜，伊利股份排在第 71 位，较上一年排名前进 6 位。内蒙古辖区内市值在 100 亿元以下的企业数量占比接近 50%，尾部效应明显。

---

❶ 数据来源：同花顺财经。

表 2-12　2021 年内蒙古境内上市企业名单

序号	股票代码	股票名称	企业名称	上市板块	上市地点	所在地
1	600863	内蒙华电	内蒙古蒙电华能热电股份有限公司	A 股	上交所	呼和浩特市
2	900936	鄂尔多斯	内蒙古鄂尔多斯资源股份有限公司	A（B 股）	上交所	鄂尔多斯市
3	600887	伊利股份	内蒙古伊利实业集团股份有限公司	A 股	上交所	呼和浩特市
4	000426	兴业矿业	内蒙古兴业矿业股份有限公司	A 股	深交所主板	赤峰市
5	000611	st 天首	内蒙古天首科技发展股份有限公司	A 股	深交所主板	包头市
6	000683	远兴能源	内蒙古远兴能源股份有限公司	A 股	深交所主板	鄂尔多斯市
7	000780	st 平能	内蒙古平庄能源股份有限公司	A 股	深交所主板	赤峰市
8	600091	st 明科	包头明天科技股份有限公司	A 股	上交所	包头市
9	900948	伊泰 B 股	内蒙古伊泰煤炭股份有限公司	B+H 股	上交所	鄂尔多斯市
10	600111	北方稀土	中国北方稀土（集团）高科技股份有限公司	A 股	上交所	包头市
11	600191	st 华资	包头华资实业股份有限公司	A 股	上交所	包头市
12	600201	生物股份	金宇生物技术股份有限公司	A 股	上交所	呼和浩特市
13	000975	银泰黄金	银泰黄金股份有限公司	A 股	深交所主板	锡林郭勒盟
14	600262	北方股份	内蒙古北方重型汽车股份有限公司	A 股	上交所	包头市
15	600277	亿利洁能	亿利洁能股份有限公司	A 股	上交所	鄂尔多斯市
16	600291	st 西水	内蒙古西水创业股份有限公司	A 股	上交所	乌海市
17	600328	中盐化工	中盐内蒙古化工股份有限公司	A 股	上交所	阿拉善盟
18	600010	包钢股份	内蒙古包钢钢联股份有限公司	A 股	上交所	包头市
19	001203	大中矿业	内蒙古大中矿业股份有限公司	A 股	深交所	包头市
20	600988	赤峰黄金	赤峰吉隆黄金矿业股份有限公司	A 股	上交所	赤峰市
21	600967	内蒙一机	内蒙古第一机械集团股份有限公司	A 股	上交所	包头市
22	002128	露天煤业	内蒙古霍林河露天煤业股份有限公司	A 股	深交所中小板	通辽市
23	300049	福瑞股份	内蒙古福瑞医疗科技股份有限公司	A 股	深交所创业板	乌兰察布市
24	601216	君正集团	内蒙古君正能源化工集团股份有限公司	A 股	上交所	乌海市
25	300239	东宝生物	包头东宝生物技术股份有限公司	A 股	深交所创业板	包头市
26	002688	金河生物	金河生物科技股份有限公司	A 股	深交所中小板	呼和浩特市
27	300355	蒙草生态	内蒙古蒙草生态环境（集团）股份有限公司	A 股	深交所创业板	呼和浩特市

2.3.2.2　产业分布

由表 2-13 可知，内蒙古境内上市企业整体呈现资源密集型的特点，多集中于煤炭开采业，其次为有色金属矿采选业、化工等行业。内蒙古境内上市企业第三产业占比较低，且上市企业所在行业多为科技含量较低的传统行业，产业转型升级有待进一步加强。

表 2-13 内蒙古境内上市企业行业分布表

行业	企业				
有色金属	兴业矿业	银泰黄金	北方稀土	赤峰黄金	
综合	st 天首	st 明科			
化工	远兴能源	亿利洁能	中盐化工	君正集团	
采掘	st 平能	伊泰 B 股	露天煤业	鄂尔多斯	大中矿业
农林牧渔	金河生物	st 华资	生物股份		
医药生物	福瑞股份	东宝生物			
公共事业	蒙草生态	内蒙华电			
黑色金属	包钢股份				
机械设备	北方股份				
金融服务	st 西水				
食品饮料	伊利股份				
国防军工	内蒙一机				

2.3.2.3 区域分布

由图 2-42 分析可知，内蒙古境内上市企业整体呈现出区域集中的特点。内蒙古上市企业中有 8 家位于包头市，5 家位于呼和浩特市，4 家位于鄂尔多斯市，其余城市上市企业拥有量均低于 4 家。可见内蒙古上市企业多分布在经济文化发展较为突出的呼包鄂城市群。由此可知，地区经济发展所创造的良好营商环境促进了上市企业的发展，上市企业获得发展的同时亦能够带动当地经济的发展。

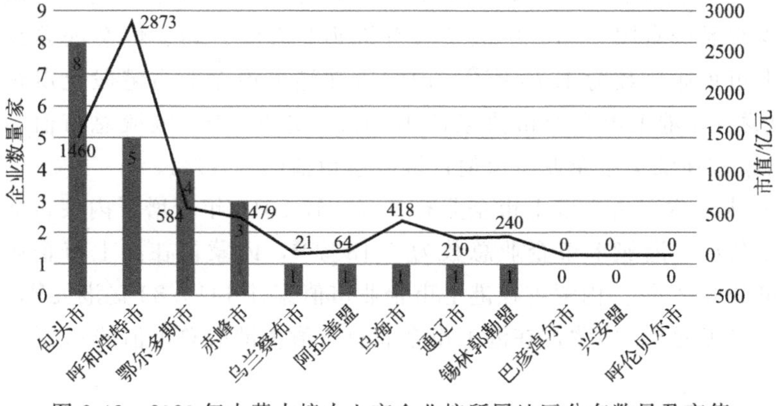

图 2-42 2020 年内蒙古境内上市企业按所属地区分布数量及市值

2.3.3 在港上市企业市值有所增长

因香港市场环境较好、上市门槛较低、后续融资便利以及地域、语言、市场推广等多方面优势，且在港上市更易获得投资者的认可，使得中国企业更易选择香港作为上市地点。截至 2021 年 6 月 30 日，港股总市值为 39471 亿美元，内蒙古在港上市企业总市值为 2465.74 亿港元，占港股总市值的 0.713%。

2.3.3.1 整体概况

依托于中国香港这一全球化平台，更多的内蒙古企业迈向国际。蒙牛乳业于 2004 年 6 月 10 日在香港联合证券交易所上市，成为内蒙古第一家境外上市企业，同时也是首家国内乳品企业在香港上市；恒泰证券于 2015 年 10 月在香港证券交易所上市，成为了内蒙古第一家境外上市的金融机构，同时也是内蒙古第一家通过 IPO 上市的金融机构；内蒙古能源建设投资股份有限公司于 2017 年 7 月 18 日在香港联交所 H 股主板上市，成为内蒙古直属国有企业中首家在香港整体上市的企业；内蒙古能建因收购等私有化业务问题，于 2021 年 8 月 25 日上午九时自愿撤销 H 股在联交所的上市地位[1]；优然牧业于 2021 年 5 月 17 日通过了港交所聆讯，是内蒙古企业 4 年来在港交所上市的新突破。内蒙古境外上市企业名单具体见表 2-14。

表 2-14 2021 年内蒙古在港上市企业名单

序号	证券简称	企业名称	所属行业	上市地点	所属区域
1	蒙牛乳业	中国蒙牛乳业有限公司	食品饮品	香港	呼和浩特
2	伊泰煤炭	内蒙古伊泰煤炭股份有限公司	煤炭	香港	鄂尔多斯
3	中国圣牧	中国圣牧有机奶业有限公司	食品饮品	香港	巴彦淖尔
4	恒投证券	恒泰证券股份有限公司	金融	香港	呼和浩特
5	内蒙古能建	内蒙古能源建设投资股份有限公司	建筑	香港	呼和浩特
6	优然牧业	中国优然牧业集团有限公司	食品饮品	香港	呼和浩特

2016 年末，内蒙古在港上市企业有 4 家，分别为中国蒙牛乳业有限公司、内蒙古伊泰煤炭股份有限公司、中国圣牧有机奶业有限公司、恒泰证券股份有限公司。港股上市企业总数为 1973 家[2]，内蒙古在港上市企业占港股上市企业数量的 0.2%。内蒙古在港上市企业市值累计 1021.27 亿港元[3]，港股总市值为 29968 亿美元[4]，内蒙古在港上市企业总市值占港股总市值的 0.39%。

2017 年末，内蒙古在港上市企业有 5 家，较 2016 年新增了内蒙古能源建设投资股份有限公司，港股上市企业总数为 2118 家[5]，内蒙古在港上市企业占港股上市企业数量的 0.23%。内蒙古在港上市企业市值累计 1414.83 亿港元[6]，港股总市值为 32794 亿美元[7]，内蒙古在港上市企业总市值占港股总市值的 0.49%。

[1] 数据来源：内蒙古财经。
[2] 数据来源：第一财经。
[3] 数据来源：亿牛网。
[4] 数据来源：市值风云. 2001—2020 年八大交易所总市值. 哔哩哔哩，2021-6-29.
[5] 数据来源：港股解码. 托起新经济的“两只手”. 搜狐网，2018-4-5.
[6] 数据来源：亿牛网。
[7] 数据来源：市值风云. 2001—2020 年八大交易所总市值. 哔哩哔哩，2021-6-29.

2018 年末，内蒙古在港上市企业有 5 家，港股上市企业总数为 2315 家[1]，内蒙古在港上市企业占港股上市企业数量的 0.21%。内蒙古在港上市企业市值累计 1234.88 亿港元，港股总市值为 45580 亿美元，内蒙古在港上市企业总市值占港股总市值的 0.31%。

2019 年末，内蒙古在港上市企业有 5 家，港股上市企业总数为 2449 家[2]，内蒙古在港上市企业占港股上市企业数量的 0.2%。内蒙古在港上市企业市值累计 1572.21 亿港元，港股总市值为 40704 亿美元，内蒙古在港上市企业总市值占港股总市值的 0.44%。

2020 年末，内蒙古在港上市企业有 5 家，港股上市企业总数为 2538 家[3]，内蒙古在港上市企业占港股上市企业数量的 0.19%。内蒙古在港上市企业市值累计 2425.56 亿港元，港股总市值为 39360 亿美元，内蒙古在港上市企业总市值占港股总市值的 0.70%，具体见表 2-15。

表 2-15　内蒙古在港上市企业数量情况表[4]

年份	2016 年	2017 年	2018 年	2019 年	2020 年	2021 年
港股企业总数/家	1973	2118	2315	2449	2538	—
当年新增上市企业数量/家	126	174	218	183	154	46
内蒙古在港上市企业数量/家	4	5	5	5	5	6
内蒙古在港上市企业在全国数量占比/%	0.20	0.23	0.21	0.20	0.19	—

内蒙古“十三五”期间在港上市企业增加 1 家，为内蒙古能源建设投资股份有限公司。2016 年内蒙古在港上市企业总市值 1021.27 亿港元，2020 年内蒙古在港上市企业总市值为 2425.56 亿港元，“十三五”期间增幅达到 141.44%。其中蒙牛乳业表现较为突出，2016—2020 年市值增长 248.7%。总体来说，内蒙古企业对港股市场利用较低，但在港股上市的企业发展较为理想，总市值稳步攀升。内蒙古在港上市企业市值具体情况见表 2-16，趋势变化情况具体如图 2-43 所示。

表 2-16　历年内蒙古在港上市企业市值一览表[5]

年份	2016 年	2017 年	2018 年	2019 年	2020 年	2021 年（6 月 30 日）
蒙牛乳业市值/亿港元	583.259	919.003	934.78	1251.24	2033.28	1887.28
伊泰煤炭市值/亿港元	205.653	296.44	188.73	168.23	173.76	175.72
中国圣牧市值/亿港元	135.984	80.065	21.29	15.89	65.37	54.48

[1] 数据来源：格隆汇. 香港证券市场 2018 年回顾：IPO 融资额全球第一. 搜狐网，2019-1-9.

[2] 数据来源：张海营. 2019 年港股大数据出炉：市值增 8 万亿，产生 82 只翻倍股. 新浪财经，2020-1-2.

[3] 数据来源：港股配置的指数化路径. 新浪财经，2021-3-3.

[4] 数据来源：中国金融观察网。

[5] 数据来源：亿牛网。

续表

年份	2016年	2017年	2018年	2019年	2020年	2021年（6月30日）
恒投证券市值/亿港元	96.369	76.053	50.79	102.88	69.54	79.44
内蒙古能建市值/亿港元	0	43.272	39.29	33.88	33.88	33.88
优然牧业市值/亿港元	0	0	0	0	0	234.94
市值合计/亿港元	1021.265	1414.833	1234.88	1572.12	2425.56	2465.74
港股总市值/亿美元	29968	32794	45580	40704	39360	39471
内蒙古在港上市企业市值在港股总市值占比/%	0.389	0.493	0.309	0.441	0.704	0.713

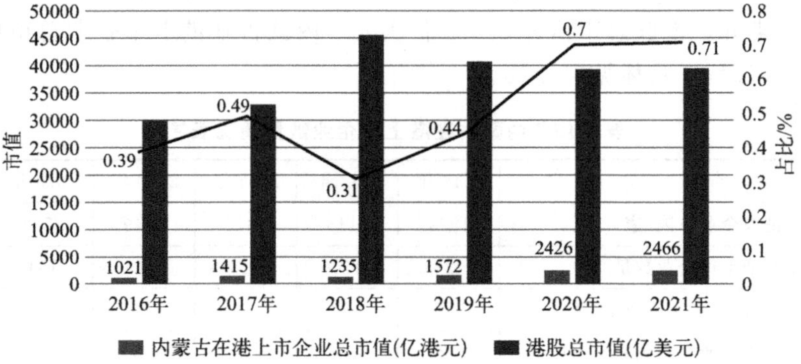

图 2-43 内蒙古在港上市企业 2016—2021 年历年市值与港股历年市值对比图❶

2.3.3.2 产业分布

根据图 2-44，2021 年内蒙古在港上市企业共 6 家，其中农林牧渔业包括中国蒙牛乳业有限公司、中国圣牧有机奶业有限公司以及中国优然牧业集团有限公司，共计 3 家；建筑业有内蒙古能源建设投资股份有限公司 1 家；金融及保险业有恒泰证券股份有限公司 1 家；煤炭开采和洗选业有内蒙古伊泰煤炭股份有限公司 1 家。由此可以看出，内蒙古在港上市企业主要以农林牧渔业为主，内蒙古凭借丰富的农牧资源获得外部投资者的信赖，并促进相关企业获得了蓬勃发展。

2.3.3.3 区域分布

内蒙古自治区在港上市企业地区分布如图 2-45 所示。2021 年内蒙古在港上市企业主要分布于经济科技资本较为集中的内蒙古西部地区，呈现区域集中的特点。其中，中国蒙牛乳业有限公司、恒泰证券股份有限公司、内蒙古能源建设投资股份有限公司以及中国优然牧业集团有限公司位于呼和浩特市，中国圣牧有机奶业有限公司位于巴彦淖尔市，内蒙古伊泰煤炭股份有限公司位于鄂尔多斯市。以呼和浩特

❶ 数据来源：亿牛网。

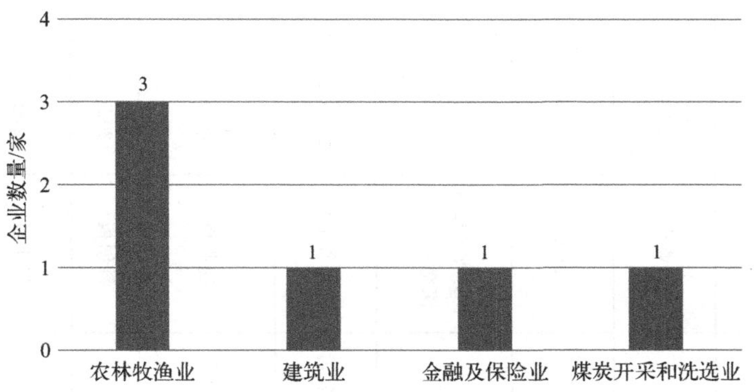

图 2-44 2021 年内蒙古境外上市企业所属行业分布

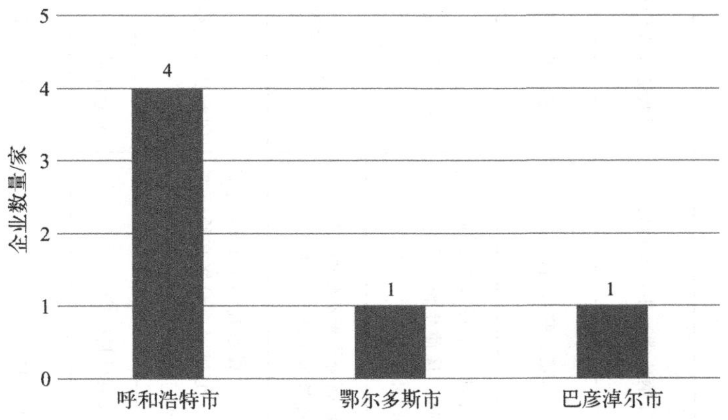

图 2-45 2021 年内蒙古自治区在港上市企业地区分布

市为首的西部地区，近年来经济发展态势逐步向好，凭借其市场空间大、环境好的特征吸引企业集聚于此。内蒙古企业通过跨地区一对一对口帮扶，推动西部带动东部学习并与东部分享高新技术及先进经验，形成企业间良性互动链条，推动区域经济增长，进而实现了全区经济总体跃升。

2.3.4 拟上市企业市值逐年增长

内蒙古自治区作为我国重要的能源与战略资源基地、农畜产品生产基地，拥有绿色、特色优势现代企业，能源和战略资源基地优化升级的支撑企业，农畜产品生产基地的龙头企业，以及战略性新兴产业和先进制造业的骨干企业。上述相关产业企业分布与内蒙古 211 发展战略一致，受政府重点关注完成了孵化上市。

2.3.4.1 整体概况

根据表 2-17，截至 2021 年 6 月 30 日，内蒙古自治区合计有 9 家拟上市企业，其中拟登陆主板 2 家、拟在深交所主板上市 2 家、拟闯关创业板 3 家、拟登陆科创板 1 家，另外 1 家待定。欧晶科技已做好证监会初审会准备，新华发行进入证监会

表 2-17　内蒙古辖区拟上市辅导备案企业基本情况表

序号	公司名称	注册地	主营业务	保荐机构	拟申报板块	辅导备案时间
1	内蒙古佰惠生新农业科技股份有限公司	赤峰市	食糖及副产品加工销售	宏信证券有限责任公司	深交所主板	2016.11.21
2	包头市威丰稀土电磁材料股份有限公司	包头市	曲向硅钢研发、生产和销售	国融证券股份有限公司	创业板	2020.7.9
3	内蒙古塞飞亚农业科技发展股份有限公司	赤峰市	商品鸭养殖、鸭苗销售等	华融证券股份有限公司	待定	2020.7.30
4	内蒙古骑士乳业集团股份有限公司	包头市	牧草种植，牛场运营，奶牛集约化养殖，优质生鲜乳供应，各类奶制品研发，生产和销售等	国融证券股份有限公司	上交所主板或深交所主板	2020.11.6
5	内蒙古双欣环保材料股份有限公司	鄂尔多斯市	可降解高分子聚乙烯醇（PVA）、特种纤维等的生产与销售	中国国际金融股份有限公司	深交所主板	2020.12.28
6	内蒙古超牌新材料股份有限公司	呼和浩特市	煤矸石（煤系高岭岩）固废资源的高值化利用，煅烧高岭土产品的生产与销售	国泰君安证券股份有限公司	创业板	2021.1.19
7	内蒙古天和磁材科技股份有限公司	包头市	稀土永磁材料生产	申港证券	科创板	2021.4.13
8	包头市英思特稀磁新材料股份有限公司	包头市	稀土永磁材料生产	华泰联合证券	创业板	2021.5.8
9	包头北辰饲料科技股份有限公司	包头市	动物饲料的生产、研发及销售	国融证券股份有限公司	深交所主板或创业板	2021.6.22

第二轮反馈意见程序阶段[1]。超牌新材料、天和磁材、英思特、北辰饲料进入上市辅导期。精选层挂牌企业“大唐药业”正在根据转板的统一安排积极推进创业板上市工作。

内蒙古拟上市企业在发展中均沿袭股票公募发行、配股、资本公积金转增股本等基本方式，多依赖我国 A 股市场，方式较为单一，未利用新途径开发资本市场，尚未充分利用与开发其他市场。

2.3.4.2　产业分布

2021 年内蒙古拟上市企业整体呈现出产业分布不均的特点，其中属于制造业的企业有 3 家，分别为内蒙古双欣环保材料股份有限公司、内蒙古天和磁材科技股份有限公司、包头市英思特稀磁新材料股份有限公司；属于农林牧渔业的有 3 家企业，分别为内蒙古佰惠生新农业科技股份有限公司、内蒙古塞飞亚农业科技发展股份有限公司、内蒙古骑士乳业集团股份有限公司；技术服务业 1 家，为包头北辰饲料科技股份有限公司；有色金属冶炼和延压加工业 1 家，为内蒙古超牌新材料股份有限公司；批发零售业 1 家，为包头市威丰稀土电磁材料股份有限公司。内蒙古拟上市企业行业分布具体如图 2-46 所示。数量上，内蒙古拟上市企业大多依赖自然资源，主要集中于制造业、农牧业等具有地区资源优势的传统产业，在信息技术、生物医药、生态环保等科技含量高、发展潜力较大的新兴行业领域数量分布较少。值得注意的是，内蒙古拟上市企业中有 2 家是具有较大发展空间的新材料企业，说明内蒙古在该领域已取得一定的突破性进展。

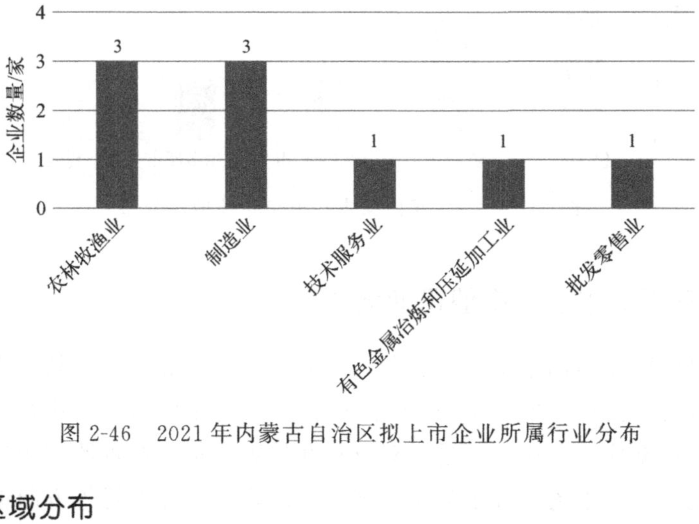

图 2-46　2021 年内蒙古自治区拟上市企业所属行业分布

2.3.4.3　区域分布

如图 2-47 所示，内蒙古自治区拟上市企业所在的城市主要位于经济发展水平

---

[1] 数据来源：内蒙古辖区拟上市辅导备案企业基本情况表（截至 2021 年 6 月 30 日）. 中国证券监督管理委员会网，2021-7-12.

以及地理位置相对较好的呼包鄂及赤峰等地区，企业分布整体呈现出区域集中的特点。内蒙古拟上市企业共9家，其中包头市5家，分别为包头市威丰稀土电磁材料股份有限公司、内蒙古骑士乳业集团股份有限公司、内蒙古天和磁材科技股份有限公司、包头市英思特稀磁新材料股份有限公司、包头北辰饲料科技股份有限公司；赤峰市2家，分别为内蒙古佰惠生新农业科技股份有限公司和内蒙古塞飞亚农业科技发展股份有限公司；呼和浩特市1家，为内蒙古超牌新材料股份有限公司；鄂尔多斯市1家，为内蒙古双欣环保材料股份有限公司。形成此种企业分布状况有以下因素：其一，同一地区的优秀企业能够将优势资源、发展经验和先进技术进行共享，上市企业对拟上市企业起到帮助扶持的作用，实现了企业间良好的带动作用；其二，企业发展离不开当地政府的关怀和优惠政策，这些地区形成了良好的营商环境，企业在合法经营的情况下省去诸多复杂程序，使企业经营更加省时省力且高效；其三，区域经济发展态势良好，市场空间大，能够提升外部投资量，更好地推动企业上市进程，企业壮大后亦能够作为地区标签为区域经济献力，促进区域经济协调发展。

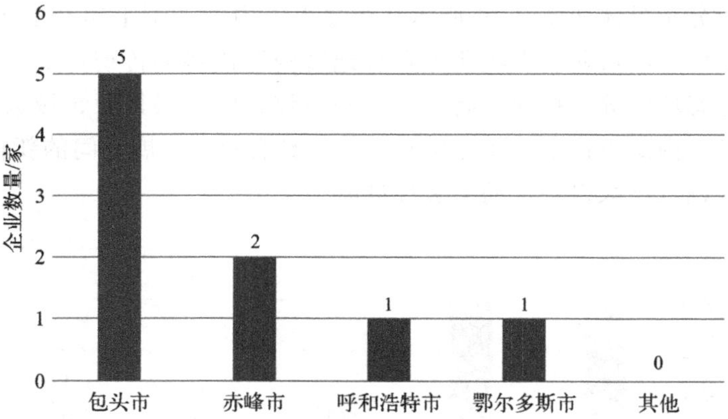

图 2-47　2021 年内蒙古拟上市企业地区分布

2.3.5 新三板上市企业市值迅速增长

内蒙古自治区作为国家重要的能源与战略资源基地和农畜产品生产基地，以及国家向北开放的重要桥头堡，于2021年5月21日与全国股转公司在北京签署战略合作备忘录。根据战略合作备忘录，双方将在挂牌后备企业资源挖掘培育、信息共享及干部交流、资本市场综合服务、挂牌公司风险防范和处置等方面进一步加强合作。此外，作为合作内容的一部分，双方决定在内蒙古股交中心设立新三板基地，提升新三板对内蒙古市场主体的在地化服务能力。

国内新三板市场自2014年起迅猛增长，但内蒙古新三板挂牌企业数量较少。在有利政策与监管措施的逐步推行下，内蒙古新三板企业数量并未显著提升，仍与东部沿海地区差距较大，这与内蒙古产业发展特征有关。内蒙古产业发展长期依赖自然资源，挂牌企业信息披露不及时不全面，企业股本结构分布不合理，分红派现能力相对较弱，且运营成本过高、赢利能力薄弱，导致内蒙古挂牌企业融资能力整体偏弱。

2.3.5.1　整体概况

截至 2016 年 10 月 31 日，新三板存量挂牌企业 9324 家，内蒙古新三板企业有 55 家，数量占比 0.6%；有市值的企业 17 家，占比 30.9%。其中，创新层企业 6 家，基础层企业 11 家，协议转让企业 8 家，做市转让企业 9 家。

截至 2017 年 3 月 1 日，新三板存量挂牌企业 10772 家，内蒙古新三板企业有 63 家，数量占比 0.58%。其中，创新层企业 8 家，基础层企业 55 家，协议转让企业 54 家，做市转让企业 9 家。内蒙古全部挂牌企业总市值累计为 274 亿元。

截至 2018 年 11 月 30 日，新三板存量挂牌企业 10786 家，内蒙古新三板企业有 66 家，占比 0.6%；43 家企业有市值，占比 65.2%。其中，创新层企业 10 家，基础层企业 33 家，竞价转让企业 35 家，做市转让企业 8 家。

2019 年末，新三板存量挂牌企业 8953 家，内蒙古新三板企业有 57 家，占比 0.63%。

2020 年末，新三板存量挂牌企业 8187 家，内蒙古新三板企业有 52 家，占比 0.64%。2016—2020 年内蒙古与全国新三板企业数量及占比具体情况如图 2-48 所示。

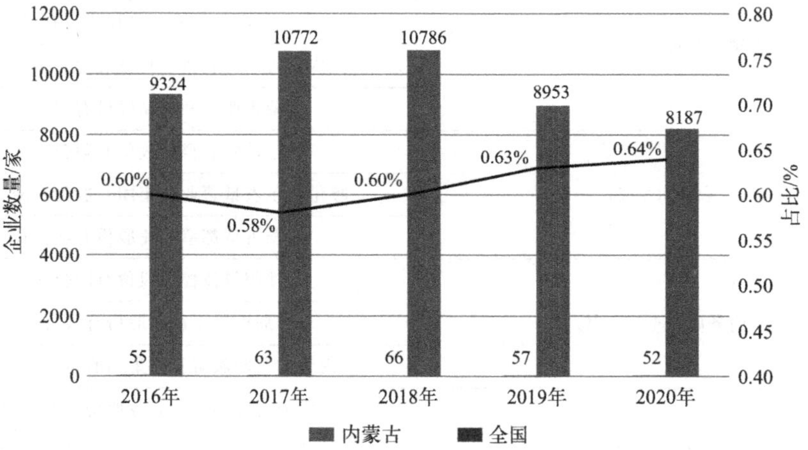

图 2-48　2016—2020 年内蒙古自治区与全国新三板企业数量及占比趋势变化

截至 2021 年 7 月 8 日，新三板存量挂牌企业共 7466 家。其中，精选层企业 57 家，以细分行业龙头和特色企业为主，初步发挥了示范引领效应；创新层企业 1271 家，改革后创新层对优质企业的吸引力进一步增强。改革以来，新三板市场合格投资者规模显著增长，投资者入市意愿上升；专业机构入市，QFII 参与挂牌企业定向发行落地，首批参与新三板的公募基金成立一年来平均收益率超过 30%，内蒙古市场融资额稳步上升。

2.3.5.2 产业分布

由表2-18分析可知，内蒙古新三板企业行业分布情况整体呈现出分布不均的特点。内蒙古新三板企业大多集中于批发业、农副食品加工业、农业等传统产业，而属于研究和试验发展、新型材料及生态环境保护等未来发展潜力大的新兴产业挂牌企业数量较少。其中批发业企业7家、农副食品加工业企业4家，分别占据内蒙古新三板企业总数的13.46%、7.69%。新三板企业行业分布情况从侧面反映出内蒙古产业结构发展不均衡。

表2-18 新三板企业行业分布情况

所属行业	企业名称
批发业（7家）	元和药业股份有限公司
	内蒙古云谷电力科技股份有限公司
	内蒙古新达科技股份有限公司
	内蒙古英华融泰高科技发展有限公司
	奔腾科技实业集团股份有限公司
	锡林郭勒盟羊羊牧业股份有限公司
	内蒙古大统体育用品股份有限公司
农副食品加工业（4家）	内蒙古额尔敦羊业股份有限公司
	内蒙古佰惠生新农业科技股份有限公司
	内蒙古宏源农牧业科技股份有限公司
	内蒙古澳菲利食品股份有限公司
农业（3家）	三瑞农业科技股份有限公司
	呼伦贝尔农垦薯业（集团）股份有限公司
	内蒙古草都草牧业股份有限公司
商务服务业（3家）	呼阀科技控股股份有限公司
	满洲里口岸旅游股份有限公司
	内蒙古东联旅游管理集团股份有限公司
软件和信息技术服务业（3家）	内蒙古云科数据服务股份有限公司
	内蒙古信元网络安全技术股份有限公司
	内蒙古金田科技股份有限公司
食品制造业（3家）	内蒙古华欧淀粉工业股份有限公司
	内蒙古凌志马铃薯科技股份有限公司
	内蒙古骑士乳业集团股份有限公司
科技推广和应用服务业（2家）	内蒙古金海新能源科技股份有限公司
	内蒙古多维尔生物科技股份有限公司

续表

所属行业	企业名称
建筑业（2家）	内蒙古亨利新技术工程股份有限公司
	包头惠民水务股份有限公司
其他服务业（2家）	内蒙古梅力更旅游投资股份公司
	内蒙古民大商贸股份有限公司
电气机械和器材制造业（2家）	包头市展浩电气股份有限公司
	内蒙古一机集团宏远电器股份有限公司
研究和试验发展（2家）	内蒙古宇亚科技股份有限公司
	内蒙古嘉宝仕生物科技股份有限公司
化学原料和化学制品制造业（2家）	内蒙古显鸿科技股份有限公司
	内蒙古圣氏化学股份有限公司
水利管理业（1家）	内蒙古蒙水水资源股份有限公司
医药制造业（1家）	内蒙古大唐药业股份有限公司
畜牧业（1家）	赛科星繁育生物技术（集团）股份有限公司
机动车、电子产品和日用产品修理业（1家）	翱华工程技术股份有限公司
计算机、通信和其他电子设备制造业（1家）	金名信息技术股份有限公司
通用设备制造业（1家）	包头市塞北机械设备股份有限公司
其他制造业（1家）	内蒙古润泽源生物科技股份有限公司
零售业（1家）	内蒙古天昱园新能源股份有限公司
非金属矿物制品业（1家）	内蒙古世环新材料股份有限公司
农、林、牧、渔专业及辅助性活动（1家）	呼伦贝尔市蒙拓农机科技股份有限公司
专业技术服务业（1家）	内蒙古北方时代设计研究院股份有限公司
酒、饮料和精制茶制造业（1家）	内蒙古金沙葡萄酒业有限公司
黑色金属冶炼和压延加工业（1家）	内蒙古蒙达钛业股份有限公司
广播、电视、电影和录音制作业（1家）	内蒙古东联教育科技集团股份有限公司
道路运输业（1家）	内蒙古诚昊启元集团股份公司
房地产业（1家）	内蒙古福强物业服务股份有限公司
餐饮业（1家）	内蒙古小尾羊餐饮连锁股份有限公司

2.3.5.3 区域分布

通过统计分析可以发现，内蒙古新三板企业整体呈现地域分布不均衡的特点，具体见图2-49。呼和浩特市、包头市、赤峰市挂牌企业数量位居前三位，分别为15家、15家、6家，占内蒙古挂牌企业总数的28.85%、28.85%、11.54%。内蒙古地域狭长，发展态势良好的企业间不能及时地进行资源共享与互动，这对全区企业整体发展不利，企业大多凭借自身地势资源获得发展红利，

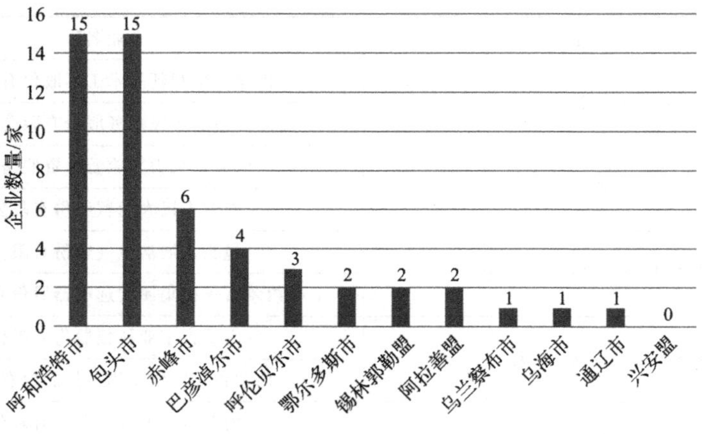

图 2-49　2020 年内蒙古自治区新三板企业地域分布情况

使得资源型企业发展限制较多。

2.3.6　上市企业研发创新强度再创新高

2.3.6.1　创新研发现状

在“十三五”科技创新规划的指导下，内蒙古境内 26 家上市企业的研发投入整体稳中有升，17 家企业持续实现正增长。证监局数据显示，2020 年内蒙古境内上市企业研发投入金额合计约为 57.58 亿元，相较于 2017 年内蒙古境内上市企业研发投入总金额 20.319 亿元增长了 37.261 亿元，涨幅达到 183.3%；2020 年，内蒙古境内上市企业研发强度为 3.17%，同比提高 0.16%，连续 6 年实现正增长，比全国上市企业总体研发强度高出 0.57%，也成为了内蒙古境内上市企业历年研发强度的最高水平。

2.3.6.2　示范型企业

内蒙古上市企业创新研发投入逐年上涨，研发强度稳步提升，企业内部创新活力充沛、创新氛围良好、各项创新工作有序推进。为更好地剖析内蒙古上市企业创新研发情况，本节挑选了自 2017 年以来创新研发投入涨幅较为明显的 2 家上市企业进行数据说明与分析。

(1) 金宇生物技术股份有限公司

金宇生物技术股份有限公司成立于 1993 年 3 月，多年来持续开展技术活动进行产品创新，致力于提升自身核心竞争力，并于 2008 年攻克细胞悬浮培养技术难关，建设了口蹄疫悬浮培养生产线，填补了国内空白。金宇生物 2017—2020 年研发投入及研发强度具体数据详见表 2-19、图 2-50，公司 2020 年研发投入 13080 万元，同比增长 50.93%，研发费用的大幅增长主要是因为公司新型疫苗研发平台建设投入大量资金。

表 2-19 金宇生物技术股份有限公司研发投入及强度

年份	2017 年	2018 年	2019 年	2020 年
金宇生物研发投入/万元	7165	10740	8666	13080
金宇生物研发强度/%	3.77	5.66	7.69	8.27

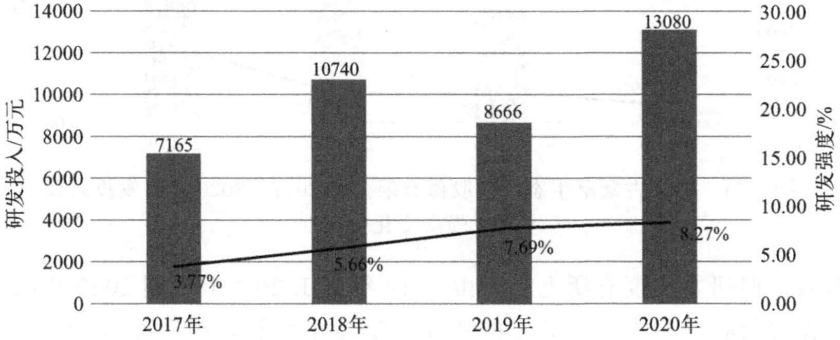

图 2-50 金宇生物技术股份有限公司 2017—2020 年研发投入及研发强度变化情况

(2) 内蒙古蒙草生态环境股份有限公司

内蒙古蒙草生态环境股份有限公司成立于 2001 年，是一家依托“特色种业体系”及“小草数字技术”精准修复生态，打造人与自然和谐共生的生命共同体，提供因地制宜解决方案的科技企业，拥有国内数据和规模较领先的乡土植物种质资源库，其中实物储存的乡土植物种质资源有 7100 余份。公司研发投入由 2017 年的 6611 万元增加到 2020 年的 12300 万元，涨幅高达 86.05%，研发强度由 2017 年的 1.19%上升到 2020 年的 4.84%，上涨了 3.65 个百分点，具体如表 2-20、图 2-51 所示。研发投入增加的原因主要是报告期内公司加大了植物多样性应用以及荒漠化草原、矿山、盐碱地等不同地理条件下的生态修复技术集成与示范研究。

表 2-20 内蒙古蒙草生态环境股份有限公司投入及研发强度

年份	2017 年	2018 年	2019 年	2020 年
蒙草生态研发投入/万元	6611	7228	5487	12300
蒙草生态研发强度/%	1.19	1.89	1.92	4.84

2.3.6.3 与行业龙头企业对比

(1) 赤峰吉隆黄金矿业股份有限公司与紫金矿业集团研发数据对比

赤峰吉隆黄金矿业股份有限公司成立于 1998 年，其主营业务为黄金采选及资源综合回收利用等，已成为全国 12 大黄金集团之一。公司 2017—2020 年研发投入有小幅缩减，由 2017 年的 8284 万元下降到 2020 年的 7405 万元。赤峰黄金 2020 年度财务报告中指出，受雄风环保股权转让影响，公司短期盈利及研发费用等支出

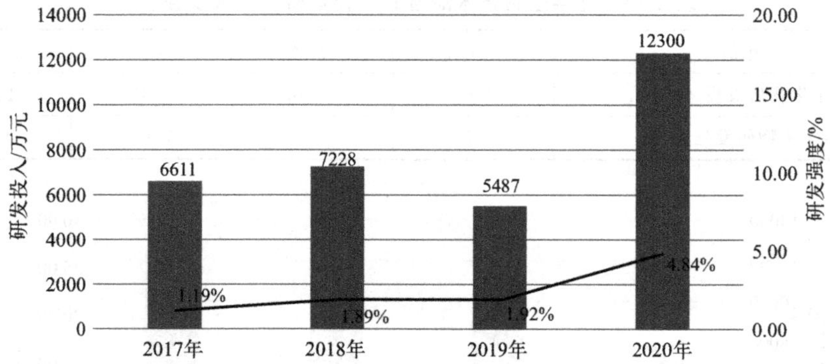

图 2-51 内蒙古蒙草生态环境股份有限公司 2017—2020 年研发投入及研发强度变化情况

均小额缩减，但研发强度有所上升，由 2019 年的 1.20%上升到 2020 年的 1.62%。研发强度在总营收增长为−0.33%的情况下实现正增长，说明企业的创新意识强，重视企业创新活动。

为深入分析赤峰吉隆黄金的研发创新情况，本节选取和赤峰吉隆黄金同属黄金矿产业上市企业且在国内排名前五的紫金矿业集团进行研发投入及强度对比，数据见表 2-21、图 2-52。紫金矿业集团成立于 1993 年 8 月，是中国最大金矿企业、中国第三大矿产铜企业、六大锌生产企业之一。公司 2017—2020 年的研发费用由 2.944 亿元上涨到 5.825 亿元，涨幅 97.86%，研发强度平稳保持在 0.3%上下，波动幅度较小。紫金矿业 2020 年度财报显示，公司 2020 年营业收入 1715 亿元较 2019 年营业收入 1360 亿元涨幅 26.1%，研发投入上涨了 24.65%，研发投入与企业营业收入增速大致相同。相比来看，赤峰黄金的研发强度增速比行业龙头紫金矿业更快，研发活动开展情况相对较好。

表 2-21 赤峰吉隆黄金矿业股份有限公司与紫金矿业集团研发数据

年份	2017 年	2018 年	2019 年	2020 年
赤峰吉隆黄金研发投入/万元	8284	4793	7305	7405
紫金矿业研发投入/万元	29440	27440	46730	58250
赤峰吉隆黄金研发强度/%	3.20	2.03	1.20	1.62
紫金矿业研发强度/%	0.32	0.26	0.35	0.34

(2) 内蒙古鄂尔多斯资源股份有限公司与中国宝武钢铁集团有限公司研发数据对比

内蒙古鄂尔多斯资源股份有限公司成立于 1995 年，经过 20 多年的不断发展，已从一家羊绒制品加工企业，发展成为涵盖羊绒服装、能源综合利用等业务的大型现代综合产业集团，其依托鄂尔多斯市当地丰富的煤炭、硅石、石灰石等自然资源开展电力冶金化工业务，形成了完整的“煤-电-硅铁合金”“煤-电-氯碱化工”生产线。鄂尔多斯“十三五”期间不断改进生产技术、优化改良生产工艺、提升产品附

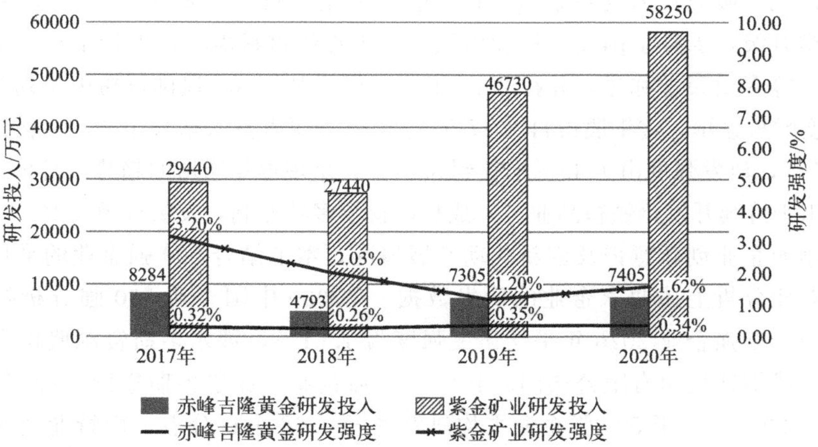

图 2-52　赤峰吉隆黄金和紫金矿业 2017—2020 年研发投入及研发强度变化情况

加值，实现公司净利润翻番增长的同时助力公司行业地位的跃升，于 2020 年进入《财富》中国 500 强排行榜，位列第 408 名。公司从 2017 年到 2020 年间的研发投入显著增加，其研发投入从 1529 万元增长到 52990 万元，涨幅高达 3365.66%，研发强度由 0.07%上涨到 2.29%，上涨了 2.22 个百分点。由鄂尔多斯 2020 年度财务报告可知，公司研发费用大幅增长的主要原因为公司在电冶产品生产及工艺方面投入了大量资金，推动相关产业自动化、智能化升级改造。

内蒙古鄂尔多斯资源股份有限公司 2020 年度财报中主营业务分布显示，其电冶金板块收入占总营收的 85.94%。因此，依据东方财富网发布的同行业数据对比情况，选取国内冶金工业企业规模第一的中国宝武钢铁集团有限公司的研发数据与内蒙古鄂尔多斯资源股份有限公司研发数据进行对比，差异见图 2-53、表 2-22。中国宝武钢铁集团有限公司为宝钢集团与武汉钢铁集团联合重组后的母公司，于 2016 年 12 月 1 日揭牌成立，采取上海、武汉“双总部”模式，以高端化、智能

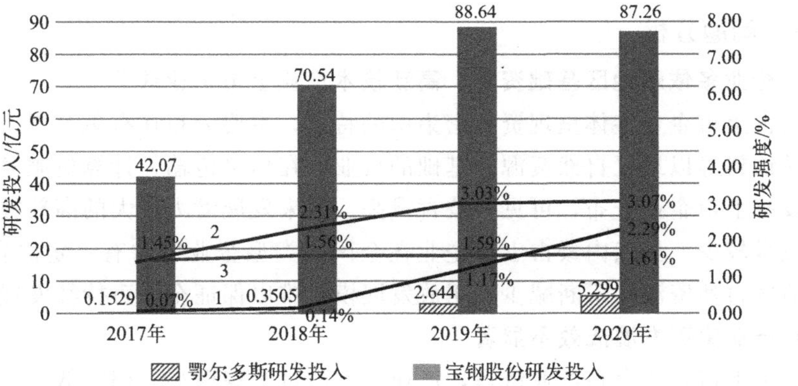

图 2-53　鄂尔多斯与宝钢股份研发投入、研发强度与中国 500 强企业平均研发强度对比图

1—鄂尔多斯研发强度；2—宝钢股份研发强度；3—中国 500 强企业平均研发强度

化、绿色化、服务化为发展原则，聚焦钢铁主业“做精、做强、做优”，引领了行业的转型升级，支撑了国民经济和国家重大工程的材料需求，被授予“国家技术示范企业”等多项荣誉称号，并在2020年《财富》中国500强排行榜中位列第32名。公司年度财报显示，宝钢股份自2017年至2020年研发投入增长了45.19亿元，涨幅达到107%，研发强度由1.45%增长到3.07%，呈现逐年递增的趋势，且公司研发投入主要用于持续开发钢铁精品业务，成功取得了多项专利，发展成效良好。

为阐明企业创新意识及创新活动开展情况，本节结合500强企业的平均研发强度水平对比分析上述两家企业的研发数据。《2020中国企业500强分析报告》显示，中国500强企业2020年平均研发强度为1.61%，鄂尔多斯资源股份有限公司与中国宝武钢铁集团有限公司同属我国500强企业。鄂尔多斯集团2020年的研发强度为2.29%，高于500强企业平均研发强度0.68个百分点，而行业龙头宝钢股份研发强度则高于平均水平1.46个百分点。与龙头企业宝钢股份相比，鄂尔多斯集团的研发投入和强度虽不及宝钢股份，但公司研发强度上涨幅度较大，说明企业近几年创新意识正在不断增强，创新研发力度逐步加大。

表2-22 内蒙古鄂尔多斯资源股份有限公司与中国宝武钢铁集团有限公司研发投入及研发强度

年份	2017年	2018年	2019年	2020年
鄂尔多斯研发投入/亿元	0.1529	0.3505	2.664	5.299
宝钢股份研发投入/亿元	42.07	70.54	88.64	87.26
鄂尔多斯研发强度	0.07%	0.14%	1.17%	2.29%
宝钢股份研发强度	1.45%	2.31%	3.03%	3.07%
我国500强企业平均研发强度	1.45%	1.56%	1.59%	1.61%

2.3.7 上市企业所遇问题及对策

2.3.7.1 问题分析

(1) 企业多依赖地区基础资源，高新技术产业上市企业缺乏

内蒙古上市企业整体呈现资源密集型的特点，主要分布在有色金属、化工、采掘及食品饮料等以地区自然资源为基础的行业，在信息传输、计算机服务、软件等行业均没有上市企业分布，可见科技含量高、未来发展潜力较大的高新技术产业上市企业数量较少。虽然内蒙古上市企业在全国同类型企业中占有一定的资源优势，但随着地区自然资源的不断减少，粗放发展模式难以保证企业可持续发展。

(2) 产业集群发展成效不显著

内蒙古上市企业存在产业链短，产业集群数量及规模小、档次低，产品技术含量低且种类少等现象，造成这种现象的原因是企业过度关注自身发展而忽视产业集群发展效用，没有将产业集群化作为一个至关重要的问题看待，使得企业间技术开放共享程度不够。此外，内蒙古上市企业主导产业大而不强的问题造成自身缺乏品牌知名度，在行业中竞争力不强，难以带动产业集群中其他企业较好发展，由此造成了产业集群区位优势不明显。多数企业仅对自然资源进行简单开发与利用，且开发技术落后导致对资源的开发利用程度有限，致使企业经营成本高而赢利能力弱。如包头市木材经营加工市场，缺乏龙头企业带动，且该行业多为初级产品，市场整体发展较为迟缓。

(3) 企业创新意识薄弱，创新能力匮乏

内蒙古上市企业管理者多关注眼前效益而缺乏长远眼光，忽视创新水平的提升对企业未来发展的持续性带动作用。就现实情况而言，内蒙古上市企业中科技型、创新型企业较少，科创板自实施注册制以来至 2021 年暂无企业申报，这侧面凸显出内蒙古上市企业对于研发投入重视程度不够、创新意识薄弱。虽然内蒙古上市企业开展创新活动比例整体呈现稳步上升的态势，但实为具有较高研发投入的几家企业带动了这一比例的提升。多数上市企业管理者满足于维持现状，对于培育创新技术、引进人才和培养人才的重视程度不够，导致企业创新动力不足，自主创新能力偏弱。上市企业研发强度虽有所提高，但相较于全国而言仍然处于较低水平，研发投入也并未真正形成规模效应，致使企业活跃度长期处于一个较低的水平。因此，内蒙古上市企业整体呈现出创新意识薄弱、创新能力匮乏的特点。

(4) 股权高度集中，股权结构不合理

首先，内蒙古上市企业存在企业股份过于集中在国有股、公司法人，治理结构不够完善导致股权结构难以良性构建、公司正常运作受限，进而影响其自主经营等固有问题。其次，公司大股东可在股票上市期间将其变现，且股东持股比例过高，易产生“一股独大”，缺乏股权制约机制，进而导致公司内部治理效率下降、经营绩效下滑。从内蒙古 32 家上市企业来看，上市企业发展呈现股权高度集中、股权结构不合理的特点。与第一大股东相比，第二大股东持股比例过小，存在大股东与公司同行竞争或者关联交易行为，严重损害了中小股东利益。与此同时，公司做出决策、决定时，大股东的利益往往被视为首要考虑因素，大众投资者的利益却较少被纳入考虑范围，股东大会上大股东会出现扭曲股东大会的功能而为自身谋求不当利益的现象。

2.3.7.2 对策及建议

(1) 集中资源优势，转型升级现有产业

首先，以资源为基础的上市企业应立足于长期发展，树立创新理念，增加科研人员和经费投入，不断提高产品的精细加工程度及产品附加值以增强自身核心竞争力。其次，对于农畜牧业与生态环保领域的上市企业，应坚持以内蒙古优势自然资源为依托，抓住巨大的市场需求，以创新驱动进行智能化转型，带动上下游科技、生物技术等新兴产业的发展。最后，政府及有关部门应在保证传统资源型行业上市企业持续发展的基础上，加大力度推动新兴高科技行业企业上市，进一步转型和升级现有产业。一方面积极承接与发达省市产业合作、转移，引进区外项目和资金，用好资本市场，加大行业优质资源整合力度，努力打造业内航空母舰。另一方面大力实施“草原英才”工程，对于基础化学、冶金、医药制造等有关行业的上市企业，以重大项目为载体，引进一批高端科技人才和团队领军人才，推动生产流程数字化转型，降低不合格率，节省人工成本，升级产品结构，为高技术产业发展提供智力保障（解学梅，2022）[36]。

(2) 形成内蒙古特色产业集群助力区域发展

内蒙古上市企业应增强企业命运共同体意识，与产业链上下游企业协同发展。同时，企业在产业集群中应明确自身角色，与优秀企业进行优势互补。相关部门也应进一步提升服务能力，深度融入高质量绿色发展重大国家战略，立足当下、着眼长远，做精、做强优势产业，打造品牌产品，建立健全产业集群发展的政策支持体系，搭建第三方信息服务平台，加强上市企业间技术、人才以及资源的共享与利用，形成联合互通、互惠互利的优质体系。对于产业集群协会，政府要加强引导与支持，定期举办交流会，确保协会能够充分发挥维护企业权益、规范市场竞争秩序的作用，推动产业转型升级，带动产业更好更快发展，明确区域分工与角色定位，形成区域联动发展、互补发展、共享资源的有机共同体。

(3) 政产学研用联合增强上市企业创新意识，加大创新力度

内蒙古需加快构建“政产学研用”平台，促进科技成果转化为生产力，提高产学研融合度。在此过程中，要充分发挥政府的政策引导与财政支撑作用，推动企业上市进程，加强上市企业创新意识，高校、研究所、企业、政府有关部门之间深度融合，拉近科学与实际、科研与生产之间的距离，从生产上、中、下游多环节出发培养科技创新人才，建设并完善创新激励体制，构建科学技术、教育、经济良好的创新生态环境。明确高校在联盟中角色定位，确立发展特色与强势学科，实现高校之间互补发展，集中优势资源承接重点产业，落实国家重大发展战略。以平台为依托加强校企之间合作沟通，建设信息、技术成果等多种资源共享平台，为企业发展扩容。关注上市企业科研创新需求，及时解决创新发展瓶颈，加大企业创新方面政策倾斜；成立专项资金，扶持创新队伍研发工作；配以专业经纪人分析发展趋势，确定科研方向，保证科技成果的产出与转化；提升科研团队、企业员工创新工作积极性，助力上市企业进行品牌建设，提高核心竞争力。

(4) 完善治理结构，优化股权结构

首先，为使投资者能够及时了解上市企业具体情况，提升投资者对于企业的信任度，从而更好地规划投资额度，内蒙古上市企业信息披露应真实且及时；在公司制度方面，高层管理者应对董事会成员建立系列管理制度，同时制定明确的责任划分及激励制度，以此明确相关责任人的监管职责；需注意在董事会、监事会、股东会和经理层的权责分配上要保持各自的独立性，避免交叉与重叠，以明确的权责分配保证股东大会功能的有效实现。其次，针对上市企业股本结构不够完善的现状，企业应尽可能地变现或者减少国有股数量，不断扩大流通股的数量，吸引有潜力的投资者以增加企业流动资金。最后，企业还可以通过合理优化股权结构，引进更多大股东分散现有股权份额，建立健全体制以解决上市企业股本结构不合理的问题。

2.4 内蒙古外商投资企业引进力度分析

由于本书缺少内蒙古自治区整体外商投资总额及各盟（市）外商投资企业数量的统计，故从利用外资规模、方式、来源、分布区域以及产业结构五个方面对“十三五”期间内蒙古外商投资整体情况进行概述。在此基础上，本节将内蒙古外商投资情况与全国、发达地区和相似省份进行对比，分析全区利用外资水平的情况。此外，从外资企业增加数量、实际利用外资情况及外资产业分布三方面对内蒙古发展突出的“呼包鄂”外资企业展开详细分析，并对发展突出的外资企业进行介绍。基于以上分析，归纳总结全区外商投资现存问题，并提出相关发展建议及对策。针对数据缺失部分，本书编写组未来将依据数据获取的实际情况继续跟进研究。

2.4.1 外资企业稳定发展

内蒙古以开放的态度和宽松的政策条件吸引外商到区内投资。伊克昭盟羊绒衫厂 1979 年引进了内蒙古第一笔外资，后逐渐发展为内蒙古鄂尔多斯羊绒股份有限公司。自此内蒙古外资经历了从无到有，由少到多，由低水平、低层次向高水平、高层次不断发展的历程。在近三十年的发展中，内蒙古 2020 年实际利用外商投资金额较 1992 年上升 23.04 倍❶，为内蒙古经济发展做出了积极的贡献。

2.4.1.1 利用外资规模

内蒙古自 2005 年起利用外资规模逐年扩大，至“十一五”期间实际利用外资增幅达到 154.18%。截至“十二五”末外资突破 30 亿美元，并于“十三五”初期达到峰值 39.7 亿美元。受全球经济下行影响，尤其是受新冠肺炎疫情影响，全区实际利用外资呈现微下降的趋势。从图 2-54 可知，2020 年末，内蒙古实际外资额为 18.2 亿美元❷，较 2019 年下降了 2.4 亿美元。

2.4.1.2 利用外资方式

截至“十三五”末，内蒙古外商投资企业注册资本中 65.94%来自境外公司贷款，外商投资企业数量明显上升，外商直接融资成为主导。随着内蒙古投资环境逐步改善，外商投资方式呈现多样化，以中外合资、外商投资股份制企业等为主。截至 2017 年底，内蒙古新批准外商投资企业 240 家；2018 年底，新批准外商投资企

❶ 数据来源：内蒙古统计局。

❷ 数据来源：内蒙古统计局。

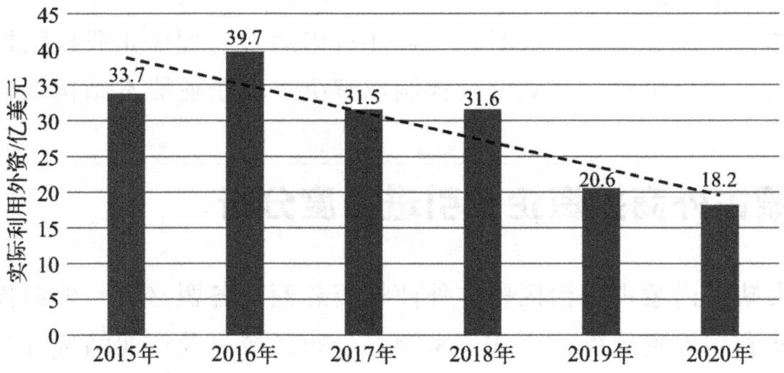

图 2-54　内蒙古自治区 2015—2020 年实际利用外资情况❶

业 251 家，同比增长 4.85%。从图 2-55 可知，2020 年末，外商投资企业达到 3329 户，较“十二五”末增加了 362 户。

在注册资本方面，全区外商投资企业注册资本及外方注册资本绝对数量均呈增长趋势，其中，外方注册资本占比保持在 65%左右（见图 2-55）。由此可知，外资企业与内蒙古企业已形成长期稳定的合作关系，保证了外商资金的稳定❷。“十三五”期间内蒙古外资企业呈现外商直接投资、方式多样化、外资企业数量增加、外商直接注入资本绝对数额呈稳定上涨趋势等特点。

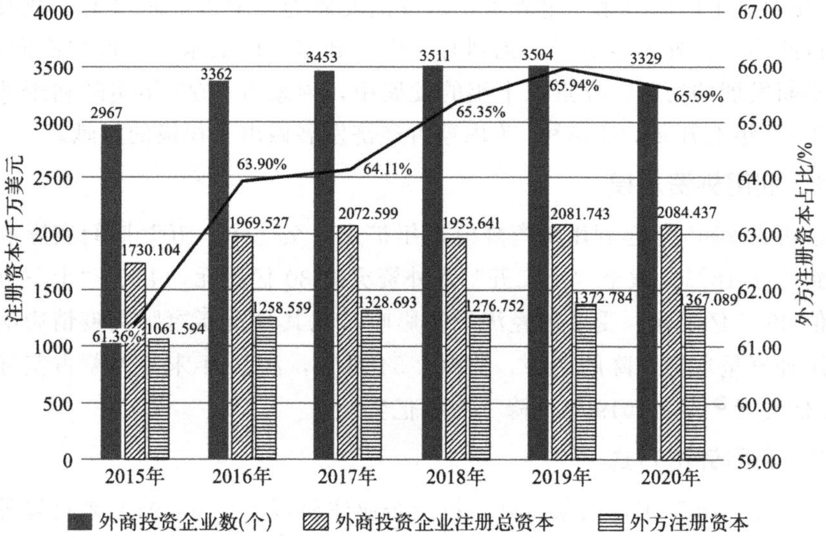

图 2-55　内蒙古自治区 2015—2020 年外商投资企业数量及外商注册资本情况❸

❶ 数据来源：内蒙古统计局。

❷ 数据来源：内蒙古自治区市场监督管理局网站。

❸ 数据来源：内蒙古统计局。

2.4.1.3 利用外资来源

改革开放后，已有包括欧美在内的40多个国家的企业在内蒙古投资、设厂，并开展生产活动。外资主要来自发达国家和地区。截至2020年底，以美国、新加坡、英国、法国、日本为主的发达国家实际利用外资额达到13.6%，香港地区占比36.1%❶。以发达国家（地区）为主体的外商企业与区内经济逐步融合，所投资的行业扩展至各个领域。“十三五”期间，内蒙古对外直接投资（FDI）来源国数量呈多样化发展趋势。FDI来源地前五位资本投入占外商直接投资的95.17%。FDI总额来源以中国香港为主，占比高达80.24%。

2.4.1.4 利用外资区域分布

由于数据可获得性不足，部分盟（市）实际利用外资额为0，具体见图2-56。内蒙古2020年全年实际使用外资18.2亿美元，其中鄂尔多斯市实际使用外资9.1亿美元，占内蒙古实际使用外资金额的50%，居于首位。呼和浩特市实际使用外资3.94亿美元，位列第二❷，巴彦淖尔市实际使用外资2.6亿美元，包头市实际使用外资1.5亿美元，呼伦贝尔市实际使用外资0.17亿美元，赤峰市实际使用外资0.23亿美元，兴安盟实际使用外资0.36亿美元，乌海市实际使用外资0.002亿美元，乌兰察布市实际使用外资0.23亿美元，阿拉善盟实际使用外资0.017亿美元，通辽市与锡林郭勒盟缺乏统计，故实际使用外资记作0亿美元❸。内蒙古全区实际利用外资总额约80%来自“呼包鄂”金三角地区。由此可知，全区实际利用外资地区分布不均现象较为严重。究其原因，“呼包鄂”金三角地区作为内蒙古经济

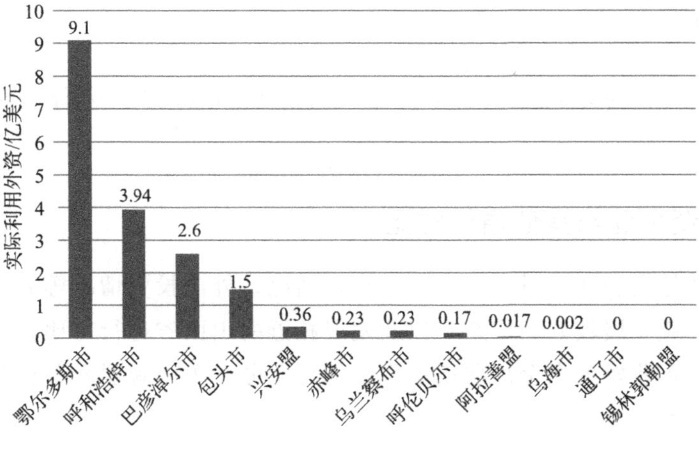

图2-56 内蒙古自治区各盟（市）2020年实际利用外资情况

---

❶ 数据来源：内蒙古统计局。

❷ 数据来源：各盟市统计局。

❸ 数据来源：呼和浩特市发展和改革委员会。

中心，在经济总体水平、基础设施建设等方面均领先于其他盟（市），政策导向下外资企业会优先选择“呼包鄂”进行投资。

2.4.1.5 利用外资的产业结构

随着我国产业经济政策逐步调整，“十三五”期间内蒙古外商投资基本覆盖了能源、交通、医药等第三产业。其中，内蒙古外商实际直接投资额前三的行业分别为制造业、采矿业、电力燃气及水的生产供应业，占比分别为 56.57%、39.33%、1.81%，而同期发达省市外资主要集中于科研、教育等第三产业。相比之下，内蒙古外资在科研、教育等方面投资较少，而金融等服务业基本空白，致使产业结构比例严重失调。

如图 2-57 所示，“十三五”期间，内蒙古引进外资分布于服务业和高技术产业的比例有所提升。2019 年内蒙古积极调整区内产业结构，推动科学研究和技术服务业外商投资额增长，投资企业数量增加了 17 家，同比增长了 25.76%。

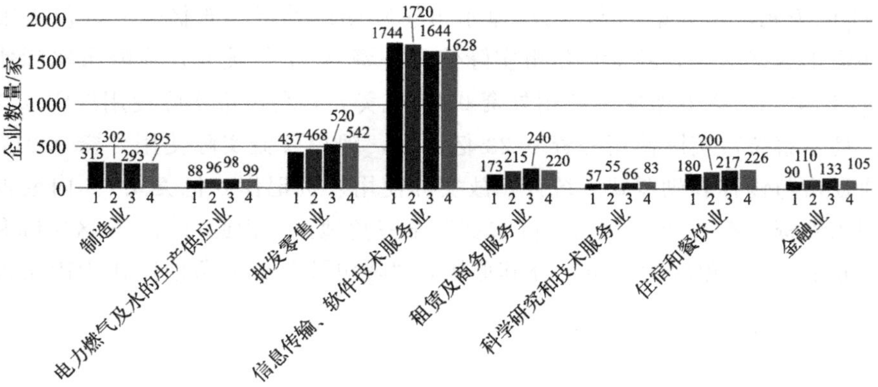

图 2-57 内蒙古自治区 2016—2019 年外商投资主要产业企业数量变化❶

1—2016 年；2—2017 年；3—2018 年；4—2019 年

2.4.2 外资企业与其他省份对比

本小节从外资企业数量、实际利用投资情况、外商投资情况等方面将内蒙古与全国、外资企业发展较好的广东省以及发展相近的山西省进行对比，从宏观层面了解内蒙古外资企业发展在全国所属层次，从行业分布等微观层面分析与其他省份发展的差距和特点。

2.4.2.1 与全国外资水平对比

由图 2-58 可知，2016 年内蒙古在工商部门注册的外商投资企业 3362 家，新批准外商投资企业 50 家，较 2015 年减少了 2 家。2017 年外商投资企业 3453 家，较

---

❶ 数据来源：内蒙古统计局。

2016 年增加了 91 家，新批准外商投资企业 50 家。其中，制造业实际利用外资 9.2 亿美元，增长 1.2 倍。2018 年全区在工商部门注册的外商投资企业 3511 家，新批准外商投资企业 61 家，且制造业实际利用外资较 2017 年增长了 2.4 亿美元。2019 年全区在工商部门注册的外商投资企业 3504 家，新批准外商投资企业 60 家。2020 年末全区在工商部门注册的外商投资企业 3329 家，新批准外商投资企业 43 家。"十三五"期间，全区工商部门已注册外商投资企业数量波动较大，而新批准外商投资企业波动较小。

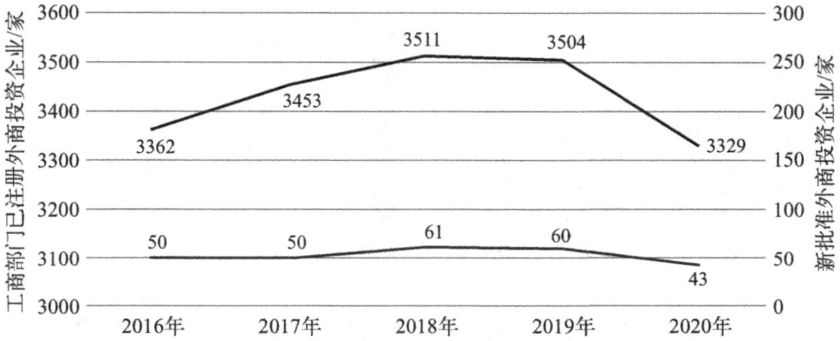

图 2-58 "十三五"期间内蒙古已注册外资企业及新批准外商投资企业数量趋势变化[1]

"十三五"期间，随着全国外资企业数量的增长，内蒙古外资企业数量保持着较为稳定的增长幅度，外资企业数在全国占比较为平稳，占全国的 0.6%左右，内蒙古外资企业数占全国比重较小，表现出内蒙古对外开放程度仍较低，市场容量较小的问题，见图 2-59。

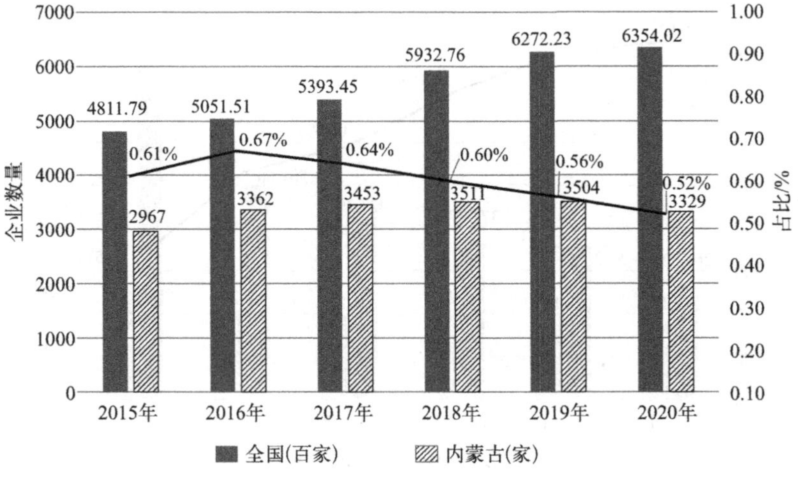

图 2-59 "十三五"期间内蒙古外资企业数在全国占比情况[2]

[1] 数据来源：内蒙古统计年鉴。

[2] 数据来源：中国统计年鉴。

从图 2-60 可知，2016—2020 年内蒙古外商投资总额占全国比重呈小幅度波动趋势。其中 2016 年占比最高，为 0.80%；2020 年占比最少，为 0.41%。总体来说，内蒙古外资占全国比重较小，吸引外资能力较弱。究其原因，内蒙古地处内陆，距离海运港口较远，致使对外贸易发展受限。

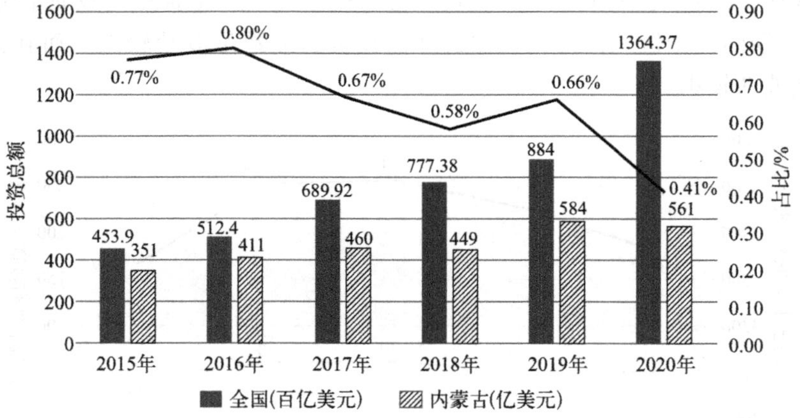

图 2-60 “十三五”期间内蒙古外商投资总额全国占比情况 ❶

从图 2-61 可知，2015—2020 年全国外商注册资本呈逐年递增趋势，而内蒙古外商注册资本涨幅较小甚至出现波动，占全国比重呈下降趋势。2020 年全国外商注册资本为 84334 亿美元，较 2015 年的 26682 亿美元增长了 216.1%；而内蒙古 2020 年外商注册资本为 208 亿美元，较 2015 年的 173 亿美元仅增长了 20.2%，增长速度明显低于全国增长速度，从侧面证明了内蒙古对外商的吸引力较弱。

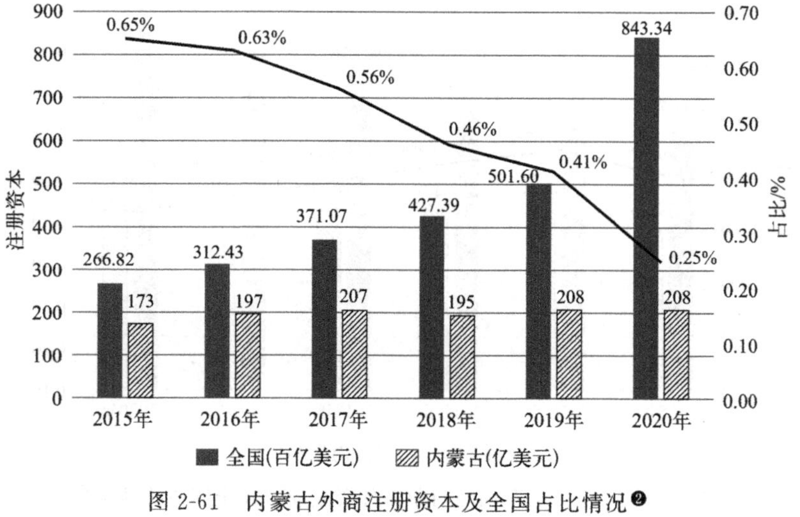

图 2-61 内蒙古外商注册资本及全国占比情况❷

❶ 数据来源：中国统计年鉴。

❷ 数据来源：中国统计年鉴。

2.4.2.2 与其他省份对比

我国经济发展呈现出东部发达、西部落后的现象，本部分选择东部发达省份广东省与西部发展相近省份山西省分别与内蒙古自治区进行对比分析，判断内蒙古对外经济发展特点与差距，学习先进经验从而指导内蒙古外资企业实现高质量发展。

广东省作为我国改革开放和现代化建设的先行地区，利用其地理优势，不断扩大对外开放程度，在我国对外经济贸易方面稳居榜首。而山西省同内蒙古一样地处内陆，拥有丰富的矿产资源，是典型的资源型大省，同时山西省与内蒙古作为我国重要能源基地在对外贸易方面具有相似特征。从图 2-62 可以看出，内蒙古与广东省之间差距明显，广东省进出口总额约为内蒙古的 67 倍[1]。内蒙古与山西省在进出口总额方面也有一定差距，山西省进出口总额略高于内蒙古。从出口总额来看，内蒙古与山西省存在显著差异[2]。山西省出口总额大于进口总额，而内蒙古进口总额远大于出口总额，由此可知，内蒙古商品在出口方面尚存不足。内蒙古地处我国北疆，接壤俄罗斯、蒙古等国家，在建设成为我国向北开放重要“桥头堡”方面还需大力发展外贸经济。

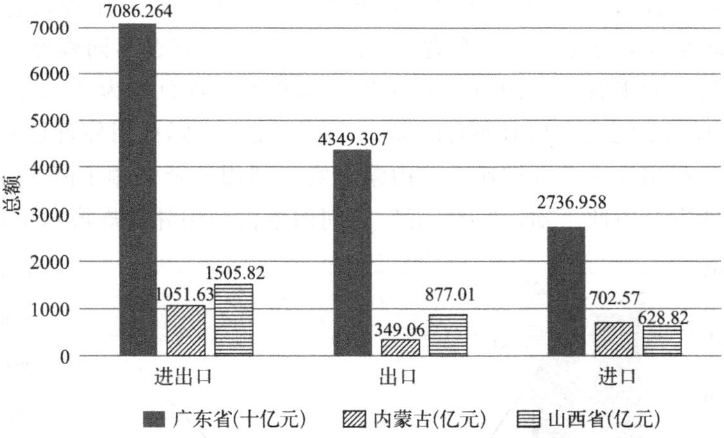

图 2-62　内蒙古、广东省和山西省 2020 年进出口情况对比

“十三五”期间内蒙古、广东省与山西省三省外资企业变化情况对比具体见图 2-63。2020 年底广东省外资企业登记数量为 175397 家，较 2015 年增长 64228 家，增长率为 57.78%；2020 年底内蒙古外资企业登记数量为 3329 家，较 2015 年增加 362 家，增长率为 12.20%；2020 年底山西省外资企业登记数量为 3617 家，较 2015 年增加 11 家，增长率为 0.31%。从外资企业存量看：广东省 2020 年外资企业登记数量约为内蒙古的 53 倍，其外资企业存量远大于内蒙古；山西省在外资

---

❶ 数据来源：广东统计年鉴。

❷ 数据来源：内蒙古统计年鉴。

企业存量方面略优于内蒙古。从外资企业增速看："十三五"期间广东省外资企业增速较快，高于全国平均水平，处于我国领先水平；而内蒙古外资企业增速较缓，不及全国平均水平但优于山西省。由此可知，2020 年，内蒙古外资企业发展情况无论从存量还是企业增速情况均处于全国落后水平，与广东省存在较大差距。究其原因，内蒙古在政策上缺乏对外商的优惠政策，在地域上位于内陆地区，交通运输成本大，总体经济水平落后于沿海发达城市，从而对境外投资的吸引力不足。

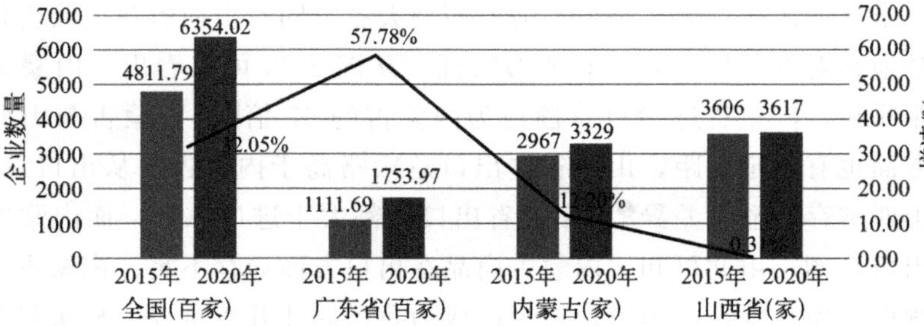

图 2-63 内蒙古、广东省和山西省 2015 年与 2020 年外商投资企业登记数量比较❶

"十三五"前后，内蒙古自治区、广东省、山西省实际利用外资总额变化如图 2-64，受全球经济下行影响，三个省份实际利用外资均存在不同程度下降趋势。从实际利用外资总额来看：2020 年，广东省实际利用外资总额为 234.84 亿美元，远超内蒙古的 18.22 亿美元和山西省的 25.14 亿美元，实际利用外资总额近于两省的十倍。从实际利用外资总额增速看：内蒙古实际利用外资总额下降了 45.99%，降幅大于其他两省。由此可知，"十三五"期间内蒙古利用外资规模总量较少。

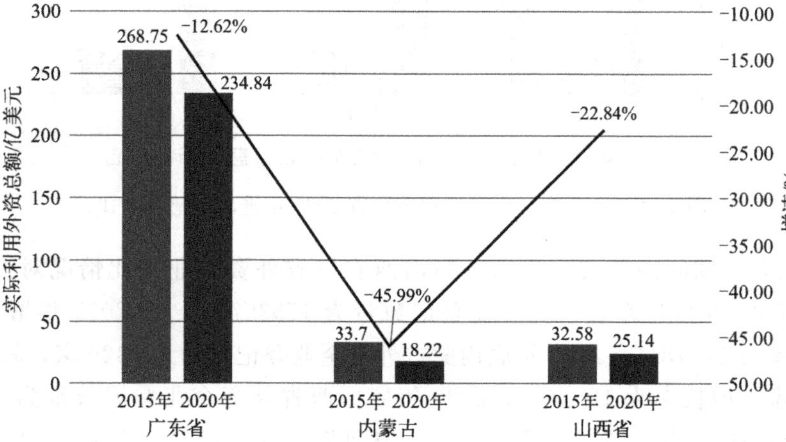

图 2-64 内蒙古、广东省和山西省 2015 年与 2020 年末实际利用外资总额❷

❶ 数据来源：国家统计年鉴。

❷ 数据来源：广东省 2015 年、2019 年国民经济和社会发展统计公报，内蒙古统计年鉴，山西省统计年鉴。

2020年内蒙古与广东省分行业外资企业数量对比情况如图2-65。2020年，内蒙古外资企业数量分布最多的两个行业分别是信息传输、软件和信息技术服务业以及批发和零售业，分别为1509家和553家❶。由此可知，在数字化时代下，内蒙古大力引进信息技术服务业外资企业助力本土企业信息技术转型发展。2020年，广东省外资企业数量最多的两个行业分别是批发和零售业以及制造业，分别为57955家和37897家❷。从各行业外资企业存量对比上看，内蒙古只有采矿业外资企业与广东省基本持平，其余行业外资企业均存在明显差距，特别是租赁、交通运输等生产性服务业中的外资企业尚处于起步状态。

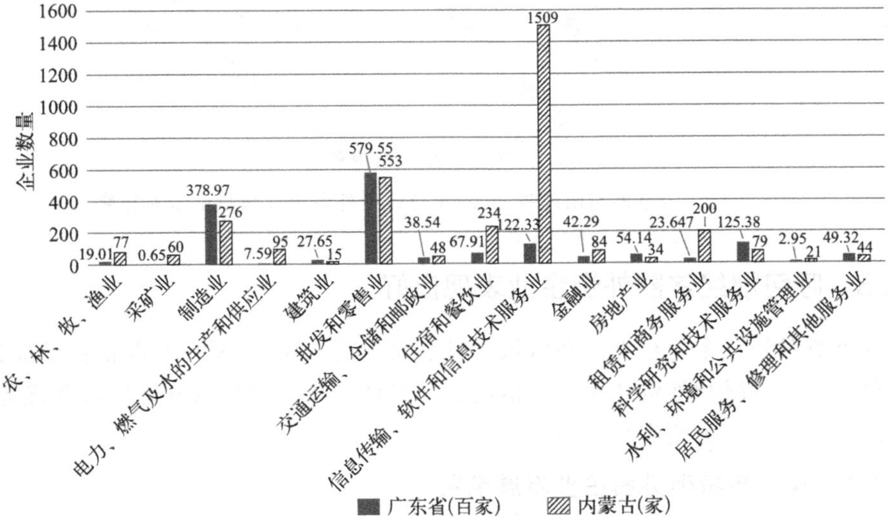

图2-65 内蒙古与广东省2020年分行业外资企业数量对比

2020年内蒙古与山西省分行业外资企业数量增量对比情况如图2-66。山西省与内蒙古均属于依赖煤炭资源发展的能源型大省，“十三五”期间山西省大力发展新兴产业以期破解“一煤独大”资源型经济困局。从外资企业增量来看，山西省新设立制造业外资企业数量远大于内蒙古，特别在金融业、科学研究和技术服务业、租赁、交通运输等生产性服务业方面，外资企业增量大于内蒙古，可以看出，山西省正向生产性服务业转型。而内蒙古外资企业增量依赖于农林、采矿、批发零售等传统行业，新增外资企业偏向于生活性服务业。由此可知，内蒙古在可持续生产性服务业方面对外资的吸引与山西省相比存在明显的差距，需加快传统产业转型升级，大力发展生产性服务型新兴产业。

❶ 数据来源：内蒙古统计年鉴。

❷ 数据来源：广东统计年鉴。

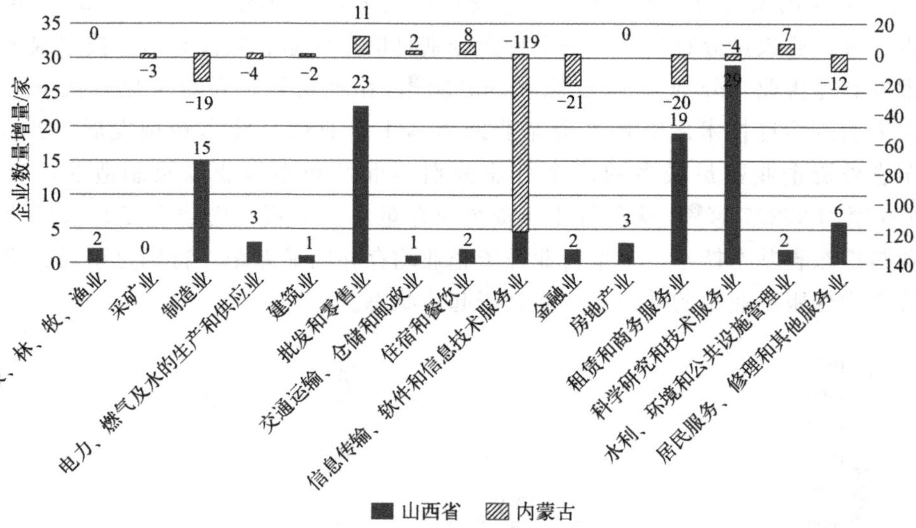

图 2-66 内蒙古与山西省 2020 年分行业外资企业数量增量对比[1]

2.4.3 呼包鄂经济圈外资企业表现良好

本小节对外资企业重点分布区域“呼包鄂”金三角地区的外资企业增加情况、实际利用外资情况和外资产业分布情况展开具体分析，并根据各地区行业优势特点选取几家重点外资企业进行介绍。

2.4.3.1 呼和浩特市外资企业发展情况

(1) 总体概况

“十三五”期间，呼和浩特市政府强调既要“招商引资”又要“招贤纳智”，制定了“外引内联”的政策，吸引了国内外优秀企业及人才，推动当地以工业为主的第二产业逐步转向第二、三产业并重。同时，呼和浩特市政府受“一带一路”和“中蒙俄经济走廊”建设的影响，越来越注重引进和培育文化、旅游、教育等相关产业企业的发展。2020 年，呼和浩特市拥有备案外商投资企业 160 家，协议投资总额 60424.94 万美元，总体发展态势良好。

“十三五”期间，随着外商投资政策放宽，呼和浩特市外资注入表现较好，新兴产业和现代服务业投向明显，资产存量不断增加。2016—2020 年，全市实际利用外资累计约 22.75 亿美元，在各盟（市）排名第 2 名。2011—2019 年，全市外贸进出口总额累计完成 87.74 亿美元。从数据上看，呼和浩特市外贸经济快速发展，对外开放脚步坚实有力，对投资的吸引力不断增强。

呼和浩特市外商投资企业的出口销售收入增长较快。从投资方式看，呼和浩特

---

[1] 数据来源：内蒙古统计年鉴、山西省统计年鉴。

市外商以独资企业为主；从贸易国别看，呼和浩特市主要贸易伙伴为新西兰、蒙古等国；从行业分布看，以制造业为主导，占整个外商投资企业的99.5%，同时涉及生物科技、新能源汽车等多个领域。

呼和浩特市建成了如意高新技术开发区、金川经济开发区等国家级开发区和旗县区经济园区，进一步激活了园区内外资企业活力，加强了与利乐包装公司、国合电力等重要外贸企业的合作。境外投资拓展到美国、赞比亚等新兴市场，现已与国外构建了全方位、多地区、多领域的经贸合作关系。

如图2-67所示，2020年呼和浩特市外商投资企业为160家，较“十二五”末增加27家，其中2020年新增备案企业8家；协议投资总额60424.94万美元（含增资减资），同比下降11%，中方协议投资总额49895.5万美元（含增资减资）。投资地为加拿大、缅甸、日本、哥伦比亚、开曼群岛等，主要业务涉及矿产资源开发、批发、分销进出口冷藏冷冻食品等。

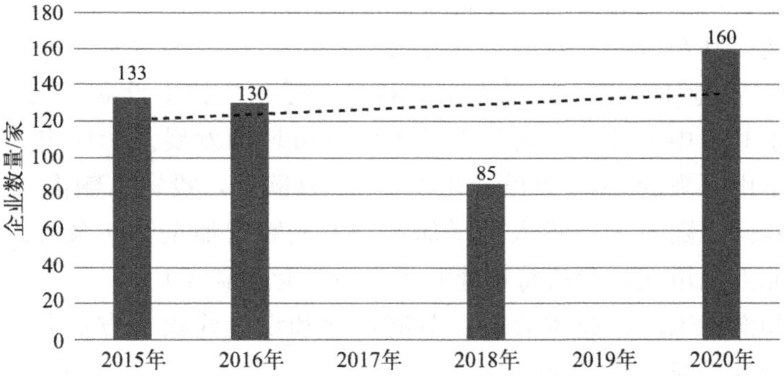

图2-67 呼和浩特市2015—2020年外商投资企业数量[1]

呼和浩特市2015—2019年外商投资企业经营情况见图2-68。“十三五”期间，呼和浩特市大力支持外商投资企业进呼发展，外商投资企业总资产大幅提升，企业利润逐年增加。2020年，受新冠肺炎疫情影响，呼和浩特市实际利用外资额较2019年获得较大增长，但投资总额较2019年降幅较大。2020年呼和浩特市实际利用外资额39391万美元，同比增长53%，新批准外商投资企业16家，较2019年减少了1家；投资总额14297万美元，同比减少了62.3%；注册资本10252万美元，同比减少了46.3%[2]。其中，新批准企业投资国为法国、意大利、美国、俄罗斯等，涉及养殖、农产品加工、商务服务等多个行业。

（2）重点外资企业

呼和浩特市拥有伊利和蒙牛两大世界级乳制品生产商。乳制品包装技术曾是制约乳制品企业发展的关键因素，乳制品企业对乳制品包装需求量巨大，使得乳制品

[1] 数据来源：呼和浩特统计年鉴。

[2] 数据来源：呼和浩特市统计局。

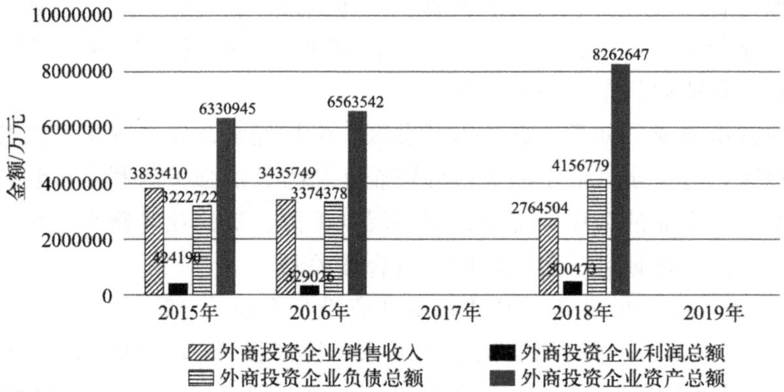

图 2-68　呼和浩特市 2015—2019 年外商投资企业经营情况❶

包装业具有广阔发展前景。为此，呼和浩特引入了国外大型包装供应商，改进包装工艺，生产复合纸质包装，推动乳制品企业发展。

利乐包装（呼和浩特）有限公司于 2007 年 3 月 14 日注册成立，项目总投资 6290 万欧元，占地 169269.60 平方米。利乐在呼和浩特市设立了无菌纸包装生产基地，促进了其在中国乳业市场特别是内蒙古市场的发展。2010 年利乐呼和浩特工厂注册资本由原来的 2100 万欧元增至 3400 万欧元，投资总额由 6290 万欧元增至 10000 万欧元。随着工厂投入的增加，员工人数增加至 300 余人。2020 年，公司投资 7 亿元人民币在呼和浩特市建立了全自动化封盖工厂。

利乐呼和浩特工厂在技术装备、节能环保和设计建设等方面具备世界领先水平。工厂推行世界级制造（WCM）管理体系，于 2019 年 12 月成功获得“中国第一家世界级生产制造工厂”的殊荣。利乐工厂的管理成效也得到伊利、蒙牛等乳企的高度赞誉。

利乐呼和浩特工厂在生产工艺等方面注重环保、节约，致力于将对环境的影响降到最低。工厂在生产设计方面全部采用绿色电力，因此利乐呼和浩特工厂被内蒙古发改委表彰为内蒙古第一家 100%采用绿电的生产企业，亦为全国首家。

2.4.3.2　包头市外资企业发展情况

（1）总体概况

“十三五”以来，包头市大力推进招商引资，外商数量逐年上涨，引进外资逐年增多。2016—2019 年实际利用外资累计 15.72 亿美元；实现外贸进出口总额 27.31 亿美元，较 2015 年增长 75.9%❷，占内蒙古进出口总值的 14.85%，列全区第 2 位。2019 年，外资企业登记数量为 402 家，较 2016 年的 365 家，增长了 10.1%。从整体数据来看，包头市外资呈现不断增长态势，外商投资力度不断加大。

---

❶ 数据来源：呼和浩特统计年鉴，呼和浩特政府服务网站。

❷ 数据来源：包头统计年鉴。

2019 年，包头市政府组织旗县区多家企业参加了津洽会、西洽会等具有影响力的国际性洽谈会，充分利用国内外招商投资促进活动平台，展示特色商品，宣传投资环境，推介招商项目，宣传全市的产业发展情况、资源优势和投资环境，进一步提升了包头市的知名度和影响力，从而吸引新的外国客商进入，进而推动全市外资企业整体发展。

包头市为进一步发展对外经济，多方引进企业，做大做强本市港口。2020 年，包头市引进北方国际公司、中建六局、玉雍仁杰实业集团建设满都拉口岸；引进传化物流建设国际陆港；引进呼铁外经集团建设铁路国际物流园区和 B 型保税中心；引进新丝路物流公司建设航空口岸；引进宁波物流港建设跨境电子商务综合试验区。这一系列举措使得全市外贸迎来新突破。

2020 年，面对严峻的国际形势，包头市在建设各类口岸时把“畅通”作为疫情防控常态化中促进外向型经济平稳发展的基础环节，着力疏通政策传导、贸易转型、口岸往来渠道。全市围绕国务院批准的呼包鄂榆向北开放、向西开放战略支点定位，全面提升外贸转型升级速度，进一步增强对国外客商的招商引资力度；通过智能化手段有效整合外贸、外资、外经企业，建立高效的需求信息平台，提高与政府以及本土企业的沟通效率；以国家级有色金属、黑色金属外贸转型升级基地为载体，策划建设自由贸易区以加大对外资吸引力。

从图 2-69 可知，包头市 2016—2019 年外资企业发展稳中向好。从外资企业年底登记数量来看：“十三五”期间外资企业数量呈小幅度增长趋势，2019 年登记数量为 402 家，较 2016 年的 365 家，增长了 10.1%。从外商投资总额来看：2019 年包头市外商投资总额为 631530 万美元，较 2016 年的 360887 万美元增长了 75%。从外商注册资本来看：2019 年包头市外商注册资本为 175535 万美元，较 2016 年的 145341 万美元增长了 20.8%。由此可知，包头市对外资的吸引力获得了提升。

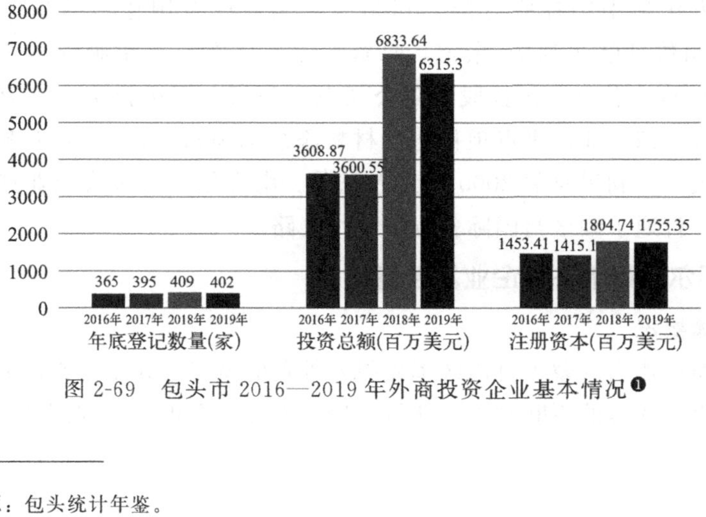

图 2-69　包头市 2016—2019 年外商投资企业基本情况[1]

---

[1] 数据来源：包头统计年鉴。

从图 2-70 可知，2019 年包头市外资企业主要集中于批发和零售贸易餐饮业，信息传输、软件和信息技术服务业以及制造业，外资企业数分别为 150 家、102 家、52 家。从各行业外资企业分布数量来看，外资企业更多集中于第三产业。由此可知，包头市重点吸引了第三产业外资企业，带动了全市第三产业发展。

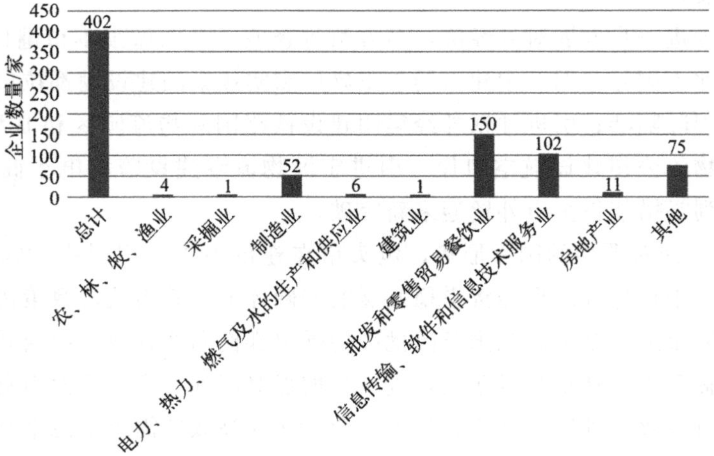

图 2-70　包头市 2019 年各行业外资企业数量❶

2019 年，制造业外资投资总额和注册资本居包头市外资企业首位，分别为 176929 万元和 67094 万美元。工业制造业企业仍然是包头市经济发展的主要推动力。

(2) 重点外资企业

包头市作为内蒙古重点工业城市，拥有从基础工业到中高端制造的完整产业体系和丰富的资源优势，并形成开放包容的营商环境，从而吸引了大量的外商企业前来投资。

德国南方化学中国控股有限公司是一家全球性专用化学品制造企业，建于 1857 年，公司数量已达到 70 余家，总资产 8.8 亿欧元，注册资本 3030 万欧元。2009 年，德国南方化学中国控股有限公司在包头市东河区投资 340 万欧元建设了铝业产业园区，该产业园重点项目铸造材料添加剂项目年产 10.8 万吨，项目产值为 1 亿元人民币，利税总额 3000 万元人民币。南方化学与包头铝业产业园区签订了合作协议，打通了园区与国际各方的合作之路。

2.4.3.3 鄂尔多斯市外资企业发展情况

(1) 总体概况

鄂尔多斯市作为内蒙古自治区率先引入外资的城市，几十年来随着经济总量的不断扩大和投资环境的不断改善，获得了较好发展。全市实际利用外资总额与外商

---

❶ 数据来源：包头统计年鉴。

投资企业数量均高居内蒙古榜首。“十三五”期间，鄂尔多斯市积极融入国家“一带一路”经济带战略，给外商投资各个领域带来了新机遇。2016—2020 年，全市新增外商投资企业 60 家，实际利用外资共计 82.1 亿美元，全市实现进出口总额 322.6 亿元，年均增长 11.9%。

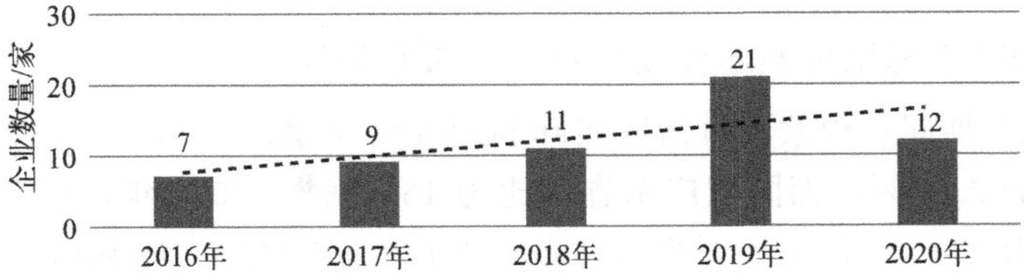

图 2-71 “十三五”期间新增外商投资企业数❶

从图 2-71 分析可知，受疫情的影响，2020 年，鄂尔多斯市新增外商投资企业数较 2019 年明显下降，但“十三五”期间鄂尔多斯市新增外商投资企业数整体呈上升趋势。鄂尔多斯市 2015—2020 年实际利用外资额见图 2-72。

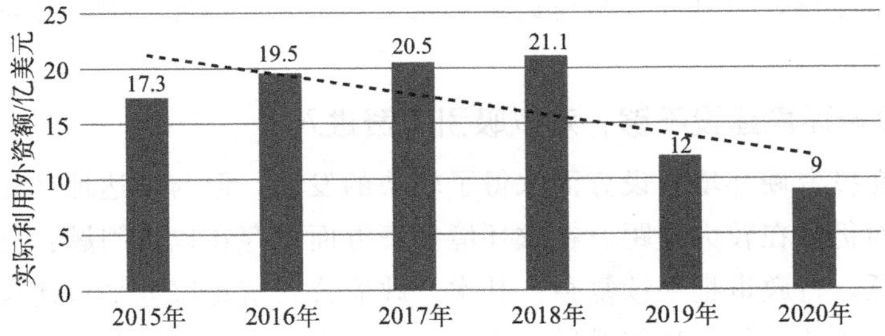

图 2-72 鄂尔多斯市 2015—2020 年实际利用外资额❷

(2) 重点外资企业

鄂尔多斯市位于京津冀地区辐射西北的中枢部位，向东可纳入环渤海经济圈，周边连接晋陕宁甘，通过“一带一路”融入内蒙古自治区“中俄蒙经济走廊”，并与俄罗斯、蒙古等国合作，区域资源优势突出，使得其发展空间巨大。

鄂尔多斯市普渡科技有限公司于 2011 年 8 月在鄂尔多斯市高新园区成立，是一家以加拿大华人付云飞为主要投资人的外商企业。公司以提供无人驾驶汽车技术解决方案为主导产品和服务，致力于无人驾驶汽车的自主技术研发、咨询与转让等。在科技研发投入方面，鄂尔多斯市普渡科技有限公司拥有高层次专业技术人才队伍，并设有单独的研究开发机构，研发技术水平已达到国际水准。2015 年获得内蒙古自治区“草原英才”创业人才团队称号；2016 年获得鄂尔多斯市产业创新

❶ 数据来源：鄂尔多斯统计局、鄂尔多斯市场监督管理局网站。

❷ 数据来源：鄂尔多斯统计局。

创业人才团队和中国留学归国人员创业支持计划优秀项目奖（国家级）；2019 年获得“优秀创新创业人才团队奖”。团队领军人才付云飞于 2017 年获得“内蒙古自治区国际科学技术合作奖”，2018 年获得内蒙古自治区刚性引进“草原英才”称号。

2.4.4 外资企业发展现存问题

2.4.4.1 内蒙古利用外资总体规模小，发展基础差

“十三五”期间，内蒙古自治区实际利用外资额累计达到 141.6 亿美元，占全国外资总量的 2.05%，而同期广东省占比为 16.7%[1]。2020 年，广东省全年实际利用外资额为 234.91 亿美元，约为内蒙古“十三五”期间实际利用外资额的两倍。由此可知，内蒙古外资发展水平相对滞后。一方面是因为内蒙古地处内陆，改革开放政策起步较晚，区域开放程度较低，市场长期处于相对封闭状态导致外商投资企业无法进入。另一方面，内蒙古经济发展水平落后，这是制约外资进入的根本原因。虽然内蒙古经济增速高于全国水平，但从经济总量上看与多数省份存在较大差距。在发达省份，外资增长在经济发展中占比逐渐增大。以广东省为例，广东省总体经济增速虽缓慢，但其外资增速远超全国平均水平。因此，提高外资规模需大力发展区域经济。

2.4.4.2 投资环境建设不够，难以吸引外资进入

内蒙古在投资硬环境建设方面取得了较快的发展，但与发达地区相比，基础设施建设等方面仍存在较大差距。在软环境投资方面仍存在以下问题：首先，政府机构办事效率低，行政审批手续复杂；其次，政府公共信息服务平台建设较落后，企业获得政府有关政策的信息较滞后；再次，政府吸引外资意识薄弱，相关政策对创新型、复合型人才难以产生吸引；最后，内蒙古东西部区域的整体投资环境改善力度存在较大差异。

2.4.4.3 利用外资的产业结构不合理

内蒙古外资企业集中在能源开采、加工和房地产行业。全区外资过多流入第二产业，使得产业结构不合理。内蒙古外商投资科研、文化教育等方面比例较低，特别在金融服务、保险等行业基本空白，产业比例严重失调。产业结构不合理导致出现资源过度开采和房地产过度建设等问题，从而造成房地产空置率过高、资源利用率低等问题。而同期广东省等发达省份外资则主要集中于科研、教育等领域。内蒙古中西部凭借优惠政策和地理优势成为外商企业进入内蒙古投资的首选地区，而东部地区缺少地理资源优势，且缺少旅游文化宣传，使得外资市场几乎空白。虽自 2000 年后有所改善，但东部外资总量仍不及呼包鄂三市。全区外资产业呈现“西强东弱”的失衡状态，从而影响整个地区经济发展。

---

[1] 数据来源：国家统计局。

2.4.4.4 利用外资的方式缺乏创新

内蒙古主要依靠资源优势、压低地价等“零成本”手段吸引外资。同时，内蒙古“重数量，轻质量”的招商理念导致引进的外资项目质量不高，且偏离内蒙古经济结构和“十四五”的规划目标。此外，内蒙古缺少新型的如TOT、PPP、PFI等利用外资方式。

2.4.5 促进内蒙古外资企业发展的对策与建议

2.4.5.1 适度扩大内蒙古引资项目规模，提高引资项目的质量

内蒙古作为国家向北开放的桥头堡，应从以下几个方面扩大引资规模，提高外资项目质量。第一，应积极制定合理的经济发展政策，将引进项目与当地发展相结合，将引进项目与增加产出效果相结合，增强内蒙古对外商的吸引力。第二，应进一步调整招商引资优惠政策，积极引导大型跨国公司投资，运用跨国公司领先的制造技术和管理经验，增强内蒙古企业产业集聚效应，从而形成与国内外企业互惠共赢的竞合模式，推动内蒙古特色经济产业发展。第三，对现有外资企业持续提供优惠政策，营造良好的投资发展环境，鼓励外资企业加大增资比例。

2.4.5.2 努力完善投资环境，制定有利于外商进入的宏观经济政策

投资环境直接影响生产要素的自然流转和公共资源的有效配置。内蒙古地处中国内陆北部地区，区内外交通发展相对落后，不利于企业发展。内蒙古政府应提高基础设施等建设的力度。在交通建设方面，大力修建公路、铁路，为外资企业提供良好的交通条件；在通信信息方面，积极拓宽各领域间信息技术的覆盖面。同时，注重全区对外投资发展软环境的制度构建，在给予外资企业优惠政策的同时，建立健全各项规章制度，完善市场规范秩序，形成统一开放、公正诚信、竞争有序的市场环境。

2.4.5.3 调整、优化外资利用地区与产业结构

内蒙古应根据东西地区的区域特点以及行业特点制定不同的引资政策。在基础设施较好的、以呼包鄂为代表的中西部地区，积极打造全区核心城市经济带，着重建立综合物流园、现代物流园、临空经济开发区，形成综合型物流枢纽，促进国内外企业合作；东部区域则充分发挥旅游、水资源以及良好的地理优势，结合有效的营销推广，积极挖掘东部区域的旅游市场，吸引来自蒙、俄等国家的投资商和游客。同时内蒙古还应发挥地域资源优势，实行自由贸易区策略，逐步建立综合自由贸易区，充分发挥自治区进出口加工区、保税区等园区功能，增加东北部地区吸引外资总量，以期改变利用外资地区的内部结构不合理状态（张璐，2022）[12]。

调整引进外资产业结构，加大引进金融、科学研究等生产性服务业外商。同时应加快第二产业结构升级，结合内蒙古地理优势，充分发挥新能源产业支撑功能，重点引入“高技术，高层次，高投资”项目以及生产性服务型外资企业助力本土企

业实现可持续发展。

2.4.5.4 创新招商引资方式，拓宽外资来源

现阶段内蒙古引进外资主要依靠资源优势、压低地价等传统方式，需要加大外资市场的建设力度，可从以下几个方面创新外资引进方式：

第一，形成具有内蒙古特色的区域型资本市场。在积极发展内蒙古外资经济市场的同时，大力发展内蒙古金融核心企业，使之成为我国金融业市场化改造的实验基地，以此探索出一条更适合内蒙古发展的金融改革路径。在此过程可利用国内外投资市场，以 ABS 等方式实现企业并购、资产重组和资源整合等。

第二，利用优质项目吸引外资。内蒙古企业应当以更具有市场竞争的方式吸引外资，并将引进的投资项目投入市场竞争中，以此提升引进项目的质量。同时，自治区政府可运用互联网引进投资，建设内蒙古自治区国际投资网，把富有潜力的项目放在网上公开招标，吸纳国外投资商。

第三，通过对外贸易中介，打通与外商合作交流的渠道。内蒙古政府和企业可以利用贸易中介丰富的经济信息和与外商合作的丰富经验，开展商业洽谈会，在获取外商投资信息的同时宣传内蒙古引资优势，以此打开国外市场。

第三章

内蒙古代表性盟(市)产业企业

呼和浩特市、包头市、鄂尔多斯市经过多年的高速发展，已成为拉动内蒙古自治区经济社会发展的“火车头”。推动呼包鄂协同发展不仅是国家战略规划的组成部分，也是打造内蒙古自治区经济社会发展新增长极的重要突破口，更是“呼包鄂”三市实现跨越发展的必由之路。“十三五”时期，三市常住人口规模、地区经济总量占内蒙古自治区的比重持续上升，城市群人口和经济承载能力不断增强。“十三五”时期，呼包鄂发挥区位优势和资源优势，推动全区经济社会发展、改革创新和对外开放等方面均实现新突破。2020 年，呼包鄂生产总值达 9121.76 亿元，占内蒙古自治区生产总值的 52.55%。其中，第三产业成为三市经济增长的主导力量，产业结构也逐渐向高级化发展。2020 年内蒙古民企百强榜单中，鄂尔多斯市、包头市和呼和浩特市民营企业分别上榜 21 家、16 家、13 家，占据了百强榜单的半壁江山。同时，内蒙古上市企业也主要集中在“呼包鄂”地区，三地上市企业数量占内蒙古自治区全部上市企业的 70%。因此，不论是从整体经济体量，还是从具体行业及企业实力来看，呼包鄂无疑是全区最具代表性的三座城市。因此，本章聚焦呼和浩特市、包头市和鄂尔多斯市，在描述各市三次产业整体发展概况的同时，还对各市代表性产业的典型企业进行描述，从多个维度分析呼包鄂经济增长中心产业发展的突出问题并提出相应对策建议，为呼包鄂产业发展提供参考。同时为其他盟（市）的产业结构优化、新兴产业培育等方面提供模板，以期助推内蒙古自治区经济的均衡快速发展。

3.1 呼和浩特市企业发展调研

3.1.1 呼和浩特市各产业规模逐步扩大

“十三五”时期，在国家出现经济结构性减速、发展进入新常态的背景下，呼和浩特市结合国家发展规划，持续开展产业转型升级活动，促进当地重点产业降低对资源依赖的同时，提升企业抗经营风险的能力，稳步增强经济实力，实现相关产业高质量发展。

2020 年，呼和浩特市生产总值为 2800.7 亿元，较 2015 年增长了 23.6%，经济体量位次前移，全区排名从“十二五”末的第 3 位升至第 2 位；2017—2020 年生产总值同比分别增长 8.78%、6.93%、7.31%和 0.33%，年均增长约为 5.84%❶。

“十三五”期间，呼和浩特市第三产业产值比重不断上升，第三产业的主导地位逐步巩固并成为推动呼和浩特市经济增长的主要动力。呼和浩特市以构建区域服务中心为目标，以现代服务业集聚发展工程为主抓手，着力推进“十大专项行动”、持续推动“五个中心，四个基地”建设，增强呼和浩特市服务业对经济发展的贡献。呼和浩特市地区生产总值“十三五”期间变化情况如图 3-1 所示。从产业结构来看，呼和浩特市 2020 年第一、二、三产业增加值占全市生产总值比重分别为 4.52%、29.12%、66.36%，而 2016 年第一、二、三产业增加值占全市生产总值比重分别为 4.98%、31.49%、63.53%。通过比较可以看出，呼和浩特市产业结构呈现出“三二一”的发展态势，其中第一、二产业产值比重不断下降，第三产业占比持续增加。2020 年第一产业、第二产业占比较 2015 年末均下降，第三产业的占比从 2015 年的 63%增加至 66.36%❷。第三产业对呼和浩特市经济增长的贡献率平均值达 79.9%，这是呼和浩特市经济体量在全区排名进位的驱动因素。

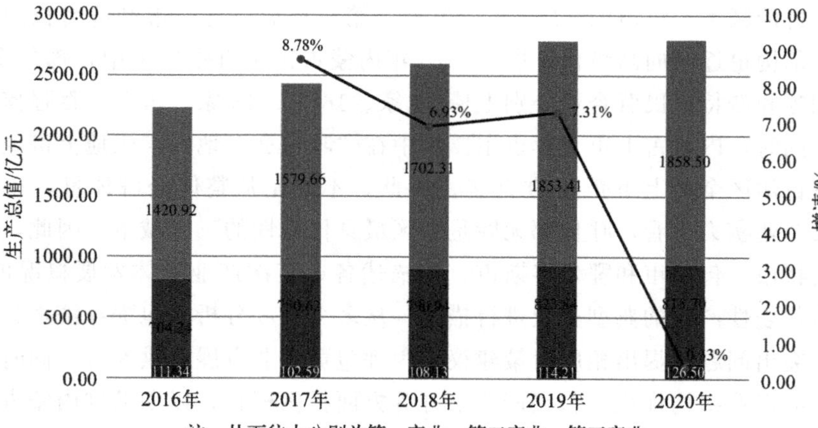

注：从下往上分别为第一产业、第二产业、第三产业

图 3-1　呼和浩特市地区生产总值“十三五”期间变化情况

“十三五”期间，在经济总量实现持续增长的同时，呼和浩特市人均生产总值也实现较快增长。呼和浩特市人均生产总值由 2015 年的 68708 元，增长到 2019 年

---

❶ 数据来源：呼和浩特市人民政府网。

❷ 数据来源：呼和浩特市人民政府网；2020 年、2019 年、2017 年呼和浩特统计年鉴。

的 89138 元，较 2015 年增长了 29.73%[1]。

“十三五”期间，呼和浩特市分产业固定资产投资增速情况如图 3-2 所示。可以看出，呼和浩特市固定资产投资增速总体呈下降趋势，由 2016 年的 14.2%下降至 2020 年的－8.5%。2016 年三次产业固定资产投资增速分别为－25.8%、10.1%、17.8%，2020 年三次产业固定资产投资增速分别为 44.8%、53.4%、－19.6%。通过比较，第一产业和第二产业投资增长趋势明显，而第三产业投资增速呈现出明显的下降趋势。由于呼和浩特市经济发展主要依赖第三产业拉动，因此，第三产业投资增速下降造成呼和浩特市整体固定资产投资额下降[2]。

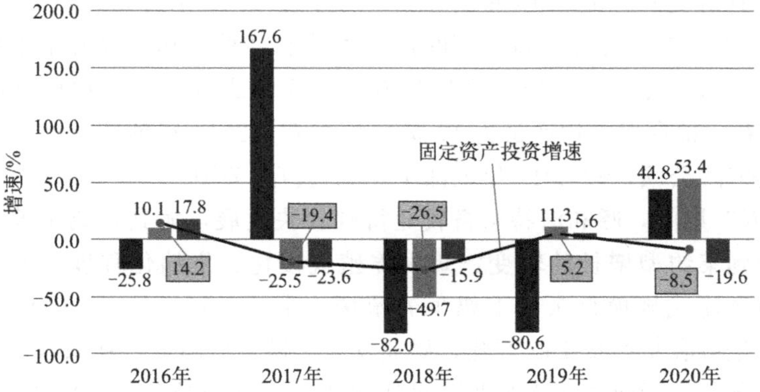

注：从左至右分别为第一产业、第二产业、第三产业。

图 3-2　“十三五”期间呼和浩特市固定资产投资增速

“十三五”期间，呼和浩特市以传统产业转型升级、新兴产业变大变强为发展目标，在夯实市属传统产业的基础上，促进新兴产业完善壮大，在逐步优化产业结构的同时，不断加大了招商引资力度。目前，呼和浩特市乳业、电力能源、信息技术等产业均已成为优势产业。作为中国乳都，呼和浩特市率先在全国将“乳业”打造成千亿级产业，拥有伊利、蒙牛两家行业龙头企业，在 2020 年全球乳业综合品牌价值排行榜中，伊利、蒙牛分列第 5 位和第 8 位。伊利的现代智慧健康谷以及蒙牛的乳业产业园项目顺利推进，将为呼和浩特市乳业产业链相关企业的持续发展提供强有力的支撑。除了传统优势产业，呼和浩特新兴产业在“十三五”期间也取得了较为优异的发展成果，比如，呼和浩特市生物制药企业 2020 年实现产值 26.9 亿元；规模以上非金属矿物制品业 2020 年完成产值 158.9 亿元，其中，主单晶硅产量共计 13.4 万吨，比 2015 年增长了 14.6 倍[3]。

“十三五”时期，随着经济发展进入新常态，呼和浩特市发展转型面临着新旧

---

[1] 数据来源：呼和浩特市人民政府网。

[2] 数据来源：呼和浩特市人民政府网；2020 年、2019 年、2017 年呼和浩特统计年鉴。

[3] 数据来源：呼和浩特市人民政府网。

动能转换有待加强、结构优化难度加大以及成本压力上升等诸多问题，经济发展受资源环境的制约仍较为明显。虽然呼和浩特市服务业产值占比快速上升，但这种结构变化是由于工业发展较慢导致的被动调整，因此对经济促进作用并不明显。

3.1.1.1 农牧业

(1) 农牧业整体概述

“十三五”时期，呼和浩特市农牧业产业化水平不断提高。2020 年，全市第一产业增加值较 2016 年增长 13.6%。从农林牧渔业内部产业增加值的占比情况来看，农业产值比重有所下降，由 2016 年的 39.5%下降至 2020 年的 33.8%；畜牧业产值比重有所提升，由 2016 年的 56.3%上升至 2020 年的 62.5%[1]。

“十三五”时期，呼和浩特市不断优化种植业品种结构，提升本市种植业产品的综合收益，从而促进当地农业高质量发展。呼和浩特市农作物播种面积稳定在 670 万亩左右，粮食年平均产量为 17 亿公斤左右。2019 年种植业产品单位面积产量为 5276 公斤/公顷，较 2016 年上涨了 1082 公斤/公顷。

“十三五”期间，呼和浩特市畜牧业得到较快发展，尤其是奶牛养殖业实现从粗放型增长到集约型增长的转变，奶牛养殖规模化、集约化程度不断提升。2020 年末，全市已建成规模百头以上奶牛养殖场（小区）154 个，规模化养殖率达到 97%以上，生鲜乳年产量 160 万吨，奶业发展规模效应凸显，在农牧业的主导地位更加巩固。乳制品行业“龙头企业”对呼和浩特市乳制品业发展的带动作用明显，推动了当地养殖区与挤奶站的建立，有效连接了挤奶站与奶联社，以此保障奶源供应稳定，乳制品产业链原料供给充足，销售渠道广泛，有效拉动了呼和浩特市经济增长（罗军，2019）[33]。2020 年，呼和浩特市已基本形成以土左旗、托县、和林县为核心，赛罕区、清水河县、武川县为补充的奶牛养殖优势区。标准化养殖率、机械化率、全混合日粮饲养技术（TMR）普及率均达到 100%，奶牛年均单产达 9 吨，鲜奶乳脂率、乳蛋白率均达到国际水平。与此同时，呼和浩特市乳制品企业研发推广了“小牧童”和“牧兴邦”奶牛养殖信息采集装备，提升了养殖场智能化水平。呼和浩特市在全市范围内实施饲草料保障能力提升工程，青饲玉米自给率达到 100%，苜蓿草、燕麦等优质牧草种植面积 20 万亩左右。呼和浩特还启动了优质苜蓿草种植技术攻关项目，拟出台自治区层面的苜蓿草系列标准，以期解决我国奶牛养殖优质苜蓿草长期以来进口的局面。此外，呼和浩特生猪养殖业也初具规模，2019 年末，呼和浩特市生猪养殖规模化水平达到 68%，标准化生产水平达到 85.5%，2019 年全市生猪存栏 32.4 万头，较 2016 年增长 103.8%，生猪养殖步入快速发展轨道。

(2) 代表产业

“中国乳都”不仅是呼和浩特的名片，同时也表明呼和浩特乳业在全国具有绝

---

[1] 数据来源：呼和浩特市人民政府网。

对竞争力。目前，呼和浩特已形成了饲草料种植、奶牛饲养、乳制品加工、设备供应、防疫物资生产、包装、运输等全产业链，奶牛总数、鲜奶总产量、人均牛奶占有量、人均消费量等均位居全国第一。

国内诸多乳制品加工企业青睐于呼和浩特市并投资建厂，究其原因，主要是呼和浩特市具有显著的区位优势、较好的经济发展水平及优质的天然牧场。伊利与蒙牛是国内发展历史最久、规模最大、知名度最高的乳制品企业，依托伊利、蒙牛两家国家重点龙头企业，呼和浩特市和优然牧业、圣牧高科等自治区龙头企业及市级龙头企业打造了土默特左旗、和林格尔县两大乳制品加工产业集群。

3.1.1.2 工业

（1）规模以上工业整体概述

经过多年发展，呼和浩特市培育了以电子信息、生物医药、现代化工、光伏材料、电力能源、绿色食品为重点的新兴产业集群。2020 年，这些产业创造了 1224.6 亿元总产值，占规模以上工业总产值的 82％。2016—2020 年，呼和浩特市工业呈现出平稳的发展态势，全部工业产值同比增长率分别为 8.2％、5.8％、3.3％、2.7％和 3.8％，年均增长 4.7％，工业增加值占地区生产总值的比重保持在 22％左右[1]。

2019 年，呼和浩特规模以上工业总产值为 1320.6 亿元，占内蒙古规上工业生产总值的 13.43％。2019 年，呼和浩特市规模以上工业企业生产总值占自治区生产总值比例如图 3-3 所示。可以看出，呼和浩特市食品制造业、造纸和纸质品业在内蒙古同行业生产总值占比均在 40％以上，其中，食品制造业主要是乳制品加工业的贡献。

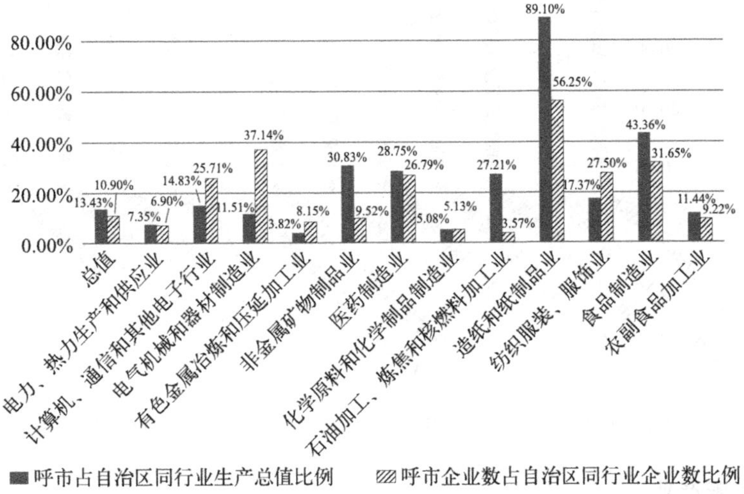

图 3-3 呼和浩特市 2019 年规模以上工业企业生产总值占自治区同行业生产总值比例

---

❶ 数据来源：呼和浩特市人民政府网。

2019年，呼和浩特市规模以上工业企业整体资产负债率为57.55%，处在安全负债水平40%～60%之间，负债率水平整体较为稳定，但个别行业资产负债率与正常水平相差较大。2019年，呼和浩特市规模以上工业企业分行业资产负债率水平如图3-4所示。可以看出，呼和浩特市规模以上工业企业属于低资产负债率的行业有石油化工、炼焦和核燃料加工业，化学原料和化学制品制造业，计算机、通信和其他电子行业，这些行业资产负债率均低于40%，主要原因：这些行业偿债能力强、资金筹集较为保守。呼和浩特市规模以上工业中电力、热力生产和供应业，电气机械和器材制造业，有色金属冶炼和压延加工业属于高资产负债率行业，其资产负债率均高于60%。其中，导致有色金属冶炼和压延加工业负债率高的原因是有色金属市场价格波动和企业效益利润两极化发展；导致电气机械和器材制造业负债率高的原因是国内大部分企业由于成本和毛利率上涨造成赢利水平下降，引发企业偿债能力降低，为偿还到期负债而继续借债，致使资产负债率高；而电力、热力生产和供应业资产负债率高的原因是2019年煤炭价格的波动。除此之外，呼和浩特市其他行业企业资产负债率均处于安全水平之间，企业整体负债水平保持稳定（程利霞，2020）[32]。

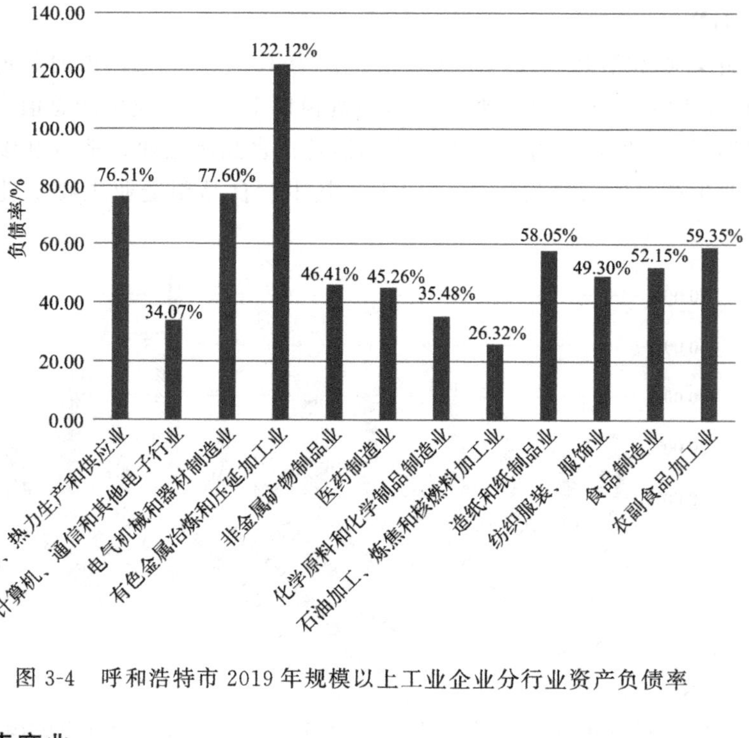

图3-4 呼和浩特市2019年规模以上工业企业分行业资产负债率

(2) 代表产业

① 电力能源产业 “十三五”期间，呼和浩特市委、市政府以习近平新时代中国特色社会主义思想为指导，认真贯彻落实党中央、国务院和自治区各项决策部

署，把节能降耗、低碳发展作为推进生态文明建设、转变发展方式的重要抓手，努力推进产业结构调整，淘汰落后产能，倡导使用清洁能源，减少能源消耗，提升能源利用效率（张璐，2021）[21]。呼和浩特市积极响应国家政策，不断提升发电侧清洁能源发电装机比重，风力、光伏、水力发电等清洁能源发电项目如雨后春笋般投产运行。截至 2020 年 12 月，全市风电项目发电 19.51 亿千瓦时，相比 2010 年的 2.87 亿千瓦时增长了 5.8 倍；全市光电项目发电 16.17 亿千瓦时，相比 2011 年的 0.09 亿千瓦时增长了 178.7 倍；全市水电项目发电 10.95 亿千瓦时，相比 2014 年的 0.54 亿千瓦时增长了 19.3 倍。

② 光伏制造产业　在呼和浩特市新兴产业中，光伏产业发展相对迅速。2020 年全市规模以上非金属矿物制品业产值 158.9 亿元，主要产品单晶硅产量共计 13.4 万吨，较 2015 年增长了 14.6 倍。呼和浩特市建立了世界质量领先、单体规模最大的高效单晶硅材料研发与制造中心。随着中环光伏单晶硅五期项目投产，呼和浩特市光伏单晶晶体年产能 55GW、半导体硅材料 1100t。2021 年，中环股份增资 89 亿元，在呼和浩特市新建 4 个产业链升级项目，包括投资 28 亿元的光伏单晶硅五期扩能项目，投资 38 亿元的 G12 智慧化光伏硅片项目，投资 21 亿元的半导体单晶硅二期项目，投资 2 亿元的配套物流项目。这些项目建成达产后，中环光伏产业园单晶硅产能达到 85GW，硅片产能达到 28GW，半导体单晶硅产能达到 2500t，年产值预计超过 500 亿元。

③ 生物医药产业　呼和浩特市生物医药产业经过多年发展，已成为优势产业之一，基本形成以生物疫苗、生物原料药为主的现代生物医药产业集群。全市生物制药企业实现产值 26.9 亿元，较 2016 年增长了 1.7 倍，在医药行业中占比达 45.8%，形成明显的产业集群优势，并处于全球领先水平。

“十三五”期间，全市围绕重大项目建设、生物发酵转型、生物技术培育、现代医药发展等重点任务，以以商招商、智能制造、节能改造、创新突破等方式，全力推动生物医药相关企业向产业链下游延伸、向价值链中高端攀升，为全市经济高质量发展提供有力支持。

④ 石油化工产业　石油化工产业是呼和浩特市产业集中度较高的优势特色产业，代表企业有中石油呼石化公司、中海石油天野化工、内蒙古三联化工等。2020 年，国际原油期货价格大幅下降，致使呼和浩特市石油化工产业受到较大影响。截至 2020 年 8 月底，石油化工产业共完成产值 164.6 亿元，同比下降 15.8%，占全市工业总产值的 17.6%。2019 年前 8 个月，炼油完全加工费累计实现 236.23 元/t，达到历史同期最高水平。2018 年受价格上涨影响，全市汽油、柴油、聚氯乙烯、烧碱等化工产品产量增长较快，带动了整个石化行业产值平稳增长。1～7 月，石油化工产业共完成产值 147.2 亿元，较 2017 年增长 1.5%。2017 年，石油化工产业共完成产值 278.8 亿元，较 2016 年增长 20.9%，占全市工业总产值的 21%。

3.1.1.3 服务业

(1) 服务业总体概述

呼和浩特市坚持将推进服务业高质量发展作为调整经济结构、转变发展方式的重大举措之一，以多种方式推进和完善现代服务业集聚区建设。2019 年，呼和浩特市拥有自治区级服务业集聚区 25 个，占全区总量的四分之一。这 25 个自治区级服务业集聚区包括如意总部基地和太伟方恒商务 2 个中央商务区，沙良、恼包、嘉和煤炭 3 个现代物流园，美通商贸市场、万惠商贸市场、利丰汽车城等 5 个大型专业市场，内蒙古自治区大学科技园、呼和浩特留创园、盛乐现代服务业集聚区、金桥电子商务等 6 个科技创业园，敕勒川文化旅游园区、托克托黄河湿地园区、大青山前坡旅游区、老牛湾国家地质公园 4 个旅游休闲园区。2019 年上半年，25 个自治区级服务业集聚区累计营收达 313.25 亿元，总计投资 26.78 亿元，吸引企业总计 7947 家，提供就业岗位 81518 个[1]。

与此同时，呼和浩特市利用开发区优势，努力推进现代服务业与先进制造业实现良性互动。呼和浩特市拥有自治区级以上各类开发区 13 个，通过引入现代服务业集聚区，提高了开发区内制造业企业的研发、物流、营销、金融等生产性服务业水平，降低了企业中间服务成本，为先进制造业企业的发展创造了有利条件。

分行业来看，在全市规模以上服务业中，科学研究和技术服务业呈现负增长，其余行业营业收入均呈正增长。交通运输、仓储和邮政业 2021 年上半年营业收入 287.3 亿元，占全部规模以上服务业整体营业收入的 76.0%，贡献率达 90.4%，在推动全市规模以上服务业发展中发挥了主导作用；信息传输、软件和信息技术服务业营收 36.5 亿元，较 2020 年增长了 8.4%，占全市规模以上服务业营业收入的 9.6%；房地产业营收 10.9 亿元，较 2020 年增长了 15.9%，占全市规模以上服务业营业收入的 2.9%；租赁和商务服务业实现营收 15.6 亿元，较 2020 年增长了 12.1%，占全市规模以上服务业营业收入的 4.1%。

随着经济的发展，呼和浩特市服务业在国民经济中所占比重越来越大，规模以上服务业营业收入占全区规模以上服务业营业收入的四成左右。与此同时，呼和浩特市市区规模以上营业收入占全市规模以上服务业营业收入比重的九成以上。

(2) 代表产业

① 金融保险业　“十三五”期间，伴随全市经济快速发展，金融业与保险业也呈现稳步增长趋势，金融业已经成为呼和浩特市经济发展支柱产业。截至 2017 年，全市金融业增加值达 400 亿元，占全市生产总值的 12%，银行业金融机构中独立法人和分支机构达到 38 家，证券分支机构和营业部共 48 家，金融从业人员 3.5 万人，金融服务体系不断完善。截至 2020 年底，呼和浩特市金融机构人民币存款余额增长至 6116.1 亿元，比年初增长 4.1%；人民币贷款余额达 8899.6 亿

---

[1] 数据来源：内蒙古新闻网。

元，比年初增长4.5%，其中，住户存款达2623.8亿元，比年初增长9.7%，贷款1695.3亿元，比年初增长18.3%；非金融企业存款2011.9亿元，比年初增长3.0%；机关团体存款达1115.4亿元，比年初下降3.6%；企（事）业单位贷款7204.1亿元，比年初增长1.8%[1]。

② 文化旅游业 呼和浩特市旅游资源及配套产业健全，全市共有41家国家A级景区。旅游配套产业中，全市在岗持证导游共有4855人，星级酒店共25家，国内旅行社274家，国际旅行社37家，旅行社配套服务网点148个，主营旅游商品企业118家及主营旅游运输企业10家。丰富的旅游资源、完善的旅游配套设施和持续提升的服务质量，有力地推动了呼和浩特市旅游业的持续发展。呼和浩特市通过将蒙古族文化、游牧文化、黄河文化、长城文化、农耕文化、西口文化等多种类型文化相融合，打造一心、一环、两带、三团的旅游格局。近年来，呼和浩特市文旅活动和旅游形象宣传逐步展开，通过对非遗主题日、中国旅游日、世界博物馆日、全民点赞蒙古马精神、马博会开幕式、蒙古族服装服饰艺术节等文化旅游活动进行线上直播，吸引了大量游客，为呼和浩特市旅游业发展创造了良好的口碑，同时也促进了呼和浩特市旅游业收入增长。

作为全国优秀旅游城市之一，呼和浩特市旅游业对全市经济社会发展起到了重要的推动作用。2021年上半年，全市实现营业收入378.1亿元，同比增长28.3%，高于全区平均水平8.9个百分点。2019年，呼和浩特市全年客流量达4822.8万人次，较2018年增长10.3%；旅游业收入1040.4亿元，较2018年增长12.6%。呼和浩特市旅游业为当地直接提供7万个就业岗位，间接提供35万个就业岗位，从业人数及相关行业人数占呼和浩特市常住人口13.4%。

③ 信息技术业 呼和浩特市凭借独特的自然资源优势，以及国家扶持西部地区的优惠政策，大力发展信息技术产业。呼和浩特市利用自身独特的地理区位优势，打造了一个囊括北京、天津等邻近地区及发达沿海城市的全国性数据及云计算技术创新服务中心。自然禀赋方面，呼和浩特地处中纬度地区，属温带大陆性气候，良好的气候条件可以节约数据中心的降温成本；能源区位方面，呼和浩特具有电价低、供电能力强及宽带等基础设施完备的优势，且已拥有通往北京的高铁线路，交通便捷，同时还是亚欧大陆桥的中转站，受周边辐射带动作用较强，其加工的电子产品已远销欧洲；政策保障方面，呼和浩特市作为中国首个"国家大数据综试区"，已开设和林格尔新区等产业园区，并配套建设了多个数据中心及数据应用，为呼和浩特市信息技术企业发展创造了良好的基础环境。

凭借自然条件和区位优势，呼和浩特市数字化产业发展水平已领跑全国，除了拥有多个国家级大数据中心外，还吸引众多国内通信行业巨头在此扩建数据中心。目前，中国移动、中国联通、中国电信在呼数据中心累计投资额超过500亿元并已

---

[1] 数据来源：呼和浩特市人民政府网。

拥有72万台服务器装机能力。同时，还有近80万台服务器正在建设中，全部建成后装机能力可翻倍。凭借移动、联通、电信的现有数据中心，已实现呼和浩特与我国15个核心城市区域相连接，2019年省际出口带宽达到22.54Tbit/s，仅需10ms就可实现与首都互访，较2017年上涨一倍。

2015年起，呼和浩特市先后获得"宽带中国"示范城市、国家首批5G商用城市等荣誉称号。呼和浩特市城区及县乡基本实现宽带网络覆盖。其中，互联网、云计算出口带宽分别达到1.5Tb、10Tb。截至2020年7月，全市已有3G/4G基站11302座，城市4G网络覆盖率达到98%。

④ 现代物流业　呼和浩特市地理区位优势明显，其位于环渤海经济圈，是沟通内蒙古中部地区的纽带，优越的地理位置进一步推动了全市物流业的发展，极大促进了呼和浩特市经济水平的提升。社会环境方面，居民生活水平不断提高、网络购物普及、现代物流行业从业人员增长快速，推动了呼和浩特市物流业的发展；技术环境方面，数字化技术及系统软件逐步应用于物流行业，数字化技术在完善该行业系统管理的同时还推动行业资源的高效整合，极大提升了物流活动的质量与效益。2019年呼和浩特市获批"国家服务业综合改革试点城市"，全市物流行业受国家出台的以"现代物流业"为主要改革试点产业的政策影响，发展环境大幅度改善。

3.1.2 呼和浩特市各产业企业发展平稳

3.1.2.1 农牧业企业

(1) 农牧业企业总体概述

"十三五"时期，呼和浩特市农牧业企业的产业化水平不断提高。2020年呼和浩特市共有387家农牧业重点龙头企业及3788家已登记注册的农牧业专业合作社[1]。为培育地区农产品竞争力，呼和浩特市农牧业企业不断推进特色农产品品牌建设工作，例如武川县政府大力引进燕谷坊（集团）公司、西贝餐饮集团等农牧业领先企业，同时加强武川莜面品牌打造力度。2021年武川县获得中华人民共和国农产品地理标志登记证书，推动了武川莜面品牌开发；托克托县为培育辣椒品牌，引进生产加工企业，通过先进技术生产各类辣椒产品，并冠以本土"香辣王""香辣传奇"的称号，使其在呼和浩特市各大农产品超市销售火爆。总体来看，各县政府的积极推动助力呼和浩特市农产品品牌竞争力持续增长（马志艳，2022）[28]。

(2) 农牧业代表企业

内蒙古伊利实业集团股份有限公司通过改革公司管理制度，优化生产工艺，积极引进行业领先技术人才，实现全球范围内优质奶源整合，使其在乳制品加工、制造与销售等环节取得了优异成果，成为全球乳业领先企业，也是国内规模最大，品类最全的乳制品加工企业。2020年，伊利以总营收969亿元挺进全球乳业综合品

---

[1] 数据来源：呼和浩特市人民政府网。

牌价值排行榜前五位。

作为国家级国际科技合作基地与技术创新示范企业，伊利集团为落实全球化战略，积极与国外供应商、销售商加强沟通联系，推进与外商的合作进程，加速形成完备价值链、产业链以支撑企业创新活动开展。“十三五”期间，为进一步扩大市场，提升企业效益，伊利持续加大研发经费投入力度，各年份研发投入情况如图3-5所示。2020年公司全年研发总投入达4.871亿元，较2016年上涨183.2%。自2016年以来，伊利不断推出新品，专利保护已覆盖全部业务。截至2020年底，伊利累计获得国内外专利授权3109件，其中发明专利授权552件，较2019年末增加37件[1]。2020年伊利不断拓展现有业务市场以满足消费者多样化需求，根据消费者反馈有针对性地优化现有服务体验，提升服务质量的同时，拓宽了伊利创新思路，逐步建立并完善了“数字化运营＋会员价值创造＋落地体验”消费者服务体系。

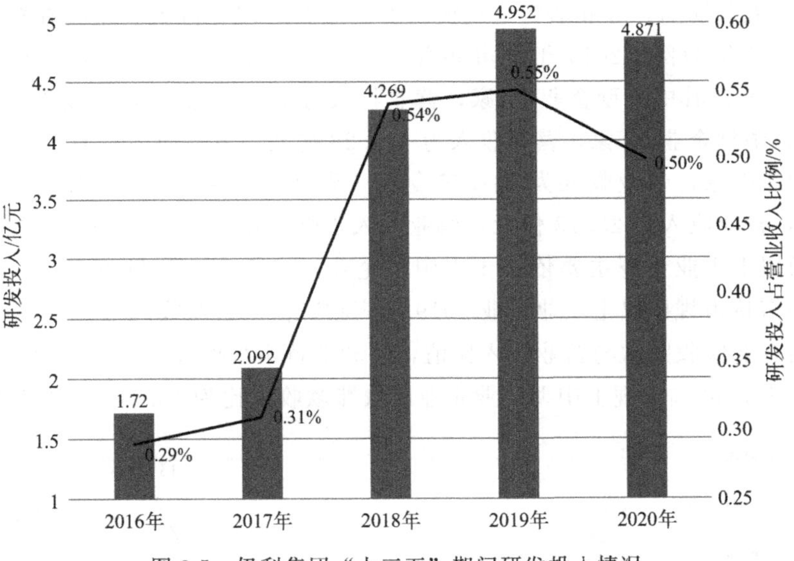

图 3-5　伊利集团“十三五”期间研发投入情况

在新冠肺炎疫情之下，伊利积极履行社会责任，发挥龙头企业的示范引领作用，率先复工复产并呼吁链上企业快速投入生产经营活动以恢复乳制品行业经济发展，减少因疫情带来的经济损失。同时，伊利在疫情防控期间为保障消费者需求供给，加强了与电子商务平台的战略合作，拓展“社区服务”等多种新零售模式，在危机中谋机遇，促进公司经济效益提升。为满足消费者日渐多样化的需求，伊利持续探索新业务，先后推出“伊利”奶酪、“金领冠”婴幼儿配方奶升级、“金典”低温牛奶等业务，不断提升公司市场竞争力，公司经营利润呈大涨趋势。

---

[1] 数据来源：2020年伊利公司年报。

2021年国务院《政府工作报告》以及国家“十四五”规划均提出推进产业数字化转型，以数字化转型驱动企业生产经营活动变革，通过大数据和模拟场景的运用，促进科技与经济深度融合发展，助力传统产业转型升级，催化新兴产业形成规模发展。伊利积极响应国家规划，推进企业数字化转型，并将“智慧乳业”战略构想延伸到产业链上下游。智能系统的应用不仅保障了伊利产业链上游环节优质奶源供给安全，同时还能有效地监控食品质量风险，进一步提升产品品质及生产运营效率。此外，“智能工厂”平台还拥有从生产流程到终端销售多个环节的数据挖掘功能，依据强大的数据挖掘能力，伊利搭建了端到端大数据消费者智能洞察平台，从中挖掘相关信息形成消费者画布，从需求出发革新现有产品，为消费者营造更好的消费体验。

3.1.2.2 工业企业

（1）工业企业总体概述

“十三五”期间，呼和浩特市规模以上工业企业现金流大多维持在较合理的水平。以2019年为例，2019年全市共有规模以上工业企业261家，实现营业收入2036.66亿元。其中大型企业14家，营业收入为1335.5亿元，营业收入贡献占比65.57%；中型企业51家，营业收入为446.28亿元，营业收入贡献占比21.91%；小型企业159家，营业收入为231.75亿元，营业收入贡献占比11.38%；微型企业37家，营业收入为23.13亿元，营业收入贡献占比1.14%。由此可知，呼和浩特市规模以上工业经济主要依赖于大中型企业，小微企业数量虽多，但其贡献有限。呼和浩特市规模以上工业企业2019年应收账款及营业收入情况如图3-6所示。结合各类企业应收账款与营业收入比值，呼和浩特市规模以上大型工业企业应收账款收入比为5.89%；规上中型工业企业应收账款收入比为15.17%；规模以上小型

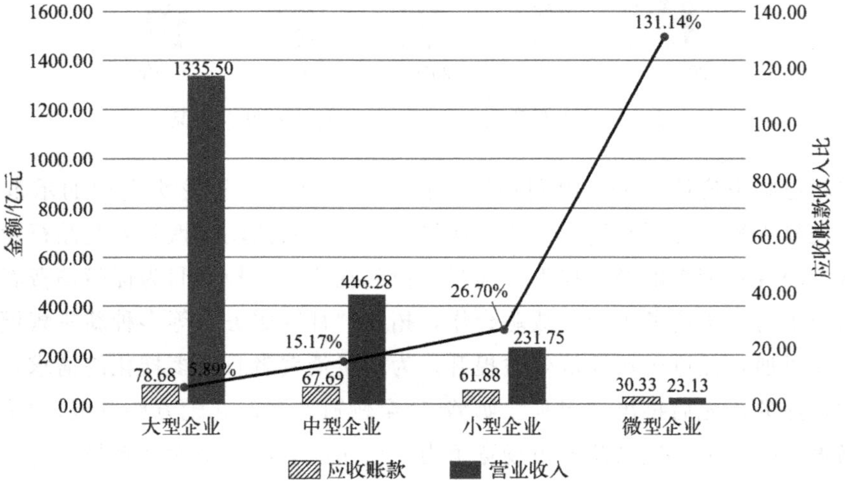

图3-6 呼和浩特市规模以上工业企业2019年应收账款及营业收入情况

工业企业应收账款收入比为 26.7%；规上微型工业企业应收账款收入比为 131.14%，这表明呼和浩特市大型、中型、小型企业资金结构良好，有充足的流动资金进行生产扩张、技术研发等活动。微型企业应收账款收入比高达 131.14%，这表明微型企业大部分收入都是以赊销方式实现，会造成企业现金流不足，难以支撑其日常经营活动，进一步导致企业难以扩张，对企业发展十分不利。

2019 年，呼和浩特市各类规模以上工业企业的资产负债情况如图 3-7 所示。可以看出，各类规模以上工业企业的资产负债率处在 50%～70%之间，未超过银行对贷款企业资产负债率最高限值，资产负债水平相对健康。2019 年，呼和浩特市规模以上大型工业企业资产为 1663.32 亿元，负债为 841.24 亿元，资产负债率为 50.58%，处于企业安全负债范围 40%～60%之间，表明大型企业能够进行正常的生产经营活动，且偿债能力强，贷款安全程度高。呼和浩特市中型、小型、微型企业资产负债率分别为 66.03%、62.08%、67.07%，略高于安全负债范围，但仍处于银行贷款要求以内，表明这些企业的资金能够维持企业正常经营活动，但银行对其贷款审核要求略高于大型企业。

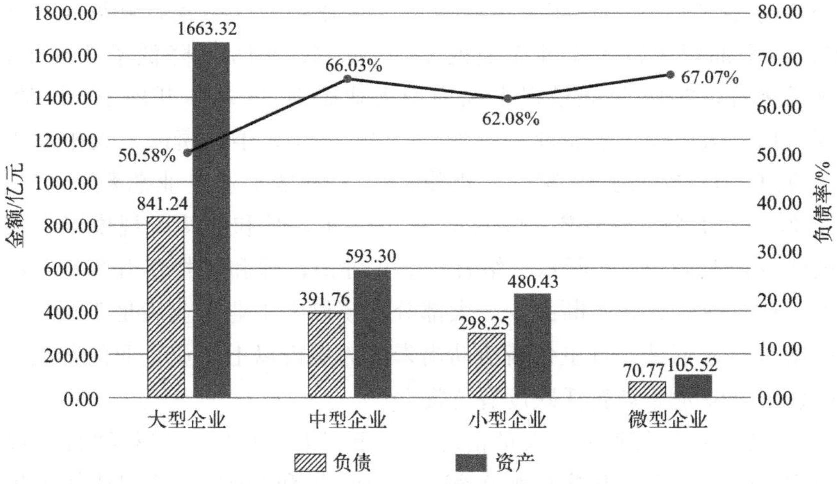

图 3-7 呼和浩特市规模以上工业企业 2019 年资产负债情况

企业应收账款收入比是衡量企业现金流健康状况的重要指标。2019 年，呼和浩特市规模以上工业企业应收账款收入比多处在 30%以下，且行业之间差距较大。呼和浩特市各类规模以上工业企业 2019 年应收账款收入比如图 3-8 所示。可以看出，电力、热力生产和供应业，医药制造业以及电气机械和器材制造业规模以上工业企业的应收账款收入比高于 30%以上，其中电气机械和器材制造业高达 44.64%。内蒙古大部分行业的应收账款收入比处于 10%左右，可见这些行业现金流状况良好。

(2) 呼和浩特市规模以上工业创新情况

① 规模以上工业企业研究与试验发展（R&D）活动情况 “十三五”期间，呼和浩特市近九成的规模以上工业企业未开展研发活动，科技创新意识有待提升。

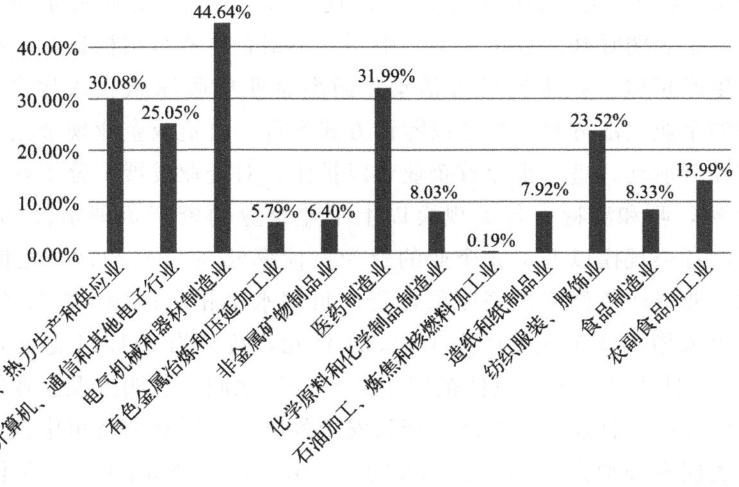

图 3-8 呼和浩特市各类规模以上工业企业 2019 年应收账款收入比

2016 年全市规模以上工业企业 269 家，开展 R&D 活动的有 61 家，占全部规模以上工业企业的 22.7%。2019 年全市规模以上工业企业 261 家，开展 R&D 活动的有 44 家，占全部规模以上工业企业的 16.9%，较 2016 年降低了 5.8 个百分点。从企业规模来看，2016 年规模以上大中型工业企业 66 家，开展 R&D 活动的 28 家，占规模以上大中型工业企业总数的 42.4%。2019 年规模以上大中型工业企业 65 家，开展 R&D 活动的 23 家，占规模以上大中型工业企业总数的 35.4%，较 2016 年降低了 8.1 个百分点[1]。2016 年和 2019 年，呼和浩特市规模以上各类工业企业开展研发情况如图 3-9 所示。结合图 3-9 可知，呼和浩特市开展 R&D 活动的规模以上工业企业总数在不断减少，大部分规模以上工业企业满足于现状，研发创新的内在动力明显不足，自主创新活动尚未成为规模以上工业企业的普遍行为。因此，规模以上工业企业创新活跃度有待提升。

② 规模以上工业企业研发人员情况 “十三五”期间，呼和浩特市规模以上工业企业 R&D 活动的人力投入规模缩减，2016 年和 2019 年呼和浩特市规模以上工业企业 R&D 人数情况如图 3-10 所示。可以看出，2016 年全市规模以上工业企业参与 R&D 活动的人员共 4197 人，占全市全部规模以上工业企业研发人员总数的 36.9%。其中，规模以上大中型工业企业参与 R&D 活动的人员 3682 人。2019 年全市规模以上工业企业参与 R&D 活动的人员共 2935 人，较 2016 年减少 30.1%。其中，规模以上大中型工业企业参与 R&D 活动的人员 2640 人，较 2016 年减少 28.3%[2]。由此可知，呼和浩特市规模以上工业企业技术人才数量较少，影响了呼和浩特市相关企业研发活动的开展。

---

[1] 数据来源：2017 年、2020 年呼和浩特市统计年鉴。

[2] 数据来源：2017 年、2020 年呼和浩特市统计年鉴。

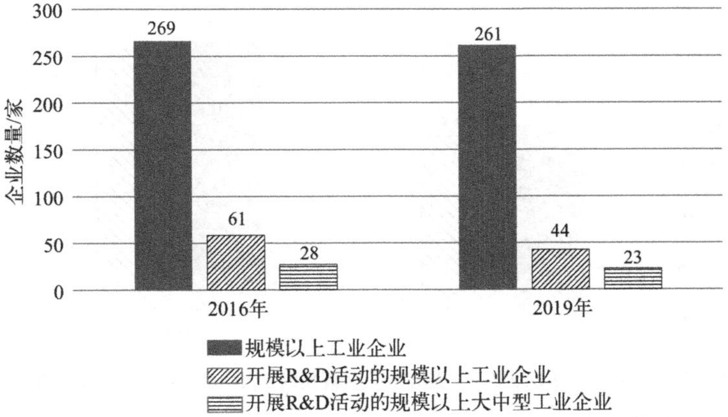

图 3-9 呼和浩特市规模以上各类工业企业 2016 年及 2019 年开展研发情况

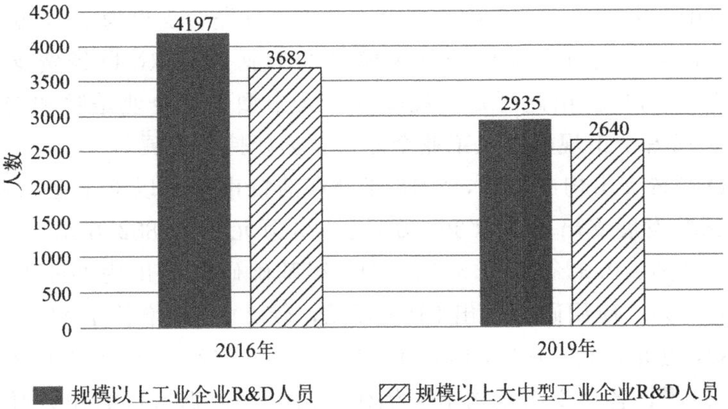

图 3-10 呼和浩特市规模以上工业企业 2016 年和 2019 年 R&D 人员投入情况

③ 规模以上工业企业研究与试验发展（R&D）经费情况　“十三五”期间，呼和浩特市大力推进创新驱动发展战略实施，全市规模以上工业企业的科研经费不断增长，科技创新能力持续提升。呼和浩特市规模以上工业企业 2016 年和 2019 年 R&D 经费内部支出情况如图 3-11 所示，2019 年全市规模以上工业企业 R&D 经费内部支出为 27.2 亿元，较 2016 年高出 8.3 亿元，涨幅为 44%。2019 年 R&D 经费投入强度为 1.4%，2016 年 R&D 经费投入强度为 1.2%，虽然两年投入强度相近，但在这两年中，呼和浩特 R&D 经费投入强度均高于全区平均水平 0.7 个百分点，高于全国平均水平 0.1 个百分点。通常来说，随着科研经费投入力度的加大，企业研发创新能力将会得到提升。依据国际标准，研发投入强度位于 1%～2.5% 区间的企业仅能勉强维持经营，而发达国家企业平均研发投入强度处于 3%～4%。与国际标准相比，2019 年呼和浩特市企业研发创新能力依然较弱，处于难以长期生存的临界点。

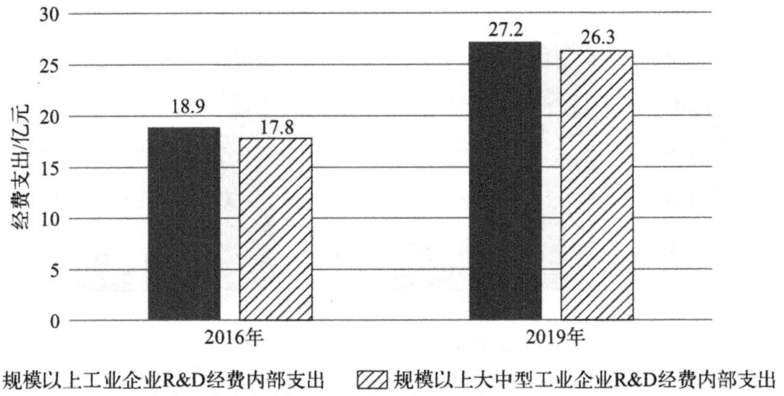

图 3-11 呼和浩特市规模以上工业企业 2016 年和 2019 年 R&D 经费内部支出情况

从规模上看，2019 年呼和浩特市规模以上大中型工业企业 R&D 经费支出 26.3 亿元，2016 年规模以上大中型工业企业 R&D 经费支出为 17.8 亿元，较 2016 年增加了 47.75%，同时占本市全部规模以上工业企业 R&D 经费支出的比重由 94.2%上升为 96.7%。由此可知，规模以上大中型工业企业是呼和浩特市工业研发主力军，带动着全市规模以上工业企业科技创新持续发展。

从 R&D 经费支出构成来看，2016 年呼和浩特市规模以上工业企业基础研究、应用研究、试验发展支出分别为 393 万元、533 万元、187882 万元。三类经费支出占比分别为 0.2%、0.3%和 99.5%。2019 年基础研究支出为 906 万元，较 2016 年增长了 130.5%；应用研究支出 5169 万元，较 2016 年增长了 869.8%；试验发展支出 265827 万元，较 2016 年增长了 41.5%。三类经费支出占比分别为 0.3%、1.9%和 97.8%[1]，各项支出结构不断优化。由上述数据可以看出，呼和浩特市规模以上工业企业 R&D 经费的增加主要来自基础研究和应用研究经费的高速攀升。但是从三类经费支出占比来看，呼和浩特市规模以上工业企业的研发经费支出主要为试验发展经费，其他两类占比极低，均不超过 2%，体现出规模以上工业企业原始创新能力不足。

④ 规模以上工业企业单位研发产出情况　“十三五”期间，呼和浩特市规模以上工业企业科技研发取得丰硕成果，为推动全市经济快速发展提供了强有力的技术支撑。2016 年全市规模以上工业企业拥有有效发明专利 984 件，全市规模以上工业企业专利申请件数 865 件，其中发明专利 406 件。2019 年全市规模以上工业企业拥有有效发明专利 1503 件，比 2016 年增长 52.7%；全市规模以上工业企业专利申请件数 1671 件，比 2016 年增长 93.2%，其中发明专利 672 件，较 2016 年增长 65.5%，详细情况见图 3-12[2]。

---

[1] 数据来源：2017 年、2020 年呼和浩特市统计年鉴。

[2] 数据来源：2017 年、2020 年呼和浩特市统计年鉴。

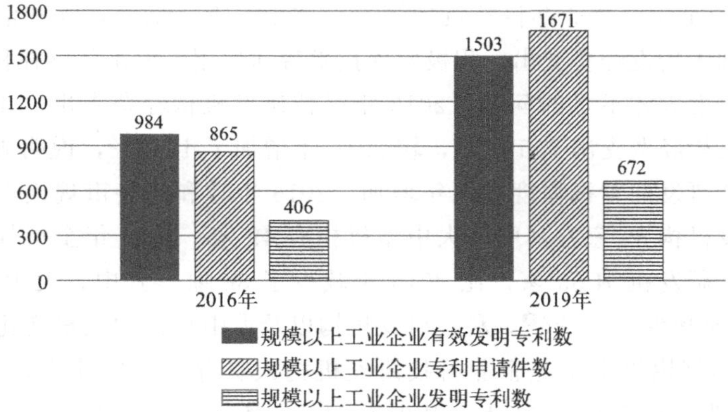

图 3-12　呼和浩特市 2016 年与 2019 年规模以上工业企业专利产出情况

呼和浩特市规模以上工业企业在开展科技创新活动的同时，也注重加大新产品项目的开发力度。2016 年呼和浩特市规模以上工业企业新产品开发项目 349 项，2019 年呼和浩特市规模以上工业企业新产品开发项目 466 项，比 2016 年增加 117 项❶。其中，食品制造业新产品开发项目 199 项，占所有产业新产品开发项目的 42.7%；化学原料和化学制品业新产品开发项目 17 项，占所有产业新产品开发项目的 3.6%；医药制造业新产品开发项目 88 项，占所有产业新产品开发项目的 18.9%；电力、热力的生产和供应业新产品开发项目 23 项，占所有产业新产品开发项目的 4.9%。具体情况见图 3-13。以上四个行业为呼和浩特市工业经济的支柱产业，新产品开发项目共 327 项，占全部新产品项目的 70.1%❷。新产品开发项目主要集中在支柱产业，说明呼和浩特市支柱产业不仅在产值、税收等重要指标上具有很大贡献，在研发创新上也具有举足轻重的作用。

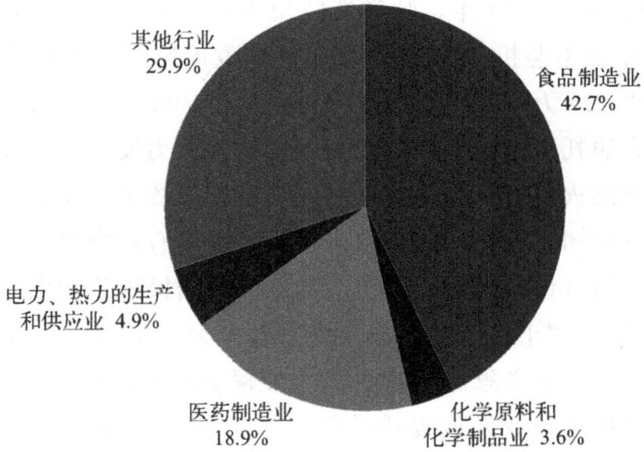

图 3-13　呼和浩特市 2019 年规模以上工业企业新产品开发项目情况

❶ 数据来源：2017 年、2020 年呼和浩特市统计年鉴。

❷ 数据来源：呼和浩特市人民政府网。

⑤ 规模以上工业企业办科技机构情况　“十三五”期间，呼和浩特市科技研发机构不断加大研发经费支出，积极发挥技术带动作用，但是仍存在科技研发机构数量较少、研发人才不足的问题。2016 年科技研发机构经费支出 6.4 亿元，2019 年科技研发机构经费支出 7.6 亿元，较 2016 年增加了 18.8%，说明规模以上工业企业对于科技研发的重视程度在逐年增加。2016 年呼和浩特市规模以上工业企业拥有科技研发机构 69 家，其中，大中型机构有 49 家。2019 年全市规模以上工业企业拥有科技研发机构 33 家，比 2016 年减少了 36 家。其中，大中型机构有 27 家，比 2016 年减少了 22 家[1]，科技研发机构以及大中型机构数量变化情况如图 3-14 所示。全市规模以上工业企业科技研发机构人员存在一定流失，从 2016 年的 2797 人减少到 2019 年的 2111 人，减少了 24.5%[2]。

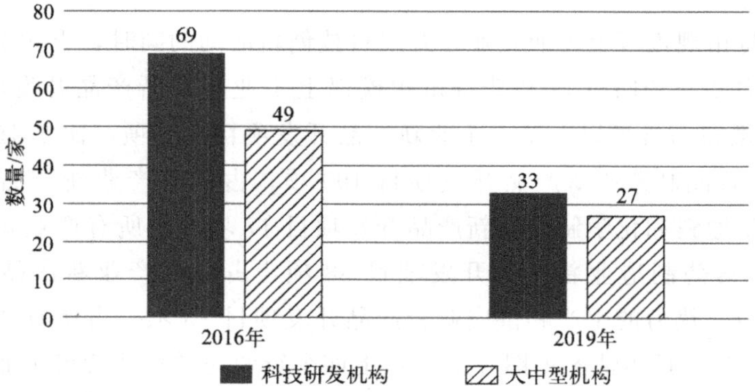

图 3-14　呼和浩特市规模以上工业企业 2016 年、2019 年研发机构情况

(3) 工业代表企业

① 电力能源企业　2020 年，呼和浩特市发电企业共有 28 家，电力装机容量 1431 万千瓦，其中火电装机 1137 万千瓦，光伏发电装机 101 万千瓦，风电装机 73 万千瓦，水电装机 120 万千瓦，全市全年外送电力 300 亿千瓦时。作为内蒙古最大的外送电源点，大唐托克托电厂五期竣工后，拥有火力发电装机 672 万千瓦，是全亚洲装机规模最大的火电厂，为保障首都电力供应发挥了重要的作用。

内蒙古电力（集团）有限责任公司是全区直属国有独资特大型电网企业，公司主要负责全区 8 个盟（市）的生产经营活动和城乡居民生活的供电任务，此外还为部分邻省、邻国供电。“十三五”以来，内蒙古电力（集团）有限责任公司在习近平新时代中国特色社会主义思想的指引下，带领全体干部职工自觉履行岗位职责，以饱满的工作热情推动企业发展提质进位。2020 年，公司及所属的 38 家分公司、子公司及控股公司资产总额达到 1020.98 亿元。同年，公司入围中国企业 500 强榜

[1] 数据来源：2017 年、2020 年呼和浩特市统计年鉴。
[2] 数据来源：2017 年、2020 年呼和浩特市统计年鉴。

单，排名第253位，中国服务企业500强第101位，全国能源企业500强第49名。在售电量方面，2016年，公司完成售电量1464.6亿千瓦时，2019年，公司完成售电量2176.4亿千瓦时，较2016年增长了48.6%。

近年来，在绿色能源发展方面，内蒙古电力（集团）有限责任公司也取得了较多业绩。一方面，全网统调装机容量突破7600万千瓦，清洁能源装机占比约40%，新能源发电量占集团公司售电量四分之一；另一方面，内蒙古电力市场化程度全国领先，综合电价全国最低，“电价洼地”效应充分发挥。在履行社会责任方面，公司积极推进绿色电网建设服务，从电网工程建设科研、初设开始至竣工结束，全过程深化“四节一环保”绿色发展目标，用更加环保、低碳的电网，助力内蒙古人民更美好地生活。2020年内蒙古电力（集团）有限责任公司分别获得了国家级、自治区级科学技术进步一等奖以及国家级管理创新成果一等奖。

② 光伏制造企业　近年来，呼和浩特市依托区位及低电价等优势大力发展光伏产业，吸引中环、晶环、神舟硅业等光伏产业企业入驻，逐渐形成了完整的光伏产业链。2021年前两个月，随着中环五期及五期扩能项目投入生产并达到预期效果，以中环光伏为龙头的14家新材料企业共完成产值35.6亿元，较上年增加59.9%，占呼和浩特市工业总产值的13.0%。其中，光伏材料完成产值34.5亿元，较上年增加61.2%，占呼和浩特市工业总产值的12.6%。前两个月全市生产单晶硅3.3万吨，较上年增加55%。

内蒙古中环光伏材料有限公司（以下简称“中环光伏”）是一家高新技术企业，主要研发、制造绿色可再生能源太阳能电池用单晶硅材料以及其他应用领域的硅材料，主营产品包括直拉单晶硅棒、硅片。中环光伏技术水平与研发能力处于全球领先水平，与其子公司合作具备年产30GW晶体、6GW晶片能力，其中高效N型硅片的市场占有率占据全球排名首位。中环光伏不仅在国内市场获得认可，在国外市场也久负盛名，其出口产品已遍布亚洲、欧洲和北美洲。

内蒙古中环光伏材料有限公司于2016年开展中环协鑫光伏硅单晶四期项目，投资建设单晶硅材料和超薄高效太阳能电池用单晶硅片切片。2017年，中环光伏已有5GW硅晶材料、4GW硅片的产能。2019年，中环光伏已有多个项目建成并投产，其单晶晶体产能突破30GW。在技术创新方面，国家出台了光伏产业科技发展战略，中环光伏以此为依托进行发展，此外，内蒙古丰富的自然资源也确保了其技术创新成果顺利产业化。中环光伏研发费用年投入近4亿元，产值达28亿元。2019年8月，中环光伏所研制的太阳能电池用G12超大尺寸硅单晶打破了行业8in（英寸，1in=25.4mm）的技术框架，实现大硅片技术跨越式发展。在产销规模方面，2019年，中环光伏为进一步提升产能，打造全球最大的太阳能单晶硅生产基地，开始投建中环协鑫光伏硅单晶五期项目，该项目能够实现高达25GW的单晶硅片生产。随着光伏行业单晶化进程加速，中环光伏继续提升全球市场占有率，在规模扩张的同时引领和带动一大批相关和配套产业发展。

③ 生物医药企业　2020 年，呼和浩特市生物医药企业共有 21 家。金宇保灵、必威安泰、华希生物等口蹄疫疫苗产品销量占全国市场份额的 80%，其中，金宇保灵是全球最大的口蹄疫疫苗智能制造基地；金宇生物、拜客生物、中牧生物、开盛生物等生物原料药企业的金霉素、土霉素、阿维菌素等产品在全国占主导地位；金达威、神舟生物等保健药品企业的辅酶 Q10 产品占全球市场占有率的 70%[1]。金宇生物科技产业园一期及高级别生物安全实验室建成并运营，金河佑本动物疫苗生产项目即将试生产。

金河生物是一家集动物保健品研发、生产、销售于一体的生物科技股份有限公司。公司成立于 1988 年，并于 1998 年被国家科学技术委员会认定为“国家重点高新技术企业”。经过 30 多年的发展，公司业务已拓展至兽用化药、兽用疫苗、动物营养品、玉米淀粉及工业污水处理等产品及服务，并成为全国兽用金霉素行业的龙头企业。金河生物处于全球金霉素行业的领先地位，其产能约占全球金霉素产能的 50%，具有明显的规模优势。该公司主导产品“牧星”“金河”牌饲用金霉素连续五次通过美国联邦政府食品与药品管理总署（FDA）的质量验收。产品销往区外各省市，同时出口多个国家及地区，建立起庞大的销售网络。此外，金河生物积极研发动物用药、宠物用药，致力于将自身打造为规模领先的动保公司。近年来，金河生物积极调整营销方式，实施“大金河，大动保”的营销战略，为客户提供了动物健康检测等多种技术服务，减小了国家饲料禁抗政策实施对公司业绩的负面影响。2021 年第一季度，金河生物实现营业收入 4.6 亿元，较 2020 年同期增长了 6.7%，净利润 8542.6 万元，同比增长了 58.0%。

④ 石油化工企业　以中石油呼石化公司、中海石油天野化工、内蒙古三联化工等为代表的呼和浩特石化企业，近年来不断扩大规模、加强技术攻关、提升行业竞争力，带动石油化工产业高质量发展。中石油呼和浩特石化公司作为内蒙古唯一的大型石油炼化基地，炼油能力可达 500 万吨/年。中海石油天野化工具备年产尿素 52 万吨、合成氨 30 万吨、甲醇 20 万吨的能力，2019 年受天然气供应紧张等因素影响，企业生产能效较低；2020 年，在天然气供应充足的情况下，1～8 月呼和浩特市生产化肥（尿素）19.8 万吨，较上年同期增长了 25.1%。为推动呼和浩特市石油化工产业向终端产品和精细化工方向发展，久泰 100 万吨煤制乙二醇及 6 万吨聚甲醛项目和旭阳中燃焦化循环产业园等重大项目正在加紧建设，这些项目的投资近 170 亿元。

中石油呼和浩特石化公司是国家“八五”建设重点工程，与二连油田、阿塞输油线并称内蒙古自治区三项石油工程。呼和浩特石化公司现有 150 万吨/年常减压蒸馏、90 万吨/年催化裂化以及产品精制和酸性水汽提、20 万吨/年溶剂脱沥青等

---

[1] 数据来源：呼和浩特市工业和信息化局。

11套生产装置，拥有汽油、柴油、沥青、液化气、重油、聚丙烯、苯等7大类20余种产品，产品遍布国内市场并远销海外市场❶。2015年，中石油呼和浩特石化公司加工原油369万吨，实现销售收入176.7亿元，税费72.5亿元，同比增长21.8亿元，全面完成利润指标。2019年上半年，呼和浩特石化公司加工原油249.5万吨，实现税费47.93亿元，实现利润5.68亿元，优化攻关29个专题，实现增效8220万元❷。坚守“建设精品炼厂，创造和谐企业”的发展目标，呼和浩特石化公司优化管理结构，严守优质生产，加强科技成果运用，挖潜增效，实现各项经济技术指标获得回升，有效管控成本，使得企业效益逐步好转。此外，中石油呼和浩特石化分公司第一联合车间由500万吨/年常压蒸馏装置、280万吨/年催化裂化装置、50万吨/年气体分馏装置、8万吨/年MTBE装置和一套在建丙烷脱氢装置共同组成，这些高科技设备的运用有效降低了工人的劳动强度并提升了工人操作环境的安全系数，降低了企业污染的同时提升了企业效益。在“十三五”期间生产车间达成车间零事故、零污染和全年装置平稳运行的目标，获得集团公司绿色基层车间（装置）、先进集体、先进HSE标准化车间（装置）等荣誉称号。“六稳”“六保”决策部署在公司稳步推进。

3.1.2.3 服务业企业

(1) 服务业企业总体概述

“十三五”期间，呼和浩特市规模以上服务业企业数量及收入总量保持全区第一。2021年上半年，呼和浩特规模以上服务业企业数量达到412家，占内蒙古规模以上企业数量的24.5%；呼和浩特市规模以上服务业企业实现营业收入378.1亿元，同比增长28.3%，较内蒙古平均水平高8.9个百分点❸。呼和浩特市412家规模以上服务业企业营业收入占内蒙古规模以上服务业企业营业收入总额的40.0%，鄂尔多斯市和包头市规模以上服务业企业营业收入占内蒙古规模以上企业营业收入的19.0%和13.6%，位列全区第2名和第3名。

2021年，在全面复工复产的发展势头下，大型龙头企业呈现出突飞猛进的发展态势，对呼和浩特市服务业发展起到了举足轻重的支撑作用。2021年上半年，呼和浩特市营业收入过亿的服务业企业共32家，集中在交通运输、仓储和邮政业。其中，营业收入过10亿元的企业共5家，全部为铁路运输业及其他道路运输业的企业；仅1家铁路企业营业收入就超过130亿元，对规模以上服务业增长贡献率达32.6%。呼和浩特市规模以上服务业小微企业占60%以上，实现营业收入共64.2亿元，占规模以上服务业营业收入总额的17.0%。受资金、技术、资源、管理等因素的制约，并受劳动密集型产业和传统服务业的挤压，呼和浩特市小微企业的发

---

❶ 数据来源：中国石油企业网站。

❷ 数据来源：中国石油新闻中心。

❸ 数据来源：呼和浩特市人民政府网。

展步履维艰。而服务业小微企业的发展壮大对扩大就业、促进城乡居民增收及推动城镇化进程具有不可替代的作用，因此如何推动小微企业发展是呼和浩特市政府亟待解决的问题。

（2）服务业企业分类概述

① 金融保险企业　呼和浩特市民营中小企业主要融资方式为信贷、发放债券和股权融资。在信贷融资方面，截至 2017 年，呼和浩特市小额贷款公司共有 78 家，累计向 1444 户客户发放贷款 11.11 亿元。股权融资方面，全市金融业上市公司共有 9 家，新三板挂牌企业 23 家，培育拟在新三板挂牌企业 32 家，在内蒙古股权交易中心挂牌企业 136 家，新三板挂牌数量位居全区首位。2017 年，全市以基金、债券、中期票据、定向增发、配股、股权融资等形式实现直接融资超过 300 亿元。安信证券等 8 家证券分支机构和营业部在呼和浩特市落户，进一步推动了呼和浩特市金融服务体系的完善。

呼和浩特市保险业发展迅速。2017 年，全市拥有保险业机构 41 家，融资性担保公司 12 家，信托公司 1 家，资产管理公司 4 家，财务公司 3 家[1]，保险机构保费收入累计 118 亿元，位列内蒙古第一名。其中，担保公司作为呼和浩特市保险业的支柱企业，向 903 户担保资金余额 15.39 亿元，极大地缓解了中小企业融资难、融资贵的问题。

② 文化旅游企业　呼和浩特市是中国优秀旅游城市，有“中国乳都”“草原明珠”等美誉，拥有大召无量寺、观音寺、乌素图召寺等各种召庙 50 多座，另有昭君墓、哈素海、公主府、将军衙署等名胜古迹。近些年，呼和浩特市旅游业快速发展，重点打造了神泉生态旅游景区、昭君博物院、蒙古风情园、太伟滑雪场等多个景点。

2020 年 12 月，呼和浩特市文旅广电局召开《呼和浩特市文化旅游广电“十四五”发展规划（纲要）》征求意见座谈会，邀请了 35 家重点文旅企业代表参会。其中，伊利集团、神泉生态旅游景区、昭君博物院、蒙古风情园、太伟滑雪场等多家企业负责人结合企业面临的困难和机遇，在会上建言献策，并对全市文旅业“十四五”发展规划提出中肯意见和建议。市文旅广电局也对全市文旅企业聚力共促呼和浩特市文化和旅游产业协同发展，倾力打造“美丽青城、草原都市”文旅名片提出倡议。

神泉生态旅游景区位于呼和浩特市托克托县城东南方的黄河岸边，占地面积达 1416.8 平方公里，于 2010 年 9 月被评为“国家 AAAA 级旅游景区”。2020 年 4 月，神泉生态旅游景区被内蒙古自治区党委、自治区人民政府命名为“第九届内蒙古自治区文明单位”。景区以库布齐沙漠、湿地草原、神泉等自然景观以及丰富独特的历史文化旅游资源为依托，投资 1.5 亿元，精心打造了集沙漠观光、黄河欣

---

[1] 数据来源：内蒙古新闻网。

赏、文化遗迹观赏为一体的生态旅游胜地。神泉生态旅游景区游客数量基本稳定在年均20万人左右，企业营收1700万元左右，极大地带动了当地文化旅游业的发展。景区为100多名当地农民提供工作岗位，并间接带动相关行业就业超1000人。景区周边农家乐饭店有40多家，带动其他农副产品销售收入也十分可观。景区内还配备多项特色旅游项目，如果蔬采摘、特色餐饮、游船、垂钓等。2020年，受新冠肺炎疫情影响，景区客流量仅为2019年的40%，景区仍在保障游客健康安全的前提下，为游客提供高品质的服务和一站式旅游体验。

③ 信息技术企业　数字化深刻改变着社会的发展，“十三五”期间，呼和浩特制定产业向数字化转型的相关规划，并积极响应国家号召，大力发展5G基站、大数据中心等新基建项目，计划建设3000座5G基站且已开通2397座，实现对全市主要功能区全范围覆盖。此外，和林格尔产业园区与移动、华为等多家公司成立内蒙古5G产业创新联盟，合作进行5G建设。

为填补呼和浩特市超算能力建设空白，呼和浩特市积极推进超算中心建设，推动基于CPU+GPU异构结构的超算系统建成并投入使用；“互联网+”可信身份认证平台上线运行；旷视人工智能超算平台投入运行，运算能力达到我国现有人工智能超算的先进水平。投资建成内蒙古高性能计算公共服务平台并将其投入使用，该平台在西北地区同类型平台中，规模最大，设计理念最先进，该项目的竣工在提升内蒙古高性能、高密度运算能力和人工智能模拟运算能力方面具有重要意义。

2020年，呼和浩特市先后与中国移动、中国联通、中国电信以及国家云应用平台开展云计算技术合作，获得项目投资累计超过500亿元，建设了23.7万个机架（柜）和368.6万台服务器等硬件设备，为全市云计算产业发展奠定了扎实基础。此外，呼和浩特市已经启动实施的智慧城市项目达23个，其中，智慧城市建设的基础平台“政务云中心”已完成基本环境搭建，已有44家政府单位的业务系统在平台上运行。

同方计算机（内蒙古）有限公司于2019年4月在呼和浩特市和林格尔新区成立，并于当年5月建成服务器生产线，其经营业务以自主创新科技产品生产和服务器制造以及研发测试为主，并在人工智能等领域向全球提供一站式解决方案。同方股份与和林格尔新区达成战略合作，促进了全市乃至全区的新旧动能转化，促进区域经济高质量发展。同方将投资32亿元建立生产基地，其中包括高新技术研发实验室、自动化生产车间、极限环境稳定性测试、智能物流配送区等功能模块，并带动地方相关产业发展。同时生产基地将严格执行《质量管理体系要求》，这将为服务器及企业级产品提供强有力的质量保障，使之成为同方计算机的服务器和企业级产品的重要研发、制造中心。同方扎根和林格尔新区，与政府、高校、市场、企业等紧密相连，实现政产学研深度协同发展，协同搭建创新平台。同方将云计算等新兴信息技术与实体经济深度融合，为客户提供从终端到云端再到数字化集成解决方案，同时培养高新技术人才，从而推动全区高新技术产业发展。

④ 现代物流企业　“十三五”期间，呼和浩特市物流产业发展迅速，建设了航空物流港和沙良铁路公路物流港；并围绕城区建设了“城发恼包仓储配送园区”“金山铁通仓储配送园区”“金兴仓储配送园区”；针对能源产品，建设了托清煤炭物流园和林大红城煤炭物流园；在城市绕城高速公路外围建设专业物流带，形成了“两港、三区、两园、一带”的城市物流布局体系，并依照此物流布局体系，构建了全市未来物流业发展的整体思路，不断引导市内大型专业市场向市外转移。

中国铁路总公司于 2015 年在呼和浩特市建立了沙良物流园，于 2015 年 10 月正式投入运营。园区有 8.4 万平方米仓储库和 128 个公路港零担单元等基础设施，并规划了 5 个功能区满足社会多元需要。园区现已吸引多家国内外知名企业入驻。

沙良物流园区距市中心 20km，距呼朔高速入口及科尔沁快速路入口 4.8km，距白塔机场 15km，园区将呼和浩特市货运专线外绕线、炼油厂专用线及金桥热电厂输煤专线三者相连接，有效联结了呼和浩特市重要的交通线路，具有显著的区位优势。

呼和浩特市重工制造型产业不断由市内向市郊迁移，致使相应的物流节点不断向城市周边转移，为沙良物流园区带来了大量的发展机会。沙良物流园为满足市场物流配送需求及客户个性化要求，制定了以仓储建设为主导的经营策略，围绕经营策略开发多种物流产品，致力于打造现代化智慧物流园区。此外，沙良物流园借助自身良好的基础设施及服务有效解决了呼市周边物流企业仓储需求巨大而供给不足的问题。

3.1.3 呼和浩特市企业发展存在的问题

3.1.3.1 过于依赖传统产业，产业转型升级难

呼和浩特市服务业涉及十个门类、三十四个大类，涵盖交通、教育、卫生等多个行业，从规模以上服务业企业所属门类上看，多数企业属于传统交通运输业、仓储业、电信业范畴。尽管这些企业体量较大，但从营收增速上看，呈现出放缓的趋势，发展的内在动力不足。例如，呼和浩特市部分地区存在电网建设滞后的现象，致使电力外送能力受限，电网新增可再生能源只能依靠自身新增负荷消纳，无法实现更大区域内资源优化配置。呼和浩特市可再生电力发电量占比较低，全市可再生能源利用率低，全社会发电结构不够优化。呼和浩特电力现有发电装机基本是火力发电，企业缺少高新技术设备操作人员，对创新人才的需求无法满足，导致内部复杂设备的使用率并不高，产业转型难（张璐，2019）[9]。随着技术的不断进步，呼和浩特经济发展对新兴产业依赖程度日益增强，但是现有新兴产业的企业营业收入在呼和浩特企业营收总额中占比不高。

3.1.3.2 服务业发展水平落后，竞争力不足

随着经济发展，服务业在呼和浩特市国民经济占比越来越大，呼和浩特市规模

以上服务业营业收入占内蒙古规模以上服务业营业收入的四成左右。服务业行业特点决定了呼和浩特市服务业营业收入的90%由四个市辖区所贡献。但是呼和浩特市信息技术产业与服务业未能实现深度融合，致使全市生活性服务业数字化技术应用水平较低，更多依靠劳动力投入和人力资本积累，致使效率较低。“互联网+”医疗发展缓慢，居民仍以医院就诊为主。呼和浩特市互联网出行平台少、规模小，难以同“滴滴出行”“哈啰出行”规模化经营平台比拟。呼和浩特市物流园区尚处于基础建设阶段，与我国发展较为成熟的物流园区相比，缺乏科学合理的规划，园区内设备设施不完善，信息化程度不足，运输量达不到发展需求。

3.1.3.3 科技创新体系落后，创新能力弱

呼和浩特市虽然持续加大了科技创新政策供给，构建了一套健全的政策法规体系，并对各级各类优秀科技创新创业主体进行支持和引导，但本市企业自主创新能力仍然比较薄弱。全国35个大中城市科技创新指数排名中呼和浩特市位居倒数第2位。科技创新体系落后是限制全市高质量发展的重要原因之一。

呼和浩特市在创新资金投入、平台建设等方面存在以下问题：

一是全市创新能力财政科技专项资金投入不足。市本级财政科技专项投入与其他盟（市）相比虽有优势，但近年来保持在2亿元左右，没有大幅度提升，难以起到激励效果。

二是高端创新平台数量较少。作为内蒙古自治区首府，呼和浩特市尽管集聚着全区45%的普通高等院校、30%的研发机构、32%的高新技术企业，但这些机构和单位对内蒙古科技创新示范引领作用不明显，首府科技创新的“首位度”优势仍需大力改进和提升。

三是企业缺乏自主创新活力。呼和浩特市规模以上企业较少进行研发活动，企业缺乏创新意识。据不完全统计，2019年呼和浩特市有研发活动的规模以上工业企业占16.9%，低于全国平均水平34.2%。虽然呼和浩特市国家级高新技术企业有341家，数量占全内蒙古的34%，但与发达地区相比，仍然存在很大差距，没有形成规模效应。

四是创新政策环境还需优化，创新人才队伍较为薄弱，人才结构较单一，尚未形成与本市城市发展需求及社会建设需求相匹配的人才体系。例如呼和浩特现有发电装机中基本是火力发电，行业内企业缺乏专业高新技术设备操作人员，导致企业复杂设备的利用率并不高。生物医药产业创新队伍较弱，缺少领军人物、高端人才，使得研发体系难以构建，从而制约了本市生物医药产业向规模化和高端化升级，导致呼和浩特市生物医药产业仍处于跟踪研究和仿制阶段，缺少自主创新产品。

3.1.3.4 营商环境存在差距，制约经济活力

“十三五”期间，呼和浩特市整体营商环境不断向好发展，但与国内经济发达

城市相比，仍存在较大差距。主要体现在：

一是政务改革步伐慢，行政审批手续较为烦琐。对于该放权的事项放权力度不够，对行政办事部门监督力度不够，存在着选择性、随意性执法问题；行政部门过分侧重于审批程序和违纪处罚，缺乏对企业进行指导和有效的监管。例如，呼和浩特市光伏产业工业投资主要依靠中环五期重大项目带动，但是自 2020 年以来，呼和浩特市虽然按照自治区要求撤销了 3 个焦化项目备案，明确不再引进和审批“两高”项目，但内蒙古能耗总量控制目标为 29.6 万吨标煤，且节能改造、淘汰落后产能腾出能耗空间等均需长时间才能见效，但政策缺乏弹性，致使呼和浩特市计划实施的光伏材料行业项目难以批准，从而影响了下一步产业转型和高质量发展。

二是政府失信现象频现，缺少契约精神。政府不能及时兑现承诺给企业的优惠政策，尤其是在土地规划和使用上较突出。

三是企业融资难仍是制约企业发展的主要因素。目前呼和浩特市金融产品不能有效地服务于中小企业，为企业解决发展资金问题，致使中小型企业缺少发展资金，无法快速发展。

3.1.3.5 人才引进政策机制不足，同质化严重

呼和浩特市缺乏对自身特色和需求的精准定位，导致人才引进政策缺乏创新，同质化严重，在福利性政策、资金奖励、示范工程和法规管制四种人才政策方面均与其他城市相似。

表现最突出的是仿照东部沿海城市采用“送户口、送房子、送补贴”的方式引进人才。但对于高层次人才来说，“送户口、送房子、送补贴”的政策难以激励其迁移和长期居留在边疆北部城市，他们更注重城市综合实力、发展环境和社会氛围。呼和浩特市综合实力较低，区位优势并不明显，简单地模仿发达城市的人才引进政策，大肆使用福利性政策工具不仅增加了财政压力，又无法吸引高素质人才的流入。

3.1.3.6 首府“首位度”不高，辐射带动力差

呼和浩特市虽然为内蒙古首府，但其地区生产总值在全国省会（首府）城市中排名倒数，辐射带动其他地区发展能力较差，使其难以发挥首府和区域性中心城市带动效应。

3.1.4 对策及建议

3.1.4.1 打破路径依赖，加快产业转型升级

在产业结构调整优化的总体方向上，“十四五”期间，呼和浩特市应摆脱惯性思维和路径依赖，不再引进高耗能、低产出的工业项目，严格限制现有高耗能、高污染项目产能，把生态优先、绿色发展要求体现到首府工业发展各行业各领域（崔丽，2021）[26]。在当前和未来几年的工业招商引资中，严把行业准入关和项目引进

关，严禁引进与建设不符合国家产业政策和首府功能定位的工业项目。

一是调整工业项目引进建设的主要方向，重点引进先进制造业、战略性新兴产业和能耗产出比较高的优势特色工业产业。以现有产业基础为依托，重点围绕乳业、绿色食品、装备制造、光伏材料、电子信息、清洁能源、新材料、生物科技、节能环保以及军民融合等产业发展，推动现有产业提质增效；促进呼和浩特市发电结构多元化发展，以火力发电为主，风力、天然气发电等为辅，利用风能发电切实解决传统发电能耗高、污染重的问题，提高本市资源利用率，平衡用电供需矛盾；严格按照“垃圾分类新风尚，城市文明我先行”标准要求，认真做好垃圾分类收集、分类投放、分类处理，进一步提高垃圾焚烧的利用效率。针对制约垃圾焚烧电厂发展的“瓶颈”，深入探索找到一条既符合能耗双控政策，又适应企业发展的路子。

二是对高能耗产能项目实施引进限制。兰炭、PVC 等非产能置换项目不再引进；生物医药行业原则上不再引进无下游加工的原料药项目。

三是围绕数字工业的前沿技术和趋势，进行工业网络、5G 网络通信、网络安全、人工智能、大数据分析、云计算技术、区块链、集成电路、虚拟/增强现实技术等领域科技研究与应用推广，推进高端智能制造业核心技术攻关突破；政府要推动先进制造业和新型信息化产业融合发展，加快高端智能装备和关键技术取得突破，推进智能车间和工厂建设，提升智能制造系统解决方案的能力；在关键工业领域推广工业机器人技术，加大科研活动力度以突破工业设计、运动控制等核心技术。

3.1.4.2 加大服务企业培育力度，提高竞争力

“十四五”期间，呼和浩特市政府要特别注重科技创新驱动和产业公共服务体系建设，把创新引领、服务保障作为当前和未来工业转型高质量发展的核心动力，逐步提升经济发展的质量和效益。

一是增强科技服务产业研发能力。每年新增一批企业技术中心、高新技术企业、研发中心和重点实验室并支持重点企业建立研发机构。集中精锐力量打好关键核心技术攻坚战，在乳制品、生物疫苗、新材料等优势产业领域大力打造产、学、研协同发展的制造业创新中心。鼓励企业实施科技成果转化、新产品研发、行业标准制定等创新发展措施，推动工业经济摆脱传统路径依赖实现内涵式发展。新建一批智能工厂来提升制造业企业数字化、高端化、网络化水平，发展基于互联网的智能协同制造型模式，推动“互联网＋产业”行动计划的实施。

二是增强对市场主体的服务保障能力。构建绿色发展优质企业梯度培育体系，以生产要素保障、金融服务保障、培训宣传保障等方式，在先进制造业、战略性新兴产业、绿色食品加工等领域继续扶持相关企业发展壮大，加大龙头企业培育的同时支持小微企业不断壮大。在促进产业链完善发展方面，呼和浩特市政府要不断推进节能环保、工业互联网、信息技术、服务型制造等领域不同规模企业融通发展，加快培育一批服务主导产业、龙头企业的单项冠军企业。

三是增强工业园区承载产业发展的能力。开展工业园区考核评价，强化工业园

区规划管理，严格按照各园区产业定位、环境容量、能耗增量控制目标引进建设项目。支持各园区实施污水处理、固废处理、资源综合利用等基础设施项目，到2025年全部工业园区均达到自治区绿色园区评价标准，构建与首府产业绿色集约发展水平相适应的基础设施承载体系。

四是持续推进呼和浩特市“互联网+”专项行动，助推行业结构优化升级。首先，利用“互联网+”促进线上线下紧密融合，利用呼和浩特市打造智慧城市的契机，在交通、电网、医疗环保、学校、企业、家庭等各个层面，将城市系统和服务打通并集成，推动传统服务业转型升级；其次，推动“互联网+居民服务”与智慧社区、养老托育等全面融合发展，整合社区资源，建设居民服务共享平台，提供涵盖居民生活基本业态的线上体验，促进生活性服务业多样化发展。

五是加快建设综合型物流园区。通过相关政策吸引高素质人才参与园区建设，同时加强对园区发展的指导、规划以促进其全方位发展；在园区发展规划方面，市政府及相关部门要实行分级、分类管理并建立健全物流体制规划，促进物流园区管理体制优化并完善，为物流园区后续发展奠定基础。以政策指导及市场调控相结合的方式，提高城市物流园区经营管理实力。同时呼和浩特市政府加强园区企业资源整合，促进物流总成本下降，这也是进一步发展壮大工业园区实力的主要模式；政府进一步培育企业内部沟通协调、相互支持、互利互惠的合作精神，从意识层面对现代物流产业的发展整体形成积极影响。

3.1.4.3 多措并举全面提升科技创新水平

一是用好财政科技资金。坚持围绕优势产业链部署创新链、资金链、供应链，继续争取内蒙古自治区的科技计划资金，制定科技经费配置方案，对六大产业集群和重点领域加大投入，将有限资金花在“刀刃上”、用到要紧处，并引导企业增加科研经费投入，促进全社会研发投入增加。

二是加快创新载体平台建设。一方面紧盯国家乳业技术创新中心，《建设方案》已报科技部审批，将其紧紧盯住，争取早日获批。另一方面积极推进草种业技术创新中心建设，加快出台《申报指南》，争取尽快获批，成为自治区级草种业技术创新中心。

三是进一步深化产学研合作。企业应深入落实内蒙古自治区“科技兴蒙”行动，不断增进与“4+8+N”合作主体以及驻呼高校院所产学研创新联动；积极对接高校、科研院所以及社会科技创新平台，深化科技合作，一方面抓实已落地的合作项目，另一方面主动走出去对接谋划新的科技合作项目。

四是加快科技创新主体和人才引进培育。为加快推进科技部科技领军人才创新驱动中心落户呼和浩特，应建立“专业孵化+科技大市场+专业服务”体系，加快推动内蒙古自治区科技厅与呼和浩特市共建内蒙古科技大市场。

五是提升科技管理和服务水平。实行财政科技资金直接拨付制度，将资金直接拨付到科研项目承担单位，解决科技资金到位不及时问题。探索实行重大科技项目竞争立项、定向委托、择优委托、“揭榜挂帅”等制度。在此过程中，政府应简化科创项目审批流程，并采取相关措施为科研人员减负。

六是积极推动重要应用领域先进功能材料产品的研发和创新。首先，抓住先进功能材料产品在中高端领域的重大应用需求，以高新材料产品的创新推动传统产业优化提升，积极推进对新功能材料、高性能结构材料的重大科技攻关及关键技术突破，形成具备国内领先水平的高新型结构材料工业体系。其次，加快发展电子级硅材料产业，延伸扩展电子级硅单晶、电子元器件、集成电路等高端产业链，全力推进单晶硅国家级实验室和制造业创新中心建设，实现硅材料产业由太阳能级向集成电路级的升级。

3.1.4.4 找差距补不足，持续优化营商环境

营商环境作为政府社会治理能力的重要体现，可以通过改善营商环境提升区域经济发展活力。当前呼和浩特市营商环境受宏观环境等外部因素及政府干部作风、政务流程等内部因素的双重影响，出现较多问题亟待解决。本书针对呼和浩特市营商环境存在的突出问题提出以下几点意见：

一是构建协同有力的党政领导体系。呼和浩特市可以增设专门为民营企业服务的机构和工作领导小组并构建有效的内外部监督体系来提升这些机构的工作积极性及服务意识。县级政府要参照市区做法并结合各地实际进行一定调整并施行。在全市建立起党委领导、政府负责、协调有力、责权清晰的党政领导体系。

二是深化“放管服”改革，提升政府的工作效率及服务意识。在增强简政放权力度的同时，建立合理的监督体系，真正提升政府工作效率。政府还要改进各项审批流程，删减不必要的审批环节，节约审批时间进而提升为企业办理业务的速度。例如，呼和浩特很多光伏产业项目难以落地的原因是项目审批流程烦琐，很多政策间存在矛盾，协调配套资源难度较大。因此建议国家、自治区在下达能耗“双控”指标时，能够统筹全区、“十四五”期间的产业发展需求，为重点地区（如首府城市）淘汰落后产能构建合理的缓冲机制，建立灵活的动态化的控制目标，如对呼和浩特市部分能耗产出比高的项目予以单列，或统筹五年的能耗增量控制指标等。

三是树立整个社会诚信意识，加快提升政府诚信度，从而提升呼和浩特市整体对外形象。政府应带头转变思想观念，积极履行对社会、对人民的各项承诺，在社会信用环境建设中做出表率，推动信用环境建设，不断增强诚信意识。

四是以解决民营企业融资难题为着力点，加强相关方面制度体系建设，逐步推动融资机制创新。进一步加强政府税务部门与相关金融机构合作，针对中小微企业融资困难的问题开发品牌抵押等产品；双方还应对征信良好、社会责任履行良好的企业给予融资优惠；促进“银税互动”，切实为企业融资带来更多的便利。

3.1.4.5 破除同质化思维，吸引人才

为促进呼和浩特经济快速发展，人才创新要素加快集聚，让首府从人才流经地

变为人才沉淀地，全面实施一系列针对性强、惠及面广、激励作用较大且具有可操作性的人才奖励补贴和人才服务政策，用最强的人才为各类人才打造最优发展生态，增强人才在首府的幸福感、归属感。鼓励企业和其他社会力量对人才的资金支持，努力构建以政府为主导、以企业为主体、以社会为补充的资金保障渠道。创新人才资助模式，探索采取“后补助”及间接投入的方式，可以借鉴山西、北京等地区发行创业券等以奖代补的新模式。

3.1.4.6 推动产业高质量发展，带动区域经济

呼和浩特市应全方位贯彻新发展理念，切实把生态优先、绿色发展的要求体现到经济发展的各个领域，进一步调整优化产业结构，提升经济高质量发展水平；根据内蒙古自治区党委政府的规划要求，积极参与建设“中蒙俄经济走廊”，全力打造现代产业体系，扩大总量，提高质量，优化结构，使全市经济发展上升到新的水平。在产业定位、产业布局和延链补链的重点方向上，“十四五”期间要更加注重围绕首府产业发展基础和优势布局产业，实现产业集群化发展，打造若干在全国、全球具有较强竞争优势的重点产业集群。

一是按照《呼和浩特市推进优势产业集群高质量发展三年行动方案（2021—2023 年）》，呼和浩特市要着力发展以乳业为核心的各绿色食品加工产业链，同时增强产业链上、中、下游各端的合作。政府应从宏观方面调节产业链的利益分配，均衡产业链各环节力量的对比。此外，针对乳制品生产经营的行为应该设立第三方检测监督机制。

二是形成以区域休闲、消费为中心的文化旅游产业集群，从打造特色品牌和培育龙头项目两方面着手推进呼和浩特市文化旅游产业建设。在打造文旅特色品牌方面，首先，应着力构建敕勒川文旅品牌，将敕勒川塑造为呼和浩特市文旅新名片。其次，助推“长城与黄河握手的地方——呼和浩特”成为呼和浩特市文旅产业新品牌。最后，积极响应“一带一路”“万里茶道”“中蒙俄经济走廊”建设，打造丝绸之路草原名城。在打造文旅龙头项目方面，呼和浩特应推动黄河大峡谷、老牛湾旅游区、昭君博物院等龙头项目建设。

三是打造以光伏产业为核心的新能源产业链，重点发展晶体硅材料、电池片及组件、风光储发电系统等太阳能光伏产业以及新能源整车、关键零部件、电池充电站等新能源汽车产业。

四是打造以生物疫苗为重点的现代生物医药产业集群。加快生物医药产业绿色转型，大力培育兽用疫苗、宠物疫苗、人用疫苗产业及上下游配套产业链发展，同时推动现有生物制药企业全面提升清洁生产、绿色发展水平，合理控制单纯原料药生产规模，重点加强产业创新能力，实现原料药清洁化、绿色化转型升级。政府要进一步完善“打造以生物疫苗为重点的现代生物医药产业集群招商引资方案”，主动对接企业、对接项目，全力推动呼和浩特市生物医药产业链做大做强。政府应扶持蒙中医药产业发展，完成大唐药业产业基地、蒙肽生物道地药材等重大项目。

3.2 包头市企业发展调研

3.2.1 包头市各产业产值稳中有升

“十三五”期间，包头市委、市政府深入领会和把握党的十九大精神，带领本市各类企业深入贯彻落实中央和自治区的重大决策部署，坚持稳中求进工作总基调，以新发展理念为指引，以供给侧结构性改革为主线，稳步开展各项城市建设、农牧业发展、安全生产等工作，促进包头市经济社会长期稳定和健康发展。2020年，在新冠肺炎疫情对全市经济的冲击下，包头市稳步推进“六稳”工作，全面落实“六保”任务，逐步实现企业复工复产，推动全市经济稳步回升、社会事业全面进步。

“十三五”期间，包头市政府在中央巡视组关于内蒙古部分地区的工业增加值存在水分的反馈意见下，对本市主要经济指标测度方法做出调整。包头市生产总值及产业结构情况如图 3-15 所示，可以看出，包头生产总值在“十三五”期间总体呈现下降趋势。

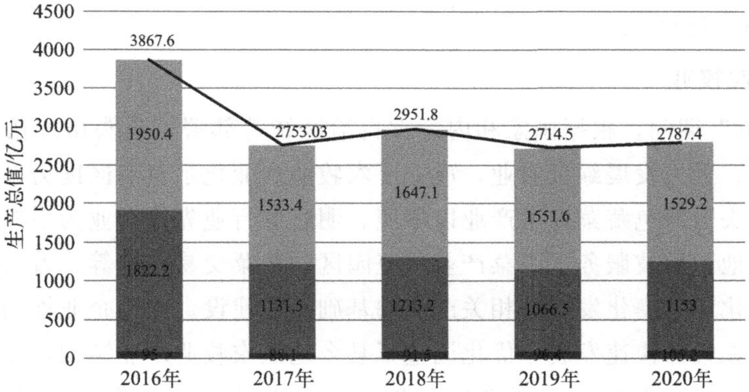

注：从下往上分别为第一产业、第二产业、第三产业。

图 3-15 “十三五”期间包头市地区生产总值[1]

2016 年，包头市生产总值共计 3867.6 亿元，第一产业增加值占全市生产总值比重为 2.5%，第二产业增加值占全市生产总值比重为 47.1%，第三产业占全市生产总值比重为 50.4%。2020 年，包头市生产总值为 2787.4 亿元，比 2016 年减少 27.9%，第一产业增加值占全市生产总值比重为 3.8%，第二产业增加值占全市生产总值比重为 41.4%，第三产业占全市生产总值比重为 54.8%。第一产业和第三产业比重相较于 2016 年实现上涨，第二产业比重大幅下降。可以发现，包头市工

[1] 数据来源：包头市统计局。

业经济持续走低是造成地区生产总值下降以及经济发展速度下降的主要原因。“十三五”期间，国家加大能耗双控力度，内蒙古高耗能产业发展受到极大制约，包头市工业长期依赖钢铁、稀土、铝等高能耗产业，新兴产业占比很低，使得包头工业发展受到一定的限制。同时，包头市各工业企业多处于生产产业链中上游位置，其产品附加值普遍不高且生产技术较为落后，长期以来的“粗放型”发展模式阻碍了企业生产技术的革新、发展速度的提升，导致大部分企业的竞争力较弱。2019 年，包头市约四分之一的规模以上工业企业面临不同程度的亏损问题，规模以上工业企业利润总额较 2018 年同期下降 26.8%。综上所述，包头市工业企业面临发展环境不良及企业自身发展模式不佳等内外部问题，亟须通过不断创新来促进产品更新及新产品开发，以此增加产品、服务附加值从而促进企业自身形成完整产业链并实现产业的最终转型，同时中上游企业还要充分利用自身的技术、资源优势对产业链下游发挥带动作用，使下游企业的技术水平得到提升，从而提升自身核心竞争力，最终实现整个产业链企业竞争力提升。

2021 年，包头市紧抓国家双碳政策机遇，大力引进绿色低碳、新型环保项目。全市共成立 20 个招商引资工作组，旨在对新能源、新材料、装备制造等产业链进行延链、补链、强链，并与 3596 家企业签约 455 个项目，总投资达 5799 亿元，其中，257 个项目已经落地。

3.2.1.1 农牧业

“十三五”期间，根据国家和内蒙古自治区统筹部署，包头市加快构建绿色现代产业体系，大力发展绿色农业，成立了农牧业产业化示范园区助力本市农牧业迅速发展。包头市绿色蔬菜加工产业以华鹿、明石等行业先进企业为引领，加快建设蔬菜种苗基地，科技服务、蔬菜产业示范园区，蔬菜交易市场等，着力推进农业产业化、集约化和规模化发展及相关产业的基础设施建设。龙头企业推动了本市“高精强”现代农牧业快速发展，优化调整了县乡地区农牧业产业结构，促进包头市农牧业产业化发展，进而提升了农牧区生产的专业化、标准化水平及农牧业综合效益。

3.2.1.2 工业

(1) 规模以上工业整体概述[❶]

“十三五”期间，包头市工业企业发展迅速，规模以上工业企业增加值年均增长 9.6%，其中，战略性新兴产业增加值年均增速超过 15%。2020 年，包头市规模以上工业企业营业收入 5185.8 亿元，较 2016 年上涨了 60%；利润总额 364 亿元，较 2016 年增长 146%；规模以上工业企业每百元营业收入的成本为 87.09 元，较 2019 年减少 1.76 元；营业收入利润率为 4.8%，较 2019 年增加了 1.6 个百分

❶ 数据来源：2021 年包头市政府工作报告.包头市人民政府网。

点。2020 年末，包头市规模以上工业企业资产负债率为 56.9%，较 2019 年同期降低 4.5 个百分点；工业增加值同比上涨 11%，增速高于国家规模以上工业企业 8.2 个百分点，高于自治区规模以上工业企业 10.3 个百分点。其中，高技术产业增加值上涨 65.5%，民营工业增加值上涨 17.8%，规模以上工业企业利润总额同比上升了 44.2%。

2021 年上半年，包头市地区生产总值为 1627.0 亿元，同比增长 15.7%；规模以上工业呈现良好的发展趋势，规模以上工业增加值同比增长 17.6%，增速高于全国平均水平 41.4%，超越了内蒙古自治区其他盟市增速。由上述分析可以看出，近几年来包头市工业整体发展情况较好。

(2) 代表产业

① 稀土产业　稀土是包头市最具独特优势的资源。截止到 2020 年，全市稀土产业销售收入 283.2 亿元，约占全国稀土产业销售收入的 30%。其中，稀土氧化物产量 8.3 万吨，占全国稀土氧化物产量的 40%；稀土金属产量 2.3 万吨，占全国稀土金属产量的 30%，均居全国第一；原料产值占全市稀土产业的 46.7%。包头市稀土产业已形成上游稀土原料，中游稀土冶炼分离，下游稀土永磁材料、储氢材料、抛光材料、催化材料及稀土合金五大产业集合的完整产业链集群。稀土永磁材料产业是包头市最具发展潜力及优势的下游稀土产业。2020 年全市磁材产量 3.18 万吨，约占全国磁材产量的 17.8%，居全国第 4 位。

② 钢铁产业　钢铁产业作为包头市主导产业之一，依托区域稀土矿和铁矿共生矿脉的典型地质结构及自身煤炭资源优势形成了包含上游炉料加工环节、中游钢坯加工环节、下游钢铁深加工环节的产业链。近年来包头市生铁粗钢产量稳定增长，已成为内蒙古自治区主要的钢铁原料产地。2019 年包头市生铁产量 2025.3 万吨，占内蒙古生铁产量的 87.94%；粗钢产量 1995.7 万吨，占内蒙古粗钢产量的 75.2%；其钢材产量占内蒙古钢材产量的 71.85%。

③ 铝产业　2021 年 1～8 月包头市原铝产量 174.3 万吨，同比增长 1.6%；铝材产量 19.5 万吨，较去年同期增长 15.4%；铝业产值增加值同比上涨 28.7%，对规模以上工业产值增加值的贡献率达 24.4%。由此可知，包头市铝产业对于地区工业发展做出了突出贡献。

包头市铝业企业主要集中在产业链上游和中游，产业链上游为氧化铝、电解铝等原材料生产，中游为铝材料加工。近几年包头市铝产业实现了较快发展，电解铝产业规模增长近 90%，2020 年包头全市电解铝产量 255.65 万吨，占全国电解铝产量的 6.89%。电解铝产业链下游主要产品为铝棒材、铸轧卷、电工圆铝杆、化成箔、铝轮毂、汽车转向节和支架等铝材产品，产量为 138.45 万吨，占电解铝产量的 54%左右，其中铝棒、铝杆、铸轧铝板等初加工产品就消耗了 51%的电解铝。

④ 装备制造产业　包头市作为内蒙古自治区制造业中心，2017 年以来装备制造业产值占全区装备制造业总产值的 70%以上。2020 年，包头市规模以上装备制

造企业总产值达 477 亿元。完善的体系、先进的产能使得装备制造业成为包头市的第二大支柱产业。

结合包头市装备制造业发展现状，可以梳理出产业发展呈现的特点：

第一，产业集群化程度增强。以应急产业为例，包头市政府通过整合应急产业资源，发掘应急产业重点，增强应急产业聚集等，建设应急工程抢险装备研发及制造集群、草原森林消防应急装备研发及制造集群、高机动应急救援系统装备制造集群、先进社会安全保障产品研发及制造集群、矿山救援装备制造集群、医疗救援产业集群六大应急产业集群，初步完成了应急产业基地建设。

第二，投资主体趋于多元化。近年来，包头市先后引进了一大批高新技术型企业入驻装备制造业园区，主要包括以包头盛泰、中车电机、杉杉新能源客车、昊明电池等为代表的新能源汽车制造企业、零部件制造企业以及风光新能源装备制造企业。这些新兴制造企业促进了全市产业结构向着绿色化转型，使得投资主体向多元化趋势发展。

第三，创新能力持续提升。包头市装备制造企业共建立了 13 个企业技术中心，包括 2 个国家级技术中心和 11 个自治区级技术中心，技术中心数量居各盟（市）首位。这些企业依托技术研发中心在智能装备、核电装备、风电装备、轨道交通装备等制造领域开发出一系列新产品，如无人驾驶矿用车、新型厚壁无缝钢管、新能源牵引车、新型核燃料元件等。新技术和新产品共同推动包头市装备制造业向着高质量发展迈进。

⑤ 化工产业　包头市化工企业多集聚在产业链的初级材料供应端，产业链中下游建设相对欠缺。为打破中国聚乙醇酸类可降解材料主要依赖进口的局面，浦景化工建设了一条年产 1500 吨聚乙醇酸的生产线和一条产能达到 1 万吨的聚乙醇酸生产线，从而构建出一条将原料合成和高端可降解材料生产有机结合的产业链。这标志着中国在可降解塑料领域实现了新的突破，也标志着包头市全力打造的新材料产业向前迈进了一大步。

⑥ 光伏装备产业　光伏产业是包头市能源科技发展的重要方向，也是极具发展潜力的朝阳产业。“十三五”期间，包头市政府在环保、能耗、土地以及营商环境等方面给予政策扶持，全面推动当地光伏产业链规模化发展。“十三五”末，包头市政府以硅棒为支点，布局光伏产业的发展，积极开展延链、补链、强链、扩链工作，正逐步完善从拉晶到切片、电池片、组件、支架、背板、逆变器的光伏产业链。2021 年包头市已初步确定或已投资一批电池片、电池组件项目，开工建设重点光伏材料项目共计 9 个，总投资金额达 825 亿元。天时、地利、人和在包头交会，包头市正以精准招商、精准服务，助推本土光伏产业全速奔跑，赢取时代赋予的发展红利。

⑦ 新能源汽车产业　研发推广新能源汽车，是中国为应对气候变化、促进绿色发展、由汽车大国走向汽车强国的重大战略举措。近年来，中国新能源汽车快速

发展，连续五年成交量位居全球第一名，销量占世界一半以上。2014 年 2 月，包头市成功入选全国第二批新能源汽车示范城市。2020 年，为推动包头市新能源汽车产业繁荣发展，包头市实施硅谷天堂新能源汽车换电网生态一体化项目，形成能源供应网络；为更加高效便捷地提供换电服务，包头市建立了新型动力电池循环产业园。

⑧ 绿色农畜产品加工产业 近年来，包头市依据自治区“8337”发展思路，提出建设绿色农畜产品精深加工基地的“6521”战略定位，着力建立产业园区、全力筑牢食品生产安全防线、多方拓展市场途径等，推动企业壮大，并进一步提高了农牧产品发展水平。为了保障绿色优质农畜产品的稳定供给，切实加强农畜产品质量安全监管和标准化建设，包头市绿色农畜产品加工业现已生产出具有较强市场竞争力的农畜产品，满足了居民高质量的消费需求。

3.2.1.3 服务业

(1) 服务业总体概述

① 金融业 金融业是现代经济体系运行的核心产业，能够支撑实体经济健康、稳定发展。“十三五”期间，包头市银行机构数量小幅上升，每年银行机构数量变化情况如图 3-16 所示。2016 年包头市共有银行机构 635 家，2019 年包头市共有银行机构 665 家，增长了 4.7%。2016 年底全市金融机构人民币各项存款余额 3236.0 亿元；2019 年底全市金融机构人民币各项存款余额 3292.3 亿元，较 2016 年增长了 1.7%。

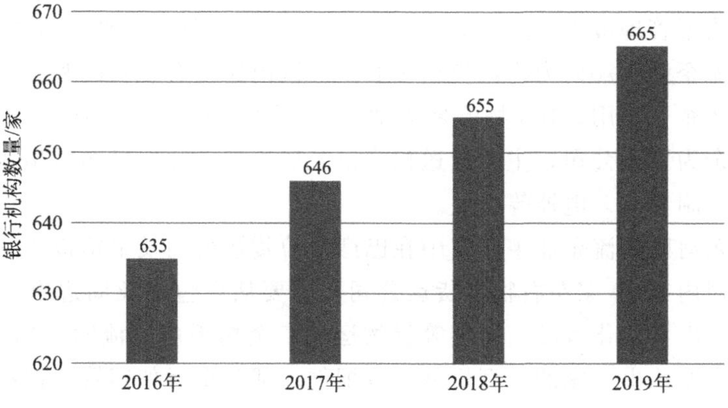

图 3-16 包头市 2016—2019 年银行机构数量[1]

为进一步优化营商环境，畅通包头市企业金融服务信息渠道，银行业金融机构加大了对中小企业金融产品的支持力度，以更低的费用让利于企业。2020 年 12 月 9 日，包头市金融服务党建联盟正式启动。2021 年包头市金融服务党建联盟对包头

[1] 数据来源：2017—2020 年包头市统计年鉴。

市33家银行金融机构的238种信贷产品信息进行发布，搭建银企沟通桥梁，助力中小企业发展，建设完善普惠金融体系，进一步缓解企业融资难问题。

② 物流业　包头市位于华北与西北的交接地区，北部与蒙古国相接壤，地处“呼包银”经济带和“呼包鄂”城市群中心位置。结合自身区位优势和产业实际，包头市制定了旨在推动当地产业转型升级、促进经济高质量发展的“大物流”战略。

近年来，包头市物流产业顺应“互联网+”潮流发展，大力推进物流企业信息化建设。2017年，包头市66家规模以上交通运输、仓储和邮政业企业，有77.3%对企业信息化系统进行升级改造，69.5%的企业实现业务流程全信息化管理。同时，为加快包头市各类企业产品和生产物资流通，促进包头市各企业高速发展，包头市物流业已形成“铁路现代综合物流园区、钢铁物流园区、装备制造物流园区、再生资源与清洁能源物流园区、城市共同配送物流园区、煤炭物流园区”六大类特色园区，为物流业高质量发展奠定了坚实基础。2018年六大园区已入驻企业800多家，完成交易1625.2万吨，完成交易额270.6亿元。2019年全市物流园区实现营业收入2.2亿元，上缴税金3200万元。

包头市昆都仑区主要有二冶物流园、三运公司、二旅社三个物流园区，其中，二冶物流园大约有20家物流企业；三运公司内约有20家物流企业；二旅社物流园区大约有30～40家物流企业。这3个物流园中的物流企业主要负责沟通发货商与货运司机，运送煤、铁粉、钢材等原料物资。

包头市九原区的物流企业主要集中在鑫海洋物流园、106物流聚集地。鑫海洋物流园是包头市管理最规范的物流园区，聚集40多家物流企业，其中30%为物流信息部式物流企业，70%为物流货运企业。园区内还设有配货区和大型仓库供各物流企业和生产企业租用。106物流聚集地有10多家物流企业，其中3家为物流信息部式，其余为货运公司，主要运送包头市及周边企业和居民的零担货物，货物种类以日用品、副食品、电器等为主。

包头市东河区物流企业主要集中在巴彦塔拉货运公司及金精饭店物流园。巴彦塔拉货运公司内有30家左右物流货运公司，主要从事包头及周边旗（县）至全国各地的百货、电器、化妆品、服装等货物运输。金精饭店物流园区内有20家左右物流企业，主要从事厂家的大型机械、零配件、部分重货如钢管、铁粉、稀土等货物的整车运输。

包头市青山区作为全市物流业发展的重要依托，物流企业主要集中在传化物流园、110国道装备制造物流增长带及西部五金机电城、中兵物流、风驰物流、同利仓储物流四个物流中心。2018年，青山区拥有物流企业411家，其中，运输型、仓储型和综合型物流企业有386家，占全部物流企业的93.92%，吸纳从业人员总数超3500人。其中北方风驰物流港、中兵物流中心主要是装备制造物流企业，主要负责为重车、综采、工程机械、铁路交通、机电、新能源六大青山区主导产业企业提供物流服务，实现了与装备制造业企业联动发展。同利家电物流园是家电仓储物流企业聚集中心，西部五金机电城主要是机电物流企业聚集中心。此外，随着生活性物流快速发展，“四通一达”快递公司、智能快递终端“芝麻开门”等相继落户，专业物流体系逐步健全，为物流业发展提供了重要保障。作为包头市快递一级分拣仓库的集散中心——传化物流港快递园区，共入驻快递企业 13 家，达到满租状态，日平均货物吞吐量可达 233 吨；公路港信息交易中心、司机之家已建成启用，货运班车总站 1# ～9# 分拣车间进入运营阶段，汽配区已完工，平台入驻企业 107 家，初步形成了青山区乃至全市区域性物流中心，年营业收入可达 1 亿元。

包头市稀土高新区物流企业主要集中在包头润恒农产品物流园区、包头瑞盛国际汽配城、苏宁云商内蒙古西部物流中心、华润医药包头物流中心。作为内蒙古西部地区最大的农产品物流园区——包头润恒农产品物流园区，日交易额在 2000 万元左右。包头瑞盛国际汽配城涵盖了全市约 60%以上的货车配件和部分轿车配件业务。苏宁云商内蒙古西部物流中心年交易吞吐量超 20 万件，2019 年上半年的销售额为 6.05 亿元，同比增长 198.5%。华润医药包头物流中心年配送额在 8 亿元左右，已覆盖包头市 80%以上的公立医院药品物流配送业务。

现代物流业已经成为包头市经济发展的强劲增长极，未来包头市政府将积极推进外省（市）及周边企业参与到包头现代物流产业的建设和发展中来，共同为包头物流业的发展出谋划策，努力实现物流业提档升级、创新发展。

(2) 代表产业——商贸物流产业

“十三五”期间，在包头市委、市政府切实鼓励、引导以及政策的扶持下，包头市不断释放商贸物流业发展潜力，大力推动商贸物流业做大做强，同时，快速构建现代服务业体系，奋力发展多业并举、多态融合的服务型经济，努力向区域性服务业中心城市冲刺。2019 年，国家发改委、交通运输部把包头市列为国家物流枢纽承载城市。随着包头市大力发展“枢纽经济”，吸引、集聚物流产业相关资源要素，物流业从“跟随”角色逐渐转变成了“引导型”角色。

近年来，包头市紧抓机遇，为物流业跨越式发展蓄势赋能，完善基础设施，扩大产业规模，加快实现商贸物流业高质量发展。现代物流业方兴未艾，商贸产业不断迸发活力，包头市按照“集中、集聚、集约”的发展路径，建成了多个商贸聚集区、特色商业街区、大型专业市场，基本实现千店万铺的集中集聚，特别是争取到的国家 20 个示范城市、示范基地及 500 余个示范项目全面实施，为包头市经济高质量发展贡献了力量。包头市充分发挥主城区区位优势，推动吾悦广场、富力城综合体等商贸流通重点项目加快建设并投入运营。包头市还通过举办汽车展览会、音乐美食季、特色产品文旅服务集中展示推介会、城中草原啤酒文化节等大型会展活动，凝聚商气，带动和刺激消费，为包头市商贸物流产业发展注入新力量。

3.2.2 包头市各产业企业发展迅速

3.2.2.1 农牧业企业

2020年，包头市共有各类农民专业合作社2048家，较2016年增长了16%；其中市级及以上农牧业龙头企业200家，较2016年上涨20.4%，包括国家级5家、自治区级39家、市级156家。全市农畜产品行业拥有中国驰名商标11个。

龙头企业对加速包头市农牧业产业化发挥着重要作用。以包头市马铃薯产业为例，包头市依托田丰农牧、林源生物等龙头企业推进了马铃薯产业化，其中田丰农牧公司建立了6个农业基地和示范机构，种植面积近2万亩，直接带动专业合作社及农户种植超过20万亩，呈现出向全国辐射推广的态势，推动了包头市马铃薯产业迅速发展。林源生物以开发有机马铃薯为契机，顺势发展有机食用葵、有机玉米及其他有机农产品，结合地区生长环境并运用现代生物技术，推进包头市有机农业可持续高质量发展。

3.2.2.2 工业企业

(1) 工业企业总体概述

① 规上工业企业基本情况　经过六十多年的发展，包头市构建了以钢铁、铝、稀土、装备制造、电力等为主导的工业体系，并促进工业与服务业互相融合，形成集群式发展态势，为国家基础工业发展做出突出贡献。2020年，包头市主要工业产品产能分别达到2170万吨粗钢、65万吨铁素体不锈钢基料、20万吨特种钢、263万吨电解铝、6万吨高纯铝，10万吨稀土冶炼分离、10万吨阳极铜以及60万吨聚烯烃，是国家能源和战略资源基地的重要组成部分。

包头市2019年规模以上工业企业主要经营指标如图3-17所示。2019年，包头市规模以上工业企业共有420家，实现营业收入3026.1亿元，其中大型企业25家，营业收入为1910亿元，营业收入贡献占比63.1%；中型企业66家，营业收入为595.6亿元，营业收入贡献占比19.7%；小型企业270家，营业收入为479.43亿元，营业收入贡献占比为15.8%；微型企业59家，营业收入为41.04亿元，营业收入贡献占比仅为1.3%。由营业收入贡献比可以看出，包头市规上工业经济主要依赖大中型企业，而数量庞大的小微企业对经济发展贡献度较低。

应收账款收入比是反映企业达到单位营业收入所需要的应收账款投资额的指标，这一指标会对企业现金流状况产生影响。在营业收入保持稳定的情况下，应收账款占比越小越好，这说明企业可以及时将已售产品货款收回。2019年包头市规模以上工业大型企业的应收账款收入比为11.09%；规模以上工业中型企业的应收账款收入比为18.56%；规模以上工业小型企业的应收账款收入比为21%；规模以上工业微型企业的应收账款收入比为61%。由此可见，包头市大型企业现金流状况较好，企业经营较为正常；中小型企业应收账款收入占比较低，企业经营活动较

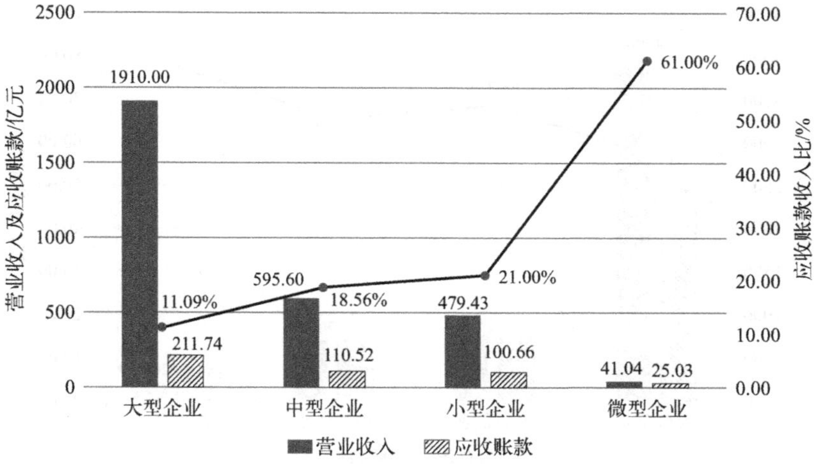

图 3-17 包头市 2019 年规模以上工业企业主要经济指标❶

为稳定；而包头市微型企业的应收账款收入比高达 60%以上，这表明包头市 2019 年微型企业大部分营业收入可能未收回，企业流动资金较少，日常经营可调动的资金较少。

资产负债率是反映债权人投资资产占企业总资产比例的指标。企业日常经营活动资产负债率一般在 50%～70%之间，贸易类一般低于 80%，生产类一般低于 70%。包头市规模以上工业企业 2016 年和 2019 年主要经营指标如图 3-18 和图 3-19 所示。2019 年包头市规模以上工业企业资产共计 5662.1 亿元，较 2016 年上涨了 3.1%；负债共计 3408.4 亿元，较 2016 年下降了 4.3%。其中大型企业资产共

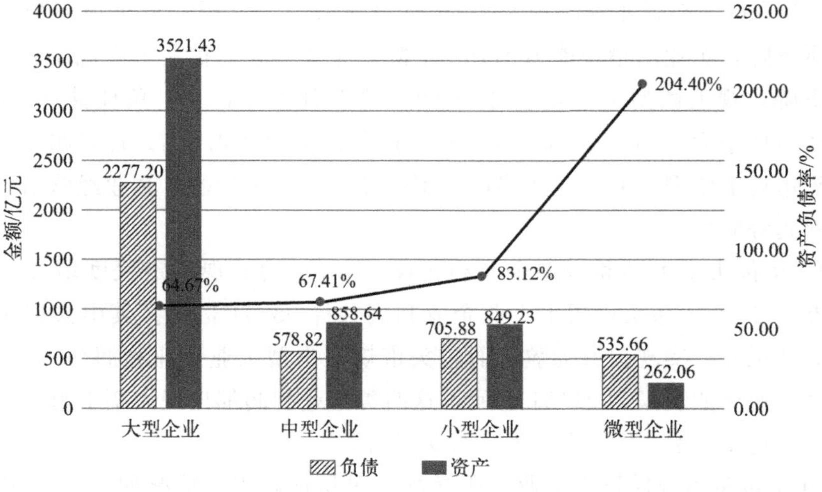

图 3-18 包头市 2016 年规模以上工业企业主要经济指标

❶ 数据来源：2020 年包头市统计年鉴。

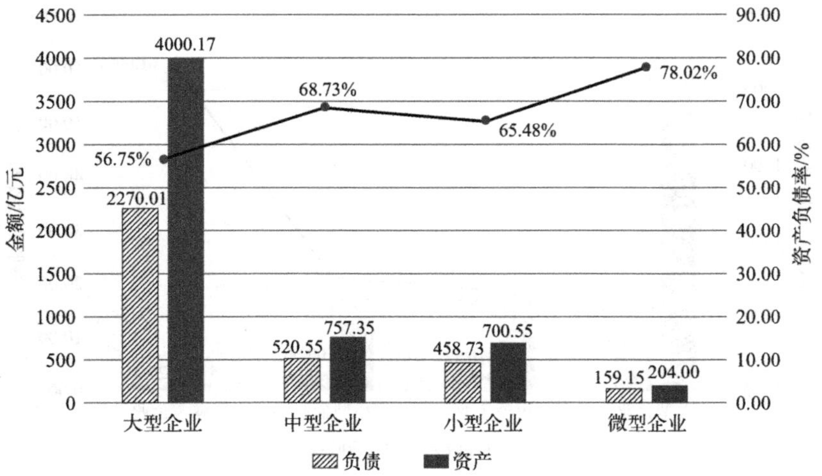

图 3-19 包头市 2019 年规模以上工业企业主要经济指标[1]

计 4000.17 亿元，负债共计 2270.01 亿元，资产负债率为 56.75%；较 2016 年大型企业资产负债率降低约 8 个百分点，表明企业负债比例下降，但是资产负债率仍维持在正常水平，这说明包头市大型企业筹资能力较强，市场对企业的发展预期较好，企业有充足的资金进行生产和扩张。

结合图 3-18 和图 3-19 分析，2019 年包头市规上中型工业企业资产共计 757.35 亿元，负债共计 520.55 亿元，资产负债率为 68.73%，与 2016 年基本持平，这表明近几年企业生产经营状况未发生太大的变化。规上小型工业企业资产共计 700.55 亿元，负债共计 458.73 亿元，资产负债率为 65.48%，较 2016 年下降了 17.64 个百分点，而企业资产较 2016 年也有所减少，这说明包头市小型企业发展活力有所下降，企业的融资能力也有所下降，企业因缺乏扩大生产规模的资金而造成利润下降。规上微型工业企业 2019 年资产共计 204 亿元，负债共计 159.15 亿元，资产负债率为 78.02%，而 2016 年资产负债率为 204.4%。这表明，“十三五”期间包头市规上微型工业企业逐步由资不抵债实现扭亏为盈，企业经营活力逐步提高，发展趋势向好。

2019 年包头市大型和微型企业利润较 2016 年均实现一定程度增长。结合图 3-20 分析，2019 年包头市规上工业企业利润共计 98.94 亿元。其中大型企业利润达到 53.32 亿元，实现扭亏为盈；而包头市规上中型工业企业利润为 20.13 亿元，规上小型工业企业利润为 21.31 亿元，这两类企业利润都出现大幅下滑；微型企业利润增长率达 194%，微型企业发展势头良好。

2019 年包头市规模以上工业企业营业利润和营业成本情况如图 3-21 所示。可以看出，规模以上工业企业的赢利能力普遍不高。2019 年包头市规模以上工业企

[1] 数据来源：2020 年包头市统计年鉴。

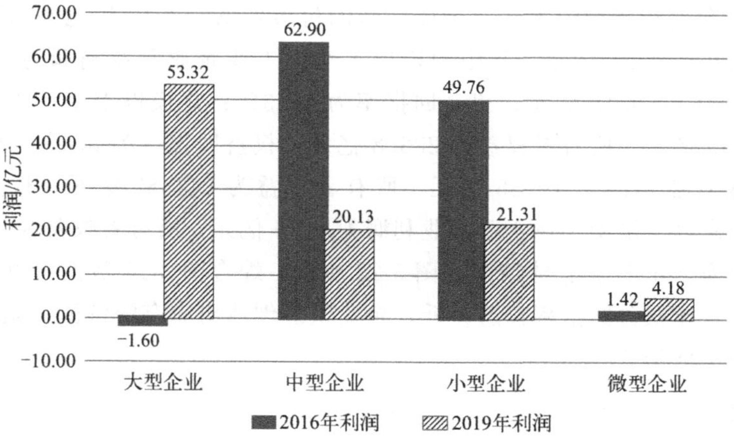

图 3-20　包头市 2016 年和 2019 年各类规模以上工业企业利润比较❶

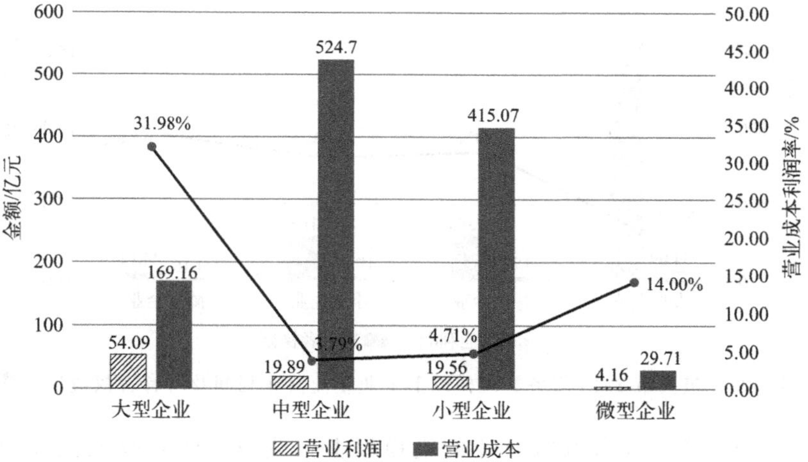

图 3-21　包头市 2019 年规模以上工业企业营业成本及利润情况❷

业营业利润共计 97.7 亿元。其中规模以上大型工业企业营业利润为 54.09 亿元，营业成本为 169.16 亿元，营业成本利润率为 31.98%；规模以上中型工业企业营业利润为 19.89 亿元，营业成本为 524.7 亿元，营业成本利润率为 3.79%；规模以上小型工业企业营业利润为 19.56 亿元，营业成本为 415.07 亿元，营业成本利润率为 4.71%；规模以上微型工业企业营业利润为 4.16 亿元，营业成本为 29.71 亿元，营业成本利润率为 14%。综合以上数据可以看出，包头市规模以上大型工业企业利润较高，企业赢利状况较好。规模以上中、小型企业营业成本利润率偏低，企业整体赢利状况不佳，易造成企业现金流风险加大。规模以上微型企业赢利水平优于中小型企业。

---

❶ 数据来源：2017 年、2020 年包头市统计年鉴。

❷ 数据来源：2020 年包头市统计年鉴。

2019年包头市规模以上工业企业创造的价值较低。2019年包头市规上工业企业营业利润共计97.7亿元。其中规模以上大型工业企业营业利润为54.09亿元，所有者权益为1730.16亿元，权益回报率为3.13%；规模以上中型工业企业营业利润为19.89亿元，所有者权益为236.8亿元，权益回报率为8.4%；规模以上小型工业企业营业利润为19.56亿元，所有者权益为241.82亿元，权益回报率为8.09%；规模以上微型工业企业营业利润为4.16亿元，所有者权益为44.12亿元，权益回报率为9.43%。具体情况如图3-22所示。综合图3-22数据可以看出，包头市规上工业企业权益回报率普遍较低，企业未能创造出应有的价值，尤其是大型企业权益回报率低于5%。

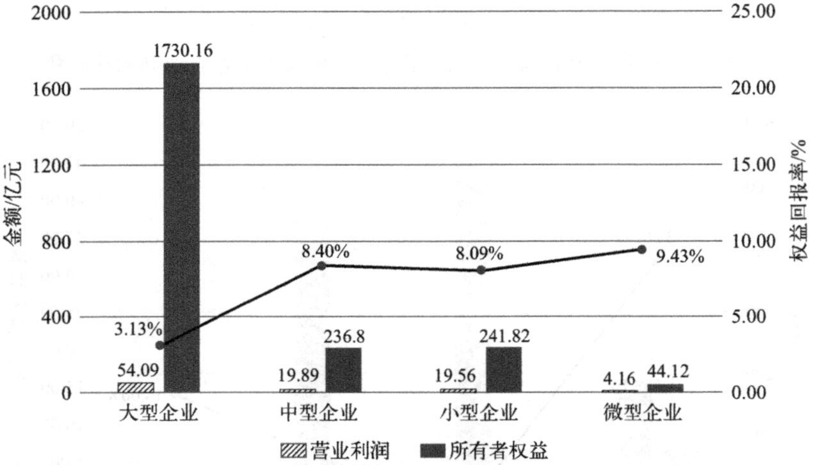

图3-22 包头市2019年各类规模以上工业企业营业利润及所有者权益情况❶

2019年包头市工业各细分行业的规模以上企业应收账款收入比如图3-23所示。结合图3-23可以看出，各类规模以上企业的现金状况普遍较好。其中，黑色金属冶炼和压延加工业、煤炭开采和洗选业、农副食品加工业等传统制造业应收账款收入比低于10%；化学原料和化学制品制造业、非金属矿物制品业等行业应收账款收入比处于15%～30%的范围内；橡胶和塑料制品业、通用设备制造业等行业应收账款收入比在40%左右。由此可见，包头市规模以上工业企业整体竞争力在不断提高，市场规模进一步扩大，企业保持了良好的发展势头。

2016年和2019年包头市各类规模以上工业企业资产负债率水平如图3-24所示。通过比较两个年份的资产负债率，可以看出，规模以上工业企业汽车制造业与专用设备制造业的资产负债率大幅下降；电气机械和器材制造业及农副食品加工业资产负债率上涨幅度最大；其他行业资产负债率变化不大，这些企业的经营状况较为稳定。

---

❶ 数据来源：2020年包头市统计年鉴。

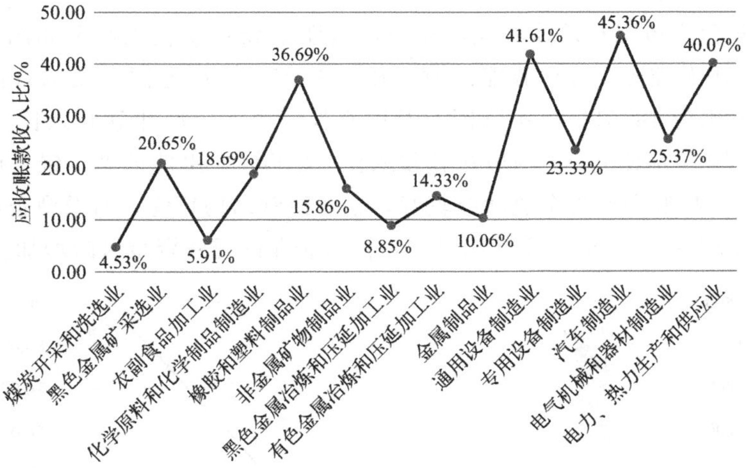

图 3-23 包头市 2019 年各类规模以上工业企业应收账款收入比❶

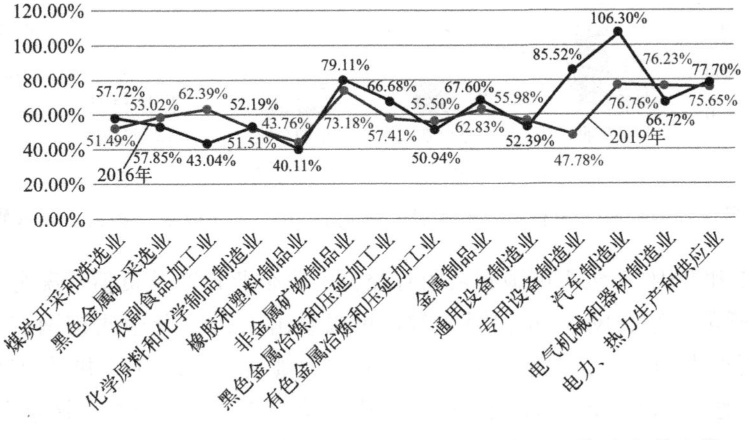

图 3-24 包头市 2016 年和 2019 年规模以上工业企业资产负债率❷

② 国有及国有控股企业基本情况 2019 年，包头市国有及国有控股工业企业共有 109 家，实现营业收入 1871.8 亿元。结合图 3-25 分析，包头市国有及国有控股大型工业企业共有 16 家，营业收入为 1608.49 亿元，营业收入贡献占比 85.9%；中型企业 26 家，营业收入为 166.13 亿元，营业收入贡献占比 8.9%；小型企业 50 家，营业收入为 82.63 亿元，营业收入贡献占比为 4.4%；微型企业 17 家，营业收入为 14.51 亿元，营业收入贡献占比仅为 0.8%。由此可见，数量较多的小微企业营业收入占比较低，对经济贡献度偏低，包头市国有及国有控股工业企

❶ 数据来源：2020 年包头市统计年鉴。

❷ 数据来源：2017 年、2020 年包头市统计年鉴。

业主要依赖大型企业。

2019 年包头市国有及国有控股企业应收账款和营业收入情况如图 3-25 所示。大型国有及国有控股企业应收账款收入比为 9.25%，中型国有及国有控股企业应收账款收入比为 18.51%，小型国有及国有控股企业应收账款收入比为 42.38%，微型国有及国有控股企业的应收账款收入比 83.95%。由此可见，包头市大型、中型国有及国有控股企业现金流状况较好，企业经营结构较优。而微型企业应收账款收入比高达 83.95%，面临受坏账风险，使得企业的经营资金风险增加。

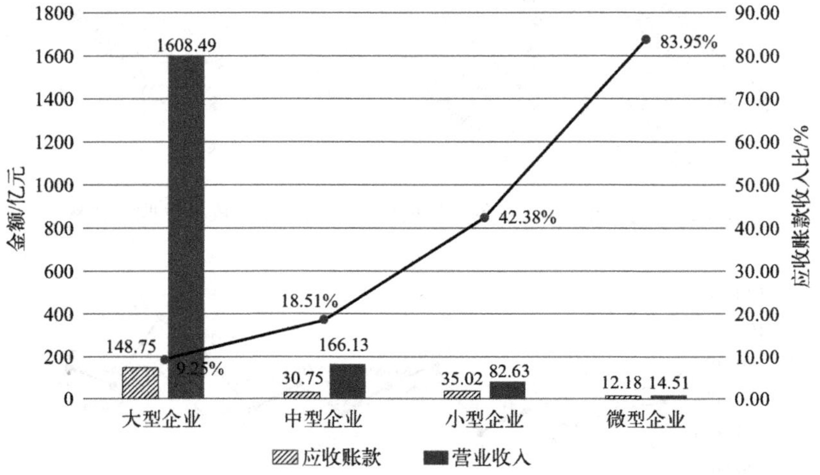

图 3-25 包头市国有及国有控股工业企业 2019 年应收账款和营业收入❶

2016 年和 2019 年包头市国有及国有控股工业企业资产及负债情况分别如图 3-26 和图 3-27 所示。结合图 3-26 和图 3-27，可以看出，2019 年包头市国有及国有控股工业企业资产共计 4340.7 亿元，较 2016 年上涨 8.9%；负债共计 2584.4 亿元，较 2016 年增长 3.7%。2019 年包头市国有及国有控股大型工业企业资产共计 3698.78 亿元，较 2016 年上涨 13.8%，负债共计 2065.47 亿元，与 2016 年基本持平，资产负债率为 55.8%，较 2016 年大约下降了 8.4 个百分点。这说明企业总资产中借款筹资比例在下降，但是整体比例仍维持在 50%～70%的正常水平内，包头市国有及国有控股大型工业企业活力较高，发展势头足。

2019 年，包头市国有及国有控股中型工业企业资产共计 317.4 亿元，负债共计 214.03 亿元，资产负债率为 67.43%，较 2016 年大约下降 6 个百分点，这表明近几年企业融资能力受自身发展规划影响出现小幅下降。国有及国有控股小型工业企业资产负债率为 65.5%，与 2016 年基本持平，但企业资产较 2016 年有所增加，这说明包头市国有及国有控股小型工业企业的发展势头良好。国有及国有控股微型工业企业资产共计 72.78 亿元，负债共计 48.96 亿元，资产负债率为 67.27%，与

---

❶ 数据来源：2020 年包头市统计年鉴。

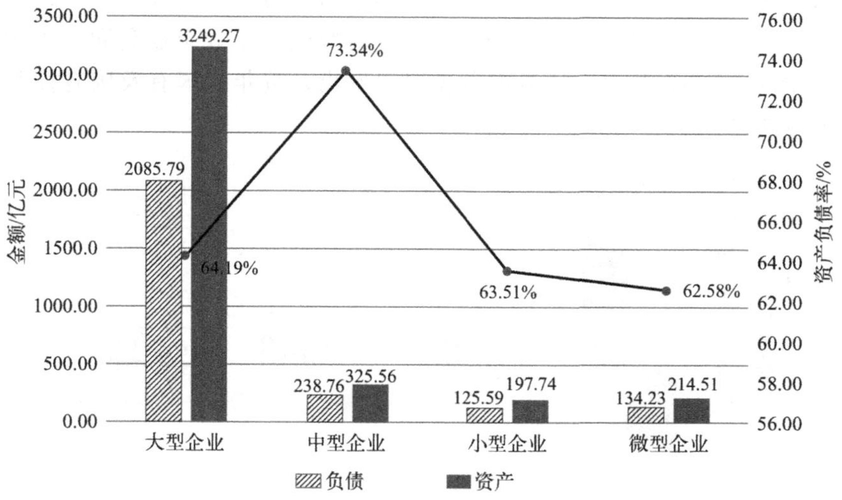

图 3-26 包头市国有及国有控股工业企业 2016 年负债和资产❶

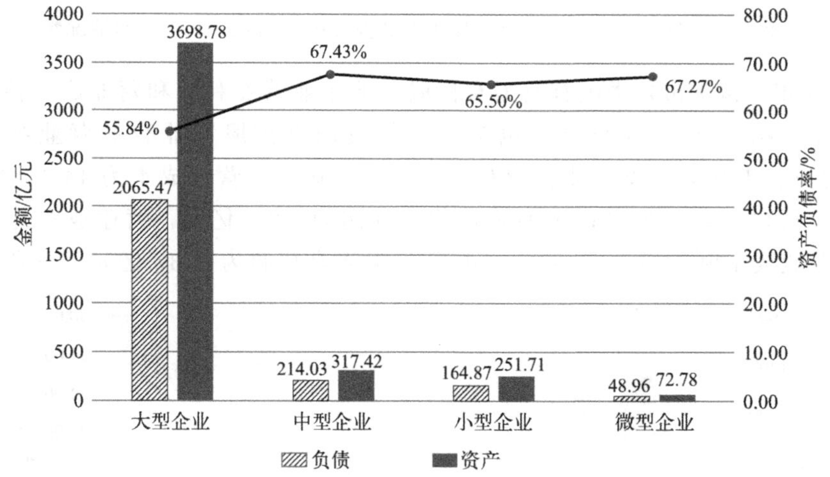

图 3-27 包头市国有及国有控股工业企业 2019 年负债和资产❷

2016 年基本持平，但企业资产却大幅下降。这表明，包头市国有及国有控股微型工业企业在“十三五”期间经营状况持续变差，企业资产越来越少，但资产负债率基本不变，企业现阶段发展策略并不适合企业长远经营，其发展亟待转型。

2019 年，包头市国有及国有控股工业企业利润共计 57.45 亿元，与 2016 年相比，实现了扭亏为盈。结合图 3-28 分析。2019 年，包头市国有及国有控股大型工业企业利润达到 41.73 亿元，重新实现赢利；包头市国有及国有控股中型工业企业

❶ 数据来源：2017 年包头市统计年鉴。

❷ 数据来源：2020 年包头市统计年鉴。

利润为 6.89 亿元，实现扭亏为盈；国有及国有控股小型工业企业利润为 7.37 亿元，较 2016 年增长了 132.49%；国有及国有控股微型工业企业利润为 1.46 亿元，较 2016 年增长了 247.62%。由这些数据可以看出，近年来国有及国有控股工业企业发展势头良好。

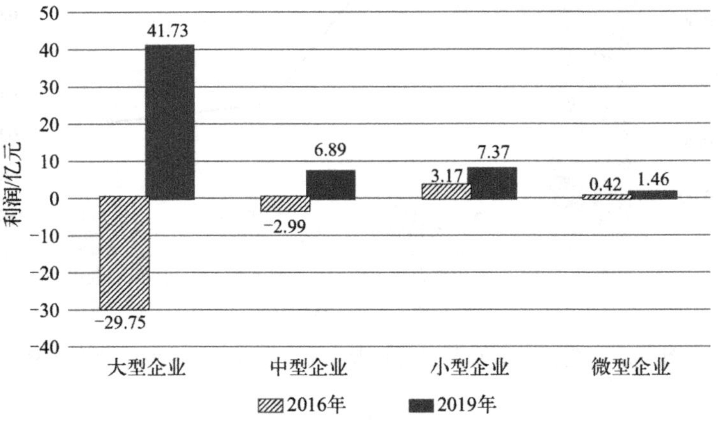

图 3-28　包头市国有及国有控股工业企业 2016 年和 2019 年利润情况[1]

2019 年，包头市各类国有及国有控股工业企业营业利润和营业成本情况如图 3-29 所示。结合图 3-29 可知，包头市国有及国有控股工业企业营业利润共计 57.45 亿元。其中，大型企业营业利润为 41.73 亿元，营业成本为 1413.46 亿元，营业成本利润率为 2.95%；中型企业营业利润为 6.89 亿元，营业成本为 135.59 亿元，营业成本利润率为 5.08%；小型企业营业利润为 7.37 亿元，营业成本为

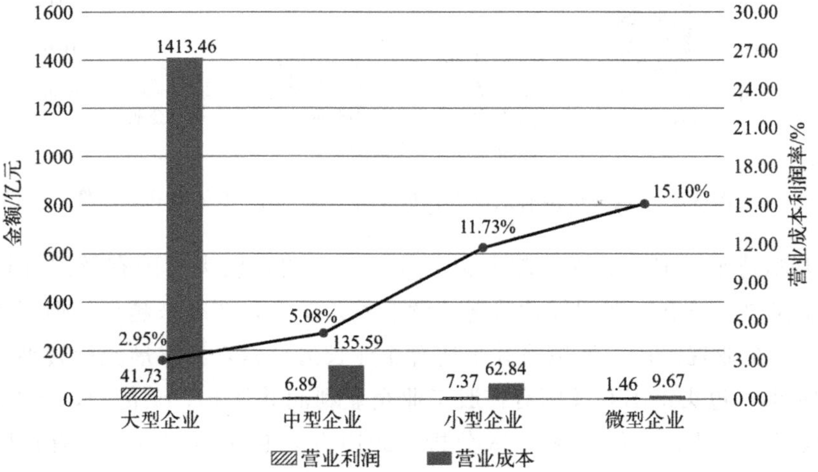

图 3-29　包头市国有及国有控股工业企业 2019 年营业利润和营业成本情况[2]

---

[1] 数据来源：2017 年、2020 年包头市统计年鉴。

[2] 数据来源：2020 年包头市统计年鉴。

62.84 亿元，营业成本利润率为 11.73%；微型企业营业利润为 1.46 亿元，营业成本为 9.67 亿元，营业成本利润率为 15.10%。综合以上数据可以看出，包头市国有及国有控股小、微型企业利润率均维持在正常水平。大型及中型企业营业成本利润率较低，企业整体赢利状况不佳，主要是受国企混改、企业研发投入大幅增加等影响，使得企业现金流减少，从而加大企业经营风险。

结合图 3-30 分析，大型企业营业利润为 41.73 亿元，所有者权益为 1633.31 亿元，权益回报率为 2.55%；中型企业营业利润为 6.89 亿元，所有者权益为 103.39 亿元，权益回报率为 6.66%；小型企业营业利润为 7.37 亿元，所有者权益为 86.84 亿元，权益回报率为 8.49%；微型企业营业利润为 1.46 亿元，所有者权益为 23.82 亿元，权益回报率为 6.13%。综合以上数据可以看出，包头市国有及国有控股工业企业权益回报率普遍较低，企业未能创造出应有的价值，尤其是大型企业权益回报率低于 5%。究其原因，国企混改造成企业业绩下滑，企业改革投入过多资金等，导致企业权益回报率被拉低。

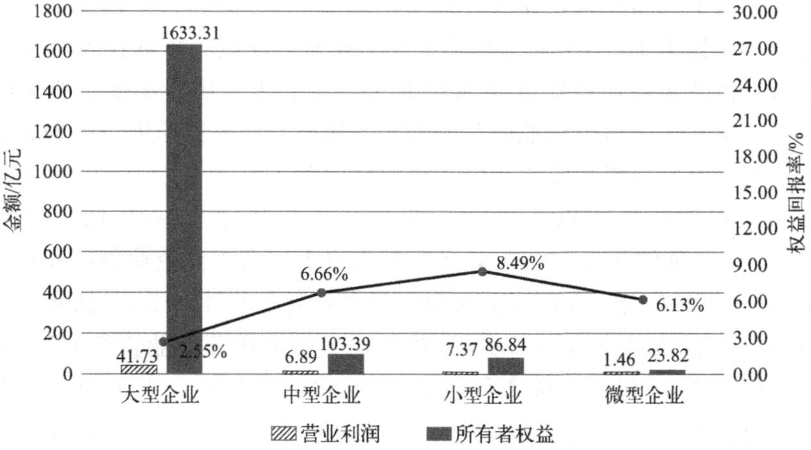

图 3-30　包头市国有及国有控股工业企业 2019 年营业利润及所有者权益[1]

③ 规模以上民营工业企业基本情况　2019 年，包头市规模以上民营工业企业共 300 家。包头市各类规模以上民营工业企业应收账款和营业收入情况如图 3-31 所示。可以看出，包头市规模以上大型民营企业 9 家，营业收入为 301.51 亿元，营业收入贡献比为 26.8%；规模以上中型民营企业 41 家，营业收入为 435.68 亿元，营业收入贡献比为 38.8%；规模以上小型民营企业 209 家，营业收入为 363.56 亿元，营业收入贡献比为 32.3%；规模以上微型民营企业 41 家，营业收入为 23.58 亿元，营业收入贡献比为 2%。由此可以看出，包头规模以上民营工业发展主要由大中型企业拉动，主要原因是大中型企业技术水平高、竞争力强且市场占

[1] 数据来源：2020 年包头市统计年鉴。

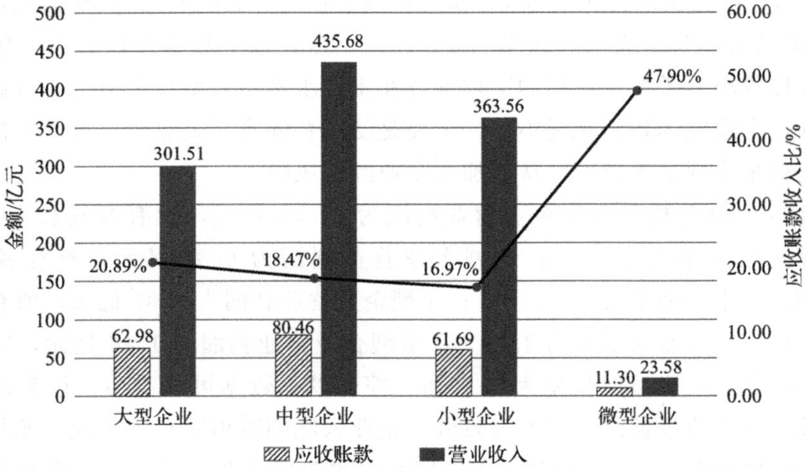

图 3-31 包头市规模以上民营工业企业 2019 年应收账款和营业收入[1]

有率高。规模以上大型民营企业应收账款收入比为 20.89%；规模以上中型民营企业应收账款收入比为 18.47%；规模以上小型民营企业应收账款收入比为 16.97%；规模以上微型民营企业应收账款收入比为 47.9%；大、中、小型企业应收账款收入比维持在正常水平，微型企业应收账款收入比略高，究其原因，微型企业产品竞争力低，需要提高应收账款收入比增加企业营业收入。

2019 年，包头市规模以上民营工业企业资产共计 1269.2 亿元，负债共计 897.8 亿元，资产负债率为 70.7%，各类规模以上民营工业企业资产和负债水平如图 3-32 所示。可以看出，规模以上大型民营企业资产共计 301.39 亿元，负债共计 204.54 亿元，资产负债率为 67.86%；规模以上中型民营企业资产共计 456.34 亿元，负债共计 313.20 亿元，资产负债率为 68.63%；规模以上小型民营企业资产共计 383.55 亿元，负债共计 270.57 亿元，资产负债率为 70.54%；规模以上微型民营企业资产共计 127.87 亿元，负债共计 109.53 亿元，资产负债率为 85.66%。由此可见，包头市规上民营工业企业资产负债率普遍较高。究其原因，包头市规模以上民营工业企业处于快速发展期且经营状况较好，企业通过增加负债保持现金流充足，以此扩大生产规模、增加营业收入。但是企业高负债会增加债务无法偿还的风险从而影响企业正常运营。

2019 年，包头市规模以上民营工业企业营业利润共计 35.67 亿元。结合图 3-33 分析，规模以上大型民营工业企业营业利润为 12.36 亿元，营业成本为 278.18 亿元，营业成本利润率为 4.44%；规上中型民营工业企业营业利润为 13.65 亿元，营业成本为 393.89 亿元，营业成本利润率为 3.47%；规模以上小型民营工业企业营业利润为 7.11 亿元，营业成本为 328.27 亿元，营业成本利润率为 2.17%；规

[1] 数据来源：2020 年包头市统计年鉴。

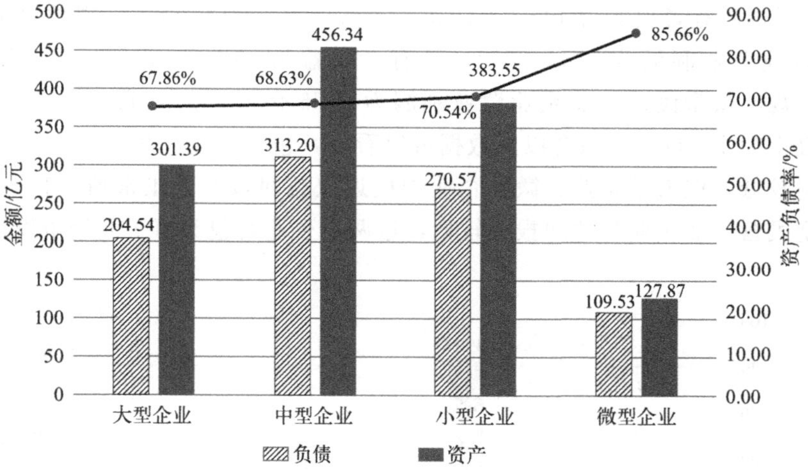

图 3-32 包头市规模以上民营工业企业 2019 年负债和资产❶

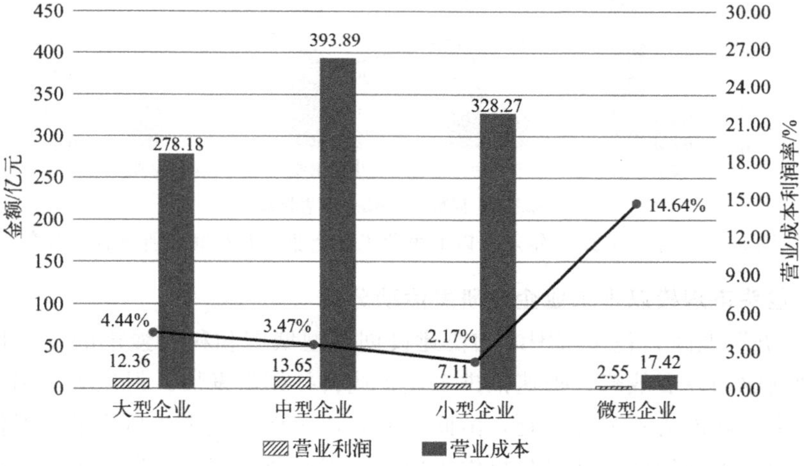

图 3-33 包头市规模以上民营工业企业 2019 年营业利润和营业成本❷

模以上微型工业企业营业利润为 2.55 亿元，营业成本为 17.42 亿元，营业成本利润率为 14.64%。综合以上数据可以看出，包头市规模以上大型、中型、小型民营工业企业营业成本利润率较低，赢利能力较差。微型企业营业成本利润率最高，赢利能力高于其他规模的民营企业。“十四五”期间，包头市还需不断加大对民营工业企业帮扶的力度，不断激发其市场主体活力，同时给予其技术及资金方面的支持，提升民营工业企业赢利能力，从而增强其市场竞争力。

结合图 3-34 分析，规模以上大型民营工业企业营业利润为 12.36 亿元，所有者权益为 96.85 亿元，权益回报率为 12.76%；规上中型民营工业企业营业利润为

❶ 数据来源：2020 年包头市统计年鉴。

❷ 数据来源：2020 年包头市统计年鉴。

13.65 亿元，所有者权益为 143.14 亿元，权益回报率为 9.54%；规模以上小型民营工业企业营业利润为 7.11 亿元，所有者权益为 112.99 亿元，权益回报率为 6.29%；规上微型民营工业企业营业利润为 2.55 亿元，营业成本为 17.62 亿元，权益回报率为 14.47%。综合以上数据可以看出，包头市规上民营工业企业权益回报率普遍较低，但大型企业、微型企业均接近权益回报率的正常值（15%），而中型、小型民营工业企业权益回报率较低，这两类企业对包头市工业经济发展所做贡献较小。

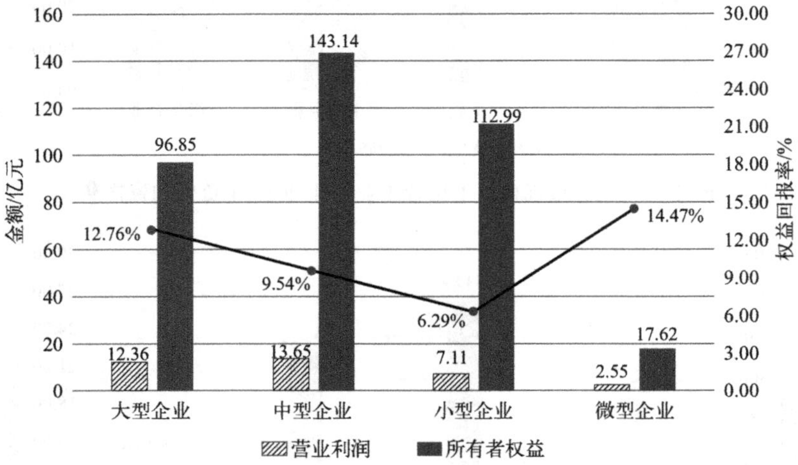

图 3-34　包头市 2019 年规模以上民营工业企业营业利润及所有者权益[1]

(2) 包头市规模以上工业企业研发活动分析

“十三五”期间，包头市围绕加快建设创新型城市和科技强市的发展目标，大力实施创新驱动发展战略，加速推进工业企业科技创新发展。但包头市仍面临人员流失、自主创新能力不强等问题，由此可见，包头市工业企业高质量发展任重而道远。由于内蒙古自治区统计局只提供规模以上工业企业部分数据，未对规模以下企业各项数据指标进行统计，因此此处仅针对规模以上工业企业各项数据指标进行分析，其中规模以上工业企业开展 R&D 活动的数量以及专利相关数据没有统计，暂不做相关分析。

① 规模以上工业企业研发人员情况　“十三五”期间，包头市规模以上工业企业研发人员总数有所减少。2016 年，包头市规模以上工业企业参与 R&D 活动的人员共 19498 人，其中，R&D 项目研发人员 17418 人，管理和服务人员 2080 人。2019 年，包头市规模以上工业企业参与 R&D 活动的人员共 9643 人，较 2016 年减少了 50.5%。其中，R&D 项目研发人员 8667 人，较 2016 年减少了 50.2%；管理和服务人员 976 人，较 2016 年减少了 53.1%[2]，具体情况如图 3-35 所示。

---

[1] 数据来源：2020 年包头市统计年鉴。

[2] 数据来源：2017 年、2020 年包头市统计年鉴。

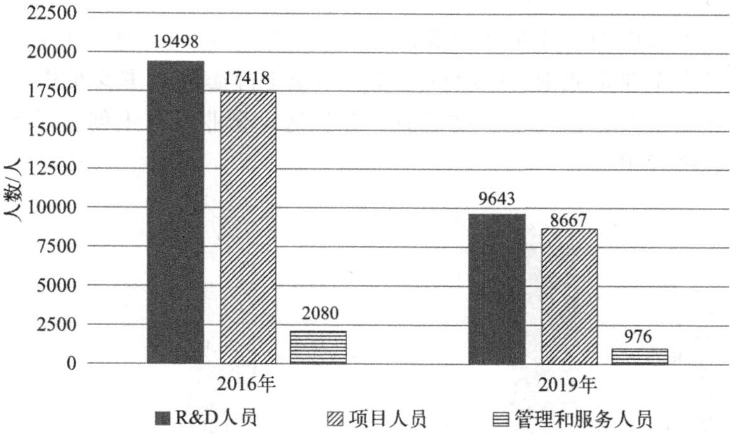

图 3-35 包头市 2016 年、2019 年规模以上工业企业 R&D 人员情况

综合上述统计数据分析，包头市规模以上工业企业科技人员队伍呈萎缩态势，究其原因：首先，包头市作为老工业基地，产业结构偏向冶金、机械等重工业，向新型工业化城市转型过程中，冶金、稀土、机械等支柱产业仍主要依赖能源和战略资源，使得产业链条较短、产品科技含量不高以及产值较低，造成企业缺乏自主创新意识，人才引进政策难以吸引科技创新人才流入；其次，虽然包头市人居环境和城市基础设施建设近几年取得显著成效，但科研环境及人才引进力度同一二线城市相比仍存在较大差距，难以满足科技人才发展需求。

② 规模以上工业企业研究与试验发展（R&D）经费情况　“十三五”期间，包头市规模以上工业企业 R&D 经费内部支出减少。具体体现在：包头市规模以上工业企业 2016 年 R&D 经费内部支出为 56.3 亿元，投入强度为 1.6%；2019 年 R&D 经费内部支出为 35 亿元，较 2016 年下降了 37.8%，投入强度为 1.2%，较 2016 年下降了 0.4 个百分点[1]，高于全区平均水平 0.5 个百分点[2]，低于全国平均水平 0.1 个百分点[3]。

包头市规模以上大中、小微型工业企业 2016 年、2019 年 R&D 经费内部支出情况如图 3-36 所示。可以看出，相比于小微型企业，规模以上大中型工业企业 R&D 经费占比高。2016 年规模以上大中型工业企业 R&D 经费内部支出 46.5 亿元，占整体 R&D 经费内部支出的 82.6%；规模以上小微型工业企业 R&D 经费内部支出 9.8 亿元，占整体 R&D 经费内部支出的 17.4%。2019 年规模以上大中型工业企业 R&D 经费内部支出 29.4 亿元，较 2016 年下降了 36.8%，占整体 R&D 经费内部支出的 84%；规模以上小微型工业企业 R&D 经费内部支出 5.6 亿元，较

[1] 数据来源：2017 年、2020 年包头市统计年鉴。

[2] 数据来源：2019 年内蒙古自治区科技经费投入统计公报。

[3] 数据来源：2019 年全国科技经费投入统计公报。

2016 年下降了 42.9%，占整体 R&D 经费内部支出的 16%[1]。上述数据反映出，包头市规模以上大中型工业企业研发活动优于规模以上小微型工业企业，但从整体上看，规模以上工业企业 R&D 经费内部支出呈下降态势，主要是由于大部分规模以上工业企业重生产、轻开发、重当前、轻长远，企业在自主创新活动中缺乏进行技术储备的危机意识。

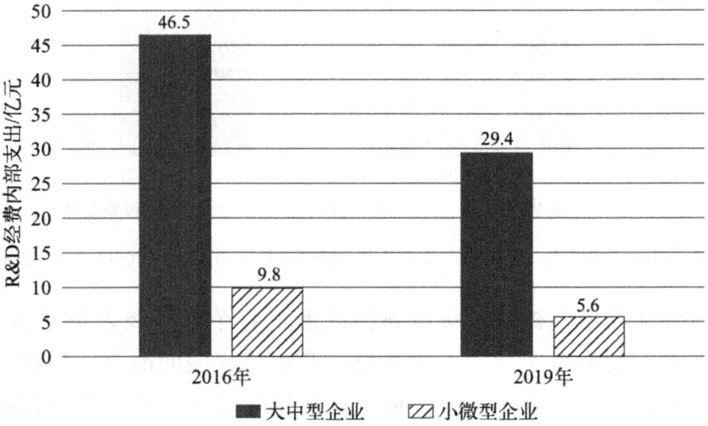

图 3-36 包头市规模以上大中、小微型工业企业 2016 年、2019 年 R&D 经费内部支出情况

从 R&D 经费支出构成来看，基础研究经费所占比重远低于试验发展经费所占比重。2016 年，基础研究、应用研究、试验发展支出分别为 82 万元、18914 万元、543527 万元，三类经费支出所占 R&D 经费总支出的比重分别为 0.01%、3.36% 和 96.63%。2019 年，基础研究支出为 2414 万元，较 2016 年增长了 28.4%；应用研究支出 5690 万元，较 2016 年下降了 69.9%；试验发展支出 342300 万元，较 2016 年下降了 37%；三类经费支出所占 R&D 经费总支出的比重分别为 0.69%、1.62%和 97.69%[2]。这表明在包头市 R&D 经费支出中，试验发展经费是促进包头市 R&D 经费快速增长的主要动力。基础研究经费在“十三五”期间不断攀升，表明包头市 R&D 经费结构仍有持续优化的空间。

从行业来看，2016 年包头市涉及工业行业大类 34 个，其中 23 个行业有研发活动。2016 年黑色金属冶炼和压延加工业 R&D 经费内部支出为 18.8 亿元，成为包头市 R&D 经费内部支出最高的行业，占全部行业 R&D 经费的 33.4%。R&D 经费内部支出超过 3 亿元的行业有：金属制品业 8.9 亿元，有色金属冶炼和压延加工业 8.3 亿元，电力供应业 6.5 亿元，热力生产和供应业 3.1 亿元，汽车制造业以及化学原料和化学制品制造业 3 亿元。R&D 经费内部支出介于 1 亿元和 3 亿元之

[1] 数据来源：2017 年、2020 年包头市统计年鉴。

[2] 数据来源：2017 年、2020 年包头市统计年鉴。

间的行业有：非金属矿物制品业 1.3 亿元，电气机械和器材制造业 1.1 亿元。以上 9 个行业 R&D 经费内部支出总和占全市工业 R&D 经费内部支出的 94.6%，剩余行业 R&D 经费内部支出总和仅占全市工业 R&D 经费内部支出的 5.4%。

2019 年包头市工业行业研发活动覆盖面变窄，涉及工业行业大类 32 个，其中 21 个行业有研发活动，比 2016 年少 2 个行业。2019 年黑色金属冶炼和压延加工业 R&D 经费内部支出为 14.5 亿元，依然是包头市 R&D 经费内部支出最高的行业，占全部行业 R&D 经费支出的 41.5%，而其他行业 R&D 经费内部支出占比均未超过 16%，可见包头市 R&D 经费投入在行业分布上不均衡。R&D 经费内部支出超过 3 亿元的行业仅有 3 个，分别为：铁路、船舶、航空航天和其他运输设备制造业 5.3 亿元，金属制品业 4.8 亿元，有色金属冶炼和压延加工业 3.8 亿元。R&D 经费内部支出介于 1 亿元至 3 亿元的行业有 2 个，分别为专用设备制造业 1.3 亿元，化学原料和化学制品制造业 1.1 亿元。以上 6 个行业 R&D 经费内部支出总和占全市工业 R&D 经费内部支出的 88.1%，具体情况见图 3-37。其他 15 个行业的 R&D 经费内部支出总和仅占全市工业 R&D 经费内部支出的 11.9%[1]，这反映出包头市有科技研发活动的行业发展参差不齐，制约了工业行业科技创新的全面提升，行业结构仍有待优化。

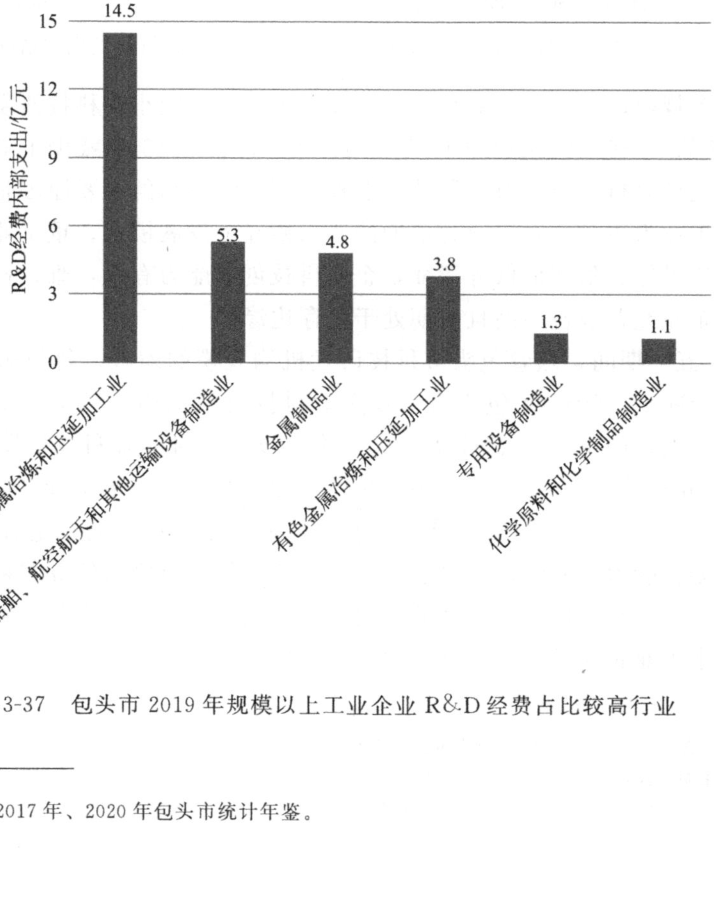

图 3-37　包头市 2019 年规模以上工业企业 R&D 经费占比较高行业

[1] 数据来源：2017 年、2020 年包头市统计年鉴。

③ 规模以上工业企业办科技机构情况　“十三五”期间，包头市规模以上工业企业办科技机构的规模在不断缩小。2016 年，包头市规模以上工业企业拥有科技研发机构 278 个。其中，大型机构 115 家、中型机构 62 家、小型机构 96 家以及微型机构 5 家。2019 年，包头市规模以上工业企业拥有科技研发机构 57 个，比 2016 年减少了 221 个。其中，大型机构 30 家，比 2016 年减少了 85 家；中型机构 8 家，比 2016 年减少了 54 家；小型机构 16 家，比 2016 年减少了 80 家；微型机构 3 家，比 2016 年减少了 2 家[1]。具体情况如图 3-38 所示。

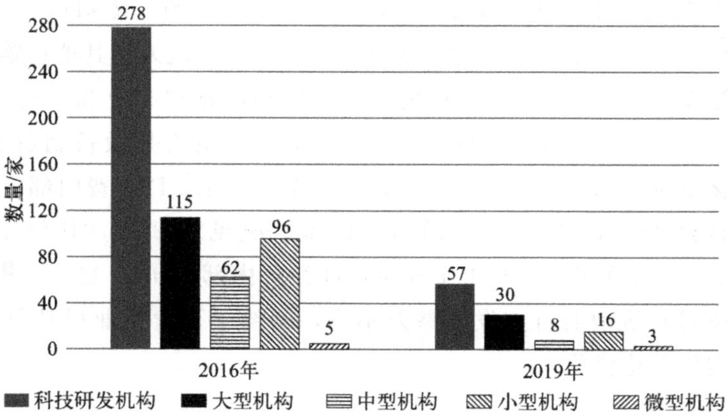

图 3-38　包头市 2019 年规模以上工业企业办科技研发机构情况

包头市规模以上工业企业科技研发投入力度也在减小，科技研发机构经费支出由 2016 年的 35 亿元锐减到 2019 年的 13 亿元，较 2016 年减少了 62.9%[2]。根据上述数据统计分析，企业对于科技研发投入积极性不高的主要原因是：包头市长期处于以重工业为主导、轻工业为辅助的非均衡经济发展模式，重工业产品具有技术含量低、质量低、附加值低等特征，企业科技创新能力有限，难以推动产品结构转型，致使企业经营效益不高且长期处于生存边缘。

“十三五”期间，随着包头市科技研发机构规模的缩减，科技研发机构从业人数也在相应减少。2016 年包头市工业企业科技研发机构人员 18754 人。其中，博士毕业 385 人，硕士毕业 2547 人。2019 年包头市工业企业科技研发机构人员 6706 人，较 2016 年减少 64.2%。其中，博士毕业 24 人，硕士毕业 1118 人，分别比 2016 年减少了 361 人、1429 人[3]。高素质科研人才大量流失一定程度上遏制了企业的自主创新能力，同时，受自然环境、区位条件、科研条件等多种因素影响，包头市工业企业对高素质创新人才的吸引力也在逐年下降，高素质创新人才的缺失阻碍了包头市工业企业开展自主创新活动的积极性。

---

❶ 数据来源：2017 年、2020 年包头市统计年鉴。
❷ 数据来源：2017 年、2020 年包头市统计年鉴。
❸ 数据来源：2017 年、2020 年包头市统计年鉴。

(3) 代表企业

① 稀土企业　包头市主要拥有北方稀土、包钢、吉泰铝业、东方希铝、华星稀土、天和磁材、金山磁材、浩明稀土、长荣电池、索尔雅、天骄清美、希捷环保、华荣科技、中科院稀土颜料等141家稀土企业及12家服务和设备配套企业，规模以上企业44家。具体来看，包头市上游稀土原料加工企业主要是北方稀土集团旗下的十几家规模较大的稀土原材料企业，所属稀土精矿的产能约为25万吨/年。中游稀土冶炼分离产业，主体是北方稀土集团旗下14家稀土冶炼分离企业，相关企业技术水平处于世界领先地位。下游是稀土材料应用产业，主要依托稀土高新技术产业开发区，相关企业主要从事稀土永磁材料、储氢材料、抛光材料、催化材料等稀土功能材料及稀土合金的生产。

2021年，包头市稀土永磁材料产业拥有规模以上企业40家，其中，磁材毛坯生产及加工企业20家，后加工及配套企业20家，产业链企业种类较为单一。此外，包头市磁性材料应用端只有英思特、江馨微电机、稀宝博为、中车电机等少数企业，造成高端稀土磁性材料以及高端永磁电机等磁性材料器件产量比较少，产值仅占全市稀土产业的5.6%。

2020年包头市稀土储氢材料拥有0.7万吨储氢产能，相关企业主要有稀奥科、鑫普新材料、稀土研究院、三德电池、长荣电池、浩明稀土，这些企业具有全国领先的技术水平。包头稀土研究院具有40多年储氢材料研发经验，拥有多项研究成果和专利，其高功率La-Fe-B储氢材料、高容量La-Y-Ni储氢材料已获多项国家和国际发明专利，其中高容量La-Mg-Ni储氢材料已经实现产业化。包头稀土研究院现已成为全国最大的综合性稀土科技研发机构。综上所述，包头市储氢材料产业拥有原材料优势及较好的研发基础，已成为全国最大的稀土抛光材料生产基地，拥有索尔维、天骄清美、新源、华辰、物美等多家企业，且稀土抛光粉在平板电脑、智能手机、摄像头等应用领域具有较好的发展前景。

1990年国务院批准成立的包头国家稀土高新技术产业开发区（以下简称“稀土高新区”），不仅是内蒙古自治区首家国家级高新区，同时还是全国首家以稀土资源命名的国家级高新区。2015年，包头市成为“全国稀土产业转型升级试点城市”，稀土高新区稳乘政策东风，依托资源优势进行稀土产业升级与开发，2015—2016年间累计获批国家稀土转型升级试点项目配套资金49524万元，投资建成稀土应用产业园、稀土新材料深加工基地等平台，不断推动行业发展规模化、标准化，实现了稀土产业跨越式发展。稀土应用产业园是稀土高新区的发展中心，园区通过一体两翼、筑巢引凤等平台，建设了稀土新材料深加工基地和特色高新技术基地，在加快稀土项目建设的同时打破了区内永磁产业发展困境。高新区完善的配套基础设施与政策，吸引了北京麦戈龙等20家企业、希捷环保催化剂等近30种稀土项目落地，打造了稀土新材料与其相配套应用产品的完整稀土产业链。

2015年以来，众多研究中心与研究院的成立极大提升了高新区的科研实力。

同时高新区抓住发展机遇，与高校、企业进行产学研合作，加速新产品开发，优化升级产品工艺，参与招标找寻机遇开发新项目，不断增强企业创新成果转化能力的同时，也为区内稀土产业的转型升级提供智力支持和技术保障。

2016 年，高新区全年新增企业 8 家，新增专利 117 项，此外，还增设了大量研发中心，推动诸多科研成果转化为生产力。稀土磁性材料及后加工企业、抛光材料企业、储氢材料企业总产量 25700 吨。从 2013 年到 2016 年稀土新材料产值增长了 16%，永磁毛坯产量增长了 206%，稀土永磁材料产业产值贡献率跃居高新区第一。随着稀土产业关注度逐年上升，行业龙头与知名企业不断带动产业上下游企业联合发展，助力产业升级。稀土高新区内成员企业、单位积极履责，对企业产品质量进行严格把控，同时监督业内同行不断革新行业产品标准，参与起草稀土产业相关产品合格标准、分析检测方法标准累计 127 项，使得行业秩序更加规范、产品质量得到保证。因此包头市稀土产业发展前景良好。

高新区依托丰富矿产资源，不断进行招商引资与资源整合活动，吸引众多极具竞争力的项目落地，带动了稀土产业的升级发展。稀宝医疗有限公司集结大量优秀科研人员，通过数次研讨实验，成功研发出车载集成型磁共振与扁鹊飞救远程系统，这是全球行业领域内的重大突破，研发出国内首台移动磁共振诊疗车——驰影 A30，打破了长久以来国外企业垄断的局面；希捷环保研发的稀土基烟气无毒脱硝催化剂、包头稀土研究院研发的 PVC 稀土复合热稳定剂等填补了业内空白；鹏辉光电公司无频闪 LED 产品以及科锐微磁的粘接磁粉是内蒙古自治区首创；天和磁材公司通过采用新工艺，提升了生产速度，同时节约了稀土资源使用量；昊明电源公司通过研发生产稀土电池，突破了传统电池技术难关，助力新能源电车摆脱“冬天怕冷跑不动、电量不足跑不远、电池衰减太快跑不久”的发展困境。

中国北方稀土（集团）高科技股份有限公司是中国乃至世界最大的轻稀土产品供应商，其主营产品包括稀土原料、稀土功能材料、部分稀土终端应用产品。公司拥有分工明确、各具优势和特色的直属、控股、参股企业共 48 家。北方稀土率先在行业内发展成为集稀土冶炼分离、功能材料、应用产品、科研和贸易一体化的集团化上市公司，不断推进稀土上、中、下游一体化发展，增强全产业链优势，已然成为世界上最大的稀土企业集团和稀土产业基地。

“十三五”期间，北方稀土为深入推进降本增效和转型升级，研发资金投入呈上升趋势。结合图 3-39 分析，2020 年公司研发投入 10812.14 万元，较 2016 年上涨 113.67%。自 2016 年以来，北方稀土加大科研平台建设，利用邻近白云鄂博矿优势地缘位置，加大招商引资力度，成立国家级重点稀土实验室，并利用各类研发中心、国家实验室、中试基地等科研平台将研发成果转化为生产力，提升企业创新能力以形成核心竞争力，从而推动产业发展。北方稀土还充分发挥人才优势，立足优质科研资源，积极培育高层次创新人才。2020 年公司申报专利 115 项，获奖项

23 项❶。科研人员在中国创新方法大赛中斩获金奖；《稀土》杂志跻身国际权威期刊行列；制（修）订国家及行业标准 8 项、团体标准 9 项，发布国家及行业标准 9 项、国际标准 2 项，构建起 6 类新材料测试评价体系，实现稀土国际标准零突破。

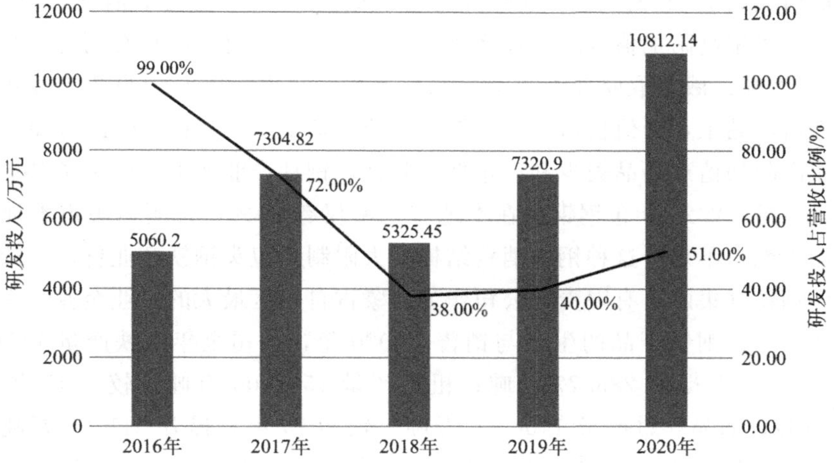

图 3-39 “十三五”期间北方稀土研发投入情况❷

北方稀土通过多种资本运作手段推动公司业务向磁性材料、抛光材料等多领域扩张，并凭借产业龙头企业的地位，努力打造稀土全产业链发展模式，引领产业内各板块企业有选择性地开发公司优势产品，做大做强主业，增强产品附加值，促进稀土资源均衡充分利用，减少能耗与资源浪费。同时，公司通过对资源分布特点与产业结构进行分析，强化终端产品，形成了储氢材料-镍氢动力电池、磁性材料-稀土永磁共振仪及稀土永磁电机、发光材料-LED 灯珠制造企业的稀土终端应用产业链。

2020 年，北方稀土全面落实习近平总书记关于大力发展循环经济的重要讲话精神，有序推进绿色冶炼升级改造项目、华美区域技术升级改造项目和焦炉煤气改造项目；此外，500 吨稀土铈锆材料生产线试产，白云博宇、黑脑包尾矿库闭库基本完成；稀土冶炼氨氮副产品资源化利用、盐碱地改良及规模化种植试验取得阶段性成果；抛光粉改扩建项目、PVC 稀土热稳定剂扩能项目有序推进，稀土医疗产业基地建设全面完成，为内蒙古自治区祖国北方重要的生态屏障建设作出巨大贡献。北方稀土不断推进产业链合资合作，斥资 8000 余万元收购包头市华星稀土科技有限公司，进一步扩大了公司稀土金属和抛光粉产能；推进永磁电机项目合资合作，推广永磁电机产品技术；出资 5 亿元参股蒙商银行，促进产融结合，提升赢利空间。

❶ 数据来源：有色资讯。

❷ 数据来源：2017—2021 年包头市统计年鉴；包头市人民政府网。

② 钢铁企业　2020 年包头市拥有包钢、亚新隆顺、明拓、威丰等 43 家规模以上钢铁企业，其中，钢铁冶炼企业 9 家、铁合金企业 20 家。从产品门类来看，这些企业绝大多数产品集中在生铁、粗钢、钢材原材料端，而高强结构钢、无取向硅钢等附加值较高的钢铁产品产量所占比重较低。2020 年包头市钢材产量 2022 万吨。其中，属于高附加值或战略性新兴产业的深加工钢材产品只有高速重轨，其产量为 73.6 万吨；威丰取向硅钢产量为 8.6 万吨；北重特钢产量为 2.1 万吨等。这些高附加值产品工业产值仅占包头市钢铁产业产值的 8%左右，由此可知，包头市钢铁产业高附加值产品品类少和产量低。此外，钢铁产业链下游向装备制造业等行业延伸力不足，2020 年包钢钢材在本地转化率仅有 20%，说明包头市本地钢材就地消纳加工能力不足，这种钢铁消费结构极大限制了包头钢铁产业价值链的提升。

包头钢铁（集团）有限责任公司作为内蒙古自治区最大的工业企业，主要从事开发矿产资源、钢铁产品的生产与销售。2020 年，公司全年生铁产量 1498.57 万吨，较 2015 年末提升 286.77 万吨；粗钢产量 1561.06 万吨，较 2015 年末提升 368.21 万吨；商品坯材产量 1468.50 万吨，较 2015 年末提升 341.66 万吨。全年生产销售稀土精矿 12 万吨[1]；生产销售萤石精矿 4.7 万吨。公司全年实现营业收入 592.66 亿元，实现利润总额 6.81 亿元，总产量、营收在全国钢铁行业分别排第 14 名和 18 名。

包钢在保持基础钢铁产品产量持续增长的态势下，不断提升产品档次。2020 年，包钢汽车用钢板和家电用钢板产品销量突破百万吨。冷轧高级别新产品增幅显著，其中冷轧系列汽车钢占比由 2016 年不足 30%提高到了 2020 年的近 70%。管线钢年销量突破百万吨，打造了包钢管线钢品牌，且无缝钢管品种钢较 2015 年增加 38 个品种，产品附加值不断提升。

北方稀土凭借自身全链条生产加工优势成为包头市先进钢铁材料产业链主导企业。包头市先进钢铁材料产业链在包钢集团等核心企业的带领下，突破轴承钢、模具钢、电工钢冶炼技术难题的同时，持续推进先进轨道交通用钢、高端厚壁无缝钢管用钢、取向硅钢、稀土钢耐磨板等高附加值产品快速发展。虽然近几年包钢产品结构不断优化，但其主要产品依旧是建筑钢材、冷热轧板卷、矿产品等附加值不高的产品，企业缺乏高性能、高品质优特钢产品。2020 年包钢研发投入强度达到 2.5%，发明专利授权数量 285 件，虽然居国内钢铁行业第 9 位，但是与其发展水平相近的太钢相比较仍存在较大差距，太钢研发投入强度达到 5%，发明专利授权数量 770 件。太钢依托高研发投入及专利授权数量，笔尖钢、手撕钢产品成功打破国外技术垄断，在国内处于绝对领先水平。而包钢由于自身研发强度及发明专利授权数较低，其稀土钢产品多年来处于研发阶段。此外，由于竞争厂商数上涨，包钢王牌产品高速重轨的市场竞争优势在下降。综上所述，包钢集团目前面临着较大的

---

[1] 数据来源：凤凰网。

技术及市场压力。

③ 铝企业　作为包头市五大优势特色产业之一，近年来，包头铝产业规模不断增大，是我国重要的原铝、铝材生产基地，集聚了包头铝业、华云新材料、东方稀铝等22户规模以上企业。

包头市铝业企业主要集中在产业链上游和中游，产业链上游为氧化铝、电解铝等原材料生产，中游为铝材料加工。由于市场对铝制品需求持续增长，包头市铝产业近年来实现较快发展，电解铝产业规模增长近90%。2020年包头全市电解铝产量占全国产量的6.89%，其中包头铝业有限公司（含华云）年产能150万吨，东方希望包头稀土铝业年产能85万吨，包头市新恒丰能源有限公司年产能50万吨，分别排全国第7名、第13名、第20名。电解铝产业链下游主要产品为铝棒材、铸轧卷、电工圆铝杆、化成箔、铝轮毂、汽车转向节和支架等铝材产品，产量为138.45万吨，占电解铝产量的54%左右。其中铝棒、铝杆、铸轧铝板等初加工产品就消耗了51%的电解铝；高附加值产品产量普遍不高，例如包头铝业高纯铝产量5万吨；盛泰铝轮毂产量420万只；丰川、凯普松化成箔产量844万平方米；汇众汽车压铸件产量199万台套等。这些高附加值产品产值仅占全部铝产业产值的8.6%，电解铝产业链高附加值产品占比较低。从包头全市范围看，高强高韧铝合金、热轧铝板及工业、轨道交通、汽车、航空、包装等领域高附加值铝型材基本空白，难以为下游北方创业铁路敞车制造提供高性能铝板材。

包头铝业集团是国内十大铝企业之一，公司拥有铝液、铝合金、电工圆铝杆、高纯铝、铝电解用碳素制品等40多种产品。作为中国最大的合金铝生产基地，公司在发展过程中积累了成熟的生产工艺以及生产能力。2019年，包头铝业集团的电解铝产量达55万吨，碳素产量为12万吨，高纯铝、A356铸造铝合金及军用205A合金等高附加值产品的产量在25万吨左右。包头铝业集团采用偏析法生产高纯铝，这种生产工艺生产成本低，不易造成环境污染，且产品质量稳定，纯度可达99.99%以上。包头铝业集团在发展过程中逐渐将煤、电、铝、铝合金四大产业结合，构成全产业链的发展优势，并实现利润大幅增长。2016年，包头铝业集团的赢利水平排在我国铝业实体企业第一位。2017年，包头铝业集团大幅度提升了产能并形成电解铝产业集群，成为中国百万吨级电解铝企业，深刻影响了国内铝行业的发展，为地区经济提升做出了巨大的贡献。

④ 装备制造企业　2020年，包头市规模以上装备制造企业总产值达477亿元。完善的体系、先进的产能使包头市装备制造业成为内蒙古自治区工业的第二大支柱产业。2021年，包头市拥有规模以上装备制造企业90家，形成了上游原材料和核心零部件制造，中游通用机械制造和专用设备制造，下游应用领域如汽车制造等6大门类19个小类装备制造产业集群。包头市装备制造产业链上游原材料和核心零部件制造企业主要包括南高齿、天顺、二冶、亿力、泰胜、金海新能源，这些企业依托先进的机械设备，严格按照质量标准和操作规范生产加工原材料和零部件。中

游通用机械制造和专用设备制造企业主要包括一机集团和北重集团，两家公司以军工技术为依托，不断加大研发创新投入，生产出多种具有自主知识产权的高端产品，如3.6万吨黑色金属垂直挤压机、1600吨精锻机等。装备制造业下游应用领域中汽车制造业以北奔重汽、一机、北方专用、北方创业等整车企业为代表，其中北奔重汽是能够生产牵引车、货箱车、自卸车等类型的重卡整车企业。

在包头市装备制造产业龙头企业中营收50亿元以上的企业仅有一机、北重两家，这两家企业供应链均采用较为封闭的运营模式，与其他中小型装备制造企业缺乏业务联系。主要原因有两点：首先，这种龙头企业效应无法充分发挥，难以带动其他装备制造企业协同发展；其次，由于缺乏资源整合能力，限制了企业整体规模的进一步提升，优质产能也受到限制。在包头市装备制造产业配套企业中营收超10亿元的有北奔、天顺塔筒、北方股份、北方创业，这些配套企业自身的生产装备较差，不仅企业投入的生产成本较高，还存在生产效率低下的问题，这导致企业整体生产能力和协作能力较弱，对龙头企业的支持力不足，因此龙头企业往往不愿与之合作，产业间合作阻力较大。

包头北方奔驰重型汽车有限责任公司是一家合资组建的大型汽车生产企业。早期，北奔重汽通过引进德国奔驰重型汽车制造技术，为军用装备轮式化发展提供了重要技术支撑，并成为了国家级高新技术企业。北奔重汽按照“NG”技术标准搭建起四大产品平台，利用先进的整车总装、驾驶室、车架和车桥生产线打造高品质重型卡车。截至2017年底，北奔集团形成年产5万辆牵引车、货箱车、自卸车、专用车等的产能。随着产量的增加，北奔重卡销量也持续上涨。2020年，北奔集团生产的重型卡车销售量已破万台，比2019年增长32%，创近五年来销量的最高水平。

近年来在实现“碳达峰”“碳中和”目标背景下，新能源重卡已成为未来中国重卡市场重要发展趋势之一。为了适应行业转型，北奔重汽及时调整企业发展战略，逐步丰富新能源产品矩阵，强化氢能动力电池的研发力度。2021年上半年，北奔新能源产品销量与2020年同期相比实现大幅增长，销量达173台，在牵引车和自卸车领域位居行业第二。新能源重卡市场份额占比从2020年1～5月的1.04%上升至2021年上半年的13.26%，领跑新能源重卡市场。

⑤ 化工企业　化工不仅是支撑工业体系的基础行业，由于本身附加值较高，也是很多地区的重要支柱产业。作为包头传统产业之一，包头市现阶段虽然已经形成相对完整的化工产业链，但相关企业多集聚在产业链的初级材料供应端，产业链中下游的建设相对欠缺，尤其在农药、涂料、催化剂、聚烯烃改性塑料、可降解塑料制品、特种工程塑料管材、超高分子量聚乙烯纤维及制品等领域，缺乏相关制造企业。

具体来看，包头市化工产业链上游拥有神华煤化工、浦景化工、磐迅科技、北方嘉瑞、东方希望海平面等19家规模以上化工材料企业，主要生产聚乙烯、聚丙烯、聚氯乙烯等基础原料。其中神华煤化工主要产品为聚乙烯和聚丙烯，其产能达30万吨；北方嘉瑞主要产品为超高分子量聚乙烯防护材料，其产能达500吨；东方希望海平面的主要产品为聚氯乙烯，其产能达40万吨。

2020年，受国际原油价格波动和新冠肺炎疫情等外部因素的影响，化工产品的市场需求出现较大波动，主要从事煤化工相关业务的神华包头煤化工有限公司通过对未来市场发展趋势的研判，及时优化调整产品结构，并加大研发投入力度进行产品创新。煤制烯烃装置全年持续稳定运行8760小时，聚烯烃产品产量达700.5千吨。公司全年实现营业收入51.65亿元，经营收益2.61亿元，毛利率17.6%。同年，基于我国自主知识产权的甲醇制烯烃装置，在神华包头煤化工有限公司建成并投入运行，使得该项目成为世界首套单体容量最大的煤制烯烃项目，同时，该项目也标志着我国掌握了世界一流的煤化工技术。该项目作为国内首创的大规模项目，致力于打造成世界一流的煤化工基地，建成投产并创立了中国煤制烯烃新产业，使得我国在世界煤制烯烃工业化中地位中得到进一步提升，对于推进低碳经济发展以及国家能源安全等具有重大意义。

⑥ 光伏装备企业　光伏发电是极具发展潜力的朝阳产业。“十三五”期间，包头市政府立足于本地资源优势，结合光伏产业未来发展趋势，在环保、能耗、土地以及营商环境等方面给予政策扶持，全面推动当地光伏产业链规模化发展。包头市通过发挥地区资源和要素保障方面的突出优势，积极引进晶澳、阿特斯、弘元新材料等国内光伏产业龙头企业，由此初步形成产业集聚效应，为包头装备园区的光伏产业发展打下了坚实的基础。

“十三五”末，包头市政府以硅棒为支点，对光伏全产业链进行规划和布局，积极开展延链、补链、强链、扩链工作，正逐步完善从拉晶到切片、电池片、组件、支架、背板、逆变器的光伏产业链。光伏产业链上游环节主要负责硅棒原材料的生产。包头市在交通运输、电力成本、装备制造基础等方面具有较强优势，吸引了国内重点产品零部件企业和原材料供应商落户包头，已成为全国重要的单晶硅生产基地，代表企业有通威、上机数控、阿特斯、晶澳、美科等。截至2020年底，包头市已投产建成10家光伏材料企业，包头装备制造产业园区拥有硅棒产能30GW[1]，年产多晶硅料3.46万吨，占全国产量8%左右，单晶拉棒产量25.46GW，占全国产量10%左右，规模以上光伏企业贡献产值93.8亿元，较上年同期上涨113.4%[2]。产业链中下游环节主要生产硅片、电池及相关组件，包头市政府正积极推进招商引资和重大项目建设，引进一批前景好、资质优的下游产业链关联企业进行合作。包头市还采取以点带面的方式，围绕现有光伏企业，将与其有直接、间接联系的重点供应商和客户进行招商，积极对接格瑞士太阳能、帷盛科技

[1] 数据来源：包头市人民政府网。

[2] 数据来源：包头日报。

等企业，推动弘元尽快在包头建立研发基地，吸引聚集相关领域的科技人才。此外，为了进一步降低光伏企业的物流成本，包头市政府积极与北奔合作，建设重卡新能源物流项目。2021 年包头市初步确定或已投资一批电池片、电池组件项目，开工建设重点光伏材料项目共计 9 个，总投资金额达 825 亿元[1]。此处选取协鑫（集团）控股有限公司，并对其在 2021 年包头市所投资建设的新能源光伏产业项目进行介绍，以期了解该企业对包头市产业链建设作出的宝贵贡献。

协鑫（集团）控股有限公司是一家以新能源装备及清洁能源电力生产为主营业务的民营企业，凭借其绿色能源科技的领先优势和积累的项目业绩，已成为我国新能源行业的领军企业。协鑫集团所涵盖的业务面十分宽泛，在光伏领域，已构建起完整的全球产业链条，涵盖了上游的硅材料生产，中游的组件研发、系统集成，下游的光伏电站投资、运营。协鑫集团旗下的保利协鑫能源控股有限公司是世界前列的光伏材料研发和制造商，2019 年，保利协鑫多晶硅年产量达 5.7 万吨，硅片年产量达 32GW[2]，约占全球产能的 1/4。

2021 年，包头市政府着力构建区域硅科技产业、移动能源产业、碳中和创新产业三大基地，在各个基地建设过程中，协鑫集团积极参与并与包头市政府签订多项合作协议。同年 5 月，协鑫集团与包头市政府正式签订硅产业科技生态园和产城融合建设发展等项目的投资协议，涉及的项目主要包括协鑫硅产业科技生态园项目、产城融合建设发展项目以及绿色新能源建设项目、“源网荷储”碳中和示范区建设项目、分布式新能源合作共建项目，这些项目具有极强的“碳中和”属性，未来将产生极高的社会效益。协鑫集团表示将充分发挥迭代技术优势，在颗粒硅、光伏发电、零碳城市、电动重卡等方面与包头市深入合作，努力将在包项目打造成为国内外的标杆和示范，为包头市绿色低碳发展作出积极贡献，助力包头市打造出一条北部绿色生态长廊。此外，基于上述几个项目，协鑫集团表示将高起点、高质量、高速度推进包头市投资项目的建设投产，进一步调整地区产业结构，加快当地经济转型升级，并为绿色低碳城市建设作出自身贡献。

⑦ 新能源汽车企业　2014 年 4 月，包头市青山区与上海申沃客车、哈飞汽车等合作，联手共建包头市新能源汽车项目，在包头装备制造产业园区建设了年产量更高的汽车组装生产线、产业基地及研发中心，壮大了其高端装备制造业的规模。

内蒙古青杉汽车有限公司由宁波杉杉电动汽车技术发展有限公司等三家企业共同建立，凭借自身核心技术、资金及产业优势，共同开发新能源城市专用车市场。自 2015 年 6 月以来，公司已成功研制开发出客运、旅游等产品。2016 年 9 月，青杉汽车新能源客车进入生产，不仅填补市场空缺，而且在推动传统企业转型、实施军民融合发展战略方面起到示范和引领作用。

---

[1] 数据来源：包头日报。

[2] 数据来源：保利协鑫能源控股有限公司 2019 年年报。

在实现“碳达峰”“碳中和”目标背景下，新能源重卡已成为未来我国重卡市场的重要发展趋势之一。近年来，北奔重汽大力实施绿色发展战略，加速研发和推广新能源、网联化等新技术，在新形势下逐步丰富新能源产品矩阵，全力落实“双碳”目标。

2021年6月，北奔重汽与吉林新运力公司再次签订225台新能源重卡意向采购协议，2021年上半年北奔新能源重卡订单量已超600台，超过2020年全年销量。

在新能源领域，北奔重汽始终专注于纯电动重卡的研发和销售。北奔重汽陆续与首钢集团、包钢集团签下数百台订单。2020年9月，公司合计交付包钢钢联、武安裕华钢铁公司160台新能源电动重卡。

2021年上半年，北奔新能源产品销量大幅增长，销量达173台，在牵引车和自卸车领域位居行业第二。2021年5月，北奔重汽公司又以优秀的技术方案中标宝钢钢联104台新能源纯电动重卡的订单。2021年4月，北奔重型汽车集团有限公司与吉林电力股份有限公司在新能源汽车、氢能重卡等领域合作，共同开拓全新市场。北奔重汽利用吉电股份产业链的品牌优势及先进技术，双方共享产品、市场等资源，推进氢能重卡市场化。2021年3月，北奔首台100kW级氢燃料电池环卫重卡车下线，一次加注氢燃料可轻松续航350km以上，标志着北奔重汽正式布局氢燃料重卡产业领域。

⑧ 绿色农畜产品加工企业　近年来，包头市依据内蒙古自治区“8337”发展思路，提出建设绿色农畜产品精深加工基地的“6521”战略定位，推动企业壮大、着力建立产业园区、全力筑牢食品生产安全防线、多方拓展市场途径，进一步提高农牧产品化发展水平。包头市依托小肥羊、呱呱叫两家企业的全产业链生产加工优势，以这两家企业为“链主”，以3个食品加工园区和5个现代农牧业产业园为载体，做强粮经饲、种养加、产供销“三个一体化”产业，发挥示范带动作用，补齐农畜产品精深加工、中央厨房等短板，创新提升农牧业发展模式，推动一二三产融合发展。为增加下游产业配套技术含量，包头市积极引进中粮、中储粮等企业，研发配料和食品的新技术，使产品的附加值更高；吸引一流企业，致力打造生产加工销售的全产业链，提升绿色、有机牛羊肉比重。2016年包头市已注册农畜产品中国驰名商标、内蒙古自治区著名商标及包头市知名商标各11个、37个、78个。

2016年，包头市政府重点支持主营业务总收入在亿元以上并具备相当规模的农畜生产加工类企业做大做强，进一步加快主营业务总收入在5000亿元以上的成长型企业培育，逐步形成以大型企业为龙头、中小型企业为主体，结构合理、配套发展、梯次发展的生产加工与营销一体化龙头企业集群。由包头市政府带领成立农牧业产业化协会，2016年共培育龙头企业166家，建成22万亩高标准蔬菜基地，同时提供物流配送服务。在田丰、九华两大马铃薯龙头企业的带领下，建成100万亩马铃薯生产基地，“北繁南种”合作规模超过300万亩。依托小尾羊、草原百盈等肉羊产业龙头企业，包头市已形成500万只肉羊养殖、加工、销售产业体系。凭借与伊利、蒙牛等大型乳业合作，扶持本地奶牛饲养企业，保持奶牛养殖的规模在17万头左右。

内蒙古小尾羊牧业科技股份有限公司建于2001年9月，依托内蒙古自治区畜牧业的资源优势，公司采用集繁育、加工、物流等一体化的运营模式，成为全区首家年销售收入超10亿元的公司，产值达到50多亿元，是农业产业化国家重点龙头企业、国家级扶贫龙头企业。公司现拥有近500家店，遍布国内外14个国家。

小尾羊集团一直秉持“立足大农业、聚焦畜牧业、整合羊产业”的理念，引进了全球顶级的肉羊品种，拥有“种、繁、育”三大核心技术，面向华北、西北出售。2021年，小尾羊集团与内蒙古农业大学共同组建产学研战略联盟并签订有关肉羊杂交配套体系培育、建立“农业农村部肉羊遗传育种重点实验室合作基地”战略合作协议。此次联合将通过内农大的专业技术研发队伍，升级肉羊杂交技术繁育的优化选育方法，并建设重点实验室联合培训基地，双方共同借助小尾羊肉羊的全产业链资源优势，实现技术资源共享融合和科技交流与互动，并在此过程中积极引进和运用在肉羊杂交育种改良方面所获得的先进技术研究成果，以实现技术研究成果产业化的目的。

3.2.2.3 服务业企业

这里介绍服务业的代表企业——商贸物流企业。

包头市现已建设九原（国际）、西北公铁、钢铁建材等8个物流园区，同时建设了华蒙、鑫港源顺、东宝、穆华、航亿、九原物流园、传化交投公路港、北方风驰、大城西煤炭物流、城市共同配送、国际陆港等多个“园中园”。包头市各大物流园区自觉践行新发展理念，抢抓“一带一路”建设重大机遇，积极培育发展食品医药、跨境电商、冷链物流、供应链物流等新业态，加快建设物流大通道、多式联运等物流标准化设施，推动包头市商贸物流业转型升级。在招商引资方面，园区持续加大招商引资力度，逐渐向全产业链招商，持续盘活存量、扩大增量，并通过应用现代物流技术，将物流业与互联网金融深度融合，实现传统物流模式的改造升级。在此基础上探索创新共同配送、协同配送等模式，不断活跃域内市场、联通国内市场、开拓国际市场，助推包头市服务业由从属地位成长为经济发展的主导力量。“十三五”期间，包头市积极响应国家“一带一路”、向北开放桥头堡等重大战略决策，搭建起创新开放服务平台，如满都拉口岸、国际航空口岸等，成功入选全国商贸物流节点城市。其中，包头保税物流中心（B型）自封关运营以来，在九原（国际）物流园的全力协调和推动下以及各大进出口贸易企业的鼎力支持下，2020年已累计完成3.05亿元人民币进出口业务[1]，为未来包头市持续打造中西部对外开放新高地奠定了良好开局。

---

[1] 数据来源：包头市人民政府网。

“十三五”以来，九原（国际）物流园以包头保税物流中心（B型）为依托，以多式联运中心为支撑，多举措开展招商引资工作，物流业由“后发者”转向“领跑者”，品牌效应持续扩大，成为包头市生产服务型国家物流枢纽核心承载区。园区分为公路、铁路、多式联运中心、保税物流中心四大板块，周边环绕着数十个工业园区、千家工业企业，与内蒙古西部地区的包西编组站相联。

九原（国际）物流园所设立的包头保税物流中心（B型）是包头市响应国家“一带一路”倡议、推动外向型经济发展、推进我国物流枢纽布局、建设国家向北开放型经济发展新高地战略的实施。包头市委、市政府全力推动包头保税物流中心（B型）各项建设任务顺利落实，并于2020年5月8日进行试运营，8月18日完成其首单业务——北奔重卡牵引车及挂车出口，其封关运营进一步加快了包头市对外开放的脚步，九原（国际）物流园以此为契机，加大了重点项目招商引资力度，持续跟踪推动包钢集团、中国邮政速递物流公司（EMS）等企业入驻园区开展业务。此外，九原（国际）物流园积极推动中欧班列平台公司组建并投入运营。以包头市出台的促进中欧班列恢复开行的补贴政策为基础，积极推动内蒙古外贸、包头交投、外经包头分公司等企业成立中欧班列运营公司，加快出台组货开行、线路设计方面的总体运营方案，紧密联系北方稀土等大型进出口企业，从班列线路设计、口岸铁路货运衔接、保税仓储等各方面实行“一企一策”套餐式服务。

九原（国际）物流园立足于物流区位优势，向国内领先的智慧物流园区看齐，与车联网、物联网、智慧公路等行业的龙头企业建立紧密的合作关系。从2019年引进G7包头货卡，到2020年同北奔集团、G7签约合作全国首个干线“智慧物流+甩箱运输”项目，再到2021年项目正式启动，园区的发展步伐逐渐加快，不仅填补了包头市“甩箱运输”业态的空白，也破解了包头市传统物流产业高耗能、高污染、小散乱等发展难题。

3.2.3 包头市企业发展存在的问题

3.2.3.1 以传统工业为主，企业数字化转型总体偏慢

包头市作为典型的资源主导型城市，主要依赖钢铁、铝业、电力等传统工业带动经济发展。近年来，国家对产能过剩产业进行宏观调控，导致包头市经济增长的支柱产业产值、产量均有所下降，但短期内，包头经济增长依然依赖这些产能过剩产业。据统计，包头市2017年装备制造业产值占工业生产总值的比重低于30%，而战略性新兴产业的比重低于20%，2018年包头市五大支柱产业钢铁、铝业、稀土、装备制造和电力对工业增长贡献率为113.4%。国家对产能过剩行业的发展实施宏观调控，理论上倒逼包头市工业走绿色发展之路，但实际上给包头市产业转型升级增加了难度和压力。同时传统工业企业的数字化应用仍停留在管理层面，生产工艺流程方面也仅在关键单元实现了部分数字化改造，没有真正意义上的智能车间、智慧工厂。比如数字化改造水平相对较高的盛泰零部件制造有限公司，目前的

自动化程度仅能满足50%左右的生产需求。

3.2.3.2 产品核心竞争力低，尚未形成良好的品牌效应

包头市工业结构偏重，相关产业多依赖于资源开发，传统优势产业普遍缺乏核心竞争力。产品方面，占“量”不占“质”，且多为中低端产品，高科技、高附加值产品少，整体发展水平不高，市场竞争力不强。材料产业多以原材料、初加工产品为主，缺乏具有自主知识产权的核心产品和高精尖特产品，缺少高端装备及核心零部件、元器件和工业软件的供给能力。本土企业新产品研发能力偏弱，除了包钢高速重轨、北重集团360垂直挤压机等产品、装备外，近几年新开发的能够在全国叫得响、有绝对竞争优势的原创性产品少之又少。

3.2.3.3 “工业围城”造成的环境问题

包头市中心城区有六大电厂、八个工业园区以及大型钢铁和冶炼企业，形成了“大企业强污染围城，小企业点污染混杂于城”工业围城的特殊局面，致使大气环境遭到严重污染。2017年，包头市钢铁产量已达1643.40万吨，钢铁行业污染物排放量较集中且量大，炼钢矿物装卸的过程中易形成巨大的灰尘，加之包头市多个大中型钢铁企业设址在中心城市的上风向，在气候条件的相互作用下对包头市的水质与空气造成严重污染，空气污染的治理已经成为包头市亟须解决的问题。

3.2.3.4 研发投入不足，制约产业发展

研发资源投入不足是造成工业产品创新少、技术转化难的根本原因。研发资源主要包括资金和人员，而包头市科研投入强度较低，相关人才引进政策不够完善。研发资金投入方面，2018年包头市规模以上R&D内部经费支出41亿元，其中工业企业支出占比高达95.3%，包头市R&D内部经费支出占内蒙古自治区R&D内部经费支出的34.89%。尽管包头市研发资金投入远高于内蒙古其他盟（市），但与区外主要工业城市的R&D内部经费支出存在较大差距，沈阳规模以上工业企业2018年R&D内部经费支出约为87.5亿元，广东省深圳市、广州市、佛山市、东莞市R&D内部经费支出均超百亿。由于研发资金投入不足降低了工业企业的自主创新能力和企业竞争水平，严重阻碍工业企业实现工业转型。包头市很多企业的业务以资源加工和资源开采为主，这样的经营方式既破坏环境又导致资源浪费，同时无法建立创新的投资回报制度。以稀土工业为例，包头市稀土冶炼分离工艺虽然处于世界领先地位，但合金及功能材料产品多集中在中低端材料领域，技术含量不高，龙头企业北方稀土2020年研发投入强度只有1.48%，缺少新的高科技稀土产品支撑，在高端稀土软磁、抛光、储氢、陶瓷等新材料及永磁电机、伺服电机、工业机器人、稀土钢、稀土铝镁合金等“稀土+”应用产业链终端延伸上亟待取得突破。

研发人才投入方面，包头市对创新型人才的引进机制也有待完善。同时，包头市高校、科研院所和研发中心的数量较少且规模较小，导致本地人才队伍在数量与

素质上都无法与国内外先进水平相比，并且创新型人才也缺少对包头市工业发展情况的了解，误认为自己的价值与才能无法充分发挥，造成了人才引进难的问题。

此外，包头市营商环境建设虽已取得了一定成效，但通过对标经济发达和改革前沿地区，发现现有营商环境还有较大的提升空间。主要表现在：改革力度还不够大，一些事项的创新力度不足；信息化水平不高，“信息孤岛”仍然存在；部门协作不够紧密，横向纵向工作合力还没有很好形成；在统筹协调、细化目标任务、强化责任落实、理顺体制机制、加强督查考核、形成上下联动强大合力等方面还有较大提升空间。

3.2.3.5 产业链“短链、缺链、断链”问题较为普遍

纵观包头市现有工业产业链，只有稀土产业链相对完整，基本实现五大功能材料全覆盖，从磁材到电机、储氢材料再到电池产业链相对完善；新能源风电装备还缺少风机主轴、轴承、机舱罩、制动器、变流器、控制系统等节点；铝化成箔产业链缺少光箔工及铝电容器终端，高性能铝合金、铝挤压材产业链还很不完善；钢铁、化工产业基本处于原材料端。总体看，完整的产业链条还比较少，“短链、缺链、断链”问题普遍存在。以钢铁产业为例，产业链下游的压延加工及金属制品企业少、总体规模小。由于包头市钢铁产业链链条短、产业链延伸不足，缺乏向装备制造行业延伸、耦合的产品。包钢作为包头市钢铁产业的“领头羊”，其多数产品存在技术投入低、核心产品竞争力下降等问题。

此外，碳中和产业落地项目较少，能源替代端新建项目落地不多；节能减排、碳吸收端多是引入外来技术和服务，真正落地本土建厂和注册的企业较少，能够对外提供治理和技术服务的本土企业更少；从事碳资产管理、碳金融服务的本土企业也很少。各领域具有一定辐射能力的清洁能源替代、节能减碳、大宗固废利用、废钢废铝等再生资源回收产业链还未形成，缺少能够处理大宗固废的综合产业园区，循环化改造的产业链尚未系统形成。

3.2.3.6 产业集群整体不够强大，规模效应不显著

包头市已初步形成钢铁、铝、稀土、装备制造等为主导的工业体系，但是规模还不够大、质量不高、带动作用不明显。包头市占比最大的钢铁产业，增加值146亿元，铝产业68.5亿元，分别占规上工业的25%、12%，装备制造业、稀土产业增加值占比均不足7%，总体发展处于中低端水平，集聚效应不明显，与打造具有重要影响力的产业集群、形成经济发展的重要支撑还有较大差距。

同时包头市产业链企业面临数量少、规模小的问题。2021年全市规模以上工业企业只有455家，产值超百亿的企业只有包钢、北方稀土、包铝（华云）、东方希铝、一机等5家企业，国家级制造业单项冠军（产品）只有北方股份1家，入围内蒙古民营企业百强的制造企业只有9家，龙头优质企业数量少，整体带动作用不强，终端应用市场在外的影响弱，产业链各个节点上的中小协作配套、深加工企业

整体规模小。同时，产业链之间耦合关联度不高，钢铁、铝压延加工产品不能满足下游如北奔汽车驾驶室、北创铝合金车厢等技术需求，稀土永磁材料、取向硅钢与电机、变压器等装备制造行业未能实现共同发展壮大。

包头市碳中和企业目前缺少大型治理设备生产企业和提供具有本土知识产权的技术服务企业，尚未形成龙头企业和辐射周边的带动效应。企业规模普遍偏小，集聚效应不明显，在科研、开发、技术力量上还比较薄弱，具体体现在从业人员专业化水平较低，企业内部产学研结合不紧密，且其产品技术含量和附加值不高，缺乏有效的市场竞争力。

包头市多晶硅产业企业规模偏小且缺少龙头企业带动，各企业生产制造工艺技术参差不齐，导致成本投入差距较大等问题。光伏企业生产工艺技术参差不齐，成本差异较大，内部无法形成产业链配套，造成光伏产业链供给紧张的现状。2020年之前，由于硅材料、太阳能光伏发电系统玻璃、背板胶层材料等出现供应短缺，产品价格有较大上升，各大公司已经开始为保证产品供给而建立长期订单。新能源配套储能方面，储能模式单调，经济效益亟待提高，外部条件复杂，非技能型成本项目占比一直较高，为产业发展带来了挑战。

包头市新能源汽车产业发展起步较晚，存在行业规模相对较小、缺少芯片等核心技术、行业配套缺失、基础设施建设滞后、清洁能源车辆运营政策不配套等问题，直接制约新能源车辆在包头市以及内蒙古自治区内大规模推广应用。

3.2.4 对策及建议

3.2.4.1 政府引导工业积极转型，加快推动数字化产业发展

包头市政府应逐渐转变发展理念，持续推动工业企业转型。包头市作为国家重要工业基地，应依托自身所拥有的优势、特色产业，借助高新技术和智能化技术集中力量将以增大产量为主的发展方式转变为以调整存量、优化增量为主的发展方式，推动当地经济高质量发展，不断更新产业技术、调整优化产业结构。政府应出台相关政策大力推进去产能工作，在此过程中，还应加大在资金和政策方面的支持力度，积极培育新兴产业，努力发展高端化、智能化、绿色化、服务化制造业，努力走出一条促进城市工业绿色高质量发展的新路子。“十四五”时期，国家大力发展装配式建筑，各地对新建装配式建筑都提出了更高的要求，包头市也提出到2025年新建装配式建筑占比达到50%，未来H型钢等产品市场需求空间巨大，这是包头市钢铁产业考虑发展的一个重要方向。包头市钢铁产业的发展重点是提升产品科技含量和附加值，推进钢铁-装备制造产业之间的耦合发展，围绕高强结构钢、无取向硅钢、电力装备用钢及高端模具等环节产品，积极引进河钢集团、新兴铸管、太原重工、深圳华益盛模具、哈尔滨轴承、洛阳轴承等深加工企业。到2025年，力争先进钢铁材料产值达到1400亿元。

在进行传统产业转型的同时包头市政府应制定出台关于支持数字产业发展的相

关政策措施，打造有利于数字经济快速发展的集金融、产业、技术、人才等为一体的良好生态。以数字赋能为主线，围绕重点行业和重点领域数字化智能化改造，推进实施数字基础设施升级、工业互联网平台建设、数字化解决方案等“六个专项行动”，着力推动数字产业化与产业数字化协同发展。全面启动工业互联网标识解析综合型二级节点城市建设，拓展升级内蒙古网络协同制造云平台、北奔车联网平台、包铝 5G＋工业互联网平台、包钢钢联物流平台等工业互联网平台，加速推动数字经济与实体经济协同发展，打造一批 5G＋工业互联网重点示范应用场景。此外，全市还推动工业数字化，以稀土产业为例，包头稀土高新区是全国稀土产业发展的领航区，未来稀土高新区应实现量化“十四五”时期经济社会发展重点任务，紧扣稀土产业高质量发展这一重大时代课题，将互联网、大数据、人工智能等信息技术与稀土产业深度融合，统筹推进稀土产业重要领域实现突破性进展。

包头市应依托产业基础优势，以现代物流、先进制造业、电子商务等现代服务业融合发展为导向，积极拓展物流网络通道，完善物流设施，加快推进多式联运发展，全力打造大数据支撑、网络化共享、智能化协作的智慧供应链体系。包头市还应大力发展数字经济，激发包头市跨境产业新动能，积极探索贸易服务创新发展新模式，构建海内外联动、东西双向互济的开放格局。

3.2.4.2　强化新产品研发和新项目引进

包头市各类企业应紧扣产业链、供应链部署创新链，发挥企业技术创新主体和产学研体系、产业联盟作用，支持企业加大研发创新、技术改造及专利、品牌、标准的投入，加快关键技术攻关和科技成果转化，新开发一批本土原创性、首台套首批次的高端化拳头产品。2023 年，全市规模以上企业研发投入强度达到 3%以上，传统产业高端化拳头产品达到 100 个以上，应围绕“延链、补链、强链”，因地制宜招引新兴产业，推动产业链向高端化跃升，同时充分发挥产业链“链主”及各节点企业作用，推动上下游企业、同节点企业招引合作，形成大中小型企业协同发展、集聚效应不断增强的产业集群（张璐，2020）[24]。

钢铁产业应积极发展高精尖特优特钢产品。相关企业应加大研发力度，争取攻克稀土钢关键技术，加快实施包钢 75 万吨高合金钢、4 万吨 NPR 柔性高强钢（抗震、桥梁领域）等项目，发展高强度汽车板、高强耐磨宽厚板、风电用钢板、高档电工钢、高端耐候钢、海工装备用钢、帘线钢、高温合金、易切削钢等高端化产品与建筑钢结构产业产品。

包头市应积极推动包铝提升高纯铝品质（达到 5N 以上），发展高纯氧化铝、超高纯铝溅射靶材、铝空气电池等电子信息关键材料产品，争取补齐化成箔产业链电子光箔、腐蚀箔节点，延伸发展铝电容器产业；对接中国铝业（东北轻合金、西南铝业）、南山铝业、明泰铝业等国内知名企业，引进高性能铝合金、铝热轧板、镜面板、汽车轻量化板材及工业、轨道交通、航空、包装等铝型材，铝电线电缆，铝汽车零部件制造项目；发展再生铝产业，降低原铝能耗（再生铝降耗优势明显，其吨铝能耗仅为原铝的3%～5%，目前中国再生铝产量占全部铝产量的20%，在“碳达峰”“碳中和”背景下，国内电解铝产能接近红线，再生铝地位凸显，占比有望继续提升)；依托中国铝业、希望铝业原材料生产供应优势，以其为“链主”，突破铝产品高纯化、合金化和轻量化发展技术难题，做强高性能稀土铝合金、高品质铝铸件、化成箔、交通轻量化铝材等发展短板，补齐高精板带箔、工业铝型材、光箔和腐蚀箔等短板，延伸发展电容器、汽车零配件等产业；重点围绕建筑用铝型材、铝压铸件、铝板带箔、电工圆铝杆、高性能稀土铝合金、高品质铝铸件、光箔、腐蚀箔、电容器、汽车轻量化铝材、挤压型材等环节产品，积极引进广铝集团、亚洲铝业、新疆众和、扬州宏远电子、东莞东阳电容器、南通南辉电子材料等企业。到2025年，力争先进铝产业产值达到850亿元。

此外，包头市应加快实施“四基地两中心一高地一体系”建设，通过引进风电、光伏、氢能等再生或新能源项目，建设绿色低碳循环的现代化产业园区，为全市经济高质量发展提供新的引擎。在“碳达峰”“碳中和”的宏伟目标下，包头市应坚持风、光、氢、核、储一体化发展，推动多种能源协同发展，加快构建清洁低碳高效的能源体系，着力打造以新能源为主体的新型电力系统，为包头市传统能源转型升级和现代能源乘势起航增添动力。

3.2.4.3 完善生态监管体制，打造绿色工业园区

(1) 加快生态监管法治体系建设

包头市政府应以《中华人民共和国宪法》《中华人民共和国立法法》《中华人民共和国环境保护法》等相关法律为基础，以绿色发展理念为指导，通过立法的方式推进绿色工业园区高质量发展。针对超标排放、擅自排放等问题，应依法对违反排污标准的行为进行制裁。在立法过程中还应突出地方、民族特色，与符合生态环境保护需要和顺应现代法治理念的内容相结合，为建设我国“北方生态安全屏障”提供法治保障（郭二果，2022）[25]。在执法过程中应持续加强执法队伍建设：首先，要用严格的选拔程序来提高执法队伍的自身素养；其次，应加大执法队伍对法律和生态知识的学习力度，定期安排执法人员进行相关学习和考试，同时建立绩效考评制度，以调动执法人员的工作积极性。

(2) 完善监督体制

包头市政府应建立完善工业绿色发展监督体制。站在政府监督企业的角度，政府相关部门应设立独立的监督单位，还需从中设立专门监督企业是否在开展工业活动时做出违法违纪行为的监督部门。在企业出现违反工业绿色发展的理念或者做出违法行为时，应做到快速应对、及时处理。站在监督政府责任的角度，应积极实施监督问责双管齐下，形成内部纵向、横向监督；借助人大、政协、纪检监察、司法部门的监督优势，对政府相关部门和工作人员进行全方位监督；建立领导干部生态文明建设的终身问责制，同时对政府责任执行不到位、领导不力、造成严重损害环境的行为予以严厉的问责和追责。

3.2.4.4 加大科研投入，优化营销环境

包头市政府应加大科研资金的投入力度。一是创新财政投入方式，发挥财政资金的激励功能。利用财政科技资金设立企业研发经费补助资金，对开展研发活动较好的企业按比例给予资金补助。同时通过培育和吸纳各类创投组织，逐步建立健全多元化投资基金体系，以股权、债权等多种形式将资金投入到企业中去，为企业创新发展提供坚实支撑。二是利用科技项目、财政、税收、金融等优惠政策加大对企业科技活动的扶持和引导力度。政府还应加大引进高层次人才的财政投入力度，通过支持“草原英才”“高科技人才”“包头工匠”等项目，培育引进“高精尖缺”人才，以推动包头市形成聚才引智的新高地。

在优化政务环境方面，包头市政府应全面提升行政审批和政务服务效能，进一步提升网上政务服务能力。应通过对政务资源深度整合集成，加快推进数据资源互联互通。同时进一步强化政务服务队伍建设。在优化法治环境方面，包头市政府应加强宣传引导，畅通行政执法和司法机关与企业的沟通渠道，进一步强化执法司法服务意识和保障能力，不断健全和完善各项工作机制。在优化产业环境方面，包头市政府应进一步加大政策宣传落实力度，强化生产要素保障，切实解决难点堵点问题。还应高度重视知识产权保护工作，强化资金支持力度。在优化城市环境方面，包头市政府应强化生态环境治理，不断完善提升城市硬件功能和精细化管理水平，并持续推动公共文化体育事业全面发展。以装备制造产业为例，首先包头市政府应深化“放管服”改革，完善政策制度；其次，应加快装备制造业转型升级，打造包头制造“新版图”；再次，应积极与高校、科研院所开展产学研合作，强化自主创新能力，同时应加快培育重点骨干企业，构筑产业发展新模式；最后，要完善人才培养引进和奖励机制，加强人才队伍建设。包头市政府还应主动对标高质量发展要求，发展壮大重车装备、新能源装备、铁路装备、综采装备、机电装备、工程机械装备等六大主导产业，推进产业转型升级，向规模化、高端化、绿色化发展，助力装备制造业传统与高端齐头并进。

3.2.4.5 着力实现全市代表产业全产业链发展

按照包头市“四基地两中心一高地一体系”的发展定位，未来包头将聚力打造稀土磁材及应用产业链、铝深加工产业链、新能源汽车产业链、新能源装备产业链、光伏装备产业链五条主导产业的产业链。基于这一发展思路，包头市应大力引进这五大领域中技术和规模排名居前的优质企业，带动本市相关企业发展；同时，还要对接国内相关产业的先进企业以促进本市产业链延伸。此外，包头市还应重点支持北奔重汽、包钢、北方稀土、包铝等相关龙头企业做大做强，使其更好地发挥带动作用。

包头市还要针对已经具备一定产业基础、未来有望成为新增长极的产业，集中培育打造碳基新材料及制品产业链、铜基新材料及制品产业链、先进化工材料产业

链、安全应急装备产业链4条新兴产业链。包头市应加快推进维斯塔斯风电叶片、华础科技石墨烯、50万吨钢基新材料、中远防务超高分子量聚乙烯膜材料制造等一批项目实施；引进碳纤维和石墨烯等碳基新材料及制品、防护面料及制品以及可降解塑料制品等企业，促进完善包头市相关产业链；加快推进正威集团等产业链重点企业整合周边地区相关产业的上下游企业。通过以上措施持续推动包头市产业链完善和价值链升级。

此外，包头市的神华包头煤化工、辉腾能源等化工企业应把握世界煤化工行业发展趋势，加快推进重大项目建设，积极开展技术创新活动，切实将科技转变为生产力，将科技引领发展为行业引领，推动煤化工产业高质量、高效益发展。政府应围绕整个产业链开展招商引资工作以加快延链、补链、强链，由此形成产业集群，强化上下游产业配套能力，促进煤化工产业链向精细化、效益化方向发展。

3.2.4.6 大力培育产业链优质企业

包头市政府应构建优质企业梯度培育格局，不断丰富完善产业链体系。一是按照三十亿级、五十亿级、百亿级标准，从本土企业和引进企业中筛选扶持一批处于产业链关键环节，并且规模宏伟、实力强劲、具有明显带动作用的链主企业，引导其通过兼并重组产业链上下游企业，整合优化创新资源，延伸产业链供应链，提升本地配套能力。通过支持链主企业增资扩产，提高企业在本地的产业投资额和产业规模，最终将其打造成为制造业总部型企业，发展成为具有生态主导力和市场竞争力的龙头企业。二是大力培育专精特新中小企业、国内市场领先的“小巨人”企业和国家级单项冠军企业，建立从技术研发到形成单项冠军企业、单项冠军产品的全链条培育机制，努力扩大单项冠军企业（产品）群体，充分发挥其示范带动和放大效应，培育扶持掌握关键核心技术的创新型苗子企业快速成长为高新技术企业。力争到2023年，百亿级企业达到10家，高新技术企业达到380家。三是支持中小微企业发展。通过健全完善创新创业孵化机制，强化动态管理，落实企业扶持政策，以突出“新创业-新研发-新服务-新场景”四大源头，加速科技型中小企业培育。同时持续推进“小升规”工作，建立100家“小升规”企业培育库，大力支持中小协作配套企业发展，壮大规模以上工业基础。

包头市还应对北奔重汽加大扶持力度，重点培育发展智能网联重型汽车、纯电动重卡、氢能源重卡等产品，积极引进动力电池、电机、电控、换电站、氢燃料电池、电堆、加氢站及配套零部件企业，支持开发生产新能源轻卡和大型客车及园林、环卫、物流等专用汽车，发挥新能源汽车及配套产业的集聚效应。新能源汽车企业应致力于核心技术突破，积极开展车用操作系统、动力电池等关键技术的研发创新，深入融合发展新能源汽车与交通、信息通信等产业，推进标准对接和数据共享。包头市政府应建立完善充电、换电、加氢等基础设施建设，加快构建以快充为主的高速公路和城乡公共充电网络，引导本土新能源汽车企业与国际新能源汽车企业开展合作，还应出台相关政策以促进公共服务领域对新能源汽车的使用。

3.3 鄂尔多斯市企业发展调研

3.3.1 鄂尔多斯市各产业发展规模逐步扩大

“十三五”期间，鄂尔多斯市面对复杂多变的经济形势，特别是在新冠肺炎疫情的冲击下，认真贯彻落实党中央、自治区决策部署，坚定信念，攻坚克难，扎实做好“六稳”工作，全面落实“六保”任务，推动当地经济平稳运行。

“十三五”期间，鄂尔多斯市地区生产总值总体呈现下降趋势，具体情况如图 3-40 所示。2016 年鄂尔多斯市生产总值达 4417.93 亿元，一产、二产、三产增加值分别占全市生产总值的 2.4%、55.7%和 41.9%；2020 年鄂尔多斯市生产总值为 3533.66 亿元，较 2016 年下降 20%，三次产业增加值占地区生产总值的比重分别为 3.8%、56.8%和 39.4%。由此可见“十三五”期间，第一、二产业比重小幅上升，第三产业比重小幅下降。

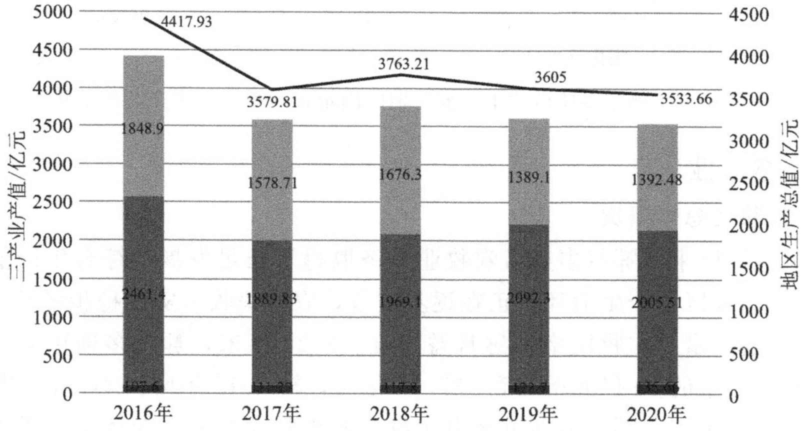

注：从下往上分别为第一产业、第二产业、第三产业。

图 3-40 鄂尔多斯市“十三五”期间地区生产总值❶

“十三五”期间，为支持本土企业转型升级，推进鄂尔多斯市高质量发展，全市固定资产投资进入新的发展阶段。转方式、调结构成为新常态背景下投资的着力点，短板领域和转型升级类投资增长发力，持续发挥投资对优化供给结构的关键作用。鄂尔多斯市产业结构转型升级、现代产业体系建设在此期间取得显著成效。结合图 3-41 鄂尔多斯市固定资产投资指标分析，全市固定资产投资三次产业比重由“十三五”初期的 4.8∶64.2∶31 优化为 2020 年的 2.1∶60.9∶37。其中，服务业企业转型升级成效显著，此类企业投资逐渐成为经济增长的新引擎。鄂尔多斯市大力推动交通运输、仓储和邮政业、房地产业这 3 类占服务业投资比重最大的相关企

❶ 数据来源：2016—2020 年鄂尔多斯市国民经济和社会发展统计公报。

业发展，着力补齐信息传输、软件和信息技术服务等生产性服务业企业短板，实现对服务业各类行业企业分类施策，促进当地服务业企业高质量发展及产业结构转型升级。“十三五”末，鄂尔多斯市第三产业固定资产投资占总固定资产投资比重较 2016 年提高 6 个百分点，第三产业投资年均增长高于全部投资增速 5.2 个百分点，产业投资结构不断优化。

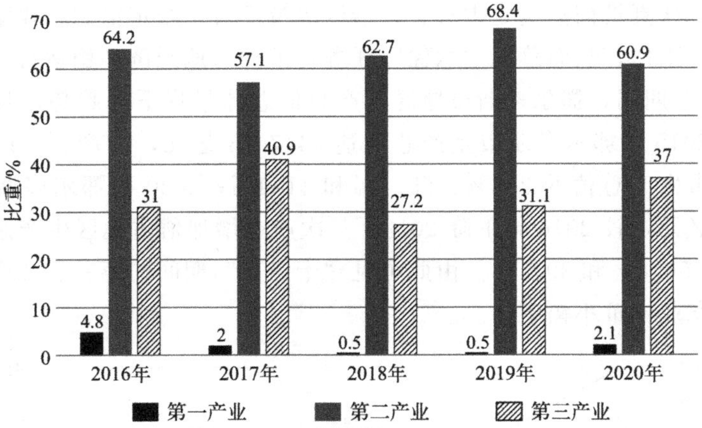

图 3-41　鄂尔多斯市“十三五”期间固定资产投资三次产业比重[1]

3.3.1.1　农牧业

（1）农牧业总体概况

“十三五”以来，鄂尔多斯市农牧业经济取得了长足发展，综合生产能力得到显著提高，农牧区生产生活环境正在逐步改善，农牧民收入实现稳步增长，农牧区文化生活日益丰富，农牧民幸福感日益增强。2020 年末，鄂尔多斯市第一产业增加值由 2015 年末的 99 亿元增加到 135.66 亿元，较 2015 年增长 37.03%[2]。

截止到 2021 年，鄂尔多斯市努力建设“四级联动”的产业体系，重点打造形成了一批新的产业集聚区、优势区。达拉特旗树林召镇和鄂托克旗分别入选 2021 年国家农业产业强镇、首批国家农业现代化示范区，并向农业农村部推荐了 1 条全域休闲农村旅游观光精品路线。同时鄂尔多斯市还精心策划 17 个招商引资项目，签约落地了中化集团社会化服务、海高牧业达拉特旗万头奶牛牧场等一大批重要项目。各类农业经营主体持续投资实施农牧业产业化项目，给农村产业振兴带来了不竭动力。此外，鄂尔多斯市立足于农牧业延链补链，加强培育龙头企业与产品化联合体，发展精深加工，有 200 家龙头企业与十多万户农牧民形成紧密利益联结。产业化联合体达到 59 家，通过股份合作、订单合同等多元化产业互动模式，促使更多农户加入到产业链条当中，共享增值收益。

---

[1] 数据来源：2016—2020 年鄂尔多斯市国民经济和社会发展统计公报。

[2] 数据来源：2015 年、2020 年鄂尔多斯市国民经济和社会发展统计公报。

多年以来，鄂尔多斯市一直坚持走高科技、精品化、智能化的发展新路，奋力建设现代乡村农业产业系统，同时强化农牧业科技创新能力，加速促进农牧业高质量发展，全面实现鄂尔多斯市现代农牧业的发展目标。

(2) 代表产业——羊绒产业

“十三五”期间，“鄂尔多斯温暖全世界”成为全市振兴羊绒产业的主要发展目标。鄂尔多斯市位于世界优质羊绒生产带，是世界顶级绒山羊——阿尔巴斯绒山羊的产地。羊绒产业是全市优势支柱产业之一，为全市经济发展和劳动力就业做出了巨大贡献。

2015 年 7 月，鄂尔多斯市东胜区政府主导成立了羊绒产业协会。羊绒产业协会主要是以鄂尔多斯控股集团为主、部分羊绒中小企业为辅构成的。协会自成立以来，积极整合资源，在争取政策性补贴、推动行业自律、加强会员企业间交流合作、市场推广和品牌建设等方面做了大量工作，逐渐形成原料、研发、生产、检测、销售为一体的全产业发展模式，实现抱团发展，推动羊绒产业高质量发展。

3.3.1.2　工业

(1) 规模以上工业和建筑业总体概况

“十三五”以来，鄂尔多斯市以供给侧结构性改革为主线，坚持创新发展理念，持续推动经济高质量发展，其工业经济发展由“重速度”转变为“重质量”。鄂尔多斯在工业发展过程中对标自治区“两个屏障”“两个基地”“一个桥头堡”的国家战略定位，在充分发挥资源优势的同时积极探索以生态优先、绿色发展为导向的高质量发展新路子。

“十三五”期间，鄂尔多斯市工业投资占整体投资比重近 2/3，全市投资增速走向也和工业投资增速基本保持平行趋势，其工业投资方向反映了企业的发展调整方向。一方面，鄂尔多斯市通过建设智能矿山、高效矿山，推动传统工业产业持续加大技术改造投入，释放优质产能，积极促进智能化与绿色化有机融合发展。2020 年，鄂尔多斯市成为国家优质煤炭供应的重要基地，全市生产原煤 65834.3 万吨，占全国总产量的 12.39%，占全区总产量的 73.19%[1]。另一方面，通过将互联网、5G 通信、无人驾驶、大数据、人工智能、虚拟应用等现代科技不断运用到煤矿生产当中，使企业的人工作业减少、安全系数提高、生产效率提升。全市已有 18 座煤矿开展智能化工作，其中，皖煤智能矿山是全国首家 5G 工业控制与采煤机对接的 5G+智能采煤矿山；黑岱沟、大柳塔、门克庆、麻地梁、龙王沟、转龙湾、不连沟等煤矿成功入选国家首批智能化示范建设煤矿名单；神东煤炭集团“8.8m 超大采高智能综采工作面成套装备研发与示范项目”荣获第六届“中国工业大奖”；内蒙古伊泰集团通过自主研发“煤炭供应链工业互联云平台”，实现了煤炭产业上下游业务互通、数据共享、管理协同，大大提高了生产运营效率。

---

[1] 数据来源：鄂尔多斯日报。

鄂尔多斯市规上工业主要产品产量见表3-1。2020年，鄂尔多斯市重点统计的主要工业产品产量中，保持产量增长的产品接近六成，主要为精甲醇、聚乙烯、铁合金等40种产品。而汽车、钢材等30种产品呈下降趋势，原因在于鄂尔多斯市环保限产政策的实施导致工业企业部分产品生产受阻、产量减少，但商品市场价格较为坚挺，企业仍可获得可观的生产利润。从主要工业产品来看，全社会原煤产量65834.3万吨，比2016年增长15.9%；全社会发电量1242.2亿千瓦时，比2016年增长74.7%；碳化钙产量405.4万吨，比2016年增长0.6%；烧碱158.2万吨，比2016年增长47.3%；精甲醇产量832.3万吨，比2016年增长59.1%；PVC产量225.1万吨，比2016年增长48.8%；羊绒衫产量328.7万件，比2016年下降76.3%；水泥产量478.1万吨，比2016年下降6.5%；汽车产量28959辆，比2016年下降70.4%[1]。

表3-1　鄂尔多斯市规上工业主要产品产量

工业产品产量	2016年	2017年	2018年	2019年	2020年
原煤/万吨	56816.19	60246.13	61614.67	67893.72	65834.3
发电量/亿千瓦时	710.90	869.21	1021.39	1142.2	1242.2
碳化钙/万吨	403.00	361.40	443.15	348.22	405.4
烧碱/万吨	107.37	127.80	122.93	123.93	158.2
精甲醇/万吨	523.10	559.70	685.06	752.63	832.3
PVC/万吨	151.30	157.60	168.07	170.55	225.1
羊绒衫/万件	1385.50	658.20	373.10	446.60	328.7
水泥/万吨	511.10	378.00	395.37	446.37	478.1
汽车/辆	97935	79271	100333	28977	28959

"十三五"期间，鄂尔多斯市建筑业优化内部结构，实现稳步快速发展。全市建筑业企业间逐步形成了以总承包企业为龙头、专业承包企业为主体、劳务分包企业为依托，总承包与分包分工协作、互为补充，国有与民营等多种经济形式并存的结构。2020年全市具有资质以上总承包和专业承包建筑业企业188家，较2016年减少31家。从图3-42鄂尔多斯市建筑业总产值和竣工产值来看，2020年有工作量的143家企业共实现建筑业总产值119.2亿元，比2016年下降30.3%；实现竣工产值75.3亿元，比2016年下降18.9%，施工企业房屋建筑施工面积246.1万平方米，较2016年下降2.7%，其中竣工房屋面积138.8万平方米，较2016年增长5.6%[2]。受疫情影响，2020年企业复工复产较往年普遍推迟，建筑业企业施工进度相比往年有所减缓。此外，鄂尔多斯市建筑施工企业的资质偏低，资质类别单

[1] 数据来源：2016—2020年鄂尔多斯市国民经济和社会发展统计公报、鄂尔多斯统计年鉴。

[2] 数据来源：2016—2020年鄂尔多斯市国民经济和社会发展统计公报。

一。2020 年仅有 1 家特级资质企业，16 家一级资质企业，占全市建筑业企业比重的 9%。全市建筑业生产总值过亿的企业只有 25 家，占全部建筑业企业的 13.3%，说明鄂尔多斯市建筑业龙头企业数量少且尚未形成较大规模。建筑企业在区外实现产值 10.4 亿元，占全部产值的 8.7%❶。从数据上看，建筑企业开拓区外市场能力相对较弱，市场占有率低，建筑市场发展空间受限，不利于当地企业发展壮大。

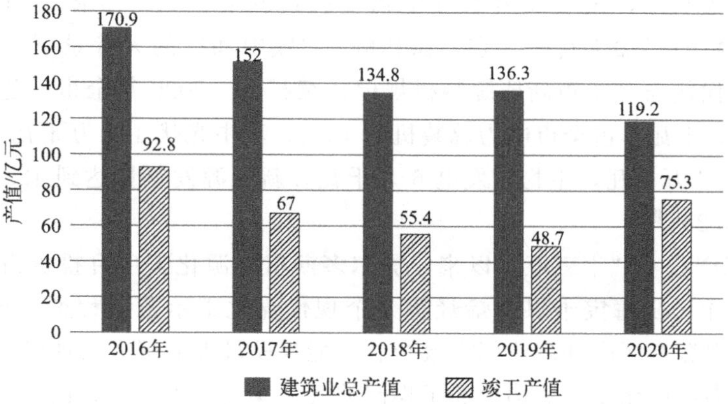

图 3-42 鄂尔多斯市 2016—2020 年建筑业总产值、竣工产值

(2) 代表产业

作为国家重要的能源生产输出基地、现代煤化工基地，鄂尔多斯市紧紧围绕习近平总书记关于“推动产业结构转型升级、改变产业‘四多四少’状况、做好现代能源经济这篇文章”的要求并根据内蒙古建设国家重要能源和战略资源基地的战略方针，初步形成了以能源、化工、冶金、建材、装备制造为主导的现代产业体系。

① 能源产业 鄂尔多斯市具有雄厚的能源产业基础，是全国 14 个大型煤炭基地、9 个煤电基地之一，同时也是全国“西气东输”工程的主要气源地。“十三五”期间，鄂尔多斯市始终以低碳、绿色、循环为方向大力发展能源产业。在节能降耗、生态环保等重点领域，鄂尔多斯市政府采取正向激励企业创新、加大高新技术研发和成果转化力度等方式，成功打造出符合中西部地区绿色集约发展的综合示范区，形成了一批极具推广复制价值的解决方案。围绕已建成的重大煤化工示范项目，鄂尔多斯市能源产业通过加大节水、节能、降耗、三废综合利用等共性关键技术攻关，突破了各类工业固废资源回收与综合利用关键技术难题，并在煤炭行业形成了一套从开采到转化再到尾气废渣综合利用的完整产业链。一系列循环补链措施将煤炭“吃干榨尽”。

为贯彻习近平总书记把生态文明建设摆在全局工作的突出位置的重要指示精

❶ 数据来源：鄂尔多斯市人民政府网。

神，鄂尔多斯市紧紧抓住国家“十三五”期间大力发展非化石能源、大幅增加新能源装机的契机，深入开展新能源重点工程建设。具体表现为：推动光热发电、分布式光伏、风光火互补发电等新型发电技术发展，加快建设大型风电场、太阳能发电站、风光互补发电站；积极参与弃风电制氢与煤化工用氢相结合等技术研发与试验示范，嫁接风能与煤化工生产技术，探索多联产绿色发展道路；积极开展生物质能源利用，重点发展农林生物质燃料发电、生物质直燃和气化供热发电、微藻生物燃料加工转化。在“碳达峰”“碳中和”的大背景下，新能源肩负起了新的时代使命。全市新能源装机规模持续扩大。2020 年全市已建成新能源发电装机 313 万千瓦，占全市电力总装机的 12%，其中光伏 191 万千瓦，风电 40 万千瓦，水电 76 万千瓦，生物质发电 6 万千瓦。新能源发电量达到 42.1 亿千瓦时，同比增长 16.2%[1]。

② 化工产业　“十三五”以来，鄂尔多斯市能源化工项目投资占全市投资总额的 20%以上。随着宝丰煤制烯烃等 7 个现代煤化工示范工程列入国家级规划，鄂尔多斯市现拥有区内外产业门类最全、产能规模最大的国家级现代煤化工产业示范区。鄂尔多斯市化工产业构建起了煤制油气、煤制醇醚、煤制化肥、煤电铝等多条产业链，通过石墨烯、碳材料、精细化工产品深加工等煤化工产业延伸项目的建立实施，拓宽了产业发展方向并实现了资源型产业纵向梯度增值。

鄂尔多斯市煤化工产业是全市经济增长的重要驱动力和稳健压舱石。2020 年，规模以上工业企业中现代煤化工企业 23 家，占规模以上工业企业的 5%，现代煤化工企业增加值占规模以上工业企业增加值的 10.4%。其中，中天合创、中煤蒙大、神华煤制油、久泰能源、中煤鄂尔多斯能源等企业产值规模均在 20 亿元以上。同时，鄂尔多斯市现代煤化工产业也是科技研发投入最大行业，2019 年全市化工行业研发经费 2.39 亿元，同比增长 87.6%，占全市规模以上工业 R&D 经费总额的 64.3%[2]。

鄂尔多斯市通过推动能源产业数字化转型、绿色转型促使化工产业高端化发展，其中在煤化工催化剂研发改进、煤化工副产品应用技术开发、煤化工电热系统集成与耦合相关技术研发方面取得重大进展。通过深入实施煤炭分质分级利用技术和低阶煤分级提质等关键技术突破，实现百万吨级示范应用。从“黑”到“白”，由“原材料”到“高新尖”，一批现代煤化工项目，促进绿色转型发展行稳致远；新产业新动能在智能化、绿色化改造路上聚力而行。

③ 冶金产业　“十三五”期间，鄂尔多斯市依托丰富的高铝煤炭资源，着力打造煤-电-粉煤灰-氧化铝-铝及铝加工纵向产业链。鄂尔多斯市在准格尔旗大路工业园区、达拉特经济开发区和鄂托克经济技术开发区集中布局煤电铝一体化项目。

---

[1] 数据来源：鄂尔多斯市人民政府网。

[2] 数据来源：鄂尔多斯市人民政府网。

内蒙古蒙西、神华准能、鄂尔多斯集团等企业取得了大量优异成果，培养了一批“高精尖”技术人才，填补了国内乃至国际粉煤灰提取氧化铝工艺的技术空缺。截至 2020 年底，鄂尔多斯市冶金产业已取得了神华集团一步酸溶法、中铝公司碱法、大唐国际预脱硅-碱石灰烧结法等多项粉煤灰试验项目研发成果。

④ 装备制造产业　“十三五”期间，鄂尔多斯市装备制造业发展迅速，全市生产能力大大提高。2020 年，全市装备制造和高技术产业产值规模达到 189 亿元，装备制造业增加值同比增长 3.9%，高于全市规模以上工业增速 9.9%。鄂尔多斯市装备制造企业共生产乘用车 38210 辆、专用车 470 辆、发动机 67928 台、变速箱 8969 台、曲轴 193531 支、显示屏 6559 万片❶。

“十三五”期间，鄂尔多斯市聚焦新产业、新技术，拓展新空间，推动高科技、高附加值、节能环保的现代装备制造产业及其配套产业集群发展，重点打造了鄂尔多斯装备制造工业园区。鄂尔多斯装备制造工业园区共有三个功能区，分别为产业发展区、生活配套区、物流服务区。园区坚持高端化、特色化、生态型的产业发展道路，形成了以电子产品制造业、汽车制造业、能源装备制造业等为主的产业集群。主要项目如下：源盛光电（京东方）液晶显示器件制造项目、中兴特汽项目以及新兴重工天然气储运设备、中车集团株洲研究所风电事业部风机制造。鄂尔多斯市装备制造工业园区也是全市唯一工业产值和销售收入超百亿元的非资源型工业园区，对全市乃至周边地区破解“一煤独大”的发展格局和推动全市经济高质量发展发挥着十分重要的作用。

⑤ 新能源汽车产业　在鄂尔多斯市新能源汽车消费政策刺激下，新能源汽车消费量正在高速增长。2021 年上半年，汽车实现销售 31.2 亿元，同比增长 36.3%。与 2019 年相比，两年平均增长 11.3%。其中，新能源汽车实现销售 1.2 亿元，同比增长 301.5%，与 2019 年相比，销售额增加 9084.4 万元，两年平均增长 112.2%。

在新能源产业发展的推动下，新能源汽车产量和顾客持有量高速增长。2021 年前三季度汽车类商品实现零售额 46.0 亿元，同比增长 15.9%，较 2019 年提高 9.4%，两年平均增长 8.2%。新能源汽车实现零售额 1.8 亿元，同比增长 288.6%，较 2019 年提高 67%，两年平均增长 131.7%❷。

⑥ 新材料产业　鄂尔多斯市拥有高岭土、石英砂等独特资源，在此基础上大力发展加工制造业，建立了国家新材料高新技术产业化基地。鄂尔多斯市通过对煤基化工和氯碱化工新材料、无机非金属材料、有机高分子材料、纳米材料、绒纺新材料、合金新材料、功能复合材料、先进碳材料、光电材料以及高性能储能材料等产业领域不断加大科研力度，促进科技成果产品化，促使特种纤维、蓝宝石、特种

---

❶ 数据来源：鄂尔多斯市人民政府网。

❷ 数据来源：鄂尔多斯市统计局。

钢、特种硅铁、高纯铝、生物添加剂、分子陶瓷、新型建材、医药载体、石墨烯、集成电路、单晶硅等新材料科技均有突破。全市加快新型碳材料、储能材料、光电材料等新材料产业布局，加快锂电池、石墨电极产业化应用。

鄂尔多斯市新材料产业规模化发展初见成效，已经成为全市经济增长的重要组成部分。截至 2020 年底，鄂尔多斯新材料产业拥有 693 项新材料领域的高新技术成果，获批 140 多项国家级和自治区级高科技项目，培育国家级高新技术企业共计 17 家。鄂尔多斯市新材料工业产值接近 400 亿元，占规模以上工业总产值的 15%左右，且石墨及碳素制品产量超过 6 万吨[1]。

3.3.1.3 服务业

(1) 服务业总体概况

鄂尔多斯市聚焦创新驱动和高质量发展，在大力发展第一、二产业的同时，不断调整优化产业结构。“十三五”期间，服务业保持稳步发展的良好势头，已成为鄂尔多斯市经济增长的主动力。“十三五”期间，鄂尔多斯市服务业规模日益壮大，在三次产业中的比重持续提高。服务业增加值由 2015 年的 1005.6 亿元增加到 2020 年的 1392.5 亿元，年均增长 5.0%，较鄂尔多斯市地区生产总值增速和第二产业增加值年均增速分别高出 1.3 和 2.2 个百分点。服务业占三次产业比重由 2015 年的 37.3%提高到 2020 年的 39.4%，提升了 2.1 个百分点，详见图 3-43。

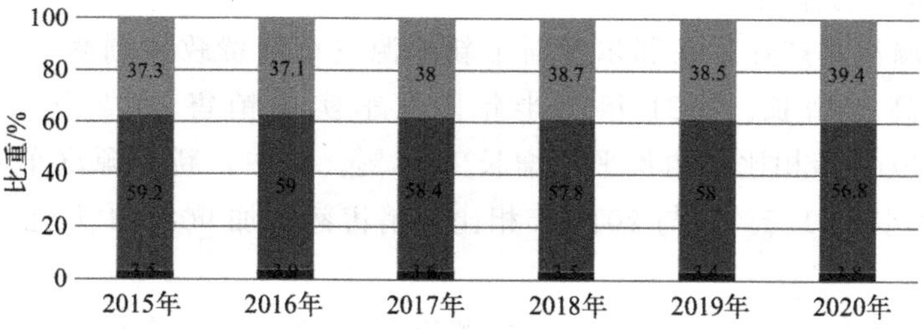

注：从下往上分别为第一产业、第二产业、第三产业。

图 3-43　2015—2020 年鄂尔多斯市生产总值三次产业比重图[2]

服务业内部结构升级，现代服务行业迸发新活力。“十三五”期间，全市金融业，房地产业，信息传输、软件和信息技术服务业等现代服务业快速崛起，占服务业的比重逐年上升。与此同时，以邮政业、批发零售业、住宿餐饮业为代表的传统服务业仍是服务业发展的主力军，但在服务业中的份额呈下降趋势。现代服务业占整体服务业比重由 2015 年的 55.4%提高到 2020 年的 61.1%，而传统服务业占整体服务业比重由 2015 年的 44.6%下降至 2020 年的 38.9%，见图 3-44。

---

❶ 数据来源：鄂尔多斯市统计局。

❷ 数据来源：鄂尔多斯市统计局。

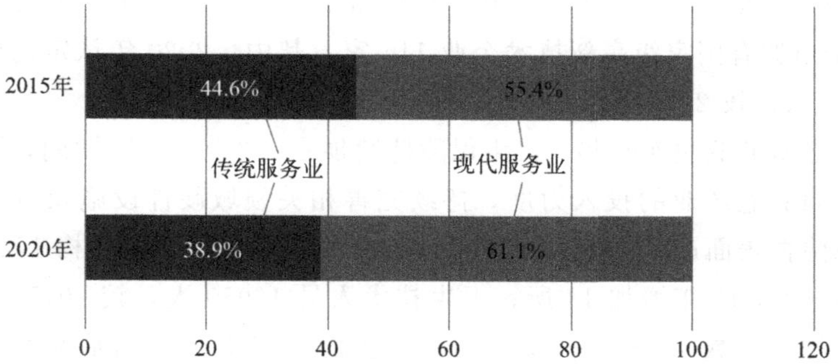

图 3-44　鄂尔多斯市 2015 年与 2020 年服务业内部结构对比❶

信息技术日新月异，成为创新驱动发展的先导力量。“十三五”时期，鄂尔多斯市邮电业务收入年均增长 5.4%。2020 年，全市实现邮电业务收入 26.2 亿元，其中，邮政行业业务收入 4.6 亿元，电信业务收入 21.6 亿元，2016—2020 年年均分别增长 19.3%和 3.5%。截至 2020 年末，移动电话用户和宽带用户分别达到 265.6 和 60.6 万户，2016—2020 年年均增长 14.1%和 20.1%❷。

电子商务市场潜力巨大，影响作用逐渐增强。“十三五”期间，在信息技术推动下，鄂尔多斯市电子商务进入快速发展期，与此同时，电子商务的发展带动了快递业的高速发展。2020 年，全市网络零售额 26.7 亿元，占全区网络零售总额的 8%，位列全区第二。其中，在线活跃店铺 12210 个，同比增长 34.5%；带动就业 14717 人，同比增长 40.6%。2020 年，全市实现快递服务收入 3.1 亿元，相当于 2015 年的 2.9 倍；全市快递服务业务总量累计完成 1018.4 万件，相当于 2015 年的 2.6 倍❸。

全市科技研发投入稳步提升，重大科研成果不断涌现。“十三五”期间，鄂尔多斯市 R&D 经费投入总量高达 171.3 亿元，其中 2019 年 R&D 经费投入总量达 38.3 亿元，投入强度突破 1%，达到近五年的最高水平。2020 年，全市规模以上科学研究和技术服务业实现营业收入 10.7 亿元，相当于 2015 年的 3.2 倍。同时，全市经国家和自治区认定的各类科技创新平台累计达 133 家，建成自治区级以上众创空间 44 家、国家级科技孵化器 3 家和自治区级科技企业孵化器 2 家，逐步形成创业创新服务体系❹。

新兴经济产业崭露头角，高技术创新水平提升。“十三五”期间，鄂尔多斯市新兴经济产业快速成长，特别是高技术服务业创新水平大为提升，对实体经济支撑作用显著。2020 年，全市规模以上高技术服务业实现营业收入 44.5 亿元，较 2018

❶ 数据来源：鄂尔多斯市统计局。
❷ 数据来源：鄂尔多斯市统计局。
❸ 数据来源：鄂尔多斯市统计局。
❹ 数据来源：鄂尔多斯市统计局。

年增长 13.8%。2020 年，全市授予专利总量 2748 件，是 2015 年的 5 倍。截至 2020 年，全市拥有国家级高新技术企业 114 家。其中，2020 年认定的国家级高新技术企业 57 家，较 2015 年增加 49 家❶。

健康养老服务业快速崛起，民生保障持续加强。“十三五”期间，鄂尔多斯不断加大对健康养老产业的投入力度，持续完善相关领域硬件设施及专业人员的配置，社会保险覆盖面进一步扩大。2020 年，全市各类医疗卫生机构 1747 家，其中医院 96 所，较 2015 年增加 18 所；卫生技术人员 16950 人，较 2015 年增加 3988 人；医疗机构床位数 12580 张，较 2015 年增加 1987 张；参加基本养老人数达到 107.6 万人，参加基本医疗保险人数有 117.4 万人，较 2015 年分别增加 28.2 万人和 24.0 万人。

（2）代表产业

① 金融保险业　“十三五”期间，为推动全市金融企业存量重组、增量优化、动能转换，鄂尔多斯市委、市政府先后出台了《深化金融改革促进金融业发展的实施意见》《自治区银行业支持鄂尔多斯经济转型发展及风险防控指导意见的实施方案》等政策措施，相关政策促进金融服务实体经济提升效能和水平的同时，有力支撑了鄂尔多斯市经济稳中有进、稳中向好的发展格局。

鄂尔多斯市金融业通过整合各类金融服务资源，获得蓬勃发展。2020 年，鄂尔多斯市金融业增加值 125.2 亿元，共有银行业金融机构 27 家，比 2016 年增加 1 家；全辖区银行营业网点 676 个，比 2016 年减少 5 个；金融业共有从业人员 9861 人，较 2016 年减少 548 人。“十三五”期间金融机构各项存款余额如图 3-45 所示，2020 年末金融机构各项存款余额 4019 亿元，较 2016 年增长 28.9%，占全自治区比重达到 16.1%。其中，非金融企业存款余额 949.8 亿元，较 2016 年增长 23.2%；住户存款余额 2406.4 亿元，较 2016 年增长 52.8%❷。

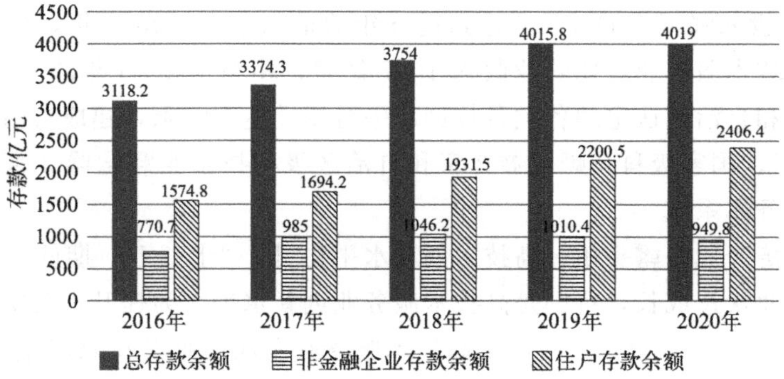

图 3-45　“十三五”期间鄂尔多斯市金融机构各项存款余额

---

❶ 数据来源：鄂尔多斯市统计局。

❷ 数据来源：2016—2020 年鄂尔多斯市国民经济和社会发展统计公报。

2019年鄂尔多斯市人民政府印发了《鄂尔多斯市实施乡村振兴战略产业振兴资金扶持办法（试行）》，该文件提出通过融资担保、设立产业引导基金、贷款贴息、专项扶持等方式，扶持金融机构选定公司化运作入库项目。该办法能够切实解决乡村产业发展融资难、融资贵问题，也推动了乡村振兴战略的有效实施。

“十三五”期间，鄂尔多斯市健康险维持高需求、高增长趋势，成为拉动保险公司收入的主力，同时保险公司加大对保险的宣传普及力度，市民保险意识增强，参保意愿不断提升，人均保费上涨，促进了保险公司业务的发展。鄂尔多斯市不同类型保险收入情况如图3-46所示。2020年全市保险业实现保费收入78.7亿元，较2016年增长60.3%。其中，财产险收入24.3亿元，较2016年增长50%；寿险收入41.2亿元，较2016年增长49.8%；健康险收入11.8亿元，较2016年增长156.5%；意外伤害险收入1.3亿元，较2016年增长62.5%[1]。此外，2020年保险密度（保费收入/总人口）为3654.3元/人，较2016年增长53%。2020年保险深度（保费收入/地区生产总值）为2.2%，较2016年增长了一倍。

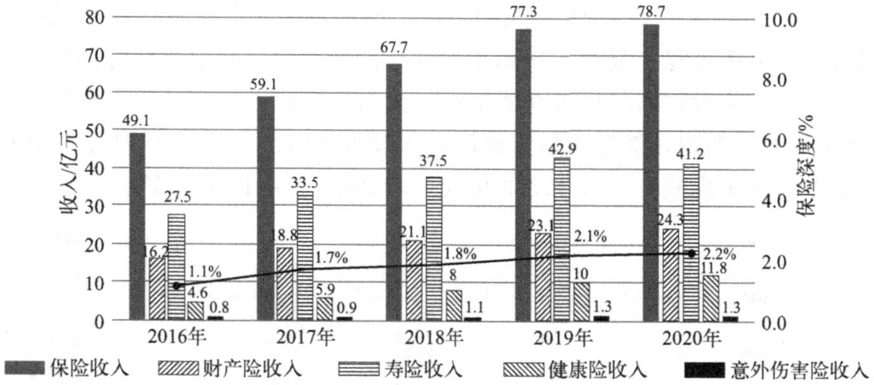

图3-46　鄂尔多斯市2016—2020年保险收入、保险深度

② 旅游业　“十三五”初期，鄂尔多斯市被列为第二批国家全域旅游示范区创建单位。五年来鄂尔多斯市全面建设“鄂尔多斯温暖全世界”的旅游品牌，积极鼓励各旅游景区（点）、旅游企业从传统民族文化出发，举办以文化旅游为主题的节庆活动，全力推进全域旅游业企业高质量发展。同时，各旅游企业通过积极变革营销方式、推动线上线下融合发展、提升服务质量、不断增强游客满意度、提升旅游吸引力，推动鄂尔多斯市旅游业提质增能。

截至2020年末，鄂尔多斯市拥有国家5A级旅游景区2个，4A级旅游景区27个，3A级旅游景区10个。全市共有旅行社102家，其中有6家旅行社具备出境经

[1] 数据来源：2016—2020年鄂尔多斯市国民经济和社会发展统计公报。

营权。“十三五”期间鄂尔多斯市旅游人数如图 3-47 所示，其中，2020 年全市共接待旅游者 1150.5 万人次，较 2016 年增长 10.6%，其中，接待入境旅游者 0.16 万人次❶。

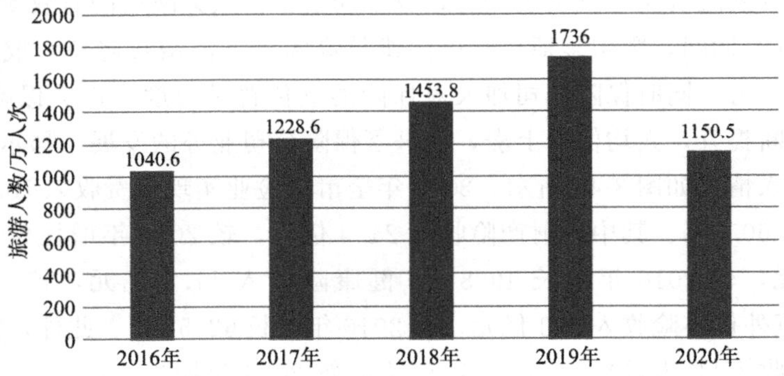

图 3-47　鄂尔多斯市“十三五”期间旅游人数

受新冠肺炎疫情影响，鄂尔多斯市旅游业发展受阻，旅游企业遭受严重打击。2020 年全市旅游收入较 2019 年大幅下降，但鄂尔多斯市旅游企业在做好疫情防控的同时，积极推进复工复产，拉动相关文旅产业发展，并取得良好的效果，全市旅游收入占全区旅游收入的比重有所提高，为自治区旅游业可持续发展做出了积极贡献。“十三五”期间，鄂尔多斯市旅游收入及占比情况如图 3-48 所示。其中，2020 年鄂尔多斯市实现旅游收入 327.3 亿元，较 2016 年增长 4.3%❷。

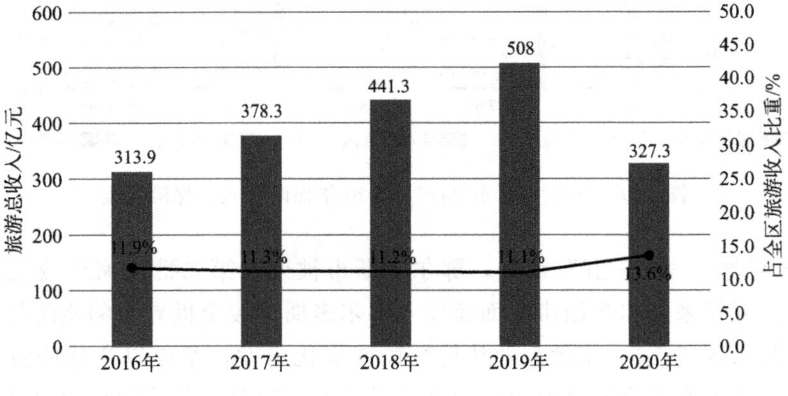

图 3-48　鄂尔多斯市 2016—2020 年旅游收入及占比情况

同时，旅游业在众多产业转型升级中发挥着重要作用。如鄂尔多斯羊绒工业园、准格尔黑岱沟露天矿、东胜装备制造基地等系列工业旅游项目正加快落地，以推进产业融合，实现相关产业与旅游业融合发展。

---

❶ 数据来源：2016—2020 年鄂尔多斯市国民经济和社会发展统计公报。

❷ 数据来源：2016—2020 年鄂尔多斯市国民经济和社会发展统计公报。

③ 物流业 鄂尔多斯市依托交通枢纽区、装备制造业集聚区、煤炭化工等产业聚集区和商贸聚集区优势，建成了一批货运枢纽型、生产服务型以及综合服务型物流园区，形成布局合理、功能集成、企业集聚的物流发展体系，在辐射晋陕蒙高端服务业的同时积极向区外更远的方向延伸，发挥其作为国家物流枢纽的重要作用。

“十三五”期间，内蒙古及鄂尔多斯货运量情况如图 3-49 所示。鄂尔多斯市基本呈现逐年递增的趋势，但增长速度有所下滑。全市货运量由 2016 年的 47215.6 万吨增至 2020 年的 62104.4 万吨，增长率达到 31.5%❶。

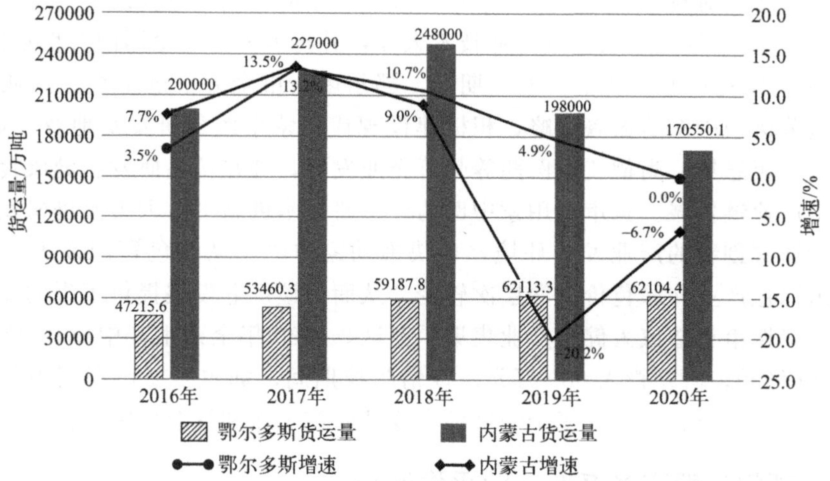

图 3-49 内蒙古、鄂尔多斯 2016—2020 年货运量及增长速度情况

④ 信息技术产业 在新一代信息技术方面，鄂尔多斯市着力打造具有国家战略承载力的云计算、大数据服务体系，通过引进云计算、云储存、云灾备等具有一定影响力的基础设施服务，推动“互联网+”在多种传统领域融合，重点构建起智慧能源、智慧城市、智慧环境和智慧安全等云计算、大数据应用示范工程，实施多个数字化产业项目，其中包括中国长城技术创新发展基地、北斗智慧工程创新产业园等。

鄂尔多斯市实现了 5G 信号全覆盖，市级 70 多个单位 400 多个系统云运行。鄂尔多斯市高新区作为国家级高新技术开发区，已经完成北京到鄂尔多斯双骨干路由百吉传输线路的建设，具备服务器总装机机房达 10 万台以上，在政务、能源、教育、医疗、交通、公安、城管等领域实现数字化运行。

在数字产业化发展方面，鄂尔多斯市投资建设了两条鄂尔多斯直达北京的 8000G 光缆传输专线，推进全市大数据产业基础框架建设。此外，全市建设了云计

❶ 数据来源：2016—2020 年内蒙古自治区国民经济和社会发展统计公报、鄂尔多斯市国民经济和社会发展统计公报。

算产业园和鄂尔多斯大数据中心，并联合三大通信运营商开通 800G 直连国家骨干网宽带。在产业数字化发展方面，全市以能源、羊绒等现有优势产业为依托，将其与大数据相结合促进产业深度融合发展。

在数字政府建设方面，鄂尔多斯市围绕“转变政府服务方式、创新政府治理模式、提升政府监管效能”的建设准则，进行数字化政府建设，并优化数字基础设施建设，从而促进数据资源共享。在智慧城市建设方面，全市实施了 22 个智慧应用项目，信用、交通、扶贫等方面智慧应用项目取得了较好的成效，有效提高了为民、便民、惠民水平。在数字人才引进培育方面，鄂尔多斯市出台相关优惠政策引进高水平人才并对科技创新予以鼓励，使数字人才能够拥有良好的发展环境。现已培养了 8500 名云计算、大数据专业技术人才，并将人才输送至国内各地数据中心。

⑤ 生物医药产业　“十三五”期间，鄂尔多斯市全力推进生物制药业快速发展，实施蒙医药中医药振兴战略，积极建设现代化蒙中医药研发基地及产业基地，培育亿利、康恩贝、尚德艾康医药等骨干企业发展，并在药品研发、健康食品等领域进行全产业链发展。全市利用蒙中医药产学研技术创新平台大力推进研发成果转化，打造适宜创新的产业发展环境，加快推动蒙中医药从绿色资源发展为绿色产业，再由绿色产业向绿色价值深层次转变，从而为该产业发展提供不竭的动力，努力把鄂尔多斯市打造成大健康产业集聚示范区。2020 年全市生产中成药 321.1 吨，产值 2.39 亿元，研发投入 580 万元。疫情防控期间，鄂尔多斯市利用中蒙药进行科技研发，在疫苗、药物等多个领域助力疫情防控工作和社会保障工作。

3.3.2 鄂尔多斯市各产业企业平稳运行

3.3.2.1 农牧业企业

(1) 农牧业企业总体概况

“十三五”期间，鄂尔多斯市加大对各类经营主体的扶持力度，截至 2019 年底，全市共计培育公司化养殖园区 525 处、家庭农牧场 1210 户、专业大户 1285 户，登记注册各类农牧民专业合作社 6436 家。全市拥有市级及以上重点龙头企业 342 家，其中国家级 3 家、自治区级 62 家、市级 277 家。从企业规模来看，鄂尔多斯市农牧业龙头企业中除鄂尔多斯集团、亿利资源集团等大型企业外，大多数企业规模较小且多为粗放式经营生产。从现有龙头企业经营情况看，2019 年年销售收入 500 万元以上的农畜产品加工企业达 150 家，占市级及以上龙头企业数量的 43.9%，创造产值近 28.44 亿元，占全市一产增加值的 23.7%，直接带动了全市近 39 万农牧民增收致富❶。

从产业角度来看，鄂尔多斯市农牧业产业结构不断调整优化，相关企业生产加工链条逐步延伸。2019 年全市 150 家农畜产品加工企业中，绒毛类企业为 49 家，

---

❶ 数据来源：鄂尔多斯市人民政府网。

数量占比 32.7%，公司从业人员达 1.1 万人，总资产近 198.2 亿元；其次为林沙等特色类企业 32 家，数量占比 21.3%，从业人员约 1 万人，总资产 69.5 亿元；粮食类企业 20 家，数量占比 13.3%，从业人员 0.3 万人，总资产 82.4 亿元；肉类企业 32 家，数量占比 21.3%，从业人员 0.2 万人，总资产 30.1 亿元；此外，饲草、乳、蔬菜、油料等其他类型企业 17 家，数量占比 11.3%，从业人员 0.1 万人，总资产 14.3 亿元❶。

从企业发展规模来看，在 2019 年销售收入过亿元的 7 家农牧业企业中，绒毛、林沙两类企业占 5 家❷，该类型企业利润占全市农牧产业总利润达到 62.1%。这两类企业在充分发挥全市资源优势的同时，也充分发挥了龙头企业经济带动作用，有效促进农牧民就业，提升该产业发展水平。以亿利、伊泰、东达等为代表的林沙产业龙头企业不断做大做强，逐步实现了林沙产业规模化经营。此外，全市建成了 5 个自治区级农牧业产业化园区，进一步加快了农牧业企业规模化、集约化及现代化发展步伐。

（2）代表企业——鄂尔多斯集团

鄂尔多斯集团作为中国羊绒服装领先企业，经过近 40 年发展，已成功入围中国 500 强企业和中国民营百强企业❸，是地方领军和行业龙头企业，企业资产总额逾 700 亿元，员工 4 万余人。公司年销售额超 500 亿元，累计利税超 300 亿元。公司与内蒙古大学展开研发合作，成立超细绒山羊育种基地，总结出科学繁育、科学养殖、信息化管理等标准化牧场建设方案。该方案一方面切实保护阿尔巴斯白绒山羊品种，促进优质羊绒资源向超细方向发展，另一方面为牧民提供科学高效的养殖方式，实现降本增收。公司在做大做强的同时，积极响应党和政府号召，履行社会责任，各牧场通过产业扶贫、定点帮扶、民生建设等多种形式与贫困地区精准对接，积极引导、帮助对接区域实现脱贫，并由此带动了一批中小企业发展，在全市范围内直接或间接提供就业岗位三万多个，培养了大批高素质的劳动者和管理者。2018 年、2019 年和 2020 年公司分别投入资金 32481 万元、32775 万元、21125 万元在贫困地区收购原料帮助牧民增收❹，同时，在牧区建设超细绒山羊推广中心和阿尔巴斯白绒山羊细化保种示范区，实现羊绒产业可持续发展。

3.3.2.2 工业企业

（1）工业企业总体概况

鄂尔多斯市工业企业在生产总量方面稳居全区首位，对全区工业的贡献率超四成，成为推动内蒙古工业经济发展的重要力量。截至 2020 年末，全市规模以上工

---

❶ 数据来源：鄂尔多斯市人民政府网。

❷ 数据来源：鄂尔多斯市人民政府网。

❸ 数据来源：人民网。

❹ 数据来源：鄂尔多斯集团 2020 年年度报告。

业企业 459 家，较 2019 年新增 31 家。其中，全市规模以上制造业企业 154 家，占规模以上工业企业数量的 33.6%。大型企业增长快于中小微企业，大型企业增加值增速与上年持平，比中小微企业增速高 10 个百分点，比规模以上工业企业高 6 个百分点[1]，大型企业对全市工业的支撑作用显著。受产业结构及市场需求变动影响，鄂尔多斯市规模以上工业企业增加值增速从 2016 年开始逐渐下降，到 2020 年规模以上工业增加值增速为负（见图 3-50）。

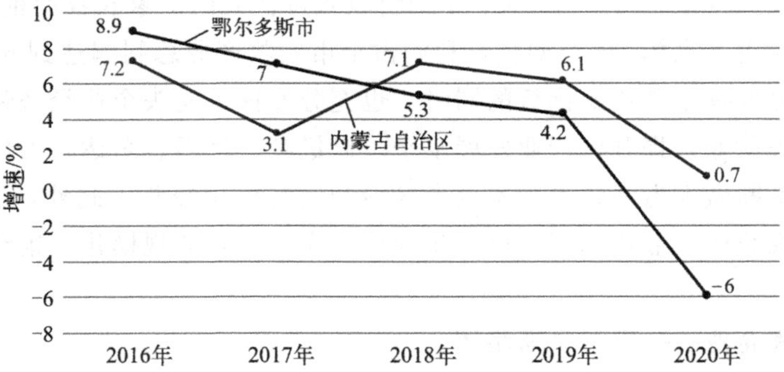

图 3-50　内蒙古自治区、鄂尔多斯市规模以上工业增加值增速对比情况[2]

根据图 3-51 分析可知，2020 年全市规模以上工业企业营业收入为 3834.8 亿元，较 2016 年下降 17.6%；利润总额为 600.8 亿元，较 2016 年下降 36%；营业收入利润率为 15.7%，较 2016 年下降 4.5%；产品销售率为 100%，高于全区规上工业产销率 0.3%，较 2016 年增长 2.5%。其中，重工业产销率为 102.72%，轻工业产销率为 100.01%[3]。

（2）规模以上工业企业创新情况

① 规模以上工业企业研发人员情况　“十三五”期间，鄂尔多斯市规模以上工业企业 R&D 活动的人力投入规模缩减，具体见图 3-52。2016 年全市规模以上工业企业参与 R&D 活动的人员共计 6805 人，其中，R&D 项目人员 5872 人，管理和服务人员 933 人。2019 年全市规模以上工业企业参与 R&D 活动的人员共计 5709 人，较 2016 年减少 16.1%。其中，R&D 项目人员 5198 人，较 2016 年减少 11.5%；管理和服务人员 511 人，较 2016 年减少 45.2%[4]。

从规模上看，2016 年全市规模以上大中型工业企业参与 R&D 活动的人员 4988 人，规模以上小微型工业企业参与 R&D 活动的人员 1817 人。2019 年全市规

---

[1] 数据来源：鄂尔多斯市人民政府网。

[2] 数据来源：2016—2020 年内蒙古自治区国民经济和社会发展统计公报、鄂尔多斯市国民经济和社会发展统计公报。

[3] 数据来源：2016—2020 年鄂尔多斯市国民经济和社会发展统计公报。

[4] 数据来源：2017 年、2020 年鄂尔多斯统计年鉴。

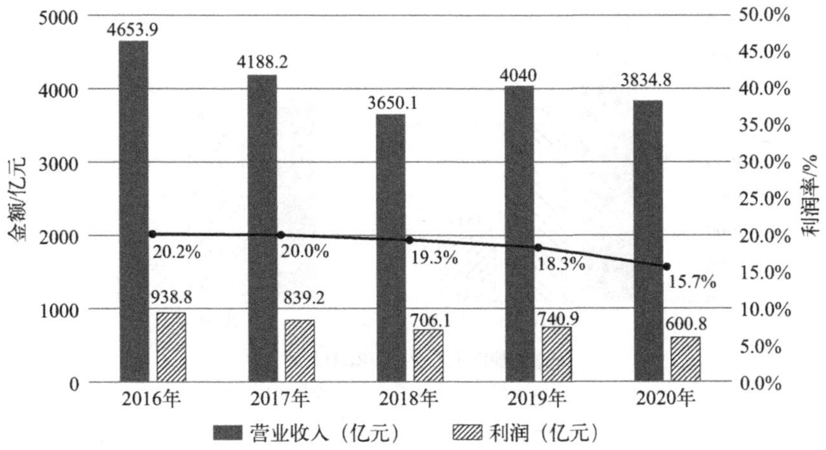

图 3-51 鄂尔多斯市 2016—2020 年规模以上工业企业营收概况

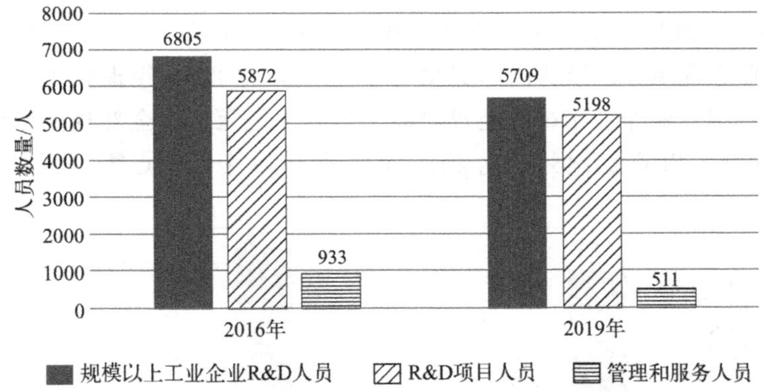

图 3-52 鄂尔多斯市 2016 年、2019 年规模以上工业企业 R&D 人员情况

模以上大中型工业企业参与 R&D 活动的人员 4688 人，较 2016 年减少 6%；规模以上小微型工业企业参与 R&D 活动的人员 1021 人，较 2016 年减少 43.8%[1]，具体见图 3-53。

② 规模以上工业企业研究与试验发展（R&D）经费情况　2016 年全市规模以上工业企业 R&D 经费内部支出 34.3 亿元，R&D 经费投入强度为 0.7%；2019 年全市规模以上工业企业 R&D 经费内部支出 37.2 亿元，较 2016 年增加 8.4%，R&D 经费投入强度为 0.9%，较 2016 年增长 0.2 个百分点[2]。

从规模上看，2016 年规模以上大中型工业企业 R&D 经费内部支出 20.5 亿元，占全部规模以上工业企业 R&D 经费内部支出的 59.7%，规模以上小微型工业企业 R&D 经费内部支出 13.8 亿元，占全部规模以上工业企业 R&D 经费内部支出的

[1] 数据来源：2017 年、2020 年鄂尔多斯统计年鉴。

[2] 数据来源：2017 年、2020 年鄂尔多斯统计年鉴。

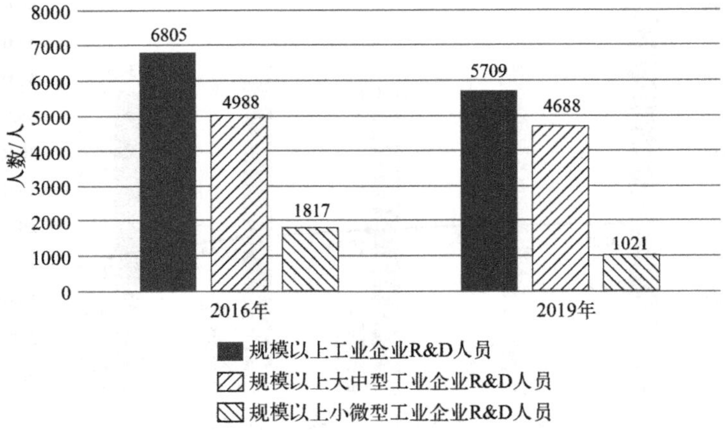

图 3-53 鄂尔多斯市 2016 年、2019 年规模以上大中、小微型工业企业 R&D 人员情况

40.3%。2019 年规模以上大中型工业企业 R&D 经费内部支出 28.5 亿元，占全部规模以上工业企业 R&D 经费内部支出的 76.6%，比 2016 年提高 16.9 个百分点；规模以上小微型工业企业 R&D 经费内部支出 8.7 亿元，占全部规模以上工业企业 R&D 经费内部支出的 23.4%，比 2016 年降低 16.9 个百分点[1]。具体见图 3-54。

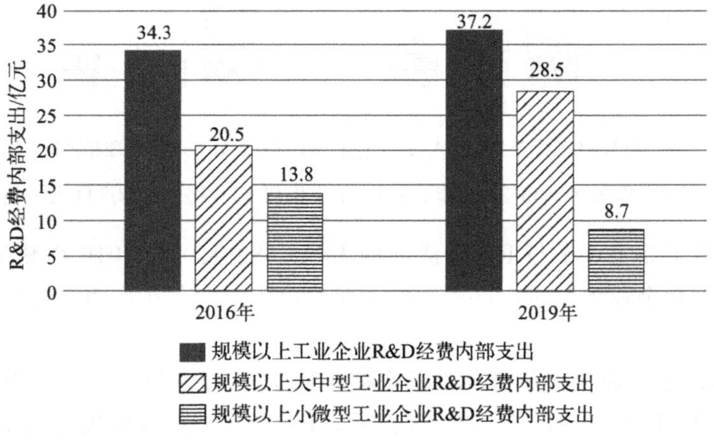

图 3-54 鄂尔多斯市 2016 年、2019 年规模以上工业企业 R&D 经费内部支出情况

从 R&D 经费支出构成来看，各项支出结构不断优化。鄂尔多斯市 2016 年未产生基础研究支出，应用研究支出和试验发展支出分别为 23015.9 万元与 319937.2 万元，两类经费所占比重分别为 6.71%、93.29%。2020 年基础研究支出为 81.7 万元；应用研究支出 11685.1 万元，较 2016 年下降 49%；试验发展支

[1] 数据来源：2017 年、2020 年鄂尔多斯统计年鉴。

出 285300 万元，较 2016 年减少 10.8%[1][2]，具体见图 3-55。

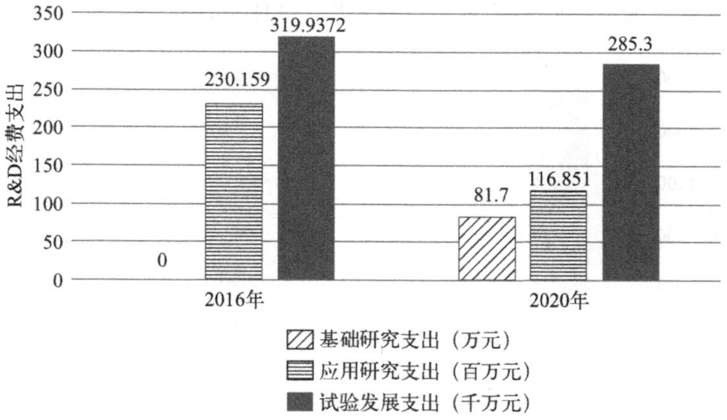

图 3-55 鄂尔多斯市 2016 年、2020 年规模以上工业企业 R&D 经费支出结构情况

③ 规模以上工业企业办科技机构情况 “十三五”期间，鄂尔多斯市规模以上工业企业拥有科技研发机构数量呈现略微下降趋势，其趋势见图 3-56。2016 年全市规模以上工业企业拥有科技研发机构 24 家，其中，大中型机构有 15 家，小微型机构有 9 家。2019 年全市规模以上工业企业拥有科技研发机构 17 家，比 2016 年减少 7 个，其中，大中型机构有 10 家，比 2016 年减少 5 家；小微型机构有 7 家，比 2016 年减少 2 家[3]。2020 年全市规模以上工业企业科技研发机构 16 家，较 2019 年减少 1 家，较 2016 年减少 8 家。

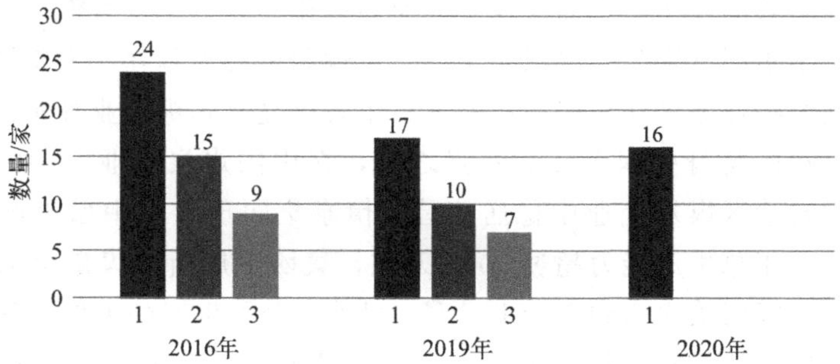

图 3-56 鄂尔多斯市 2016 年、2019 年、2020 年规模以上工业企业办研发机构情况

1—科技研发机构；2—大中型机构；3—小微型机构

2016 年鄂尔多斯市规模以上工业企业办研发机构经费支出 6.1 亿元，科技研发机构人员 1916 人。其中，博士毕业 76 人，硕士毕业 326 人。2019 年规模以上工业企业办研发机构经费支出 4.6 亿元，较 2016 年减少 24.6%，科技研发机构人

---

[1] 数据来源：2017 年、2020 年鄂尔多斯统计年鉴。

[2] 数据来源：年度数据-盟市数据、内蒙古统计综合数据平台。

[3] 数据来源：2017 年、2020 年鄂尔多斯统计年鉴。

员1226人，较2016年减少690人。其中，博士毕业33人，较2016年减少43人；硕士毕业139人，较2016年减少了187人❶。具体见图3-57。

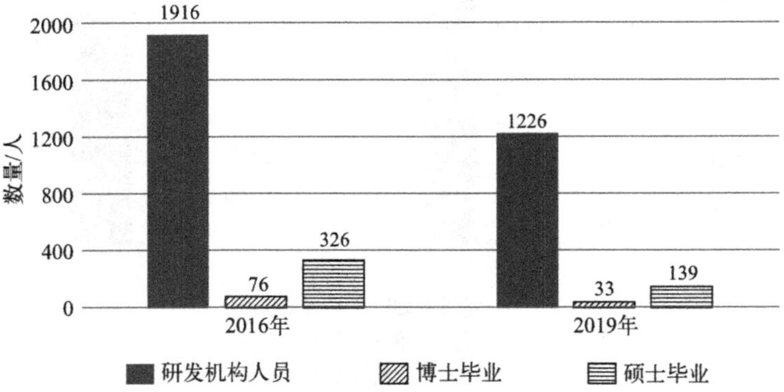

图3-57 鄂尔多斯市2016年、2019年规模以上工业企业办研发机构人员情况

(3) 代表企业

① 能源企业 在国家“碳达峰”及“碳中和”的战略目标指导下，鄂尔多斯市正在积极推动能源企业绿色转型。内蒙古准格尔经济开发区、内蒙古博大实地化学有限公司、内蒙古亿利冀东水泥有限责任公司以及内蒙古亿利制药有限公司等3个绿色园区、9户绿色工厂和2个绿色产品入选国家级绿色制造名单；蒙西高新技术工业园区成为自治区高新技术园区和国家循环经济示范园区；大路煤化工工业园区采用130多项技术，高效综合利用其煤化工产生的粉煤灰、矸石等污染物、废弃物，达到降本增效的作用，从而实现了产业高端化、绿色化发展❷。

内蒙古伊泰集团有限公司以煤炭生产、运输和销售为基础，主要经营铁路、煤化工业务的同时将业务延伸至房地产开发、生态修复及有机农业等非煤产业。历经多年发展，公司已跻身中国企业500强之列，在中国煤炭企业50强中排名第17位，在内蒙古自治区煤炭企业中稳居榜首。伊泰集团现有大中型生产矿井14座，在建矿井2座，年总生产能力超过5000万吨，集团下属所有煤矿全部实现了综合机械化开采，采区回采率达到75%以上❸。另外，公司生产的天然“环保型”优质动力煤具有低灰、特低磷、特低硫、中高发热量等特点，凭借这一优势，“伊泰”商标成为全国煤炭行业的一枚“中国驰名商标”，“伊泰精煤”被认定为“国家免检产品”。在煤炭资源整合过程中，伊泰集团引领地方煤炭企业走新型工业化道路，实现了地区煤炭生产高效集约化；同时伊泰集团坚持“绿色”发展理念，通过清洁生产、植树减碳等方式，深入实施生态保护建设工程，累计投资近4亿元，完成杭锦旗库布齐沙漠碳汇林建设50万亩，造林34万余亩，防风固沙达到86万亩，年

---

❶ 数据来源：2017年、2020年鄂尔多斯统计年鉴。

❷ 数据来源：鄂尔多斯市人民政府网。

❸ 数据来源：内蒙古伊泰集团有限公司官网。

均固碳量约 8.1 万吨，搭建了鄂尔多斯市绿色生态屏障[1]。

② 化工企业 鄂尔多斯市化工企业以科技创新推动下游化工产品向精细化、高附加值方向发展。伊泰煤基新材料研究院投入 395 万元重点研发的特种蜡项目即将批量生产；鄂尔多斯市大路园区建成全球首套万吨级二氧化碳制芳烃工业试验项目，该项目由内蒙古久泰集团、中国成达集团和清华大学共同研发；内蒙古伊泰宁能精细化工有限公司年产 50 万吨费托烷烃精细分离项目获得内蒙古自治区 2020 年科技成果产业化专项资金 500 万元；伊泰煤制油浓盐水结晶分盐项目将煤化工下游产生的浓盐水全部回收并制取氯化钠、硫酸钠，这是鄂尔多斯现代煤化工产业链向另一个终端延伸的破冰之旅。内蒙古博大实地化学有限公司是鄂尔多斯首家进军煤化工领域的化肥企业，单套装置产量超百万吨，连续三年被全国氮肥工业协会评为“节能减排先进企业”。

国家能源集团鄂尔多斯煤制油分公司位于伊金霍洛旗，拥有 108 万吨/年的煤直接液化商业化生产线、18 万吨/年的煤间接液化生产线和亚洲首个 10 万吨/年的全流程二氧化碳捕集封存示范装置。公司建成世界首套百万吨级煤直接液化项目，该项目作为我国节能减排的重要示范工程，主要解决煤炭行业清洁高效转化、产能过剩等问题，同时也是我国石油替代战略的重要成果。该项目累计获得专利 266 项，制定企业产品标准 8 项，保障了国家能源安全，使我国成为全球唯一掌握百万吨级煤直接液化关键技术的国家[2]。疫情防控期间，公司制定远程办公、一线轮岗的工作机制，全力保障柴油、汽油、液化气的生产活动，以此切实满足各地用户需求，改善了运输资源紧张的状况。

③ 冶金企业 鄂尔多斯市冶金产业各企业以技术创新为支撑，将“资源就地转化、节能减排降本、综合高效利用”的循环经济模式融入企业发展过程中。内蒙古蒙泰集团有限公司作为鄂尔多斯市电解铝的龙头企业，在原铝产业及铝精深加工产业已成功构筑了一条以高端铝合金材料生产和深加工为主体的“煤-电-铝-材-深加工”一体化产业链，走出了一条资源开发与生态建设协调发展、传统产业与科技创新相互支撑、产业循环与转型升级齐头并进的高质量发展道路。公司员工 7000 余人，资产总额近 300 亿元。2020 年公司生产电解铝 50 万吨，产能利用率 100%，电解铝就地转化率 2%。公司依托上海交大在高端铝合金材料方面的技术和人才支撑，2019 年投资建设了 20 万吨/年高端铝合金材料、坯料生产项目。2020 年初，公司整体收购了欧洲第二大铝深加工企业 APT 公司，该公司铝深加工产能 13 万吨/年，产品主要出口欧美市场，客户群体主要为高端汽车、工业电气、建筑型材等领域知名企业，如奔驰、宝马、西门子、旭格等[3]。

---

[1] 数据来源：内蒙古伊泰集团有限公司官网。

[2] 数据来源：鄂尔多斯市人民政府网。

[3] 数据来源：内蒙古蒙泰集团有限公司官网。

内蒙古蒙泰集团有限公司以科技创新发展为主线，引领产业转型升级，开展技术研发活动，提升产品科技含量和附加值。公司与国内外高校、科研院所围绕构建环保现代的全铝产业链开展多方面项目合作，在高铝粉煤灰制备铝硅合金技术的研发及产业化应用领域取得重大突破，并研究开发出高性能铝合金材料、高铝粉煤灰综合利用、无人飞行器与快递柜等新型项目或产品，实现科研创新业务多点开花。

④ 装备制造企业　“十三五”期间，鄂尔多斯市装备制造工业园区鼓励企业通过联营、收购等方式引进合作项目，共引进汽车制造、能源装备制造等各类项目88项。其中，中车集团风机整机及叶片制造、紫荆创新研究院鄂尔多斯技术转移中心等46个项目已落地，累计储备山东重装集团煤矿成套设备制造、中国巨石集团新材料等项目52个[1]。2020年由中兴特种车辆制造有限责任公司生产的MK3950HD油电混合动力矿用自卸车、MK3950A矿用自卸车、集装箱运输半挂车以及由内蒙古必选机械制造有限公司生产的矿用防爆遥控多功能模块车被认定为内蒙古首台此类技术装备；瑞隆汽车动力有限公司生产的SQRE4G15C国六发动机和内蒙古必选机械制造有限公司矿用国三排放防爆组合式电控单体泵柴油机被认定为内蒙古关键零部件首批次产品。

⑤ 新能源汽车企业　由内蒙古捷氢科技有限公司和上汽红岩汽车有限公司内蒙古分公司联合打造的全球首个万辆级氢能重卡产业链项目于2021年10月13日在鄂尔多斯市正式启动。为引领北疆地区的新能源重卡发展，上汽红岩分公司计划在上汽红岩鄂尔多斯新能源重卡基地打造全球首个新能源重卡示范应用项目。一期项目计划于2023年底完工投产，主要建设内容为新能源重卡整车装配厂、试车道及其配套设施；二期预计在2024年底完工投产，主要建设内容为新驾驶室焊接、涂装厂房以及进一步改造扩建总装厂。此外，基地将引进大规模的AGV智能工厂用以建设数据工厂，预计90%以上达到智能化，实现全过程数字化管理并做到柔性生产。捷氢科技建设的鄂尔多斯燃料电池产业基地，一期主要建设燃料电池发动机系统和氢系统工厂，于2022年8月成功封顶；二期将于2024年完工投产，主要建设内容为扩建电池电堆生产线。上汽红岩氢能重卡的应用替换能够帮助公司减少二氧化碳约50万吨/年的排放量，助推鄂尔多斯实现“北疆绿氢城”。

⑥ 新材料企业　鄂尔多斯市新材料企业通过自主研发或引进新技术消化吸收再创新，在新材料领域不断取得突破。内蒙古伊诺新材料有限公司的费拓烯烃制高碳醇项目建设共计23个单元（单位工程），于2019年5月开始设计并于同年10月开工建设。高碳醇项目占地面积205.37亩，计划投资3.63亿元，设计年产能2万吨；采用青岛三力本诺公司拥有自主知识产权的烯烃氢甲酰化技术，以内蒙古伊泰化工有限责任公司生产的混合烯烃为资源，生产以C5及以上长链烯烃为原料的C6等具有高附加值的高碳醇产品，替代同类进口产品，满足国内需求，实现煤制油产

[1] 数据来源：内蒙古自治区能源局网。

业链延伸，提升产品附加值，对国内高碳醇市场健康发展具有重要的战略意义。在整个煤炭深加工市场下行的大环境下，为煤炭深加工及企业转型升级走出一条切实可行的发展之路。

3.3.2.3　服务业企业

(1) 服务业企业总体概况

在“十三五”期间，鄂尔多斯市服务业企业受到了新冠疫情的严重冲击及经济下行压力的持续影响，市委、市政府针对服务业企业大力开展纾困帮扶，相继出台一系列减税降费的优惠政策。随着政策的落实到位，企业营业压力得到缓解，市场主体活力被进一步激发，企业经营步入正轨，不仅对冲了因新冠疫情导致的企业经营成本增加问题，企业生产生活逐步恢复的同时企业赢利能力也在稳步提升。2020年末，鄂尔多斯市服务业单位数量为 284 个，占全区服务业单位的 16.7%；全市规模以上服务业企业应交增值税 7.9 亿元，同比下降 32.9%；所得税费用 5.1 亿元，同比下降 39.7%；税金及附加 2.3 亿元，同比下降 20.2%。全市规模以上服务业企业中共 167 家企业获得营业利润，占全部规模以上服务业企业的 62.3%，较前三季度提高了 7.7%[1]。

(2) 代表企业

① 金融保险企业　鄂尔多斯市人民政府牵头与中国农业银行鄂尔多斯分行签订了战略协议，为全市乡村产业振兴经营主体提供金融扶持。通过金融扶持突出主导优势特色产业、聚焦重点区域，在全市范围内推行“党支部＋龙头企业＋合作社＋农牧户（贫困户）”等产业发展模式。截至 2019 年底，全市金融机构共扶持乡村产业振兴支持项目 251 个，放贷 3.3 亿元，撬动经营主体投资 11.1 亿元，实现经济效益 21 亿元[2]，极大地缓解了经营主体融资难、融资贵的问题，保障农牧户持续增收致富。

2019 年，经过一年的扶持引导，鄂尔多斯市通过订单合同、服务协议、入股分红等多种方式，探索创新了产业化联合体或区域型产业“整体授信＋分户使用＋循环使用”的金融扶持模式，形成了适合当地发展的“龙头企业＋合作社＋农牧户（贫困户）”和“合作社＋农牧户（贫困户）”组织合作模式，各主体间构建了紧密型利益联结模式，示范带动 2 万余户农牧户增收致富，且紧密型农企利益联结比例由 53%提高到 58%，涌现出了“杭锦旗吉日嘎朗图镇葵花产业化联合体项目”“鄂托克旗阿尔巴斯白绒山羊羊绒产业化联合体项目”“鄂托克前旗城川镇果蔬产业化联合体项目”等金融机构扶持乡村产业振兴项目典型案例。

保险公司作为社会风险管理和保障的关键主体，在扶贫、大病医疗、新农合医保、政策性农险、种养殖业保险、各种责任险、交通事故快速处理、系统风险管控

---

[1] 数据来源：鄂尔多斯市人民政府网。

[2] 数据来源：鄂尔多斯市农牧局官网。

等领域发挥着越来越重要的作用。“十三五”期间，鄂尔多斯市保险公司数量情况如图 3-58 所示，其中，2020 年末全市共有保险公司中心支公司 40 家，较 2016 年增加 7 家；中支以下各级保险机构 252 家，较 2016 年增加 9 家❶。

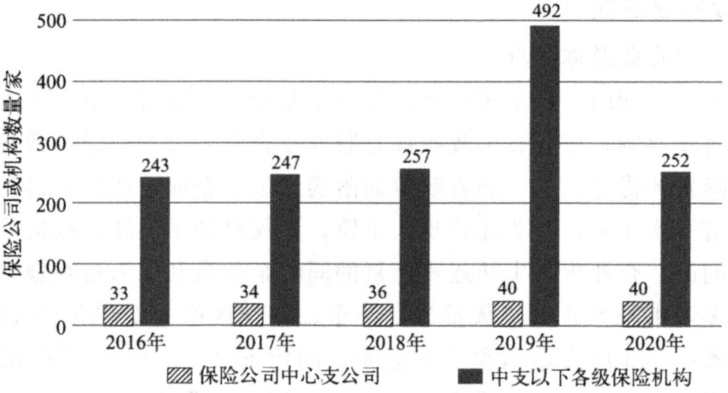

图 3-58 鄂尔多斯市 2016—2020 年保险机构数量

② 旅游企业　鄂尔多斯市文化旅游发展集团有限公司作为全市文旅产业的龙头企业，确定了“重轻资产运营，精重资产投入”的发展定位，积极发挥国有企业资源整合、平台引领带动作用，培育拓展景区景点、酒店经营、旅游商贸、会展传媒、研学培训等业务板块，争做鄂尔多斯文旅产业的发展者、推动者，争当人民美好幸福生活的创造者、引领者。

2020 年，市文旅集团着力构建文旅竞争新优势、新业态，推动形成“线上线下结合、业务板块联动、全员主动参与、奖惩机制明确”的全方位营销格局，在促进国有资产保值增值的同时，助力全市文旅产业的高质量发展，完成营销业绩 3312 万元❷，实现营业收入 3676 万元，较 2019 年同比增长 20%。为了深入实施创新驱动发展战略，市文旅集团聚焦“文旅＋”新业态，举办了汽车旅游文化节、“乐享鄂尔多斯”草原音乐美食季等一系列“文旅＋”活动，共融共兴撬动产业升级，提高了鄂尔多斯市在全国的知名度和影响力。

③ 物流企业　2020 年，鄂尔多斯市已基本构建 16 大物流园区。从功能上看，鄂尔多斯市物流园区主要以煤炭仓储配送、快递和电商为主。全市共建设物流项目 128 个，投资近 400 亿元；具有一定规模的物流企业达 923 家；规模以下从事与物流相关的企业超 3000 家。其中生活性物流企业 739 家，生产性物流企业 184 家，4A 级物流企业 2 家，商品配送中心 15 家，快递网点 359 个❸。全市已培育形成了鑫聚源、易兴、泰发祥、鑫正元等一批本土物流企业以及安达、百家汇、美特好等

❶ 数据来源：2016—2020 年鄂尔多斯市国民经济和社会发展统计公报。

❷ 数据来源：鄂尔多斯日报。

❸ 数据来源：东胜区人民政府网。

一批商业连锁企业。宅急送、德邦物流、中通等国内知名快递物流企业以及苏宁电器、国美电器、居然之家、万达广场等国内知名商业连锁企业均在鄂尔多斯市选址落地。

“十三五”期间，在全国经济下行压力加大的宏观环境下，鄂尔多斯市物流企业整体呈现稳中有进的运行态势，物流需求不断扩大，物流行业整体发展状况大有改善。

④ 信息技术中心　2020 年，鄂尔多斯市高新区云计算数据中心项目共投入资金超过 32 亿元，并计划兴建 15 幢标准数据中心，总面积将达到 20 万平方米，能承载约 60 万套标准服务器。现已完善的云计算技术设施有鄂尔多斯与北京之间的路由传输、网络宽带等，项目吸引了云泰互联等多家企业入驻，采用多种方式进行项目建设，同时重点引入一些数据中心工程、经营类的公司。

高新区云计算数据中心已建立起大数据机柜 8000 多个，可支持 16 万台服务器运行。公司重点引进了云计算、超算、离线计算、人工智能、大数据备份、动画渲染、工业互联网等新项目，并吸引滴滴打车、润德骥图、京东云等项目入驻。

2020 年高新区内已有国家高新技术企业孵化器 1 个，国家众创空间 1 个，创业园 3 个，企业技术创业与育成中心 1 个，创新孵化面积超过 3.4 万多平方米。高新区云计算数据中心入驻的电商类公司已有 103 家，累计销售收入超过千万元。未来，园区将引进电子商务类、电商产业链上下游公司、网络安全、物联网等各类企业，以期进一步构建功能齐全的数字经济产业园[1]。

⑤ 生物医药企业　鄂尔多斯市尚德艾康医药有限公司于 2016 年成立，是由鄂尔多斯市高新技术产业开发区引入的高科技生物医药创新型公司。企业研发的抗脑胶质瘤药物 ACT001 项目是国家“十二五”“十三五”新药创制科技重大专项，该项目在 20 多个国家拥有专利授权，其中包括中国、美国、欧盟 17 国、日本等。2016 年 3 月 ACT001 在澳大利亚首次获得临床试验批准，同年 9 月，这项实验被应用于人体。ACT001 于 2017 年 5 月被国家食品药品监督管理总局批准了临床试验批件，同年 10 月在天津市肿瘤医院开展了临床试验。ACT001 在 2017 年通过了美国食物药监局（FDA）的审查，取得了“孤儿药物”地位，2021 年在美国、欧盟、中国进行了多中心的临床二期实验。该药是由中国自主研制并进入发达国家开展临床试验的世界创新药物，突破了发达国家多年来在创新药物方面形成的技术壁垒。

3.3.3 鄂尔多斯市企业发展存在的问题

3.3.3.1 农畜产品品牌企业发展滞后

鄂尔多斯市农畜产品行业仅由鄂尔多斯、东达蒙古王等少数优质品牌支撑，行业整体呈现品牌小而杂的特质，难以实现产品的大范围推广。作为比较有影响力的

[1] 数据来源：鄂尔多斯市统计局。

民族品牌集中地，鄂尔多斯市农畜产品企业针对品牌的定位、宣传及推广等相关工作普遍不够重视，缺乏针对品牌营销的投入，导致传统民族品牌企业活力不足、发展滞后等，既影响了当地居民的收益，也阻碍了企业的发展，更降低了内蒙古的农畜产业影响力，不利于当地的经济发展。究其原因：首先，经营管理不善。部分企业采用牺牲产品质量、压低产品售价的方式进行恶性竞争，产生了劣币驱逐良币的效果，导致行业品牌信任度下降，影响了后续发展。另外，部分企业管理理念落后，产能较低，导致产品成本居高不下。其次，行业创新投入不足，导致产品创新能力弱。鄂尔多斯市传统产业同质化发展严重，冶金、乳制品、羊毛制品等产业严重依赖当地的自然条件，在生产过程中因循守旧，没有根据时代变化创新生产工艺和创新产品，导致产品不符合消费者需求。此外，鄂尔多斯市传统产业产品销售渠道单一，虽然拥有高品质产品，但受销售渠道限制难以扩展市场。最后，营商环境欠佳。良好的营商环境尚未建立起来，地方政府缺位越位的情况比较严重，甚至阻碍了企业发展。而东南沿海地区营商环境愈加优化，对人才、资金等要素吸引力愈发增强，使得当地部分企业外迁。

3.3.3.2 能源化工企业产业链条短、产品高端化终端化水平低

鄂尔多斯市作为国家清洁能源输出的重要基地，担负着保障国家能源资源安全、高效利用清洁资源及加速探索产业转型的使命。但在输出清洁能源的过程中，鄂尔多斯市能化产业发展中存在诸如能化企业煤炭转化停留在低端初级化产品，“挖煤卖煤”发展模式未得到有效转变等问题。虽然鄂尔多斯市大力引进了部分优质新兴产业项目，但整体产业结构仍以能源及延伸产业为主导，依然存在能源企业产业链短、产品终端高附加值能力弱的问题，相关产品仍然以煤炭、电力、化工等资源或初级加工产品为主。由此可以看出，鄂尔多斯市能化企业仍存在产品结构单一、未形成完整产业链及缺乏精深加工等问题。

3.3.3.3 工业结构偏“煤”，节能工作落实不到位

受产业结构限制及节能效益不佳等因素影响，鄂尔多斯市工业产业在“十三五”期间能耗大幅提升，且未取得良好的经济效益，致使单位生产总值能耗不降反升。鄂尔多斯市工业产业因煤而起、而兴，其既有产业体系多与煤炭相关，城市工业的主力产业为煤炭开采、发电等高相关联产业（程利霞，2020）[32]。随着火电、煤化工、冶金建材等高耗能产业的快速发展，鄂尔多斯市相关工业企业亟须转型发展，由此节能降耗、减排的需求不断增大。2018 年是内蒙古能耗“双控”拐点之年，但鄂尔多斯市承接了一批煤化工高耗能项目，带动当地高耗能产业消费需求增加的同时也造成了当地能耗快速增长、碳排放过量等问题，使当期控制碳强度目标任务未按要求完成。其次在节能工作方面，鄂尔多斯市“十三五”能耗“双控”目标未能完成，也有部分企业能源利用水平偏低、用能管理不完善的原因。企业只关注生产活动带来的绩效提升，而忽视了开展节能降耗活动的重要性，组织内部尚未

搭建有效的监测考核体系追踪相关活动的进展。

3.3.3.4 建筑业企业高质量发展水平有待提升

近年来，鄂尔多斯市建筑业企业不断发展，取得了一定的成绩，但产业集中度不高、规模较小、创新不足等问题仍然明显，与鄂尔多斯经济社会发展的要求存在一定距离。

一是产业集中度不高，同质化竞争激烈。鄂尔多斯市建筑业企业组织形式及生产水平相近，产业整体集中度不高，且多依靠同质、基础产品参与市场竞争，存在产能过剩、生存压力较大等问题。二是建筑企业总量规模偏小，竞争实力弱。2020年全市总专包建筑企业188家，占全区企业数的16.1%；行业总产值达119.2亿元，占全区总产值的3.4%[1]，主要指标占全区比重都较低。三是资金短缺，融资渠道不畅。受行业特性及企业规模等要素影响，鄂尔多斯市建筑企业资产负债率偏高，提升其融资难度，同时加大了企业经营风险，造成企业经营发展的恶性循环。四是缺乏专业人才支撑，创新意识不足。建筑业企业内部从业人员多为技术型，而高级技术管理人才匮乏，影响了企业整体发展及竞争力的提升。

3.3.3.5 生产制造型企业技能人才队伍建设有待加强

产业的发展离不开人才的支撑，然而鄂尔多斯市技能人才仅占全市从业总人数的30%左右，且高技能人才多集中于内蒙古自治区直属、大型企业，中小企业持有量较少，因而中小企业缺少推动企业创新发展的智力支撑，鄂尔多斯市政府需关注生产制造中小企业技能人才队伍的建设问题。一是技能人才新增就业意愿低。受传统观念和负面舆论影响，认为技能人才就是工人，层次不高。随着近年来化工行业安全事故曝光率增高，化工行业就业意愿明显下降，民众“谈化色变”。二是生产及研发人员稀缺。一线工作环境艰苦且工作量巨大使得当地生产制造企业缺少一线生产人员和操作人员。此外，还缺少能够进行一线研发、试验、质检及设备高精维修方面的综合技术人才。三是高技能人才评价机制不够健全。许多企业亟需的核心技术工种被排除在高技能人才队伍之外，国家实行职业资格目录制度后，大量技术工种的资格鉴定被取消，致使技术人才对取证积极性不高。四是客观条件阻碍技能人才流入。相关产业选址多处于城市郊区，且厂区配套资源如医疗、学校等设施不足，难以吸引人才流入；受生存压力影响，企业开出的薪资待遇、人才晋升途径及绩效考核等指标体系难以满足员工需求，导致人才育留难现象突出。五是鄂尔多斯市缺乏完整的人才政策支撑体系。政府未建立相关的引导机制提升企业与高校合作培养人才的积极性，人才补贴政策尚不完善。

3.3.3.6 生产性服务业企业发展有待进一步提升

鄂尔多斯市为推动当地经济高质量发展，出台了关于资金、场地等多方面的政

---

[1] 数据来源：2020年内蒙古自治区国民经济和社会发展统计公报、鄂尔多斯市国民经济和社会发展统计公报。

策以推动当地现代服务业的发展，截至2020年实现产业增加值1392.48亿元，较2019年同比增长1.3%❶。鄂尔多斯现代服务业虽取得一定发展，但整体发展水平仍与发达地区存在较大差距。究其原因：一是鄂尔多斯市生产性服务业结构仍以货物运输、仓储和邮政快递服务等传统行业为主，其交易结算、物流运输等软硬件现代化程度较低且服务质量和服务水平不高；二是产品运输环节成本过高，影响产品附加值；三是企业缺少发展规划，技术创新实力薄弱，难以支撑企业可持续发展。

3.3.4 对策及建议

3.3.4.1 推动和促进农畜产品品牌企业发展

鄂尔多斯市应鼓励企业实施品牌战略，提升产品品牌知名度。一是政府应重视当地产品品牌的宣传推广，在各种会议、论坛上宣传本土优质企业及产品；二是政府应发挥引导作用打造当地区域公用品牌，设立标准逐步创建不同类型品牌，加强产业根基的同时保护当地产品优势，并在此过程中扶持龙头企业，整合优势资源，不断壮大本土品牌声誉（长青，2021）[19]；三是企业内部培育专业设备及人才，不断完善内部标准化生产制度保障产品安全质量，并积极参与“三品一标”认证，努力打造深受消费者喜爱的高质量拳头产品；四是政府应出台本土品牌补贴政策并将其落地，以此提升企业参与各类推介会、扩宽销售渠道、打响品牌知名度的积极性，推动品牌优势转化为经济效益，实现本土产品的高质量、高效益输出。

3.3.4.2 以“产业链延拓”为抓手实现能化企业提质增效

鄂尔多斯市应充分利用自身优势，将其与产业发展需求相结合，寻求发展突破口，提高能化企业纵向延伸、横向联合的能力，由此提升产品附加值实现产业高端化发展（张璐，2019）[8]。当地能源化工企业具备充足的甲醇、乙二醇、液氨等化工原料，可与轻纺类企业实现优势互补，将自身产业链延伸至化学合成纤维产业，并在此基础上与当地知名服装品牌合作构建轻纺工业基地。同时，当地能化企业还可借助所拥有的化工原料与装备制造型企业开展协同合作，将产业链向高性能橡胶、塑料制品、新材料等产业延伸。鄂尔多斯市还应依托当地资源优势引进具有国际竞争力的企业和技术，在培育、引进产业链终端企业的同时，打造具有独特资源优势的全产业链、现代化的生产基地及终端产品加工制造基地，由此推动当地能化产业链高端化发展。

3.3.4.3 产业“腾笼换鸟”，工业企业节能增效

鄂尔多斯市能耗形势十分严峻，倒逼本地经济社会加快低碳转型。为此，建议鄂尔多斯市借鉴先进地区经验，结合地方实际，研究出台鼓励盟（市）产业“腾笼换鸟”的政策，引进和搭建更多绿色基金、产业基金平台，支持地方绿色高质量发

---

❶ 数据来源：2020年鄂尔多斯市国民经济和社会发展统计公报。

展；坚持生态优先、绿色发展的理念，吸收、合并及淘汰当地“小散乱污”企业以助推鄂尔多斯市现代煤化工产业绿色、环保转型，塑造可持续发展竞争力；同时大力发展当地的新技术产业和现代服务业。在此过程中，各产业企业努力降低产品生产耗能、增加产品附加值，推动当地产业结构的低碳、绿色发展，逐步形成一系列完善的低碳经济体系。

鄂尔多斯市还应鼓励工业企业在生产加工过程中节能增效，保障合理用能、限制过度用能，真正从实际行动中落实绿色发展理念，加快相关产业形成资源节约、环境友好的生产方式，推动全市经济持续健康发展，加快建设以生态优先、绿色发展为导向的高质量发展先行区。在此阶段，还应加强对重点用能企业的能耗“双控”目标考核，定期发布能耗“双控”形势监测预警；同时还应进行分析研判，完善奖惩问责机制，强化考核“指挥棒”导向作用，倒逼本市各级政府和企业重视节能工作。此外，还应关注煤矸石、粉煤灰等大宗工业固体废物的排放，提升企业资源利用效率的同时进行减量化排放，以此打造鄂尔多斯市大宗工业固体废物资源综合利用基地。

3.3.4.4 积极推动建筑企业高质量发展

在鄂尔多斯市经济高质量发展的过程中，建筑业的地位和作用越来越重要，未来鄂尔多斯市建筑业必将开启一个新的时代，迎来崭新的局面。为建设美丽鄂尔多斯、实现富民强市，做出新的更大贡献，现提出以下建议：

一是加快引导企业转型升级，增强建筑企业的竞争力。鄂尔多斯市政府部门应当通过相关政策激励当地一级资质企业构筑特色品牌，提升产业集中度；同时引导二、三级资质企业整合资源，在提升产品品质的过程中不断实现资质升级。二是加快产业结构的调整，推动相关企业可持续发展。鄂尔多斯市建筑企业应由以土木工程、房屋建筑为主的传统经营方式向能源、交通及水利等基础设施建设转移，不断开拓市场，实现多元发展。三是加强建筑业人才培养，实施人才兴企战略。针对建筑队伍存在的人才缺乏、雇员素质低、人员流动性大等问题，建立健全高级管理人才和专业技术人才的培养体制，加强人力资源开发；应对相关从业人员的职业资格及技能考核等选拔、培训制度进行完善，不断变革体制机制，完善用人制度，努力实现人才引得进、留得住，进而构建高素质专业技术人才体系。四是全力扶持本地企业使其做大做强。当地政府应引导建筑企业抓住发展契机，积极承接当地基建项目，同时政府选择承接本市重大建设工程项目时优先选择本土企业，提升其参与率；此外，政府应为本地企业提供相关的金融政策支持，确保企业全力参与项目实施。

3.3.4.5 加强生产制造型企业技能人才队伍建设

鄂尔多斯市在新时期通过推动生产制造型企业数智化转型升级，实现新旧动能转化。在此过程中，需各级政府加强技能人才队伍建设，从而推动经济社会高质量发展。一是鄂尔多斯市应大力营造有利于高技能人才成长的社会环境，使技能人才成为广大劳动者的职业选择和目标追求。二是政府应健全技能人才成长的激励机制，特别要注重提高技能人才的政治地位。三是鄂尔多斯市应加强“校企合作”，加快发展现代职业教育。对于校企合作中大力投入教育事业的企业予以免税或加大政策性经济补贴，制定将未列入国家职业资格鉴定目录的企业关键核心技术工种纳入政府培训补贴实施范围的办法。四是政府应对接国家、自治区高技能人才培养奖励政策，总结借鉴大型企业集团和发达地区培养技能人才的先进经验，完善和落实鄂尔多斯市技能人才培养奖励的配套政策。五是鄂尔多斯市应充分发挥企业人才培养的作用，引导和督促企业依法建立和完善职工培训制度，建立合理的薪酬机制。

3.3.4.6 加快发展服务型企业

鄂尔多斯市在发展第二产业的过程中需要创造条件推动第二、三产业的融合，以期构建优质高效、竞争力强的现代服务业体系。鄂尔多斯市应制定针对性强的产业政策，着重发展生产性服务型企业，比如研发设计、信息技术及物流快递等相关服务企业，重点培育电子商务、商贸流通、文化娱乐等发展潜力大的生活性服务型企业。具体分为以下几点：一是政府支持引导市高校、事业单位参与各类项目的建设，着力培育一批高水平企业或研发机构，促进煤炭、电力等行业企业向生产性服务型企业转变，进而构建鄂尔多斯市能源、技术和服务共同对外输出格局。二是政府要培养一批金融、物流、信息等服务行业龙头型企业以支撑当地经济全方位、多角度发展（张璐，2020）[18]。如鄂尔多斯市物流行业需充分利用数字信息技术，建立起辐射全国范围的智能物流系统，进一步推动行业的优化整合，使本市及周边地区货畅其流，物尽其用。三是政府应加大传统企业数智转型的创新投入。当地政府应不断提升相关产业的大数据应用效率，提升所涉及生产性服务业的智能水平，使企业从“制造”向“智造”转变以扩展服务领域及相关功能，从而推动相关产业纵向延伸。四是政府要设立服务业企业发展引导资金，以鼓励和引导社会资本向服务业领域倾斜。综合运用补助、资本金入股、贷款担保、奖励等方式，加大对服务型企业提升研发设计、检验检测的服务水平及专业化和规模化能力的支持力度。

第四章

内蒙古人力资源环境与企业社会责任

4.1 内蒙古人力资源发展概况

4.1.1 内蒙古人力资源发展向好❶

4.1.1.1 内蒙古人力资源概述

内蒙古自治区作为我国北部边陲省份，地跨华北、西北和东北，幅员辽阔，资源丰富，发展潜力巨大，其战略地位极为重要，是我国向北开放的重要桥头堡（陈左玲，2021）[22]。

改革开放 40 多年来，内蒙古自治区依靠资源带动经济飞速发展，人民生活欣欣向荣，各民族和睦相处。第七次人口普查数据显示，截至 2020 年底，内蒙古自治区常住人口 2404.92 万人，占全国总人口的 1.70%，全区常住人口中，城镇人口数量为 1622.75 万，占 67.48%，乡村人口数量 782.17 万，占 32.52%，与 2010 年第六次全国人口普查相比，城镇人口增加 250.73 万人，乡村人口减少 316.44 万人，城镇人口比重上升 11.95%，城镇化进程明显加快。2019 年人口自然增长率为 2.73‰，出生率 8.23‰，死亡率 5.5‰，同 2018 年相比新出生人口减少了 3.51 万人，出生率降低了 0.12 个千分点，死亡率降低了 0.29 个千分点，自然生长率上升了 0.17 个千分点。可以预见，随着女性社会地位的不断提高，以及人们生育观念等多种因素的变化，今后一段时间内，内蒙古人口增长速度还将会持续下降。此外，作为少数民族聚居地，内蒙古是全国拥有少数民族人口第二多的省份，1982 年区内少数民族共有 299.67 万人，到 2020 年增加到 511.36 万人，增加了 211.69 万人，增长了 70.64%。2019 年私营企业和个体就业人数 619.5 万人，较上年增长 5.16%，民企就业人员数量的上涨说明内蒙古“稳就业”工作得到扎实推进，经济

❶ 数据来源：国家统计局、内蒙古统计局。

社会平稳发展。

截至 2021 年 6 月，内蒙古自治区高技能人才达 76.8 万余人，可以看出自治区正逐步打破人才发展政策壁垒，深入实施人才优先发展战略，为就业人员创造公平竞争环境的同时，逐步完善人才政策体系，打造引才聚才强磁场。近年来，内蒙古自治区高素质人才队伍结构规模正在不断扩大，高学历人才不断增多，人才队伍结构正朝着更加合理的方向发展（周琪，2020）[27]。

4.1.1.2 内蒙古自治区人口数量

随着地区经济发展加速及 221 战略的深入实施，内蒙古自治区将持续发挥地区资源优势及相关产业优势，吸纳更多人员来内蒙古发展。内蒙古 2016—2020 年人口数量变化情况如表 4-1 所示。

表 4-1 内蒙古 2016—2020 年人口数量变化情况

年份	常住人口总数/万人	出生率/‰	自然增长率/‰	男女比例（以女性为基准）
2020 年	2403	—	—	104.26
2019 年	2415	8.23	2.57	106.68
2018 年	2422	8.35	2.40	104.26
2017 年	2433	9.47	3.73	100.79
2016 年	2436	9.03	3.34	102.05

根据表 4-1 可以看出，内蒙古 2016—2020 年人口数量、分布和结构变化较为明显，结合内蒙古经济发展情况，可以得到以下特征：第一，随着内蒙古自治区经济发展向好，自治区对外省人口的吸引力、影响力逐渐提升。与 1982 年（第三次全国人口普查）相比，区内常住人口增加了 24%以上，但自治区常住人口占全国总人口的比重呈下降趋势，年平均增长速度趋缓。第二，内蒙古自治区内常住人口男女性别比回落。1982 年内蒙古自治区常住人口性别比为 109.02，较全国总人口性别比高 2.72，2020 年全区常住人口性别比为 104.26，比全国总人口性别比低 0.81。虽然内蒙古近几年性别比例有所上升，但是相较于 1982 年，男女性别结构逐步趋于正常，在优生优育及相关政策的推行下，区内男女性别比实现更加均衡的发展。

4.1.1.3 失业率分析

内蒙古 2016—2020 年城镇登记失业率见图 4-1。受疫情冲击的影响，2020 年内蒙古就业人数为 1242.0 万人，失业人数为 30.03 万人，失业率均达到了 5 年来的最高点。内蒙古自治区 12 个盟（市）中，有 4 个盟（市）的城镇登记失业率在全区水平之下，其中鄂尔多斯市的失业率为 3.02%，为全区最低水平；其余 8 个盟（市）的失业率尽管在全区水平之上，但均未超过全国水平，其中，兴安盟的失业率最高，达 4.34%。结合内蒙古产业分布及经济发展水平可以看出，鄂尔多斯等内蒙古中西部盟（市）作为经济发展领先的城市，工业企业集中度远高于东部盟（市），而东部盟（市）经济发展主要依赖农牧业，产业结构的差异造成中西部盟（市）就业机会多于东部盟（市）。

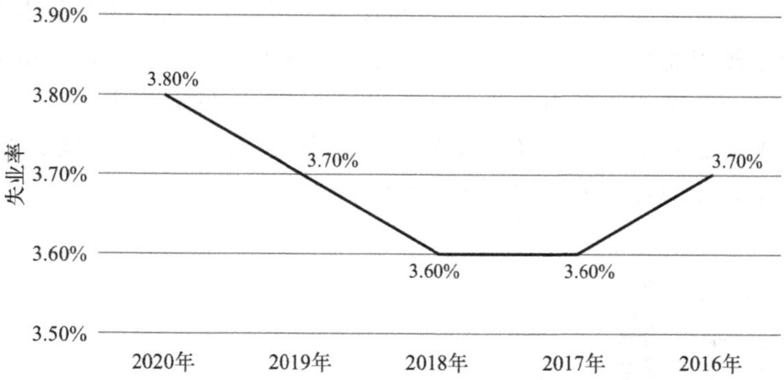

图 4-1 内蒙古自治区 2016—2020 年城镇登记失业率

4.1.2 内蒙古人员薪酬逐年递增[1]

4.1.2.1 内蒙古与全国各地相比

2020 年，内蒙古城镇单位就业人员共有 270.6 万人，年度工资总额 2314.54 亿元，年度人均工资为 85310 元。与全国其他城市相比，城镇单位就业人员数量较少，工资总额较低，人均工资水平处于居中位置。

从图 4-2 可知，2020 年内蒙古城镇单位就业人员数量较北京市少了 469.3 万人，较上海市少了 375 万人，较河北省少了 290.6 万人，较山西省少了 172 万人，较天津市多了 15.3 万人。内蒙古地域辽阔，面积远大于其他省（市），但人口总数

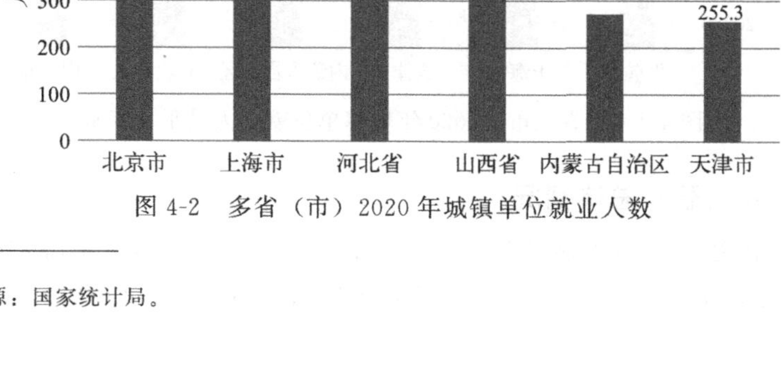

图 4-2 多省（市）2020 年城镇单位就业人数

[1] 数据来源：国家统计局。

较上述省（市）不占优势，就业机会也少于上述省（市），从而使得内蒙古城镇单位就业人员数量明显少于北京等省（市）。

内蒙古经济发展主要依赖优势资源，对高新技术人才的吸纳能力较低，城镇单位就业人员较少，且从业人员多开展非研发性工作，单位人员产出价值量较低，所以整体工资总额较其他省（市）也低。从图 4-3 可知，2020 年内蒙古城镇单位就业人员工资总额较北京市少了 10873.07 亿元，较上海市少了 8827.88 亿元，较河北省少了 2030.92 亿元，较山西省少了 984.74 亿元，较天津市少了 614.25 亿元。这表明内蒙古仍需要持续深化经济改革，优化产业结构，积极发展高新技术产业，增强对高素质人才的吸纳能力（长青，2020）[20]。

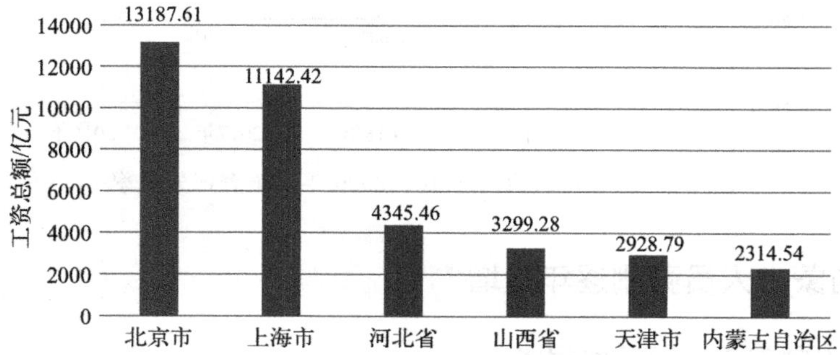

图 4-3　我国多省（市）2020 年城镇单位就业人员工资总额

从图 4-4 可知，2020 年，内蒙古城镇单位就业人员平均工资较北京市低了 92868 元，较上海市低了 86574 元，较天津市低了 29372 元，但是高于河北省、山西省，分别高了 7987 元、10571 元。内蒙古城镇单位就业人员平均工资低于经济较为发达的省市，内蒙古企业应该积极提高就业人员薪资福利待遇，从而吸引、留住高素质人才。

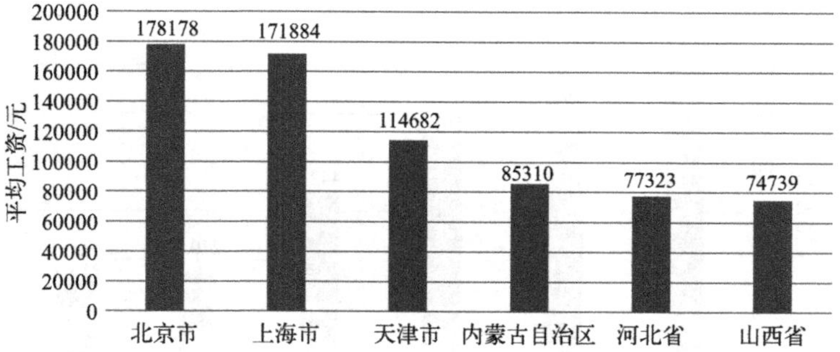

图 4-4　多省（市）2020 年城镇单位就业人员平均工资

4.1.2.2　内蒙古薪酬总体情况

从图 4-5 可知，内蒙古城镇就业人员数量从 2016 年开始呈下降趋势，到 2018 年下降为 272.4 万人。虽然在 2019 年就业人数有少许上升，但在 2020 年又下降到

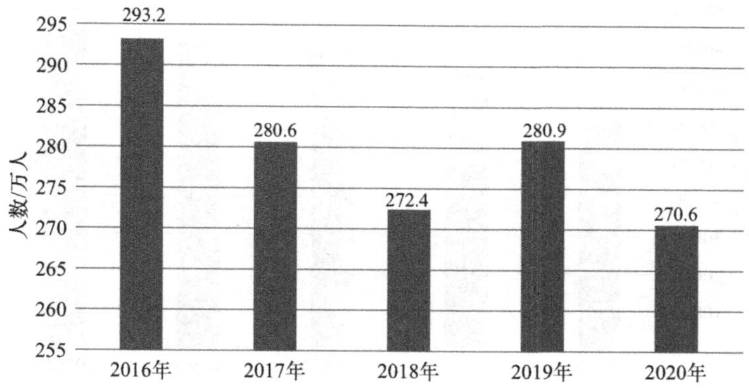

图 4-5　内蒙古自治区 2016—2020 年城镇单位就业人数

270.6 万人，较 2016 年降幅达 7.71%。

从图 4-6 可知，2016—2020 年内蒙古城镇单位就业人员工资总额呈上升趋势，由 2016 年的 1828.21 亿元持续上升到 2020 年的 2314.54 亿元，增长率为 26.60%。通过图 4-5 和图 4-6 可知，内蒙古城镇单位就业人员数量呈现波动变化而工资总额呈现上升态势，内蒙古企业用工成本增加。

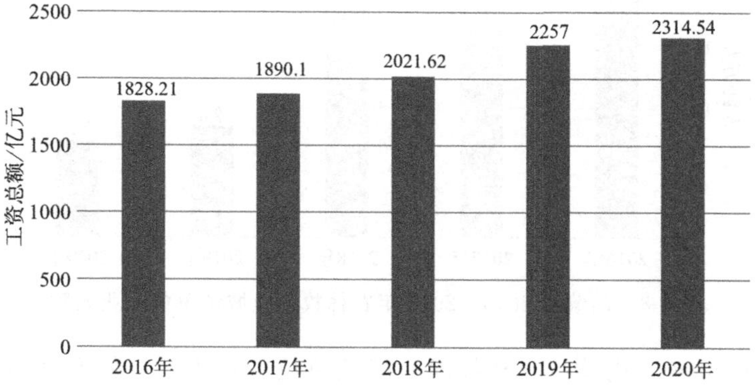

图 4-6　内蒙古自治区 2016—2020 年城镇单位就业人员工资总额

从图 4-7 可知，2016—2020 年内蒙古城镇单位就业人员平均工资总体呈上升趋势，由 2016 年的 61067 元上升到 2020 年的 85310 元，涨幅为 39.70%。这充分表明内蒙古城镇单位就业人员的整体薪酬水平在不断提高。

4.1.2.3　行业薪酬状况分析

本小节选取了内蒙古从业人员总数排名前十的行业为研究对象，从就业人员数量、工资总额及平均工资等方面进行分析，探析内蒙古不同行业从业人员的薪酬状况及影响各行业薪酬水平的主要因素。

(1) 农林牧渔业

2016—2020 年，内蒙古农林牧渔业城镇单位就业人数变化趋势如图 4-8 所示。

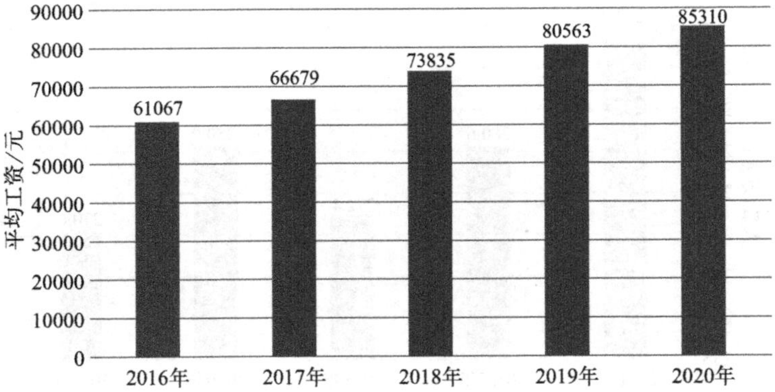

图 4-7　内蒙古自治区 2016—2020 年城镇单位就业人员平均工资

从图 4-8 可知，内蒙古农林牧渔业城镇单位就业人数总体呈下降趋势，从 2016 年的 22.9 万人下降到 2020 年的 7.5 万人，降幅达 67.25%，降幅比较大，这说明内蒙古农林牧渔业就业人员流失比较严重。

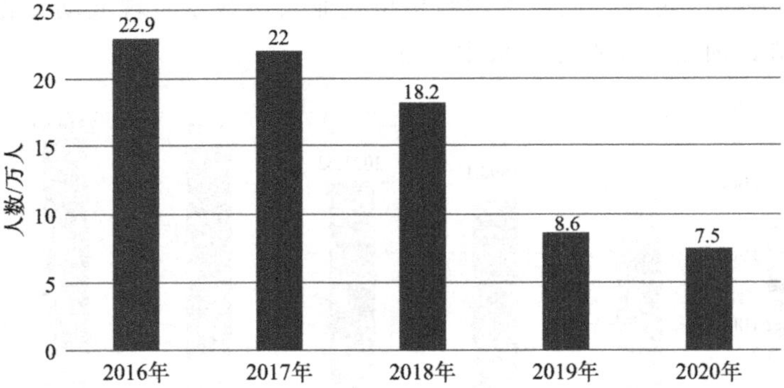

图 4-8　内蒙古 2016—2020 年农林牧渔业城镇单位就业人数

2016—2020 年，内蒙古农林牧渔业城镇单位就业人员工资总额变化趋势如图 4-9 所示。根据图 4-9 可以看出，内蒙古农林牧渔业城镇单位就业人员的工资总额总体呈下降趋势，从 2016 年的 85.13 亿元下降到 2020 年的 48.71 亿元，降幅达 42.78%。

2016—2020 年，内蒙古农林牧渔业城镇单位就业人员平均工资变化趋势如图 4-10 所示。根据图 4-10 可知，内蒙古农林牧渔业就业人员平均工资稳步上升，自 2016 年的 37569 元上升到 2020 年的 65237 元，涨幅达 73.65%。结合图 4-8～图 4-10 可知，内蒙古农林牧渔业城镇就业人员的数量整体呈下降趋势，就业人员的薪酬总额随就业人员数量的下降而降低，但就业人员的平均工资呈现上升态势，表明就业人员的薪酬福利在增加，企业的用工成本也在增加。

(2) 采矿业

2016—2020 年，内蒙古采矿业城镇单位就业人员数量如图 4-11 所示。可以看

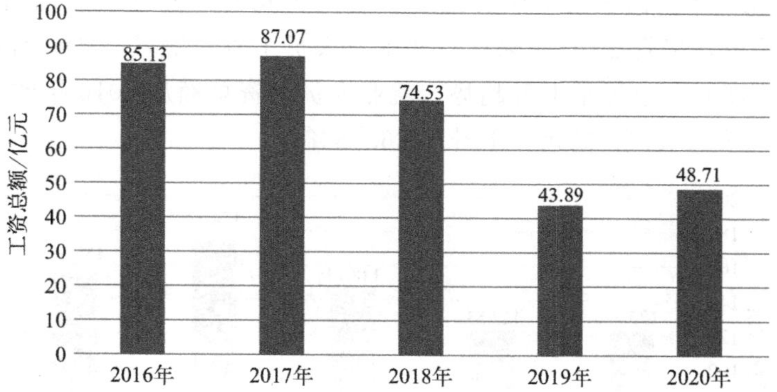

图 4-9　内蒙古 2016—2020 年农林牧渔业城镇单位就业人员工资总额

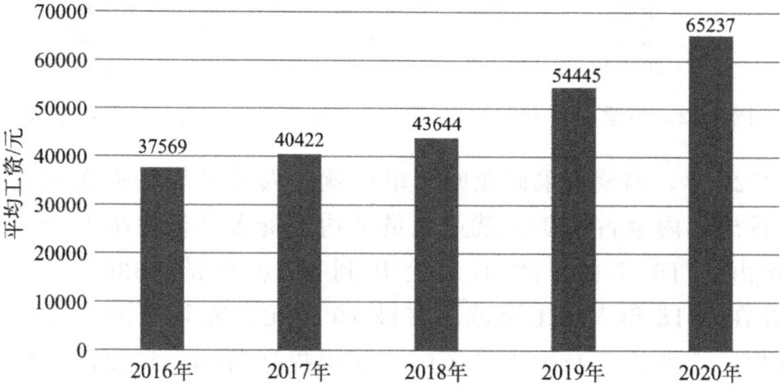

图 4-10　内蒙古 2016—2020 年农林牧渔业城镇单位就业人员平均工资

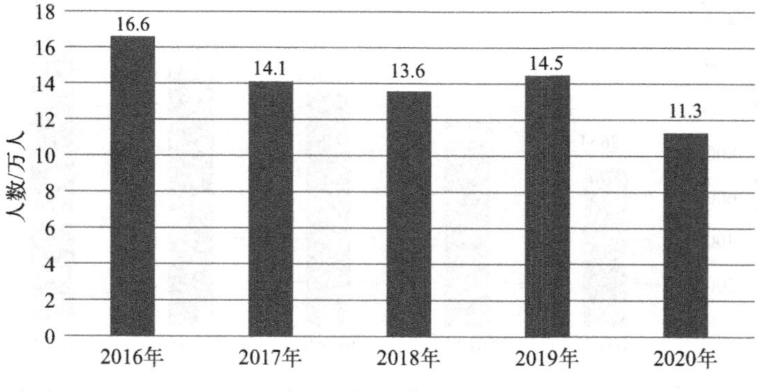

图 4-11　内蒙古 2016—2020 年采矿业城镇单位就业人数

出，采矿业城镇单位就业人员数量呈现波动变化，但从整体来看，就业人员数量下降趋势明显，从 2016 年的 16.6 万人下降到 2020 年的 11.3 万人，下降了 31.93%。究其原因，主要受“十三五”期间供给侧改革影响，内蒙古采矿行业规模受限，导致就业人员数量减少。

2016—2020 年，内蒙古采矿业城镇单位就业人员工资总额变化趋势如图 4-12 所示。可以看出，尽管 2020 年采矿行业就业人员工资总额较 2019 年降低近 10%，但“十三五”期间，总体呈上升趋势。就业人员工资总额从 2016 年的 122.37 亿元上升到 2020 年的 155.39 亿元，上升了 26.98%。

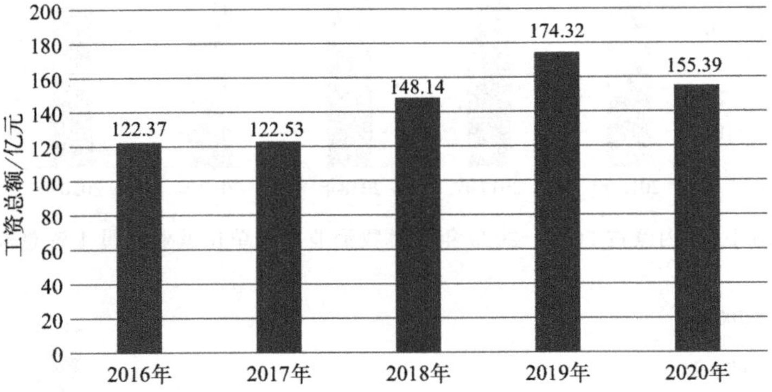

图 4-12　内蒙古 2016—2020 年采矿业城镇单位就业人员工资总额

2016—2020 年，内蒙古采矿业城镇单位就业人员平均工资变化趋势如图 4-13 所示。可以看出，内蒙古采矿业就业人员平均工资水平呈稳步上升趋势。就业人员平均工资由 2016 年的 72654 元上升到 2020 年的 133615 元，增长率为 83.91%，并在 2018 年人均工资就已突破 10 万元。究其原因，采矿业就业人员数量持续减少，企业为了减少人员流失，积极提高薪酬，致使出现员工薪酬攀升的现象。

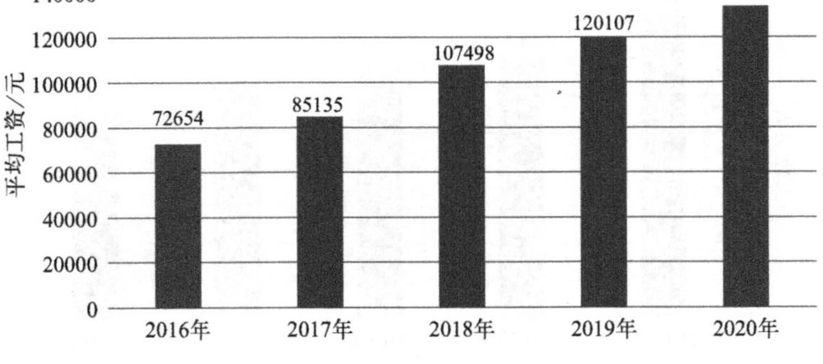

图 4-13　内蒙古 2016—2020 年采矿业城镇单位就业人员平均工资

(3) 制造业

2016—2020 年，内蒙古制造业城镇单位就业人员数量变化情况如图 4-14 所示。根据图 4-14 可以看出，内蒙古制造业从业人员数量的下降趋势较为明显，就业人员数量从 2016 年的 43.9 万人下降到 2020 年的 31.2 万人，减少了 28.93%。

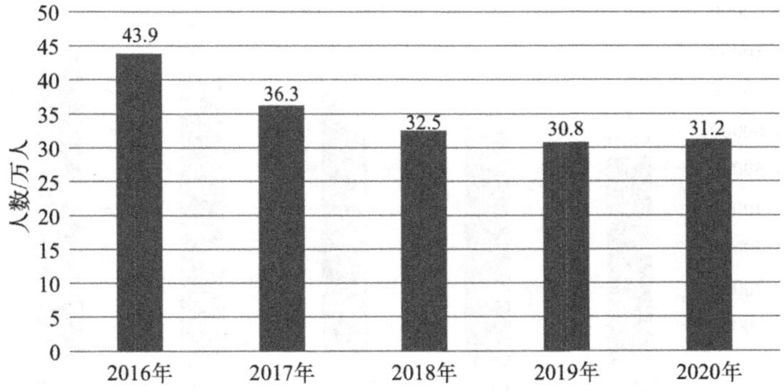

图 4-14 内蒙古 2016—2020 年制造业城镇单位就业人数

2016—2020 年，内蒙古制造业城镇单位就业人员工资总额变化情况如图 4-15 所示。可以看出，2017 年制造业城镇单位就业人员工资总额较 2016 年下降 4.7%，此后逐年上升，但 2017—2019 年涨幅缓慢，直到 2020 年，就业人员的工资总额达到 250.77 亿元，较 2016 年上涨了 6.02%，为 2016—2020 年间最高。

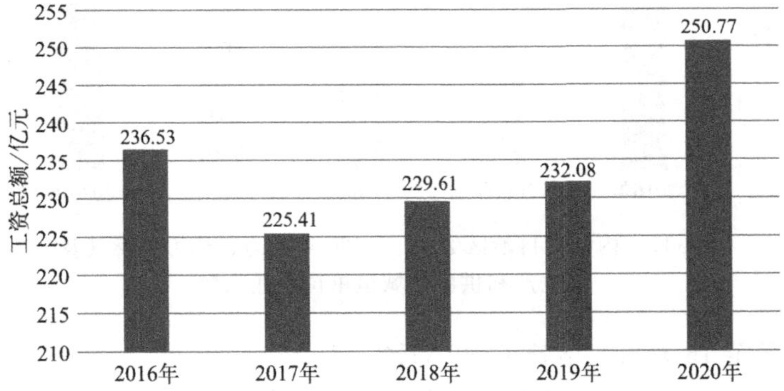

图 4-15 内蒙古 2016—2020 年制造业城镇单位就业人员工资总额

2016—2020 年，内蒙古制造业城镇单位就业人员平均工资如图 4-16 所示。可以看出，内蒙古制造业就业人员平均工资水平呈稳步上升趋势，由 2016 年的 53670 元上升至 2020 年的 81355 元，增长了 51.58%。综合图 4-14～图 4-16 可知，内蒙古制造业城镇单位就业人员数量呈下降趋势，虽然薪酬在稳步提升，但是，企业通过提高薪资来缓解制造行业人员流失的效果不够显著。

(4) 电力、热力、燃气及水生产和供应业

2016—2020 年，内蒙古电力、热力、燃气及水生产和供应业城镇单位就业人员数量变化情况如图 4-17 所示。可以看出，2017 年内蒙古电力、热力、燃气及水生产和供应业就业人数较 2016 年下降了 6.2%，但从 2017 年起，从业人员数量虽呈现持续上升态势，但 2017 年、2018 年就业人员均少于 2016 年，2019 年就业人员数量才与 2016 年基本持平，2020 年较 2016 年就业人员数量出现了上升，由

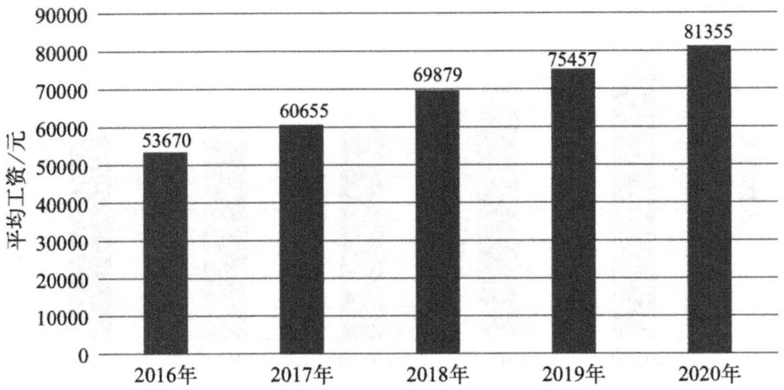

图 4-16 内蒙古自治区 2016—2020 年制造业城镇单位就业人员平均工资

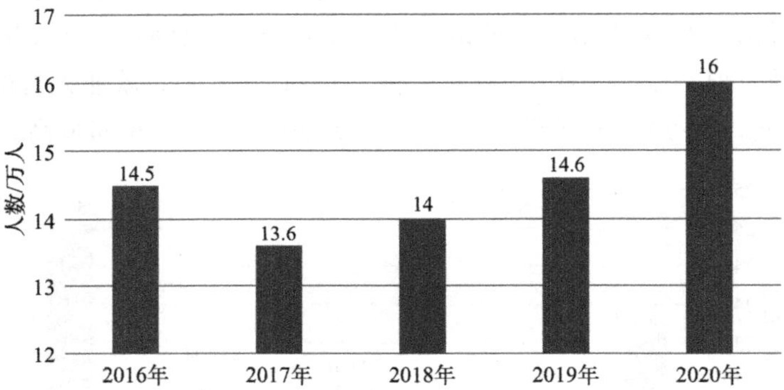

图 4-17 内蒙古自治区 2016—2020 年电力、热力、燃气及水生产和供应业城镇单位就业人数

14.5 万人上升至 16 万人，增长了 10.34%。

2016—2020 年，内蒙古电力、热力、燃气及水生产和供应业城镇单位就业人员工资总额变化情况如图 4-18 所示。可以看出，电力、热力、燃气及水生产和供应业城镇单位就业人员工资总额呈稳步上升趋势，由 2016 年的 113.86 亿元上升至 2020 年的 180.34 亿元，增长了 58.39%。究其原因，一方面是由于“十三五”期间能源价格高涨，相关企业营收状况得到改善；另一方面，由于内蒙古在推动城镇化建设中资源消耗逐渐增加，导致电力、热力、燃气及水生产和供应业等行业规模扩大，发展加快，行业人员需求增大，从而使工资总额相应增加。

2016—2020 年，内蒙古电力、热力、燃气及水生产和供应业城镇单位就业人员平均工资变化情况如图 4-19 所示。可以明显看出，内蒙古电力、热力、燃气及水生产和供应业就业人员平均工资水平呈稳步上升趋势，由 2016 年的 78757 元上升至 2020 年的 113878 元，增长了 44.59%。图 4-18 和图 4-19 可以反映出，“十三五”期间，自治区电力、热力、燃气及水生产和供应业发展态势良好，从业人员数量及员工薪资均逐步增长。

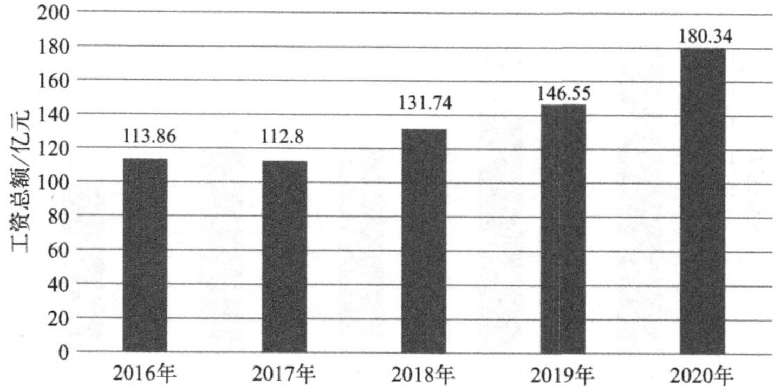

图 4-18　内蒙古 2016—2020 年电力、热力、燃气及水生产和供应业城镇单位就业人员工资总额

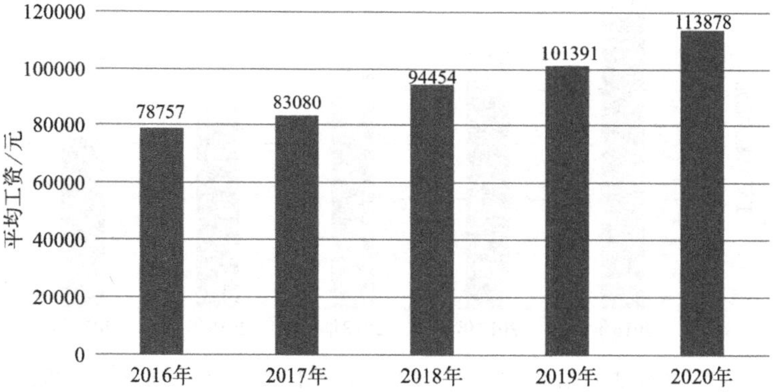

图 4-19　内蒙古 2016—2020 年电力、热力、燃气及水生产和供应业城镇单位就业人员平均工资

(5) 建筑业

2016—2020 年，内蒙古建筑业城镇单位就业人员数量如图 4-20 所示。根据图 4-20 可以看出，内蒙古建筑业就业人员总数整体呈下降趋势，建筑业从业人员流失严重，从 2016 年的 18.9 万人下降至 2020 年的 10.2 万人，减少了 46.03%。

2016—2020 年，内蒙古建筑业城镇单位就业人员工资总额变化情况如图 4-21 所示。根据图 4-21 可以看出，内蒙古建筑业就业人员工资总额下降趋势明显，从 2016 年的 108.54 亿元下降至 2020 年的 62.94 亿元，减少了 42.01%。

2016—2020 年，内蒙古建筑业城镇单位就业人员平均工资变化情况如图 4-22 所示。根据图 4-22 可以看出，内蒙古建筑业就业人员平均工资呈逐年上涨态势，从 2016 年的 42968 元上升至 2020 年的 54997 元，增长了 28%。结合图 4-20～图 4-22 可知，内蒙古建筑业就业人员数量持续下降，但员工薪资逐年上涨，且单个员工薪资占总薪资的比重在逐年增加。究其原因，企业通过高薪酬及福利吸引并留住高水平人才。

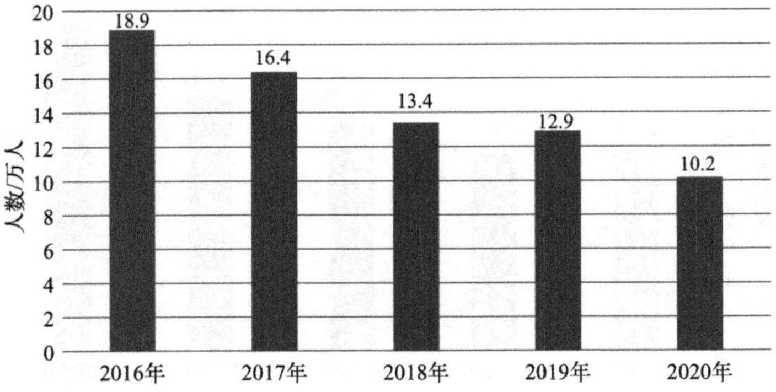

图 4-20 内蒙古自治区 2016—2020 年建筑业城镇单位就业人数

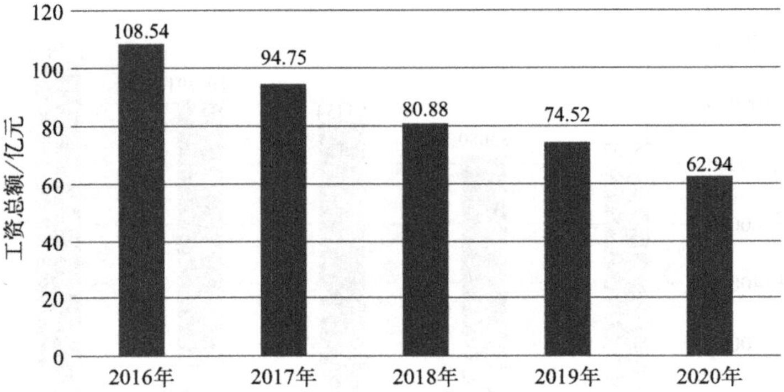

图 4-21 内蒙古自治区 2016—2020 年建筑业城镇单位就业人员工资总额

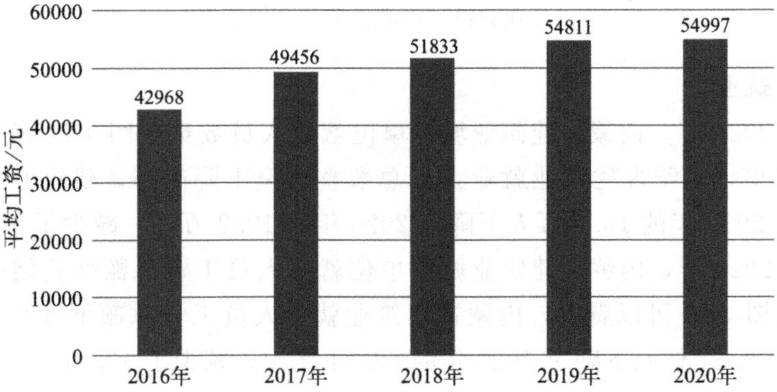

图 4-22 内蒙古自治区 2016—2020 年建筑业城镇单位就业人员平均工资

(6) 交通运输、仓储和邮政业

2016—2020 年，内蒙古交通运输、仓储和邮政业城镇单位就业人员数量变化情况如图 4-23 所示。根据图 4-23 可以看出，内蒙古交通运输、仓储和邮政业人员数量呈现逐年下降态势。就业人员数量从 2016 年的 22.8 万人缩减至 2020 年的

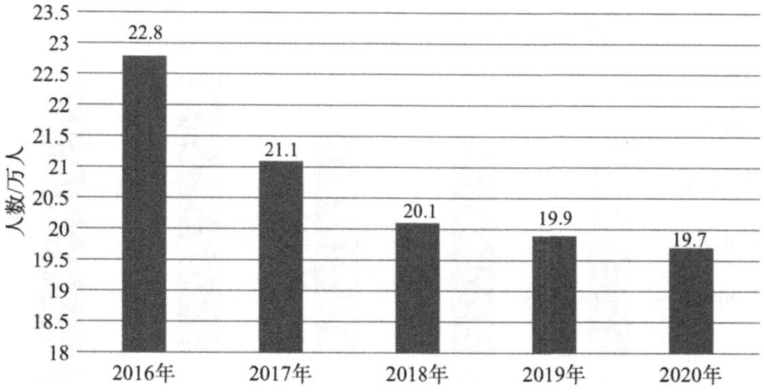

图 4-23 内蒙古自治区 2016—2020 年交通运输、仓储和邮政业城镇单位就业人数

19.7 万人，下降了 13.6％。

2016—2020 年，内蒙古交通运输、仓储和邮政业城镇单位就业人员工资总额和平均工资变化情况如图 4-24 及图 4-25 所示。可以看出，尽管内蒙古交通运输、仓储和邮政业就业人数呈快速下降趋势，但工资总额呈现快速上涨趋势，工资总额从 2016 年的 153.82 亿元上涨至 2020 年的 188.14 亿元，涨幅达 22.31％。相应地，交通运输、仓储和邮政业从业人员平均收入水平大幅提升，平均工资从 2016 年的 67389 元上涨至 2020 年的 95689 元，涨幅达 41.99％。究其原因，主要依赖于“十三五”期间我国电子商务的快速发展，内蒙古凭借区位和交通基础设施优势，成为全国主要仓储和货物转运基地，内蒙古各盟（市）物流网络较为发达，特别是新媒体的出现，极大地提升了线上成交量。此外，部分居民青睐于线上购物，甚至部分企业要求员工居家办公，导致线上购物的人数增加，从而使交通运输、仓储和邮政业等行业业务量骤增。这些企业为了留住员工以满足企业规模需求，提高了员工薪酬，致使出现员工薪酬逐年增长的现象。

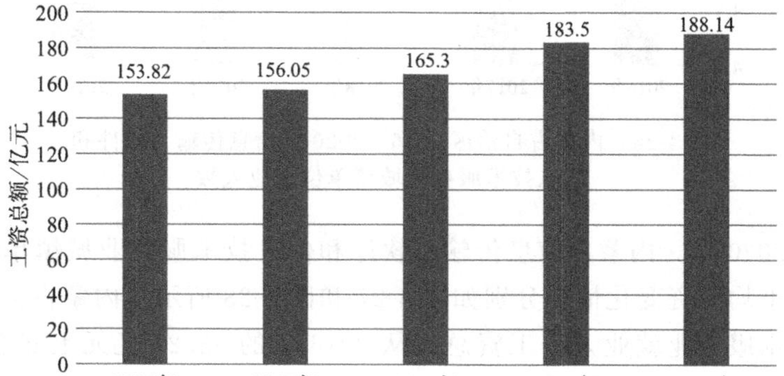

图 4-24 内蒙古自治区 2016—2020 年交通运输、仓储和邮政业城镇单位就业人员工资总额

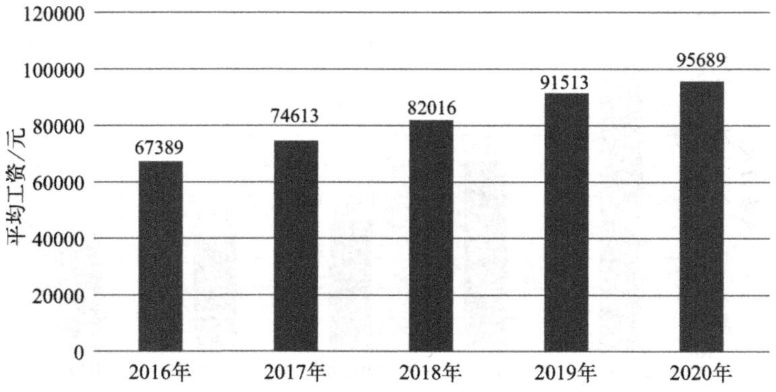

图 4-25　内蒙古自治区 2016—2020 年交通运输、仓储和邮政业城镇单位就业人员平均工资

(7) 信息传输、软件和信息技术服务业

2016—2020 年，内蒙古信息传输、软件和信息技术服务业城镇单位就业人员数量变化情况如图 4-26 所示。根据图 4-26 可知，内蒙古信息传输、软件和信息技术服务业就业人数呈先增后减趋势，其中 2018 年达到这五年人员数量的顶峰 4.9 万人。就业人员数量在 2016—2018 年基本持平，从 2019 年起出现下降趋势，从 2018 年的 4.9 万人缩减至 2020 年的 4.6 万人，其中，2020 年较 2016 年下降了 4.17%。

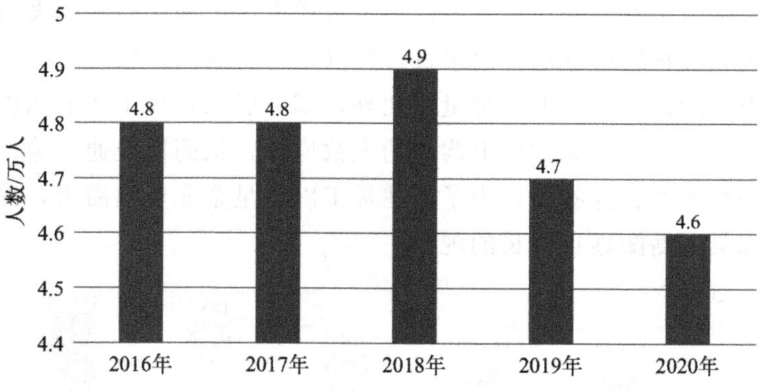

图 4-26　内蒙古自治区 2016—2020 年信息传输、软件和信息技术服务业城镇单位就业人数

2016—2020 年，内蒙古信息传输、软件和信息技术服务业城镇单位就业人员工资总额和平均工资变化情况分别如图 4-27 和图 4-28 所示。内蒙古信息传输、软件和信息技术服务业就业人员工资总额从 2016 年的 33.27 亿元上涨至 2020 年的 48.04 亿元，涨幅达 44.39%，信息传输、软件和信息技术服务业就业人员平均工资从 2016 年的 67444 元上涨至 2020 年的 104563 元，涨幅达 55.04%。

结合图 4-26～图 4-28 可以得出，内蒙古信息传输、软件和信息技术服务业城

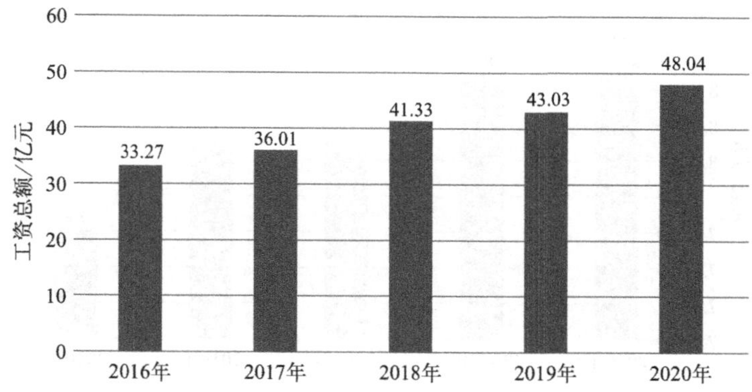

图 4-27 内蒙古 2016—2020 年信息传输、软件和信息技术服务业城镇单位就业人员工资总额

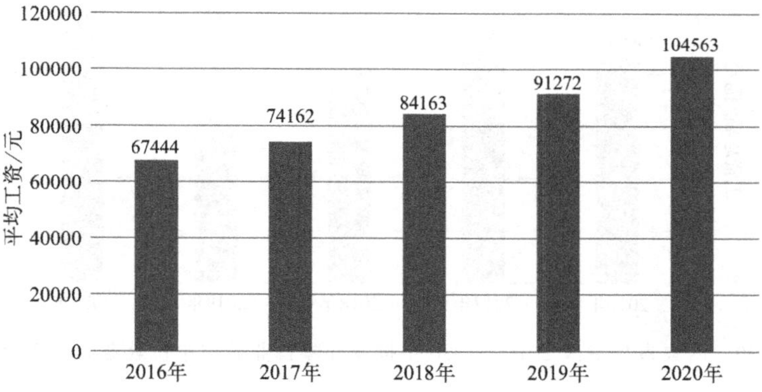

图 4-28 内蒙古自治区 2016—2020 年信息传输、软件和信息技术服务业城镇单位就业人员平均工资

镇单位就业人员数量在波动变化的情形下，人员薪酬逐年上涨。究其原因，随着信息技术的快速发展，信息技术与产业之间深度融合，相应地，社会对于信息服务需求增多，尤其是企业对高新技术人才的需求也在逐年增大，为了吸引和留住这部分人才，企业提高了员工的薪酬，致使出现员工薪酬逐年递增的现象。

(8) 批发和零售业

2016—2020 年，内蒙古批发和零售业的城镇单位就业人员数量变化情况如图 4-29 所示，就业人数总体呈现降低态势，从 2016 年的 8.9 万人缩减至 2020 年的 7.8 万人，下降了 12.36%。

2016—2020 年，内蒙古批发和零售业城镇单位就业人员工资总额与平均工资变化情况分别如图 4-30 和图 4-31 所示，工资总额从 2016 年的 43.56 亿元上涨至 2020 年的 55.56 亿元，涨幅达 27.55%，由于从业人数整体下降，从业人员平均工资从 2016 年的 48831 元上涨至 2020 年的 72024 元，涨幅达 47.5%。

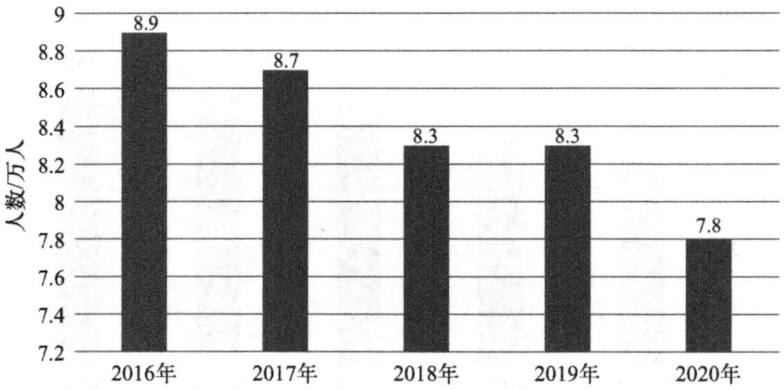

图 4-29 内蒙古自治区 2016—2020 年批发和零售业城镇单位就业人数

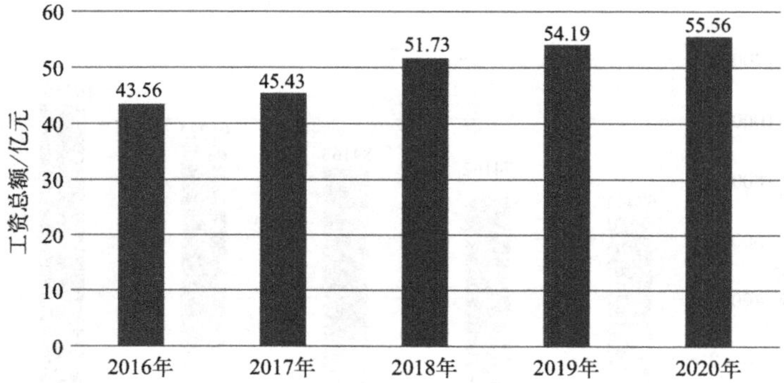

图 4-30 内蒙古自治区 2016—2020 年批发和零售业城镇单位就业人员工资总额

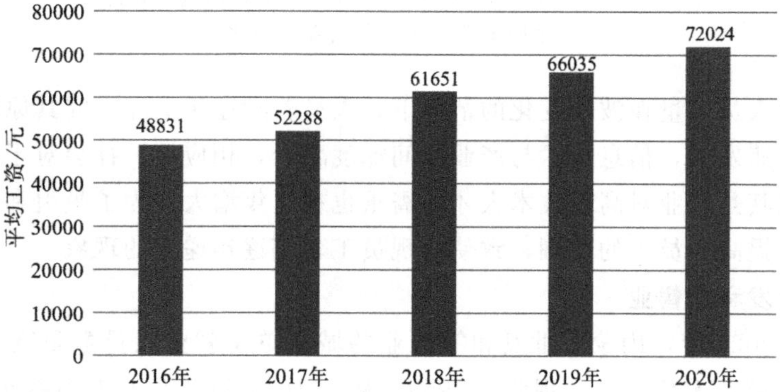

图 4-31 内蒙古自治区 2016—2020 年批发和零售业城镇单位就业人员平均工资

结合图 4-28～图 4-30 可以得出，虽然内蒙古批发和零售业城镇单位就业人员的工资总额与平均工资呈现逐年增长的态势，但由于行业发展不景气造成从业人员数量下降，最终导致行业整体工资总额增速低于平均工资增速。

（9）住宿和餐饮业

2016—2020年内蒙古住宿和餐饮业城镇单位人员数量变化情况如图4-32所示。内蒙古住宿和餐饮业从业人员规模呈逐年下降趋势，从2016年的3.7万人下降至2020年的2.4万人，下降了35.14%。

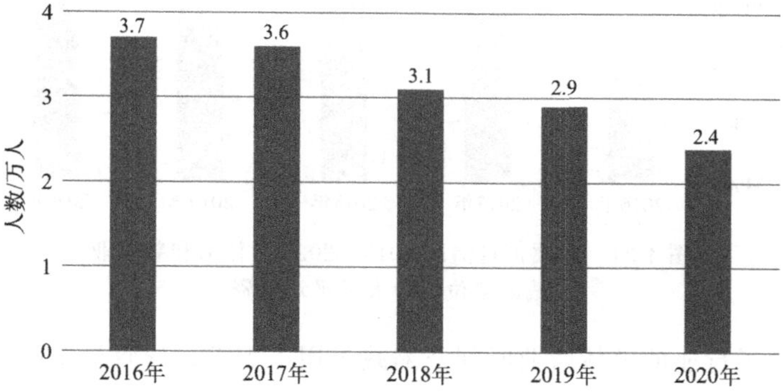

图4-32 内蒙古自治区2016—2020年住宿和餐饮业城镇单位就业人数

2016—2020年，内蒙古住宿和餐饮业城镇单位就业人员工资总额如图4-33所示。除2017年有小幅增长外，整体呈现下降态势，从2016年的13.88亿元下降至2020年的10.69亿元，下降了22.98%。

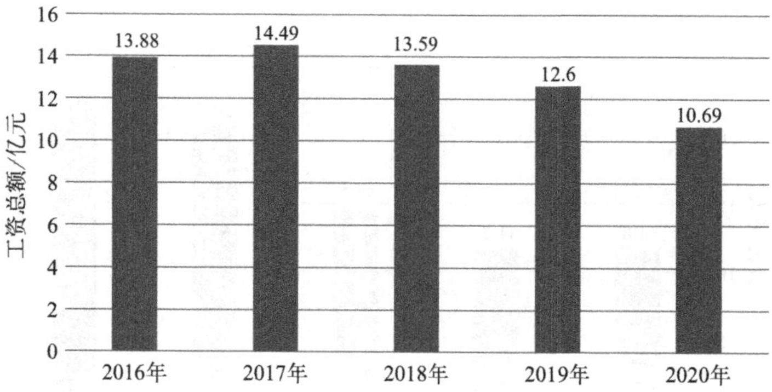

图4-33 内蒙古自治区2016—2020年住宿和餐饮业城镇单位就业人员工资总额

2016—2020年，内蒙古住宿和餐饮业城镇单位就业人员平均工资变化情况如图4-34所示。由图4-34可以看出，内蒙古住宿和餐饮业就业人员平均工资水平整体呈现上升态势，从2016年的37499元上升至2020年的44138元，增长了17.7%，其中2018年增幅最大，但自2018年后涨幅及降幅均变化较小。

结合图4-32～图4-34可以得出，2020年内蒙古住宿和餐饮业城镇单位就业人员的薪酬虽较2016年实现增长，但2018—2020年总体持平，且行业就业人员数量及工资总额均呈不断下降的趋势。究其原因，新冠肺炎疫情对住宿和餐饮业的门店经营影响较大，居家生活、办公限制了旅游行业业务，使居民对住宿、餐饮的需求

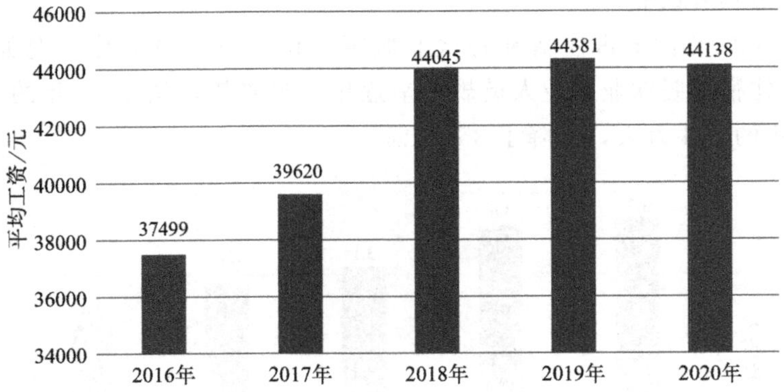

图 4-34 内蒙古自治区 2016—2020 年住宿和餐饮业城镇单位就业人员平均工资

降低，也限制了行业的整体营业时间及缩减了用工需求，导致员工的薪酬未能实现增长，基本是持平状态。

(10) 金融业

2016—2020 年，内蒙古金融业城镇单位就业人员数量变化情况如图 4-35 所示。除 2017 年较 2016 年稍有下降外，金融业从业人数在“十三五”期间呈增长态势，从 2016 年的 11.8 万人上升至 2020 年的 21.2 万人，上涨了 79.66%，但 2020 年增速放缓。

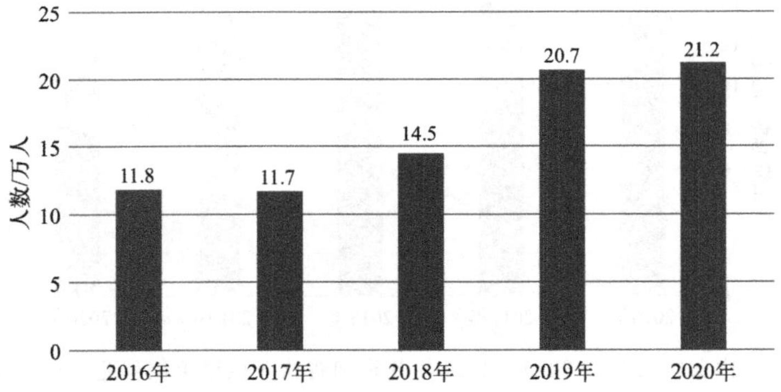

图 4-35 内蒙古自治区 2016—2020 年金融业城镇单位就业人员

2016—2020 年，内蒙古金融业城镇单位就业人员工资总额及平均工资变化情况分别如图 4-36 和图 4-37 所示。工资总额从 2016 年的 91.66 亿元上升至 2020 年的 188.43 亿元，上涨了 105.57%；就业人员平均工资除 2019 年稍有下降外，从 2016 年的 78570 元上涨至 2020 年的 88380 元，增长了 12.49%。

结合图 4-34～图 4-36 可知，“十三五”期间内蒙古金融业薪酬增长较为稳定，在就业人员数量大幅增长的情况下人员平均工资仍能实现稳步增长。究其原因，内蒙古政府以中央对自治区金融业发展下达的三个任务为目标，持续引进各类金融机

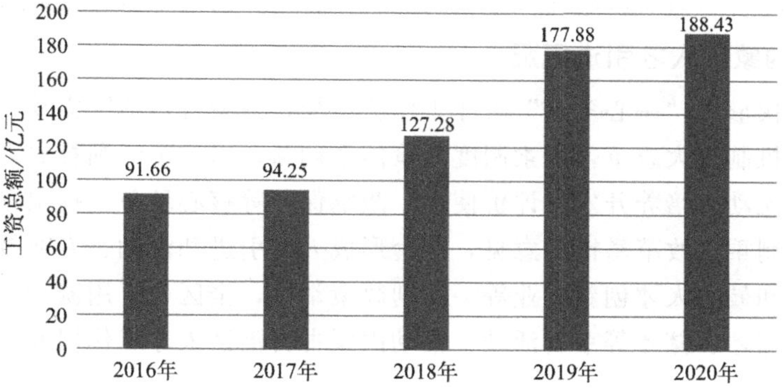

图 4-36 内蒙古自治区 2016—2020 年金融业城镇单位就业人员工资总额

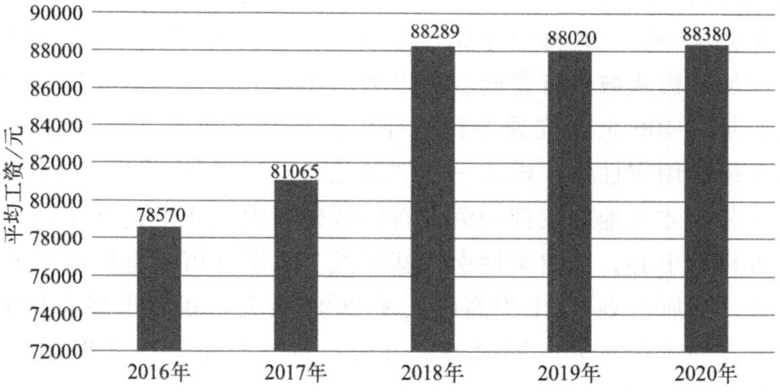

图 4-37 内蒙古自治区 2016—2020 年金融业城镇单位就业人员平均工资

构，完善金融服务体系，提高了企业对各类人才的需求及薪资待遇，从而促进行业市场规模不断扩张。

4.1.3 内蒙古构建人才引进工作新格局

近年来，内蒙古以更高的政治站位、更广阔的政策视域为支撑，聚力推进内蒙古人才工作提档升级，创新性地提出以首都北京为中心，以京津冀、长三角、粤港澳大湾区和华中、西北、东北等地区为多点柔性引才；以首府呼和浩特为中心，以呼包鄂乌产业群、沿黄生态经济带、蒙东地区等为多点全域聚才；以党管人才为中心，以相关职能部门和用人单位为多点服务人才、用好人才，推动形成“心”“点”带动、联动、互动发展的人才工作新格局。截至 2020 年底，内蒙古已有各类从业人员约 270 万余人，其中研究生占 0.7%，大学本科占 11%，大专占 13.6%，大专以下人才占 74.8%[1]。整体上看，内蒙古自治区已形成“事业聚集人才，人才成就事业”的良性互动局面，人才的聚集效应已经显现，体现出自治区全面落实人才

[1] 数据来源：2021 年中国统计年鉴。

优先发展战略，努力突破制约人才发展的制度障碍和政策壁垒，且成效显著。

4.1.3.1 内蒙古人才引进概况

为了加快形成“一心多点”人才工作新格局，内蒙古自治区党委、政府积极推进相关体制机制重大改革，探索制度政策体系创新，以改革红利释放人才红利，围绕人才引进流动、培养开发、评价使用、激励保障等核心环节，提出深化区域人才发展体制机制重点改革举措的意见，配套形成人才引进和流动、专业技术人才队伍建设、支持和鼓励人才创新创业等一系列政策举措，全区上下用诚意和实举开展引才、聚才、育才、储才等系列活动，推动内蒙古自治区人才工作展开，并取得新突破和新成效。

在内蒙古自治区外，为切实发挥首都在自治区外引才的“中心”作用，内蒙古与北京市相关部门、高校、园区等就柔性引进、异地孵化、合作交流等进行多次对接。内蒙古举办第一届“首都引才周”活动，走进国内“双一流”高校专项引才，以“一校带一域”模式鼓励有意向、有潜力的年轻人才来自治区就业创业；以定向选拔的方式，录用 400 余名优秀本科毕业生到自治区或盟（市）各级机关部门就职；自治区本级利用刚性引才模式——“绿色通道”，引进优秀人才超 1000 人。自治区为打造京蒙人才飞地，发挥内蒙古自治区外异地人才孵化器作用，在北京市挂牌成立内蒙古科创中心，开启柔性引才新模式。各盟（市）也积极统筹开展引才聚才工作，聚焦“鸿雁计划”，汇集高端人才 2000 余人，培育形成京津冀、长三角、珠三角、海外及博士服务团。同时各盟（市）进一步拓宽引才聚才渠道，以驻北京、上海、深圳等 37 个城市人才工作站为依托，与内蒙古自治区外“多点”开展更多的合作交流❶。

在自治区内，为切实提升对首府人才工作的引领带动作用，内蒙古大力开展“强心行动”，在区、市共建模式的助力下成立呼和浩特科创中心，切实推进区域性人才中心和创新高地的建设；开展“院士青城行”活动，鼓励高素质人才以高水平科技成果为首府高质量发展添势赋能，同时揭牌成立半导体材料院士工作站等 10 个工作站；不断深化校地、院地合作，成立上海交大内蒙古研究院、科技成果转移转化示范区、大学生社会实践（实习实训）呼和浩特基地，利用科教资源“富矿”打造高水平育才平台。同时，内蒙古遵循重点突破的思路，引导各盟（市）在人才工作方面依托自身优势和特色与首府同频共振，以区市共建的方式促进人才工作多点开花。

人才培育引进工作使得内蒙古“1＋N＋X”人才政策体系得到完善，吸引了更多优秀的国内外人才。第七次全区人口普查报告显示，内蒙古常住人口中拥有大学（指大专及以上）文化的约 449 万人，与 2010 年相比，每 10 万人拥有大学文化的

---

❶ 数据来源：内蒙古日报。

人数平均增加了 0.84 万人[1]。可见，内蒙古高素质人才队伍规模在不断壮大，高学历人才在不断增多。

4.1.3.2 内蒙古人才引进政策解读

政以才治，业以才兴。内蒙古各盟（市）在 2021 年进一步解放思想，不拘一格引才聚才，通过相关措施，特别是呼包鄂城市出台的一系列富有含金量的人才政策，吸引大批高层次优秀人才到内蒙古自治区创新创业。

激发人才创新创业活力。呼和浩特市出台了吸引人才的 10 项扶持优惠政策，为高层次创新创业人才提供强大的资金支持和保障，与内蒙古人才政策双向互动形成了合力。政策中符合要求的创业人才和小微型企业在申请创业贷款时最高可申请 50 万元、300 万元；大学生在毕业 5 年内成立创新型企业，考核通过后可获得最高 20 万元的无偿资助[2]。此次人才新政是呼和浩特市历年来力度最大的人才政策，向外界展示了呼和浩特市广纳天下英才的诚意，努力让有志青年在首府心无旁骛干大事、专心致志干成事。

优化人才政策环境。包头市发布了《关于加快引进培育重点产业重点领域中高端人才的若干措施》《关于支持吸引青年人才来包就业创业的若干措施》等系列政策、措施，高层次人才服务卡的相关服务内容得到优化升级，除子女教育、人才公寓等优惠政策外，各类高层次人才还可享受公积金贷款（最高贷款金额为 100 万元）[3]。市内各大旅游景区、图书馆、博物馆、包头大剧院等免票或者打折优惠服务，奥林匹克体育中心、包头市体育中心免费健身服务，航空、高铁出行礼宾服务以及酒店打折、金融会员、医疗保健、体检服务等各项服务保障政策，旨在用“升级版”服务打造包头人才工作“金名片”。

聚焦聚力引育人才。鄂尔多斯市制定了《鄂尔多斯市关于加强新时代人才工作助推高质量发展的若干政策》，为各类顶尖人才及团队提供最高 1 亿元的资金支持，全职引进的高层次人才最高可获得 40 万元岗位补贴，并给予从新兴产业企业引进的本科生每人 1 万元生活补贴[4]。此举充分展示了鄂尔多斯市的求才诚意及对人才价值的重视程度。围绕人才培育引进全链条、全周期形成的“一揽子”政策措施，是鄂尔多斯市大力实施“人才鄂尔多斯”战略，奋力构建“近悦远来”人才发展生态的生动实践。

其他盟（市）围绕提升人才政策竞争力，也积极出台了人才新政，且政策创新和政策落实的力度不断加大，由此不断深化内蒙古自治区“一心多点”人才工作格局，推动区域人才发展政策协同机制构建。随着一项项人才新政陆续落地，一批批

---

[1] 数据来源：内蒙古统计局官网。

[2] 数据来源：呼和浩特市人民政府官网。

[3] 数据来源：包头市人民政府官网。

[4] 数据来源：鄂尔多斯市人民政府官网。

高素质人才不断成长，内蒙古自治区正朝着建设各方人才筑梦之城的目标不断迈进。

4.2 内蒙古代表性企业社会责任履行状况

企业的发展离不开社会各界的支持，认真履行社会责任是每个企业应尽的义务和应遵循的使命。为进一步反映内蒙古自治区上市企业履行社会责任的状况，使社会全面了解企业履行社会责任的实践成就，树立和宣传内蒙古自治区企业履行社会责任的正面形象，强化企业社会责任建设，引导更多企业积极履行社会责任，本节以内蒙古自治区上市公司作为研究对象，选取内蒙一机、亿利集团、包钢集团和北方股份四家典型企业，从坚守本责、价值创造、践行绿色与和谐发展四个方面剖析并总结其履行社会责任的实际情况。

4.2.1 内蒙一机积极开展公益事业

4.2.1.1 公司简介

内蒙古第一机械集团股份有限公司（以下简称“内蒙一机”，股票代码：600967）是国家唯一的集主战坦克和 8×8 轮式步兵战车于一体的科研生产基地，是央企子企业中唯一能够研发制造履带式、轨道式和轮式重型车辆的上市公司。内蒙一机的前身是包头北方创业股份有限公司，注册资本人民币 8000 万元。2004 年 4 月，在上交所首次公开向社会公众发行人民币普通股 5000 万股，募集资金 3.45 亿元，发行后上市公司的股本为人民币 1.3 亿元。2006 年 5 月，公司完成股权分置改革，实施方案为流通股股东每 10 股获得股票 3.4 股。2017 年 5 月，实施完成重大资产重组，企业名称变更为“内蒙古第一机械集团股份有限公司”，新增经营范围涵盖装甲车辆等防务装备的研发及制造等，注册资本增至 16.9 亿元，公司简称由“北方创业”变更为“内蒙一机”。

4.2.1.2 社会贡献

(1) 坚守本责

① 强军首责　作为国家军工骨干企业，内蒙一机始终把强军报国作为核心使命。2020 年，内蒙一机在科技创新、质量强装、生产组织和服务保障等方面克服困难，勇于挑战，取得了新的突破，圆满完成了各项军品任务，并受到上级部门的表彰。军品售后服务用户满意度达到 97.41 分。“十三五”期间，内蒙一机面对屡创新高的科研生产任务，特别是面对某重点工程建设、建军 90 周年阅兵、国庆 70 周年阅兵及国际军事比赛等重大政治任务，强化组织与协调，体系化提升核心能力，高标准地完成了各式装备任务，创建厂以来历史新高，品种、数量均处于国防科工系统前列，成为我军和兵器工业集团最能攻坚、最可信赖的保军强军骨干力量之一。

② 抗击疫情 内蒙一机坚持把企业责任融入文化，积极履行社会责任。2020年初，面对突如其来的新冠肺炎疫情，公司以“国家有危难、企业有担当”的主动作为，充分彰显兵工精神、一机责任。先后选派两批9名医护人员驰援荆门和武汉；选派百名党员干部紧急支援包头市社区疫情防控工作；投资980多万元，其中包括8700多名在职和离退休党员为抗击疫情主动捐款的60余万元，推动职工医院第一时间开展PCR检测等疫情防控措施。

③ 科技创新 内蒙一机始终坚持科技引领发展，持续储备前瞻性技术。“十三五”期间，内蒙一机召开科技创新大会，研究出台深化科技创新实施意见和若干激励政策。公司技术投入年均增长6.85%，获省部级以上科技创新奖项29项、兵器工业集团科技进步奖50项，授权专利393项；民品C80E通用铁路敞车、P80大容积棚车、440A型重车车桥等新产品先后完成研制并形成批产；国家重点实验室完成了轮式特种车辆自动机械变速操控技术等多项代表性成果。

④ 精准扶贫 内蒙一机作为中央企业积极履行社会责任，在打赢脱贫攻坚战中干在前、走在先。2020年，内蒙一机按照兵器工业集团和地方党委、政府安排部署，聚焦对口帮扶地区黑龙江省甘南县、包头市固阳县银号镇大圐圙村开展脱贫攻坚工作，全年投入对口帮扶资金95万元，购买消费扶贫农产品40多万元。公司通过投入扶贫专项资金、派出驻村扶贫干部、开展消费扶贫等有效措施，积极帮助当地开展脱贫攻坚工作，使对口帮扶地区实现了提前脱贫摘帽。

(2) 价值创造

① 经济价值 内蒙一机面对新冠肺炎疫情沉着应对，稳中求进。公司一手抓防疫抗疫，一手抓复工复产，齐心协力、众志成城，努力克服疫情、市场需求不足等诸多困难和挑战，各项目标全面超额完成，各项工作取得丰硕成果。截至2020年12月31日，公司营业收入总额达132.34亿元，同比增长4.36%；利润总额达6.56亿元，同比增长14.7%；经济增加值达4.64亿元，企业经营业绩再创历史新高。

② 股东权益 内蒙一机重视股东权益，致力创造互利共赢。2020年，公司在经济效益稳步增长的同时，连续两次现金分红，切实维护了公司全体股东的合法权益，给予全体股东稳定的投资回报。在第十六届中国上市企业董事会金圆桌论坛暨“金圆桌奖”颁奖盛典中，公司凭借优异表现荣获“优秀董事会”称号。

(3) 践行绿色

① 生态优先 内蒙一机加大污染治理，推行清洁生产。公司认真践行生态优先、绿色发展，全年未发生环境污染事件。公司制定环境保护综合提升三年行动方案，投入1.05亿元开展15项达标排放项目建设，对固废堆场等7项历史问题进行治理。

② 绿色发展 内蒙一机重视环境保护，推动绿色发展。2020年，公司全年综合能耗62143吨标准煤，比上年同期下降5.13%；实现可比价万元工业产值综合

能耗 0.04969 吨标准煤，比上年同期下降 5.24%，超额完成兵器工业集团和包头市下达的节能降耗指标；万元工业产值化学需氧量、二氧化硫、氮氧化物排放量比上一年度分别降低了 3.23%、1.08%、1.08%。

（4）和谐发展

① 安全生产　内蒙一机加强安全管理，强化责任落实。公司认真落实安全责任，强化体系建设，深入开展重点领域专项整治，全年未发生重伤及以上事故，无新增职业病病例，以 95.68 分的高分通过国防科工局安全质量标准化一级企业复评验收。公司组织修订《安全生产责任制》等 68 项安全生产、职业卫生管理制度，新增《安全生产标准化建设工作制度》等 4 项制度。公司顺利通过全国安全文化示范企业复审，荣获国家安全生产月和安全生产万里行先进单位称号。

② 关爱员工　内蒙一机坚持以人为本，构建和谐劳动关系。公司投入 94 万元为全员购买重疾险；发放 90 余万元金秋助学金助力 134 名学子圆求学梦；为 5 个家属小区 600 余户家庭成功办理产权证；慰问困难职工 1176 人次，发放送温暖资金 214.17 万元；职工医疗互助保障第三周期正式启动，救助 696 人次，发放救助金 375 万元；完善职业卫生制度体系，制定了 14 项职业卫生管理制度，下发了 11 类 41 项职业卫生操作规程，覆盖公司各接害工种岗位。

③ 公益事业　内蒙一机积极开展公益事业，塑造良好企业形象。公司积极落实党中央疫情下支持小微企业发展决策部署，对符合条件的 21 家租用单位和个人减免 3 个月租金。此外，2020 年 4 月，四川省凉山州木里藏族自治县突发森林火灾，接到山西省军区、太原市警备区命令后，北方机械公司紧急集结，千里奔袭，奔赴四川省凉山州木里藏族自治县执行灭火任务。灭火民兵分队克服长途跋涉，道路崎岖，所处环境异常危险等重重困难，共发射 53 发灭火弹，两次成功阻断火线蔓延，最终圆满完成灭火任务，受到社会各界赞誉。

内蒙一机作为一家国防军工企业，认真落实兵器工业集团决策部署，统筹履行政治责任、经济责任和社会责任。坚持把强军兴军扛在肩上，96B 坦克在国际军事竞赛中创造最好成绩；坚持把政治建设摆在首位，确保公司改革发展始终沿着正确方向前进；坚持科技引领，突出主责主业，实现更高质量发展，打造成为具有全球竞争力、世界一流的特种车辆研发制造企业。

4.2.2　亿利集团实现精准扶贫

4.2.2.1　公司简介

亿利洁能股份有限公司于 1999 年 1 月由亿利资源集团有限公司（以下简称“亿利集团”，股票代码：600277）作为主发起人发起设立。公司于 2000 年 7 月 4 日经中国证券监督管理委员会（以下简称“中国证监会”）批准，在上海证券交易所公开发行上市。作为亿利集团旗下唯一 A 股上市公司，多年来，公司秉承绿色发展基因，在“生态优先，绿色发展”战略指引下，先后置出药业、贸易、煤炭等非主业、非环保资产，置入循环经济产业和光伏发电资产，形成以具有绿色可持续发展前景的循环经济、清洁能源为核心的主营业态。公司资产质量、赢利能力和经营性现金流逐年提升。

4.2.2.2 社会贡献

(1) 坚守本责

① 抗击疫情 亿利洁能股份有限公司积极抗疫驰援，担负企业社会责任。疫情防控期间，公司旗下内蒙古亿利化学工业有限公司累计向内蒙古自治区捐赠223吨抗疫急需的次氯酸钠消杀剂。疫情防控期间，亿利洁能科技有限公司克服燃料煤采购难、运输难、成本激增等重重困难，确保江苏、湖南、河南、甘肃、江西、山东等六个省份十多个大型工业园区和居民生活区的供热。公司旗下新三板上市公司北京亿兆华盛股份有限公司针对全国物流阻滞的紧张状况，积极加入国家交通运输协会和中国采购与物流联合会的“驰援武汉统一行动”，夜以继日地向疫区运送物资，共运输防疫物资500多车次，运输相关疫区生产和生活物资、燃料物资1万多车次。

② 科技创新 亿利洁能股份有限公司坚持创新驱动发展，技术带动产业，加快创新成果转化，构筑企业高质量发展引擎。目前，公司共有授权专利400项，同时有73项尚在申请中；公司旗下亿利化学、亿利洁能科技、智慧能源、亿绿兰德、新杭公司和亿鼎公司六家企业均为国家级高新技术企业；2020年，亿利化学“1万t/a电石渣制活性氧化钙项目的技术集成与工程示范”入选2020年度内蒙古自治区科技进步奖；荣获市级科技成果2项，5项实用型、1项发明型专利。

③ 党建引领精准扶贫 亿利洁能股份有限公司积极开展精准扶贫工作，因地制宜帮助企业周边百姓脱真贫、真脱贫。公司以困难职工、贫困儿童、贫困学生等为贫困对象，通过就业帮扶、产业帮扶、物资帮扶、教育扶贫以及落实政策帮扶的形式，为贫困户解决实际困难。公司先后投入扶贫资金644.70万元，物资折款98.70万元，产业扶贫项目2个，精准扶贫建档立卡贫困户2006户。此外，公司通过“扶贫＋光伏＋产业”立体化新型产业模式，有效延长产业链条，为当地贫困群众提供就业岗位。

(2) 价值创造

① 经济价值 亿利洁能股份有限公司业务发展战略优势显现，赢利能力逐年提高，进入稳健运营的良性发展阶段。截至2020年12月31日，公司资产总额364.22亿元，归属母公司净资产156.53亿元。报告期内，公司实现营业收入129.15亿元，较上年同期增长1.72%；实现归属于母公司净利润5.18亿元，比上年同期10.11亿元下降了48.76%。

② 股东权益 亿利洁能股份有限公司积极落实上市公司现金分红政策，建立和健全公司的股东回报机制。报告期内，公司于2020年6月召开了2019年年度股东大会，审议并通过了《公司2019年度利润分配方案》，方案具体内容如下：本次利润分配以方案实施前的公司总股本2738940149股为基数，每10股派发现金红利

1.00 元（含税），共计派发现金红利 273894014.90 元，分红比例超过当年归属于上市公司普通股股东净利润的 30%。公司在 2020 年 8 月实施了 2019 年度利润分配方案。

(3) 践行绿色

① 生态优先　亿利洁能股份有限公司在内蒙古自治区鄂尔多斯市建有两个煤基多联产一体化循环经济产业园：达拉特循环经济产业园和库布其工业园区。达拉特循环经济产业园以 PVC、烧碱为核心产品，具备 50 万吨 PVC、40 万吨离子膜烧碱、64 万吨环保型电石的生产能力，配套 2×50MW 自备热电厂、4×200MW 煤矸石发电机组和下游电石废渣循环利用等装置；库布其工业园区以合成氨、乙二醇、甲醇、复混肥为核心产品，具备年产 60 万吨合成氨、40 万吨乙二醇、20 万吨甲醇、60 万吨复混肥的生产能力。

② 绿色发展　在清洁热力业务方面，亿利洁能股份有限公司依托其拥有的自主知识产权高效清洁能源生产系统，为工业园区提供清洁热力生产供应业务。亿利洁能开发的微煤雾化技术，通过对传统工业燃煤锅炉进行改造，实现节煤近 30%，煤粉燃尽率达 98%以上，锅炉运行热效率达 90%以上。同时，粉尘、二氧化硫减排率超过 80%，氮氧化物减排率超过 60%，各类排放指标相当或优于天然气洁净燃烧指标，达到超低排放标准。此外，在光伏发电业务方面，公司依托控股股东亿利集团生态修复成果以及当地良好的自然禀赋资源，在库布齐沙漠腹地建设集“板上发电、板下种植、板间养殖、治沙改土、产业扶贫”的创新“光伏+”产业链，通过不断提升产品附加值，在获取清洁能源、实现生态修复的同时，为当地贫困群众提供就业岗位，增加稳定收入。

(4) 和谐发展

① 安全生产　亿利洁能股份有限公司一直贯彻“安、稳、长、满、优”的安全运行方式，持续提升安全管理水平。2020 年 12 月，公司制定《亿利洁能 HSE 专项整治三年行动计划实施方案》，以公司经营战略体系为主线，坚持问题导向、目标导向和结果导向，深化源头治理、系统治理和综合治理，完善和落实“从根本上消除事故隐患”的责任链条、制度成果、管理办法、重点工程和工作机制，扎实推进 HSE 治理体系建设，坚持从源头上防范化解重大安全风险，进一步提升公司 HSE 工作水平。

② 关爱员工　亿利洁能股份有限公司保障员工权益，丰富员工生活。公司切实开展员工特色活动，让员工时时体会到公司的关爱与关怀：员工食堂举办节日特色美食节，让员工品尝美食及感受节日的喜庆气氛；组织生日会及节日慰问，根据标准发放节日福利金及物品，慰问生病住院员工；为有困难的员工提供经济上的资助，让员工切实感受到公司大家庭带来的温暖。

亿利集团在“生态优先，绿色发展”战略指引下，形成以具有绿色可持续发展前景的循环经济、清洁能源为核心的主营业态。亿利集团通过技术带动产业，构筑企业高质量发展引擎；通过光伏扶贫，实现精准扶贫；持续提升安全管理水平，安全氛围持续向好。公司质量、赢利能力和经营性现金流逐年提升，促进各项业务可持续健康发展。

4.2.3 包钢公司推进绿色发展新理念

4.2.3.1 公司简介

包头钢铁公司成立于1954年，是国家在“一五”期间建设的156个重点项目之一，于1998年改制，成立了包头钢铁（集团）有限责任公司。1999年以轧钢资产为主设立了内蒙古包钢钢联股份有限公司（以下简称“包钢公司”），并于2001年在上海证券交易所挂牌上市。自上市以来，包钢公司充分利用资本市场的融资功能，对包钢集团钢铁主业进行资产收购，使包钢股份成为集采矿、选矿、焦化、烧结、球团、炼铁、炼钢和轧钢等为一体化的钢铁企业，总体装备达到国内外一流水平，具备生产高档汽车钢、高档家电钢、高钢级管线钢、高强结构钢的能力，填补了内蒙古以及我国中西部地区空白，产品远销欧美等63个国家和地区。目前，包钢股份已成为中国重要的钢铁工业基地，也是西北地区最大的钢铁上市企业，同时还是国际国内最大的稀土原料生产基地。

4.2.3.2 社会贡献

(1) 坚守本责

① 抗击疫情　在面对重大疫情时，包钢公司作为内蒙古自治区最大的工业企业，积极承担起了社会责任。公司驻盟（市）各企业配合当地政府（包括周边村镇）积极组织捐款，还捐赠了高浓度次氯酸钠消毒液、防护口罩、酒精、洗手液等防疫物资以及精煤、蔬菜等生活物资，有力地帮助了当地积极开展疫情防控工作。与此同时，公司还开展了党员自愿捐款活动，在本次活动中共计16331人次参与捐款，公司及全体党员累计为疫情防控捐款186.21万元。包钢公司生产的415吨无缝钢管作为制造医用氧气钢瓶的重要原料，成为挽救新冠肺炎患者生命的重要物资。

② 科技创新　包钢公司围绕炼焦煤资源的合理利用开展项目，提供新的技术路线，项目成果总体达到国际先进水平。2020年，包钢股份在集团公司科研项目立项96项，承担或参与国家级项目5项，自治区级科研项目10项，对外合作项目23项。获得包头市科技成果奖16项，其中冶金科学技术一等奖3项、二等奖1项、三等奖1项，还获得了内蒙古自治区科学技术进步二等奖2项、三等奖1项；授权专利186项。包钢公司开发出一批具备自主知识产权的板、管、型（轨）、线（棒）等高品质稀土钢产品，涵盖约50余个品种。2020年，公司累计完成新产品240.82万吨，超出原计划52.82万吨，产值达79.56亿元，涉及45个品种大类、542个牌号。

③ 党的建设　包钢公司积极落实国企党建“四同步、四对接”的要求，实行

党建工作“两个覆盖”。2020年，包钢公司已完成3家试点单位的党组织调整，并指导12家党委顺利完成换届。子公司金属制造本着“党建工作不能削弱，只能增强”的原则，开展了“一攻克、两构建+互联互促”党建专题活动，并同一机集团第一机械轮式总装党支部举行互联互促活动，进行深入交流与学习，对标先进党组织，从而不断提高党建水平。

④ 精准扶贫　包钢公司按照国家扶贫工作“力度不减、措施不变”的总体要求，积极融入包头市“百日脱贫攻坚”工作大局，2020年全年支出帮扶资金136万余元。2020年春节前，公司购买固阳县怀朔镇阳湾村、合同沟村农家鸡3129只，支出扶贫款31.29万元。同时，包钢炼铁厂等多家单位同步开展贫困地区农产品直供直销活动，全年消费扶贫金额约22万元。各基层单位积极开展金秋助学（奖学）活动，资助困难学子共53人，发放助学款物合计9.74万元，发放奖学金款物合计161万余元，共奖励1019人。

（2）价值创造

① 经济价值　包钢公司努力克服原料不足、库存高企、资金紧张等困难，使疫情防控与生产经营工作总体保持稳定顺行。2020年，受新冠疫情的影响，包钢股份的生产经营步入极其困难的时期。在此形势下，公司仍始终坚持以习近平新时代中国特色社会主义思想为指导，全年产铁1498.57万吨，产钢1561.06万吨，生产商品坯材1468.5万吨；生产并销售稀土精矿12万吨、萤石精矿4.7万吨。全年实现营业收入共计592.66亿元，利润总额达6.81亿元，归属于上市公司股东权益合计527.93亿元。

② 股东权益　包钢公司逐步完善和健全分红机制，维护股东依法享有的资产收益等权利。2020年，包钢股份《2017—2019年股东分红回报规划》期限届满。规划期内共以现金方式累计分配利润5.47亿元（含税），占公司三年内实现年均可分配利润的50.9%。为进一步维护股东权益，公司根据有关规定制定了2020—2022年的股东分红回报规划，充分保障了股东的合理投资回报。

（3）践行绿色

① 生态优先　包钢公司坚持生态优先，并持续提升环保水平。2020年，公司吨钢排放二氧化硫0.83kg、氮氧化物1.54kg、烟粉尘0.64kg、化学需氧量0.032kg、氨氮0.0021kg、废水1.12m^3，较2019年吨钢指标均有所降低；排放二氧化硫12927.57t、氮氧化物24052.31t、烟粉尘10007.41t、化学需氧量498.96t、氨氮33.49t，排放总量均满足排污许可要求。

② 绿色发展　包钢公司坚持新发展理念，坚定不移走以绿色发展为导向的新路子。公司开展产品生命周期评价与生态设计，全面实施环境综合治理，推进超低排放改造工程，开展厂区清洁化运输，厂区绿化覆盖率达到46.9%。2020年，公司被评为包头市涉固体废物Ⅰ级环保诚信企业，包钢股份白云鄂博铁矿西矿成功进入2020年度“全国绿色矿山”名录，体现了公司社会效益、生态效益和经济效益

相统一的生态文明理念，彰显了公司具备优秀的矿产资源开发利用和矿山可持续发展的能力。

(4) 和谐发展

① 安全生产　包钢公司逐步强化安全生产管理，进一步完善和落实安全生产责任制。2020 年，包钢股份颁发了《年度安全工作计划》《包钢股份安全生产责任制》等制度办法，加大对作业的安全抽查、夜查、暗访暗查力度；开展煤气、网格化安全管理等专项检查；组织参加包头市安全生产咨询日等活动。同时在公司主干道张挂安全标语、口号、条幅，大力宣传“安全生产月”活动，并开展安全法律、法规和相应的安全知识教育，通过教育切实提高员工整体安全素质，健全应急管理体系，为公司生产经营稳定运行营造了良好安全环境。

② 关爱员工　包钢公司积极举办文娱活动，高度关注员工职业健康发展。包钢公司定期进入生产单位进行职业卫生工作检查；坚持对接害劳动者进行职业健康检查，对接害职工建立职业健康档案，保证“一人一档”；开展建设项目职业危害“三同时”工作，强化源头管理；为 30634 名职工办理“在职职工住院医疗综合互助保障保险”；安排 724 名职工参加短期休养；对职工浴池开展检查和测评考核，提出了职工浴池标准化改造方案。公司真正做到了想职工所想、急职工所急。2020 年，各单位工会组织开展了丰富多彩的文体活动，在丰富职工精神文化生活的同时增强了职工的凝聚力。

包钢集团作为一家钢铁制造企业，从坚守本责、价值创造、践行绿色及和谐发展四个方面积极履行社会责任。坚持党建引领，持续提升治理水平；攻坚克难、主动作为，积极做好疫情防控工作；加快创新步伐，不断提升“稀土钢”品牌价值；坚持生态优先、绿色发展，并持续提升其环保水平。

4.2.4 北方股份认真实施高质量党建

4.2.4.1 公司简介

内蒙古北方重型汽车股份有限公司是专业从事非公路矿用自卸车及其零部件研发、生产和销售的企业，是中国兵器工业集团成员单位，于 2000 年 6 月在上海证券交易所上市（以下简称“北方股份”，股票代码：600262）。北方股份能够生产载重 28～360 吨全系矿车，建有遍布全国、辐射全球的营销网络，牢牢占据国内市场第一的地位，并拓展至全球 65 个国家和地区。系列化产品广泛应用于冶金、煤炭、有色、化工、建材、水电、交通基建七大矿车领域，产品遍布国内外数百个大型露天矿山。

4.2.4.2 社会贡献

(1) 坚守本责

① 党的建设　北方股份党建经营融合取得新局面。两级党组织把学习习近平

新时代中国特色社会主义思想作为首要政治任务，并认真学习贯彻党的二十大精神，重点进行《习近平谈治国理政》（第三卷）的学习，扎实推进疫情防控和复工复产工作，将党的领导贯穿于企业发展全过程、各方面，高质量党建引领公司高质量发展。

② 科技创新　北方股份充分发挥资源优势的同时与国内外优秀公司深度合作进行创新。2020 年，北方股份再次凭借单一矿车产品获得“全球工程机械 50 强”，这是公司连续 8 年获得该奖项；8 月，荣获“中国重型机械行业卓越企业”的称号；9 月，无人驾驶矿车项目荣获“第一届内蒙古自治区职工技术创新成果”一等奖；10 月，荣获“2020 年中国汽车工业科学技术发明”一等奖，同时获得工信部重点实验室的称号。

③ 精准扶贫　北方股份采取更加精准的帮扶，扎实推进脱贫攻坚。寻“千方”用“百计”，北重集团积极帮助扶贫点农产品拓宽销路。公司购买了黑龙江甘南县绿色大米 1.35 万斤，将消费扶贫的大米作为福利发给公司职工。北方股份认真贯彻落实 2020 年度扶贫帮扶计划，不断将“造血式”扶贫推向深处，持续加大扶贫投入力度，为贫困地区注入鲜活血液，以求长效帮扶。

（2）价值创造

① 经济价值　北方股份进一步聚焦主责主业，提升经济运行质量。2020 年，受新冠肺炎疫情影响，北方股份部分出口合同履约受阻，致使公司营业收入为 13.88 亿元，占董事会目标 15 亿元的 92.53%，较上年同期下降了 2.06%；营业成本 10.93 亿元，较上年同期上升了 6.41%；公司管理效率的提升，使归属于上市公司股东的净利润达 6534.88 万元，较上年同期上升了 4.29%。

② 股东权益　北方股份一直重视对股东的合理回报，积极构建公司与股东、投资者的和谐关系。公司自 2000 年上市以来，已累计发放现金股利总额 39270 万元人民币。2020 年 6 月 12 日公司召开了 2019 年度股东大会，审议并通过了《关于公司 2019 年度利润分配方案的议案》，以 2019 年总股本 17000 万股为基数，向全体股东按每 10 股派现金股利 1.20 元（含税），派发股利总额 2040 万元，占年度合并报表中归属上市公司股东净利润的 32.56%。现金红利已于 2020 年 7 月 13 日发放完毕。

（3）践行绿色

① 生态优先　北方股份深入学习领会习近平生态文明思想，践行生态优先理念。公司规范了台账管理，并开展了污染源监测，使各类污染治理设施和生产设施同步稳定运行。2020 年，全年大气、水、厂界噪声、无组织废气等各类污染物全部达标排放；产生的各类固体废物全部按规范标准要求收集、暂存，委托有资质的处置单位进行综合利用和无害化安全处置；未发生环境污染事件，未被地方各级生态环保主管部门通报，未被新闻媒体曝光。

② 绿色发展　北方股份积极践行绿色发展理念，持续推进节能减排工作。在

能源管理方面，公司加强高耗能设备的管理，对国家明令淘汰的高耗能设备进行淘汰更新，并逐步更换更节能的设备、工具、灯具，加强对用能设备设施“人走机停”的管理与考核。同时公司实行源头管控政策，合理利用能源、持续改进，将节约能源、降低能耗和减少排放工作常态化。2020 年，公司全面完成各项节能减排目标任务。

(4) 和谐发展

① 安全生产　北方股份坚持“生命至上、员工为本”，将安全发展始终贯穿于生产经营的各领域、全过程。公司通过开展“三大歼灭战”等一系列工作，保证公司安全工作平稳有序推进。公司安全生产重伤、死亡事故为零；重大火灾、爆炸事故为零；特种作业劳动防护用品配备率为 100%；设备设施全面检查频次为 1 次/半年；特种作业人员持证上岗率达 100%；从业人员安全、职业健康教育培训率为 100%；事故隐患整改率达 100%，公司安全生产情况保持平稳态势。

② 关爱员工　北方股份重视员工生活，开展关爱职工活动。2020 年，公司完成职工帮扶 50 人次，支出 16 万余元；金秋助学 17 人次，支出 4.6 万元；为职工发放清凉饮料和防暑降温品支出 17.4 万元；发放独生子女费 1.8 万元、读书卡 8.26 万元。与此同时，在疫情防控期间组织员工为患病职工捐款近 2 万元；坚持走访慰问患病职工及家属 100 多人次；两节期间，公司领导和工会人员探望并慰问了联点帮扶员工、离退休和困难职工 20 多人次；发放慰问金 5.5 万元。公司紧抓职工文化建设，大力支持各类协会开展足球、篮球、羽毛球、乒乓球、公益骑行和业余无线电等活动。

2020 年，北方股份在股东及投资者权益保护、员工权益保护、供应商权益、客户权益、环境保护等方面承担了相应的社会责任，并取得一定成绩。公司坚持走矿车专业化发展道路，努力打造成为国际一流矿车企业；始终将股东权益作为经营管理的重要内容，将实现公司及股东利益最大化作为重要目标；坚持“以人为本”的理念，维护员工权益；积极参加社会活动，服务社会；实行源头管控，合理利用能源，实现了公司与社会、环境以及相关利益群体的协调发展。

4.2.5　未来展望

“十四五”是我国全面建成小康社会、实现第一个百年奋斗目标之后，乘势而上开启全面建设社会主义现代化国家新征程、向第二个百年奋斗目标进军的第一个五年。内蒙古各上市企业以习近平新时代中国特色社会主义思想为指导，深入贯彻党的二十大精神，在坚守本责、价值创造、践行绿色与和谐发展四个方面积极履行社会责任并作出一定的成绩。

在坚守本责方面，各上市企业牢固树立主体责任意识，即使在新冠肺炎疫情期间经济受到冲击背景下，各企业仍克服多重挑战，坚持科技牵引完成新产品研制，同时为各地疫情防控工作给予人财物等方面支援。2020 年，全面打赢脱贫攻坚战的收官之年，上市企业坚决贯彻落实好党和国家关于扶贫工作的相关决策部署，积极开展对口帮扶工作，以投入扶贫专项资金并与被帮扶单位建立持续稳定的供销关系等方式，不断将“造血式”扶贫推向深处，为贫困地区经济发展注入新动能。

在价值创造方面，受新冠肺炎疫情的影响，各上市企业生产经营均步入了极其困难时期。在此形势下，各上市企业积极应对市场需求不足、库存高企、资金不足等困难，进一步聚焦主责主业，全面落实高质量发展要求，强化自身可持续发展能力，从而提升经济运行质量。与此同时，上市公司根据企业章程，明确规定合理的利润分配政策，积极构建与股东和投资者的和谐关系。为进一步维护股东限购的资产收益等权益，部分公司根据有关规定制定了未来三年股东分红回报规划，充分保障股东的合理投资回报。

在践行绿色方面，上市公司深入贯彻落实习近平生态文明思想，践行“绿水青山就是金山银山”发展理念，积极响应国家“生态优先，绿色发展”的环保政策，坚持社会效益、生态效益和经济效益相统一的生态文明理念，以建立多个循环产业园区、全面实施环境综合治理以及拓展业务提升产品附加值等方式，推进企业走绿色转型高质量发展之路。

在和谐发展方面，上市公司坚持以人为本的理念，严格遵守《中华人民共和国劳动法》以及公司内部的规章制度，健全应急管理体系，切实关注员工利益与员工发展，开展各项文体娱乐活动，不断增强员工幸福感。此外，企业积极落实党中央疫情下支持小微企业发展决策部署，对符合条件的租用单位和个人减免租金；企业以关爱员工、保障安全生产以及开展公益活动等方式，持续推动企业与职工和谐关系建设及社会稳定发展。

未来自治区各上市公司将继续坚持以习近平新时代中国特色社会主义思想为指导，坚定不移贯彻新发展理念；坚持稳中求进工作总基调，以高质量发展为主题，以供给侧结构性改革为主线，以改革创新为根本动力，突出效益优先，实施创新驱动，全面深化改革，实现绿色发展，增强企业核心竞争力，继续完善社会责任管理；提高企业经济效益的同时，不断完善公司治理结构，提升公司治理水平，积极回报股东，维护员工的合法权益。此外，各上市公司将积极参与社会公益事业和生态环境保护，提高资源利用率，进一步强化社会责任意识，健全社会责任管理体系，在多领域更好地承担和履行企业的社会责任，为社会、经济、环境的和谐发展贡献更大的力量。

第五章

内蒙古企业发展总结与展望

5.1 问题分析

（1）国有企业产业布局单一，净利润偏低

内蒙古自治区国有企业多属于第二产业，主要依靠煤炭、农牧资源等本土优势资源进行生产经营，产业布局呈现单一化和重型化。这些资源型企业尽管规模较大，但其生产设备、生产工艺较为落后，造成较高能耗并产生了大量污染物，导致严重的资源浪费与生态破坏。近年来，内蒙古国有企业净利润逐年递减，很多国企净利润持续偏低，部分国企净利润甚至为负值，说明在财务成本管控方面，内蒙古国有企业普遍没有建立完善的内部控制制度，缺乏有效的成本管控措施，在具体实际业务中没有践行全过程成本控制理念。在用工成本方面，多数国有企业内部为了完成招聘人员数量指标的要求，降低人才选拔门槛，且公司员工超出正常工作需要，造成用工成本虚高，阻碍了企业经营发展。

（2）国有企业监管力度不够，创新意识较差

内蒙古自治区国企在监管体制和管理结构等方面仍存在较大问题，制约企业进一步发展。例如，某些国有企业支系庞杂，子公司、孙公司数量较多，管理层级划分冗杂，办公程序烦琐，使其管理体系难以适应如今纷繁复杂的外部市场需求；由于国有企业长期由政府出资扶持发展，其生存发展的压力较小且经营活动以完成上级政府任务为主，缺乏创新研发动力，尚未形成自主品牌塑造、核心竞争力提升的观念。虽然近年来区属国有企业开始注重研发创新的投入，但仍存在创新意识薄弱、研发资金投入不足、专利成果少等问题。

（3）民营企业集群关联度不高，集群优势不明显

内蒙古自治区产业集群的集聚效应尚未充分显现，集群企业间联系较少。与东部发达地区相比，自治区民营企业集群的关联度较低，集群中的企业间未形成纵向产业链条，产业集聚并没有实现产业链增值的效果。从园区层面看，工业园区内各类企业虽然形成了简单的聚集，但没有发挥产业集群作用，企业之间协同合作能力还有待进一步提升（张璐，2021）[34]。内蒙古地区产业龙头企业带动作用较弱，且与集群内企业关联度较低，其剥离出来的非核心生产制造部分和辅助生产部分并未交给集群内的上下游企业来完成，产业集群未形成相应的配套关系，并且龙头企业对集群内其他企业的指导扶持作用也比较薄弱。

（4）民营企业创新能力不足，创新人才缺乏

内蒙古自治区大多数民营企业面临着技术创新能力不足、技术创新水平较低的问题。一方面，内蒙古民营企业大部分以生产制造为主，其研发活动多依靠外部科研机构，不仅研发成本较高，而且创新的风险较大。民营企业为降低研发成本与风险，更倾向于模仿和引入国有企业和发达地区同行业的先进技术，致使企业自身的创新能力较弱。另一方面，自治区民营企业内部普遍存在技术人员专业能力较低、现有的薪酬福利难以吸引高素质技术人员的问题，致使企业突破现有技术瓶颈比较困难，进一步阻碍了企业创新。自治区民企以工业企业为主，缺少良好的工作环境和薪酬待遇，致使企业招聘技术工人比较困难；自治区民营企业缺乏人才引进和保障政策，致使企业难以引进高端人才；自治区民企对现有技术人员缺乏培训及重视，并且给予薪酬待遇较低，致使自治区民企人才大量流失。

5.2 对策与展望

（1）完善国有企业成本管理制度

为有效改善内蒙古自治区国有企业整体净利润偏低的问题，企业需不断完善和丰富成本核算内容、拓宽成本核算的范围、延展成本核算的深度和广度。在财务成本管控方面，国有企业要从工作内容、监督流程、财务数据、财务制度等方面加强成本精细化管理，同时依据企业发展规划制定成本管理目标，实现财务成本管控工作与企业经营发展的有机结合，并将成本管控贯穿企业发展全过程，突破传统会计核算成本的管理局限（汪伟民，2019）[16]。在用工成本方面，国有企业需将用工成本与绩效考核有机结合，建立健全用工预算管理制度，在相关制度的支撑下规划并核算每位员工的预期产出，并进行科学的管控，确保用工预算管理是科学可行的。此外，国有企业应制定成本管理策略，厘清发展过程中每一环节的固定成本和可变成本范围，加强内部资源配置的科学性和高效性，提升经济效益，但不能因强调控制成本，而导致其他费用增加。

（2）促进国有企业产业结构多元化发展

为改善内蒙古自治区国有企业产业布局单一的现状，国有企业应该明确自治区“两个屏障”“两个基地”和“一个桥头堡”的战略定位，明确自治区坚定不移走以生态优先、绿色发展为导向的高质量发展新路子，在新的发展阶段践行新的发展战略。

从企业内部转型方式上讲，对于农林牧渔行业的国有企业，企业应该致力于借助新技术提高生产运营效率，同时做好发展规划，保护自治区的自然资源；对于第二产业的国有企业，企业应加快淘汰高能耗、高污染的落后产能和业务，积极培育为企业带来持续竞争优势的新业务；对于服务行业的国有企业，企业应积极响应国家号召，推动企业数字化转型，利用信息化、智能化等手段和技术，提高应对的风险能力和组织创新的能力。

从外部推动角度来看，自治区政府应推动各行业国有企业体制机制创新，优化资源配置，加大重组整合力度和研发投入，加快科技创新和管理创新步伐，推动转型升级；发展混合所有制经济，探索集团层面的混合所有制改革，加大改制上市力度，着力推进整体上市，鼓励集团下属企业引入非国有资本或采取绝对控股、相对控股、参股的方式进入非国有企业。其中，对公益类国有企业，政府应加大国有资本投入，积极引入市场机制，在具备条件的国有企业中推行投资主体多元化的政策，鼓励以购买服务、特许经营、委托代理等方式引入非国有企业，不断提高公共服务质量和效率，实现社会效益最大化，巩固提升国企保障功能。对特定功能类国有企业，属于自然垄断行业的，根据不同行业特点有序放开竞争性业务，促进公共资源配置市场化；需要实行国有全资的，积极引入其他国有资本实行股权多元化；属于特殊业务的，把社会效益放在首位，实现社会效益和经济效益相统一。同时，还应支持区属国有企业参与自治区水利、铁路、公路、航空、电网等基础设施的建设和运营，发挥国有经济在基础设施领域的保障功能。

(3) 加强民营企业协作程度，提升集群企业效应

为改善内蒙古自治区民营企业集群的关联度较低、协同合作能力较差的问题，一方面，各集群企业要改变故步自封、固守家底的行为，加强联系并树立合作的意识，建立专业化的分工协作机制并主动参与到企业间的专业化分工，充分利用地理位置临近的优势，加大与集群内知识性机构的业务培训、交流活动等，建立和完善技术合作机制。另一方面，树立正确的创新意识，变革以往直接引进外部先进技术和设备的思路，重视创新资金的投入及人才的培养。在资金获取及投入方面，第一，民营企业应加大科研经费在整体经费支出中的占比；第二，应吸纳来自社会各方的投资、融资，拓宽科研资金获得渠道，从而构建更为合理的资金结构。在创新人才培养方面，自治区各民营企业可与区内高校搭建产学研创新合作平台，加强产学研结合的研发创新模式，有针对性地培养人才，优化组织内部薪酬激励机制及人才发展通道，提升现有人才留存意愿并充分调动其创新积极性。

为提升集群企业的协同合作能力，民营企业还应提升企业的创新能力。自治区政府应依据自治区民营企业发展情况及需求，制定差异化的扶持政策，及时鼓励、支持、引导各企业开展创新工作。例如，对那些“小而专、小而精、小而新”的中小企业实施税收优惠政策；对在原材料供应、生产、销售、技术开发和技术改造等方面建立协作关系的企业给予贷款优先的便利条件；对企业间开展合作技术开发的企业给予公开表彰和税收减免等奖励措施。同时，政府还需引导更具活力的民营企业与国有企业合作共同营造良好的创新氛围。

(4) 完善企业的政府监管体制和社会化服务体系

内蒙古自治区区属国有企业发展受内部管理结构的制约及国资委监管方式影响，其日常生产经营活动的灵活性和时效性较弱，亟须对现行监管方式及内部管理结构进行改革。首先，国资委需针对国有资本的监管方式、特殊资产管理等方面进行改进，完善相关体制机制，增强监管的有效性。同时，国资委需减少对企业日常经营直接干预行为，避免过度监管，以明确的规章制度划分权责，充分放权至职业经理人，充分发挥其能动性。此外，国有企业还需调整组织结构，进一步缩减组织层级，构建适合组织可持续发展的管理结构，提升企业各层级间交流的效率和信息传递的准确性，并加快建立灵活高效的市场化经营机制，激发组织活力，切实提高企业运行效率，从而使企业在激烈的市场竞争中保持优势。

对民营企业来说，内蒙古自治区政府需完善利于集群成长的社会化服务体系，增强民营集群企业的集群优势。政府相关部门可鼓励成立一些社会组织，建立健全有利于集群成长的社会化服务体系，如行业协会、商会、科技开发中心、信息服务中心、网络中心、融资担保机构、营销公司、咨询公司、会计和律师事务所等机构。通过这些中介机构为企业集群展开技术培训，提供商务、技术、管理、融资、会计、法律、质量检验监测等方面咨询服务，既可以保障集群产业市场的有序交易，又可以降低市场交易成本，提高集群的效率。另外，要规范和强化现有中介组织的服务功能和服务质量。

参考文献

［1］ 黄杨森，王义保. 全球风险社会：治理观照与中国方案［J］. 中国软科学，2020（08）：10-19.

［2］ 周贵川. 民营企业创新驱动发展战略支持系统研究［M］. 成都：四川大学出版社，2015.

［3］ 王小鲁，樊纲，余静文. 中国分省份市场化指数报告［M］. 北京：社会科学文献出版社. 2016.

［4］ 中国企业改革与发展研究会. 中国企业改革发展 2020 蓝皮书［C］. 北京：社会科学文献出版社，2019.

［5］ 王玉梅，杨雄. 上海精神文明建设蓝皮书［M］. 上海：上海社会科学院出版社，2019.

［6］ Nilanjan Ray，Abhijeet Bag. Corporate Social Responsibility（CSR）Practices：Toward Economic，Environmental，and Social Balance［M］. Apple Academic Press，2021.

［7］ Gasmi Nacer. Corporate Innovation Strategies：Corporate Social Responsibility and Shared Value Creation［M］. John Wiley & Sons，Inc.，2021.

［8］ 张璐，赵爽，长青，崔丽. 跨越组织层级的鸿沟：企业创新能力动态构建机制研究［J］. 管理评论，2019，31（12）：287-300.

［9］ 张璐，曲廷琛，张强，苏敬勤，长昊东. 主导逻辑类型的形成及演化路径——基于蒙草生态的案例研究［J］. 科学学与科学技术管理，2019，40（03）：56-69.

［10］ 毛盛勇，叶植材. 中国统计年鉴［Z］. 北京：中国统计出版社，2019.

［11］ 张西华. 市场调研与数据分析［M］. 杭州：浙江大学出版社，2019.

［12］ 张璐，韩玉琪，严子淳，崔敏杰，张强，吴玉杰. 主导逻辑：内涵、研究议题及未来展望［J］. 科研管理，2022，43（04）：165-176.

［13］ 张璐，梁丽娜，苏敬勤，张强，长青. 破茧成蝶：创业企业如何突破能力的刚性束缚实现进阶？［J］. 管理世界，2020，36（06）：189-201，253.

［14］ 于润，徐林萍. 企业调研［M］. 南京：南京大学出版社，2020.

［15］ 王泠一. 2020 年上海民生发展报告［M］. 上海：上海社会科学院出版社，2020.

［16］ 汪伟民. “一带一路”沿线海外港口建设调研报告［M］. 上海：上海社会科学院出版社，2019.

［17］ 孙嘉荣. 上海重点产业国际竞争力发展蓝皮书［M］. 上海：上海社会科学院出版社，2021.

［18］ 张璐，侯雪茹，王科唯，张强，贾依帛. 跨越关系无效的壁垒：企业网络位置动态构建机制研究［J］. 科研管理，2020，41（06）：245-255.

［19］ 长青，郭松明，马萍，张璐，姜宇婷，刘运韬. 主导逻辑对商业模式创新的作用机理：基于动态资源管理视角［J］. 科研管理，2021，42（12）：45-55.

［20］ 长青，黄荟婕，张璐，雷婧. 企业能力视角下价值主张形成机理研究——以小米公司为例［J］. 科技进步与对策，2020，37（13）：102-111.

［21］ 张璐，任慧，乌迪. 新举措推动党史学习教育见实效［J］. 实践（党的教育版），2021

(12)：50-51.

[22] 陈左玲.内蒙古资源型企业人力资本投资影响转型升级效应研究［J］.内蒙古统计，2021(05)：41-44.

[23] 郭敏.推动内蒙古数字经济产业链高质量发展建议［J］.北方经济，2022(02)：42-45.

[24] 张璐，赵爽，张强，长青，华连连.如何实现模仿创新能力到协同创新能力的跃迁？［J］.科学学研究，2020，38(05)：936-948.

[25] 郭二果，张树礼.双碳背景下内蒙古绿色产业发展管理对策［J］.北方经济，2022(01)：42-44.

[26] 崔丽，雷婧，张璐，崔敏杰，闫红月.基于价值主张与动态能力互动的企业资源配置案例研究［J］.科研管理，2021，42(04)：180-190.

[27] 周琪，苏敬勤，长青，张璐.战略导向对企业绩效的作用机制研究：商业模式创新视角［J］.科学学与科学技术管理，2020，41(10)：74-92.

[28] 马志艳，乔光华.畜产品加工业如何对标牧区现代化——以内蒙古牧区加工企业为例［J］.北方经济，2022(03)：51-54.

[29] 安娜，王旭.内蒙古推进多层次资本市场发展的困境与出路［J］.内蒙古科技与经济，2021(20)：50-52，58.

[30] 郭启光，杨宏杰，海琴.内蒙古全面提升科技创新能力的路径研究［J］.前沿，2021(05)：122-128.

[31] 陈晓东，梁泳梅.资源型地区技术创新发展路径研究——以内蒙古为例［J］.区域经济评论，2017(03)：117-126.

[32] 程利霞.内蒙古前三季度工业经济形势分析与展望［J］.北方经济，2020(09)：25-27.

[33] 罗军，肖振军，王亚鑫，张岩.内蒙古自治区农作物种业发展四十年的回顾、成就与展望［J］.中国种业，2019(03)：55-57.

[34] 张璐，闫红月，苏敬勤，文宗川，张强.从“锁定”到“进阶”：如何突破主导逻辑的路径依赖——基于战略认知视角的案例研究［J］.南开管理评论，2021，24(01)：86-96，117-118.

[35] 李运成，黄艳利，吴运标，郭亚超，孙太洋，刘亚辉，杨原，刘首奎，秦涛.黄土沟壑区特厚煤层开采地表裂缝发育规律研究［J］.矿业研究与开发，2022，42(06)：68-73.

[36] 解学梅，韩宇航.本土制造业企业如何在绿色创新中实现“华丽转型”？——基于注意力基础观的多案例研究［J］.管理世界，2022，38(03)：76-106.